孔子像

甲骨文

（明）唐寅《山路松声图》

（明）董其昌《奇峰白云图》

（唐）李思训《江帆楼阁图》

安格尔《泉》

维纳斯

罗丹《思想者》

拉斐尔《圣母子》

圆明园

西湖

埃斯特庄园(水风琴)

豫园

玉龙（新石器时代）

西汉铜马

鸟形象牙匕（河姆渡文化）

春秋铜剑

唐三彩女俑

龙泉窑弦纹贯耳壶

高职高专规划教材

美 育 概 论

王长江　王其全　主编

中国建筑工业出版社

图书在版编目（CIP）数据

美育概论/王长江，王其全主编．—北京：中国建筑工业出版社，2003
高职高专规划教材
ISBN 978-7-112-05808-2

Ⅰ．美… Ⅱ．①王…②王… Ⅲ．美育-高等学校：技术学校—教材 Ⅳ．G40-014

中国版本图书馆CIP数据核字（2003）第067898号

本书是根据高职高专教学基本要求编写的，内容包括：绪论、美育基础理论、自然美（含生态美、环境美、人体美、建筑美、雕塑美）、生活美（含工艺美、工业设计美、视觉传达设计美、色彩美、服装美、饮食美）、艺术美（含书画美、音乐美、摄影美、戏剧舞蹈美、影视美、文学美）等。

本教材适用于高校、高职美育课教学用，也可用于其他教师和社会青年学习参考。

* * *

责任编辑：朱首明 杨 虹
责任设计：彭路路
责任校对：黄 燕

高职高专规划教材
美 育 概 论
王长江 王其全 主编

*

中国建筑工业出版社出版、发行（北京西郊百万庄）
各地新华书店、建筑书店经销
廊坊市海涛印刷有限公司印刷

*

开本：787×1092毫米 1/16 印张：14¾ 插页：2 字数：354千字
2004年7月第一版 2014年11月第六次印刷
定价：23.00元
ISBN 978-7-112-05808-2
（11447）

版权所有 翻印必究
如有印装质量问题，可寄本社退换
（邮政编码 100037）

《美育概论》编委会

主　编： 王长江　王其全
副主编： 任君庆　顾金孚　曹印生　周　涛　黄若茜
编　著：（按姓氏笔画排列）
　　　　　王雪辛　王其全　王长江　任君庆　陈明宝　陈佳佳
　　　　　沈　潜　沈国强　周　涛　顾金孚　曹印生　黄若茜
　　　　　童丽娟
主　审： 杨成寅　王雪辛

前　言

美育是传播美的知识，用美的事物陶冶人、教育人，其意义在于完善人的知识结构，培养人具有美的情操和对美的鉴赏能力，追求美的精神，按照美的规律进行创造，从而提升人的精神境界，提高人们的生活质量，美育不仅仅是德育、智育、体育的辅助手段，它是完全教育的不可或缺的组成部分。

为此，我们深感过去美育教材的"美育理论＋艺术"模式的缺陷，为使这本书更贴近生活实际，贴近高校专业（特别是高职高专专业）的实际，我们花了两年多的时间进行了写作。

本教材由温州职业技术学院与中国美术学院艺术设计职业技术学院两校牵头，得到浙江省美学学会会长、中国美院杨成寅教授和四川省音乐协会顾问、音乐理论家王雪辛先生的指导，还得到浙江省其他几所高校的参与支持，被列为浙江省高等教育教科研规划项目。

本书由王长江、王其全负责全书的策划、统稿和总纂。编写分工如下：第一章、第二章、第三章、第四章、第五章、第六章由王长江编写；第七章由顾金孚编写；第八章由沈潜编写；第九章由周涛编写；第十章、第十一章由黄若茜编写；第十二章由任君庆编写；第十三章由王其全、童丽娟编写；第十四章由沈国强、王长江编写；第十五章由曹印生、王长江编写；第十六章由陈佳佳、王长江编写；第十七章由王长江编写；第十八章由王长江编写；第十九章由沈潜编写；第二十章由王雪辛、王长江编写；第二十一章由任君庆编写；第二十二章由顾金孚编写；第二十三章由周涛编写；第二十四章由陈明宝、王长江编写。

由于该书涉及的知识面较广，编者的水平所限，书中难免有不足或缺漏之处，权作引玉之砖，并期待行家的指正。

代　　序

杨成寅

　　浙江省美术教育界的几位朋友，这几年正在组织撰写名为《美育概论》的一部书稿，计划作为高职高专的美育和美学课的教材，要我为此书写一篇序言，而且不断把已写好打印出的文稿送来要我审稿。他们的研究和写作热情很高，劲头很大，多次召集编写会议。他们交给我审稿和作序的任务，实在难以真正完成任务，但却之不恭，只得从命。为了写序，前一段时间抽出时间阅读编辑组交来的书稿，又找来了已经出版的有关美育的论著，还阅读了蔡元培先生有关美育和艺术教育的全部文章，再想想我国当前美育的现状，感到美育理论和美育实践上的问题很多，难以下笔，又不得不写几句。现只就个人对这类问题的不成熟的零碎想法写出来，抛砖引玉。

（一）

　　美育是审美教育的简称。绝大多数美学家和教育家，都肯定美育是教育的一个不可缺少的有机组成部分。绝大多数的教育家、理论家也都对人的全面发展的教育的各个组成部分及其它们之间的关系有所论述。但在这个问题上，各家和各国政府的教育部门至今也还存在不同的看法和作法。有的认为个人全面发展的教育包括德育、智育、体育和美育；有的认为在美育之前还应当加上劳育（劳动能力和技能的教育）或综合技术教育，因为教育应当与劳动生产相结合。对于这个问题，今后还可以继续研究，但国家对教育的指导方针无疑应当有自己的决策。1999年6月13日，中共中央、国务院在颁发的《关于深化教育改革全面推行素质教育的决定》文件中，就在这方面作出了明确的决策。这一文件指出："实施素质教育，就是全面贯彻党的教育方针，以提高国民素质为根本宗旨，以培养学生的创新精神和实践能力为重点，造就'有理想、有道德、有文化、有纪律'的德、智、体、美等全面发展的社会主义事业的建设者和接班人。"文件中的"等"字值得注意，这个"等"字可能就是指"劳动技术教育和社会实践"。不出所料，此决定的后文便说："实施素质教育"，"不仅抓智育，更要重视德育，还要加强体育、美育、劳动技术教育和社会实践"，"促使学生的全面发展和健康成长。"这一文件的精神，我认为是完全正确的、全面的。至于是"德、智、体、美"四育或"德、智、体、美、劳"五育，没有实质的区别。也许提"德、智、体、美"四育更为简练。学生全面发展的教育内容是极为丰富的，"四育"、"五育"也都只是概括的提法，实际上在"四育"之后即使再加上"劳育"、"世界观教育"也并不能包括素质教育的全部内容。值得一提的是，我们在"文化大革命"时期完全不提"美育"，而且忽视"智育"的全面内涵，把青年学生都送到农村去，目的是接受贫下中农再教育，结果是加重了农民的负担，农民也并无能力教育青年学生，青年在青春时期却丧失了学习科学文化的条件，使国家的人才断了代。目前我国政府和教育界，真正重视了青年学生的全面发展，摆正了德、智、体、美的地位，同时又不忽视劳动技术教育，各种职业技术学院的纷纷建立和发展，就说明了这一点。

（二）

我国政府和教育界把美育明文规定纳入全面发展教育的范畴，这是很英明的决策。关于美育的实施方针，中共中央、国务院的《决定》明确指出："美育不仅能陶冶情操，提高素养，而且有助于开发智力，对于促进学生全面发展具有不可替代的作用。为尽快改变学校美育工作的薄弱的状况，将美育融入学校的全过程。中小学要加强音乐、美术课堂教学，高等学校应要求学生选修一定学时的包括艺术在内的人文学科课程，开展丰富多彩的课外活动，增强学生的美感体验，培养学生欣赏美和创造美的能力。地方各级人民政府和各有关部门要为学校美育工作创造条件……鼓励文化艺术团体到学校演出高雅健康的节目……。因地制宜开展美育活动。"应当说，《决定》对美育的必要性和实施的方式方法所作的论述和指示，是非常正确、切实可行的。有些地方政府和教育部门对上述指示的执行是积极的、有效的，但在全国来说，在对美育的重视和具体措施上，差异还是很大。

（三）

高等艺术教育本来是审美教育的理论和实践基地，可是，少数艺术院校至今仍未开设美学或美育课，这就很可能使艺术教育失去正确的方向。更令人不解的是，竟有人主张要把艺术教育与美育和美学分家。认为"艺术教育与美育的本质差异表现于八大方面"：(1)"美育出发点是美学，艺术是一种创造的技艺"，似乎认为艺术创造与"美育"（审美教育）和美学理论无关。不知道他所说的"技艺"与审美理想的表现、与艺术美、与审美标准有无关系？(2)"艺术与美学不同，它不是起源于理性知识的建构"，似乎认为艺术创作只需感觉。其实，即是对自然、对生活、对美的事物的感觉感受也是离不开某些理性观念和理论的指导。(3)"美学内容相当庞杂，主要有自然美、社会美、艺术美……艺术教育则主要凭借学生的形象思维活动进行鉴赏与创造，故艺术教育不能开脱右脑的潜能的发挥。"把本应互补的抽象思维与形象思维、左脑与右脑的功能、美学理论与艺术创造绝对地对立起来。(4)"艺术教育的基本任务主要不在于传授知识，而是通过艺术鉴赏及艺术技能的获得提高人的认识能力和创造力，从而构成智育（智能教育）的心理基础。"其说法在逻辑上是极其不严密的，有时是自相矛盾的。把艺术技艺与知识形而上学地对立起来。谁都知道，美术院校学生所学的造型、色彩、构图、传神写意技能，都与属于知识范围的透视学、色彩学、书论画论、美学原理等等具有密切的关系；不传授知识，开这些课干什么？论者一方面轻视"传授知识"，同时又要"提高人的认识能力和创造力"，缺乏知识，能有什么认识能力和创造力？(5)由于"美的朦胧与模糊性，校长、教师、家长很难有统一的标准。因此，美育的实施则仁者见仁，智者见智"。此论从根本上否定了美的标准和美学理论的是非标准，美无相对的标准，那么艺术美、艺术评论和鉴赏，也就完全没有相对的标准可言了。这种理论实际上必将导致艺术教育方向的丧失，也从根本上否定了美育的功能。与论者的观点相反，艺术教育与美育密切联系，艺术教育处处应当贯彻正确健康的审美教育，艺术教育特别是高等师范院校的艺术教育，是对青年学生实施美育的重要基地。先进、正确、有中国特色的美学理论，应当在艺术教育中得到真正具体切实的贯彻，不能停留在理论本身。

（四）

与上面所评介的观点相反，当前中国包括美术在内的艺术教育恰恰需要先进、正确、健康，又富有中国特色的美学理论的指导，恰恰应当把艺术教育与现代先进文化方向的美育的实施紧密结合起来。《美术》杂志（2002年8月）刊载的一篇关于当代美术教育的文章（张雯："我国当代学院美术教育的误区和成因"），就以实际活生生的事实加强了我们以上的看法。该文开头便介绍说：某一著名美术学院的雕塑创作工作室于2000年4月22日举办了一次名为"对伤害的迷恋"的展览，"集中使用了人体标本和动物的尸体作为创作媒材。而此展览的6位创作者之一，已在举办展览的4个月前自缢身亡，把放弃自己的生命作为他一生最后的一个'艺术'行为。"文章认为这个以"对伤害的迷恋"为主题的展览会"展示了对人文的一次摧残，血腥的媒材折射出我国美术教育发展的迷茫，引发了我们对美术教育现状的思考。"该文指出了美院教育的以下三个主要误区：一是"一些美院一味注重形式上的创新，却忽视了对学生艺术素养、艺术基本功的系统训练，非但不能促进整个社会艺术水平的提高，反而造成了社会艺术需要的断层。"二是美术学院在教学的过程中，片面地"标新立异"，陷入了"为抽象而抽象"，"为现代而现代"的怪圈，制造、指导一些滥竽充数的无谓又无聊的作品，误导着新一代学生的审美趣味和创作趋势。三是"美院的理论教育也表现出脱离实际的孤傲浮躁的倾向。""在当代各种美术理论、美术批评风起云涌的情况下，美院教育却在一定程度上违背了艺术自身发展的规律。一方面美院的一些理论家为了刻意寻求眩人耳目的新论点，把目光投向了一些狭隘怪异的角落，为一些荒谬过激的艺术推波助澜。另一方面，一些理论教育者急于提供新的视点，在运用西方科学哲学方法进行美术批评的过程中，由于对西方哲学缺乏透彻的背景知识，反而在一定程度上造成美术理论教育的某种混乱状态。"文章的作者认为美院教育误区的主要成因有三：一是"把西方等同于世界，把西方标准当作自己的标准。"二是有些美院教育者自身"急于为自己扬名获利而又不愿从事艰苦艺术劳动"，"竭力追求怪异，想用耸人听闻的活动和方法'走向世界'。……忽略了系统理论的研究，热衷于寻求'标新立异'的论点，……把学生引入'改变等于发展'等模糊的观念之中。"三是在客观上由于市场经济体制的冲击，"美术创作已被卷入商品流通流域"，"把精神产品商品化"。与此相联系，现代设计得到了突出的发展，而纯美术学科发展相对缓慢。文章作者在最后发出了令人必须重视的呼唤，他说："如果美术教育机构——这个承载着美术知识、美术技能传播任务的重要角色，这个通过培养专业创作人才来影响整个美术发展趋势的基地——已经违背了艺术发展的规律，那么，何谈整个社会主义美术事业蓬勃发展的问题呢？"（引文见《美术》2002年第8期第60～61页）文章作者以上所列情况是自己主观想出来的吗？它是千真万确的现实。这种美术教育符合三个代表中的"先进文化"发展要求吗？这是值得深思和从实践上加以处理的。

（五）

在阅读北京大学出版社 1983 年出版的《蔡元培美学文选》一书时，看到书中大多数的文章都是讲美育，其中有一篇文章的题目是"文化运动不要忘了美育"，蔡元培曾提出"运动不是空谈，是要实行的。"当前学生素质教育有待于真正地实施。素质教育应当在所有的教育部门、中小学和各类大专院校实施。所有学校素质教育是有连续性和联系性的，如果我国当前的整个素质教育方针得不到真正的贯彻，就谈不上艺术教育的素质教育能够得到健康的发展。美育的实施，既要有方针和决策，又要有具体措施，而这一切都要有坚实的理论基础。审美教育虽然以美学为理论基础，但美学教材依然不能代替美育教材。在我国出版普通高校的美育教材还只是近十年的事。据我所知，20 世纪 90 年代初，彭立勋主编了《美育丛书》。丛书的选题包括美育基本原理、中外美育思想史、各种美的形态与审美教育、各种艺术种类与审美教育、各种美育设施和途径等方面的著作。在此套丛书中，浙江师范大学杜卫教授的《现代美育学导论》，可视为有关美育基本原理的著作，其中论述了美育的性质、地位与特征，美育的功能，美育的形态，美育与德育、智育、体育的关系，审美能力及其培养，审美意识及其培养，美育方法论等，观点正确，逻辑严密，言简意赅。在《美育方法论》一章，论述了"以活动为中心的原则"，"激发表现力和传授表现方法相结合的原则"，"适合审美个性差异和发展水平的原则"。强调美育最终还是一个实践的问题。

1997 年，高等教育出版社出版了由仇春霖主编的《大学美育》一书，此书被教育部体育卫生与艺术教育局推荐为普通高等教育"九五"国家级重点教材。此书的后记明确指出："本书的主旨，是要对大学生进行全面的审美指导，因而有重点地阐述了美学和美育的基本理论，以提高大学生对美育的认识和学习美育的自觉性，为他们逐步树立马克思主义的审美观奠定基础。"参加本书编写的是 13 位正副教授，而且由李岚清同志撰写序言。应当说，此书可以代表我国政府当前对于普通大学美育这一课程的内容和实施方式的基本观点。此书在绪论中论述了如何培养全面发展的一代新人，着重论述了重视人文素质教育，全面提高人的基本素质，做一个"审美的人"的问题。此书应属于美学和美育两种教材的综合体，还不能说是严格意义上的美育教材。不过，我们总算已经有了政府和教育部门批准的正式的大学美育教材。读了之后，感到是一本有学术价值的专著，所论观点正确，符合我国政府制定的全面教育的方针。关键问题还是美育要从对原理的"阐述"走向美育的实际"实施"。就是蔡元培数十年前所说的那句话："运动不是空谈，是要实行的。"

（六）

不得不说，真正严密的美育原理体系还是一个需要进一步研究的问题，这种研究的进行，不应只是个别学者要做的，而且更应是教育部门所应当组织，依靠集体的力量才能更有效的。在这种研究中有一点值得注意的就是美学是美育的理论基础，但作为大学的两门独立课程，二者在内容和体系上既要重视二者的内在联系，又要有所区别，各有自己的论题，不能互相重复。既然美学是美育的理论基础，那么我国当代美学的走向，是美学和美育的研究者不可回避的问题。这里只能简要地说一说个人的不成熟的看法：(1) 我国当代的美学应当是有中国特色的马克思主义的美学。在研究方法上最好把马克思主义唯物辩证法的基本原则与中国传统主流哲学阴阳和谐辩证法的优秀传统融合在一起。我们的美学要在贯彻美的规律和艺术规律的基础上，紧密结合我国当代的社会主义精神文明建设，能够指导和推动我国社会主义艺术的健康发展。当代世界正走向多极化，世界各国、各民族都要发挥自己的文化特点和优势，来促进世界文化的全面、多样的发展。世界美学和艺术走向多极化是必然的。我国当代美学和艺术，既要借鉴世界美学和艺术经过历史检验成功的经验，又要弘扬中华民族自己的美学思想精华和各类文学艺术的优秀传统，并紧密联系我国社会生活的发展而与时俱进。我国当代美学在20世纪50年代后半期曾"热"了一阵子，跳过"文化大革命"的混乱到20世纪80年代又经历了较长时期的"美学热"，出版了不少美学论著，对我国的文学艺术和美育的发展起到了积极作用。可是，由于拜金主义的影响，"美学热"冷了下来，出版业也处在以赢利为目的的实际操作（这里指的不是政策条文而是事实）下，一些包括美学著作在内的学术著作出现了出版难的情境。这和"三个代表"的指导思想是不相适应的，是不利于社会主义精神文明建设的。事物的发展总是一张一弛。没有独立的美学和具有特色文化艺术的民族和国家是不可思议的。相信在"三个代表"的思想的指引下，包括美学和美育的真正发展和繁荣，终归会到来。(2) 我国美学在当前和未来的走向应当而且必然是在更加深化和丰富美学基本原理，建立更加严密完整的美学范畴体系和命题体系的同时，其理论的触角正在伸向广大人民的物质生活和精神生活的各个具体领域，伸向各门具体的艺术领域，更加实际地用先进的思想、健康的文化艺术去影响人和感染人。(3) 任何审美对象包括艺术作品，都是审美内容与审美形式的对立统一体。没有健康、丰富、深刻的审美内容，审美形式就是浮浅粗俗的；缺乏完美多样感人的审美形式，任何有价值的内容也根本不可能是真正审美的，也是没有感染力的。过去在相当长的时期内，审美内容被某种思潮大为缩小，而且常常忽视艺术形式的价值和完美。现在已是要把二者和谐地合二为一的时候了。美学广泛地向生活渗透，不仅仅是审美内容的问题，而且是追求审美形式的多样性、独特性、民族性和时代性的问题。

（七）

这本由数位教育专家编著的《美育概论》即将完稿并将由中国建筑工业出版社出版。这本书稿是由多位在高等职业技术学院任教的老师结合教学实际集体编撰的。在我看来，这本教材具有以下几方面的优点和特色：一是全书紧紧地把握着社会主义精神文明建设、中青年素质教育和美育实施的大方向；二是在对美学原理和艺术创作的论所上，中西兼顾，史论统一，以论带史，归结为发展有中国特色的文化艺术，提高中青年的审美文化素质；三是此书各个章节把对当代美学和美育一般原理和艺术规律的简要论述同具体多样的艺术史料和创作设计原理的介绍分析有机地融合在一起，易教易学；四是此书十分贴近高等职业技术学院教学的实际，各章各节论题，在不忽视一般高等美术院校原有国、油、版、雕和传统工艺美术的前提下，更加重视与当代社会生活发展密切联系的现代艺术，如影视艺术、工业设计、城市建筑、园林设计、商品包装、服装设计、广告设计等等专业的基本原理和技艺美，并且提高到美育的高度来论析；五是此书在出版时配合各章节所讲美学原理和艺术规律,附有丰富多彩、有代表性图片和光盘,这将有助于学生对教材内容的理解,获得更好的教学效果。相信此书的出版将有助于推动各高等职业艺术学院的美学和美育教学的发展。在此《美育概论》的撰稿工作即将完成之际,笔者不顾个人学术浅陋、思维不周,就有关美学、美育的研究和实施等问题,发表以上种种不成熟的看法,仅作序言,并对此书的顺利出版表示衷心祝贺。

(杨成寅　浙江美术学会会长　中国美术学院教授)

目 录

前言
代序 ··· 杨成寅

第一篇 美育基础理论

第一章 绪论 ·· 1
  第一节 审美教育的生成 ·· 1
  第二节 审美教育的过程与特征 ··· 3
  第三节 审美教育的意义 ·· 6

第二章 审美体验 ·· 10
  第一节 审美活动中的主客体关系 ··· 10
  第二节 审美体验与非审美体验 ·· 12

第三章 审美价值 ·· 15
  第一节 艺术审美价值的本质 ··· 15
  第二节 应用美学的审美价值 ··· 17

第四章 审美创造 ·· 25

第五章 审美意象 ·· 30
  第一节 艺术形象与审美意象 ··· 30
  第二节 艺术形象是有机的整体 ·· 33

第六章 审美意境 ·· 37
  第一节 艺术的意境生成、构成和特征 ··································· 37
  第二节 艺术意境的品类 ··· 40

第二篇 自 然 美

第七章 生态美 ··· 42
  第一节 生态美的形态和内容 ··· 42
  第二节 中国传统文化与生态 ··· 46

第八章 环境美 ··· 49
  第一节 城市环境美 ··· 49
  第二节 环境保护 ·· 53

第九章 人体美 ··· 55
  第一节 人体审美的历史文化内涵 ··· 55
  第二节 人体审美的基本范畴 ··· 59

第十章 建筑美 ··· 63
  第一节 建筑艺术的审美特征 ··· 63
  第二节 中国建筑述要 ·· 66

第三节　外国建筑述要 …………………………………………………………… 69
第十一章　园林美 …………………………………………………………………………… 75
　　　第一节　中国园林创作艺术 ……………………………………………………… 75
　　　第二节　中国园林与民族特质 …………………………………………………… 78
　　　第三节　园林个例精选 …………………………………………………………… 81
第十二章　雕塑美 …………………………………………………………………………… 83
　　　第一节　雕塑艺术的形式特征 …………………………………………………… 83
　　　第二节　雕塑美精粹举例 ………………………………………………………… 86

第三篇　生活美

第十三章　工艺美 …………………………………………………………………………… 93
　　　第一节　工艺美术概述 …………………………………………………………… 93
　　　第二节　工艺美术的美学特征 …………………………………………………… 102
第十四章　工业设计美 ……………………………………………………………………… 104
　　　第一节　艺术设计观念的历史发展 ……………………………………………… 104
　　　第二节　现代设计美学 …………………………………………………………… 109
第十五章　视觉传达设计美 ………………………………………………………………… 116
　　　第一节　什么是视觉传达设计 …………………………………………………… 116
　　　第二节　广告装潢设计美 ………………………………………………………… 117
　　　第三节　企业形象与视觉系统 …………………………………………………… 125
第十六章　色彩美 …………………………………………………………………………… 127
　　　第一节　色彩艺术理论 …………………………………………………………… 127
　　　第二节　现代工业品色彩和绘画色彩美 ………………………………………… 133
第十七章　服装美 …………………………………………………………………………… 137
　　　第一节　服装美的产生和特征 …………………………………………………… 137
　　　第二节　服装美的几种关系和形式美法则 ……………………………………… 139
第十八章　饮食美 …………………………………………………………………………… 148
　　　第一节　中国餐饮发展概况 ……………………………………………………… 148
　　　第二节　饮食美（形、色、香、味、器、意） ………………………………… 153

第四篇　艺术美

第十九章　书画美 …………………………………………………………………………… 156
　　　第一节　书画的审美特征 ………………………………………………………… 156
　　　第二节　书法绘画艺术发展举要 ………………………………………………… 159
第二十章　音乐美 …………………………………………………………………………… 169
　　　第一节　音乐艺术的特性和审美的层次性 ……………………………………… 169
　　　第二节　中外名曲与音乐美的鉴赏 ……………………………………………… 171
第二十一章　摄影美 ………………………………………………………………………… 179
　　　第一节　摄影技术简介 …………………………………………………………… 179
　　　第二节　摄影艺术的审美特征 …………………………………………………… 181
　　　第三节　摄影作品的内容与形式 ………………………………………………… 182
第二十二章　戏剧舞蹈美 …………………………………………………………………… 187

第一节　戏剧美 ……………………………………………………………… 187
　　第二节　舞蹈美 ……………………………………………………………… 193
第二十三章　影视美 ……………………………………………………………… 198
　　第一节　影视艺术的审美特征 ……………………………………………… 198
　　第二节　影视艺术的审美元素 ……………………………………………… 199
　　第三节　影视艺术的审美体验 ……………………………………………… 205
第二十四章　文学美 ……………………………………………………………… 208
　　第一节　文学的性质、功能和审美追求 …………………………………… 208
　　第二节　诗歌、小说、散文美 ……………………………………………… 214
主要参考文献 ……………………………………………………………………… 219

第一篇 美育基础理论

第一章 绪 论

第一节 审美教育的生成

一、什么是美育?

美育作为独立的学科,最早是由德国美学家席勒在《美育书简》中提出的。席勒的《美育书简》是第一部资产阶级美育论著,也是历史上第一部明确系统的美育专著。在18世纪,席勒的《美育书简》是在康德美学思想影响下写成的。康德的美学思想不只是对席勒,而且一直到今天都是对西方极具影响力的。在思想体系上,康德是主观唯心主义者,而席勒则力图摆脱主观唯心主义而向客观唯心主义靠拢。尽管席勒在许多方面对康德的思想有所修正,但在基本观点上却是大体相同的。最主要的是《美育书简》基于康德的关于美是属于特殊的情感领域的观点。

马克思主义也把美育的本质看作"情感教育",但却是同资产阶级思想家有着完全不同的理论根据。马克思的历史唯物主义是我们探讨美育本质,以至建立整个美育理论的根本的指导思想。美育作为教育的一个方面属于意识形态的范畴,是被一定经济基础所决定的,被一定政治所制约的。马克思主义对美育的基本思想可以概括为以下五点:(1)美育不是抽象的情感教育,而是培养人具有反映现实的特有的情感判断能力。马克思反映论认为,人类的认识、情感、意志等等,都是客观现实在人脑中的反映,是人类把握世界的不同形式。其中,艺术地掌握世界的方式就是一种特有的情感的掌握世界的方式,反映了人与现实之间特有的审美关系。俄国著名的生物学家巴甫洛夫亦认为,情感是人大脑皮层对外界刺激的特殊反映,表现为由外界刺激对大脑皮层的暂时的联系的维持或破坏,使人改变对客观现实的态度,从而产生了积极情感和消极情感。(2)美育的对象不是抽象的"人",而是历史的具体的人。马克思主义从来就对抽象的人性论的观点给予严肃的批判,而认为在现实世界中从来就不存在什么抽象的"人"和"人性",而只有具体的、历史的"人"和"人性"。马克思在《关于费尔巴哈的提纲》中指出:"人的本质并不是单个人所固有的抽象物。在其现实性上,它是一切社会关系的总和。"(3)美育的内容不是抽象的"自由、平等、博爱",而是社会主义崇高的情操。康德将美感的心理内容归结为一种抽象的"主观共通性",席勒则以抽象的自由作为其审美王国的法则。而马克思却指出:"大多数人有充分的权利嘲笑那些犯了时代错误,不断地重复博爱词句的可怜空想家和伪善者。

因为，这里的问题正是抛掉这种词句以及这个词句的模棱两可的含意所产生的幻想。"（《六月革命》）马克思主义主张的情感教育绝不是抽象的，而是有其特定的社会内容的，其核心就是社会主义与共产主义的崇高情操。(4) 美育不是脱离经济与政治的"美育至上"，而是受一定的政治经济制约的。我国美育先驱蔡元培先生，提倡以"美育代宗教"，这个观点对我国美育产生了重大的影响，但其美育的万能观点是没有根据的。社会的改革和人类的改造，其根本的途径是经济与政治的革命。只有如此，才能解决生产力与生产关系、经济基础与上层建筑之间的矛盾，推动社会前进。美育以至于整个教育只不过是其辅助手段罢了。从"四化"建设的高度来看，美育应摆在适当的位置，它作为社会主义精神文明建设的必不可少的组成部分，发挥着独特的不可替代的作用。(5) 美育的目的是培养一代社会主义新人。审美教育的任务是培养广大人民，特别是青年一代的审美能力，其内容在于运用自然美、社会美与艺术美的手段给人以情感的熏陶；根本目的则是按照美的规律塑造广大人民群众，特别是青年一代的美的心灵，培养社会主义的新人。

二、美育研究的范围及方法

美育是研究审美教育的性质、任务、特点、途径与审美力的培养等内容的一门系统学科。本书除论述这些基本内容外，具体涉及自然美、生活美、艺术美的各个具体类别的审美内容，做到尽量贴近当前高职、高专的各类专业，使其具有一定的针对性。总体上说，审美教育是从理论与实践的结合来给现实的审美教育工作以必要的指导。

美育研究的基本方法应是以马克思主义的辩证唯物主义和辩证对立统一的方法论为基础，并广泛吸收当前自然科学所引出的系统论、信息论、控制论、突变论、协同论、耗散结构论的方法，使对立统一更加丰富。此外，美育研究还应注意以下几点：(1) 以整体的观点看待美育问题。形而上学亦承认事物的整体性，但从形而上学的观点出发，将各个部分看成是机械的组合，可以随意地增加或减少。而以现代生物学、物理学为基础的系统论则认为，任何事物的各个要素之间构成紧密联系的有机整体。这个有机整体就不是各个要素的简单相加，而是相互间的有机联系，构成不可分割的整体。整体具有不同于各个要素之和的特殊功能。这就要求我们认识到美育作为教育的一部分，它是培养审美力为其基本任务的，而审美力对于一个人的成长是不可缺少的。我们决不能对其做孤立的考察，从具体一个人来说，意志力、认识力和审美力是构成其统一性格不可分割的三个方面。拿"德、智、体、美"四者构成的完整的教育体系来说，美育是属于四个不可分割的方面之一。任何忽视或否定其中任何一方面，就是对其他方面的损害，我们应该充分认识到这一点。(2) 从信息的传递和反馈着眼去把握美育的根本特点。美育是一种信息传递和加工，美育教育工作者应自觉地运用美的信息，传递给受教育者使之接受、消化，再将其反馈、输出。而美育的传递加工的过程，都是以情感感染、潜移默化为其特点的，这就决定了美育应以形象情感感人，而不同于一般政治理论的抽象说教。(3) 应把美育纳入社会这个大系统中去考察，从更广阔的背景去研究它。当今社会的知识经济，不断地向美育提出新的要求和期望，美育应在研究社会的现实性上跨出更大的步伐。只有在广阔的社会背景上，从横向联系的诸多方面入手，才能对美育和审美力问题有更准确而深刻的把握。

三、美育与其他学科的关系

美育是一门边缘学科，它的涉及方面是很广的，美育与教育学、美学有着特别密切的关系。因为，美育介于教育学和美学之间，为二者的中介学科。从科学意义上说美育应属于教育学科，是教育学中具有独立意义的一个重要分支。教育学中的教与学及人才培养规律都适用于美育。但美育有其独特性，它又不同于一般的教育，它是以培养人的审美力为其根本宗旨的教育学科，这种特殊性主要体现在美学上。美育必须借助于美学理论，特别是美学中的审美理论。只有掌握审美理论并能结合实际去体会，人们才能提高审美力，增强审美情感，培养并形成科学的审美观点。同时，美育的发展必将向美学提出一系列崭新的课题，从实践方面不断地向美学提出挑战。美育同心理学和社会学关系非常密切，心理学是以人的心理现象为其研究对象的学科，而审美是一种特殊的心理现象。只有从心理学的角度深刻地研究审美，审美的过程只有同感知、想像和形象思维相关联，才能把握审美的本质，认识其重要性。审美同样是一种社会现象，只有从社会学的角度来分析研究审美现象，才能打开审美的疑难症结之所在。当然，美育还与脑科学、哲学等有着密切的联系。如果从具体的属部来研究美育，那么美育还与色彩学、环境科学、光学、艺术学、建筑学等等都发生着不同程度的联系。马克思主义的哲学作为一切学科最根本的理论，同样对美育有着指导作用，我们应以辩证唯物主义与历史唯物主义来研究美育，运用社会存在决定社会意识、对立统一的规律来探讨美育的基本内容。

四、美育研究的现状及其发展

第三次全国教育工作会议发布了《关于深化教育改革全面推进素质教育的决定》，将美育作为素质教育的必不可少的有机组成部分，明确地将素质教育的内涵界定为"德、智、体、美等全面发展"；并从我国新世纪发展战略高度出发，提出素质教育关系到"我国社会主义事业兴旺发达和中华民族复兴的大局"，是我国教育事业的"一场深刻的改革"，是党中央国务院作出的"又一重大决策"。《关于深化教育改革全面推进素质教育的决定》还在有限的篇幅中对美育的地位、作用、任务进行了全面的阐述：(1) 再次正式将美育列入新时期我国教育方针与培养目标。(2) 具体到美育，其全面性体现在：面向全体学生，贯穿于幼儿、中小学、职教、成教、高教等各类教育；贯穿于学校、家庭与社会等教育的各个方面；同德、智、体等各种教育相互渗透、协调。(3) 美育的总任务是尽快改变美育薄弱的状况，将其融入教育的全过程。要求各类学校安排学生一定学时的美育课程，开展丰富多彩的课外文艺活动，要求各级政府为学校美育创造必要的物质条件。(4) 明确提出高校开展美育的活动目的是增强学生的美感体验，培养学生欣赏美和创造美的能力。

近年来，我国教育界和学术界重新重视美育，恢复了对美育的研究和探讨，亦出版了一些专著和译著，许多高校也在美学课程中增加美育内容。但从总体上说，对美育的重视还是远远不够的。这表现在还有相当一部分教育工作者没有将美育同德、智、体同样对待，而看作是可有可无的事。尽管许多同志承认美育是独立学科，但始终未能建立起美育的科学体系，科研水平亦不是很高。许多高校迄今未将其作为独立的课程，研究队伍还处于较弱阶段等，这些都说明美育在我国尚处在初始阶段，这与我国当前的经济发展是极不相称的。

第二节　审美教育的过程与特征

一、审美体验过程

1. 审美感知是审美体验的开始

感觉和知觉是审美的心理基础。所谓感知，主要指审美客体刺激并作用于审美主体的感官从而引起审美主体的各种感觉以及伴随着感觉而产生知觉的综合活动。没有知觉就没有审美。人们对外物的感知凭借着眼、耳、鼻、舌、身五种感官，并由此形成视、听、嗅、味、触五种感觉。审美主体视、听感官，是美感的"窗口"，是客观世界和主观意识交流沟通的"渠道"。因此，视、听感官是较高级的器官，而且同对象相隔的距离较远，可以在一定程度上超越生理需求，对对象进行高级的精神性的审美观照。"美感是和听觉、视觉不可分离地结合在一起，离开听觉、视觉，是不能设想的"（车尔尼雪夫斯基），可以说这是审美体验同生理快感与一般认识活动的重要区别之一。嗅、味、触等器官则属于较低级器官，同对象的距离较近，较多局限于生理的感受，而难以进行精神性的审美观照，但我们却不能因此忽视味觉、嗅觉以及触觉在审美中的积极作用。

2．审美联想是审美体验的发展

当审美经验过程在心理空间相对舒缓地展开时，主体可以比较从容地将审美对象的内容和自身的经验结构进行认知比较，体察辨析，从中找出某种相似性的对应关系，从而萌发美感共鸣。这种认识体察可分为自我经历的联想和对象意蕴的探求两种心理表现形式。联想的特点是由对象到主体深刻地触动蛰伏在记忆中的经验，用这些经验去印证对象的真实性、合理性、可信性。意蕴探求的特点是由主体到对象深刻地挖掘隐含在形象内部的新颖独特的意蕴内容，用这些意蕴内容来满足主体心灵的渴求、企盼、预见和推测。

当审美对象以其感性魅力吸引主体的经验时，主体往往会运用联想的方式唤起大脑皮层有关储存区的表象。人们一般把联想分成三类：（1）接近联想：由于经验在时间或空间上接近的联想。（2）类似联想：由于经验之间性质上类似所引起的联想。（3）对比联想：由于经验之间具有相反特点所引起的联想。三种联想有时出现在审美过程中是互相交错的。这时的联想所唤起的是主体某些深层浸透着主观情思的经验，随着表象在头脑中浮现，常有激动、悲伤、感慨、吃惊等较为强烈的感情色彩的美感共鸣。

按照我们对审美对象联想的分析，形象深层所刻画的或模拟的往往是与现实生活相联系的形象。形象深层隐含着不能为眼或耳所能直接把握的丰富意蕴。引人入胜的美，总是以其具有诱惑力的感性形象为特征，暗示或象征某种需要审美者按迹循踪深入探求才能体验的意蕴。特定形式与有既定趋向而无确定范围的意蕴之间存在着某种必然的联系。与联想所诱发的是求异的效应，即主体以自身的经验为参照点，推己及物，去挖掘审美深层那还不十分了解的意蕴内容。它成为美感运动中审美体验阶段向审美创造阶段转化的重要环节。

3．审美想像是审美体验的深化

审美创造是依赖于想像来实现。所谓想像就是在感性经验的基础上开拓意蕴、构筑意象的心理过程。"想像是经验向未来之出发；想像是此岸向彼岸的张帆远举，是经验的重新组织；想像是思维织成的锦彩。"（艾青《诗论》）想像的创造性主要表现在意蕴的拓展和形象的创新上，隐含在形象深处的意蕴，大致上包括情思和性格两个方面。一般说，在抒情性审美对象（音乐）中，主要指情感思想；在叙事的审美对象（小说戏剧）中，主要指个性品格。意蕴是形象的灵魂。它给形象带来勃勃生机，它使形象显得意趣盎然，缺乏深意或含义肤浅的审美对象是难以引人入胜的。如李白诗《劳劳亭》："天下伤心处，劳劳送客亭。春风知别苦，不遣杨柳青。"在这里，"春风"俨然变成不可忍别的"我"，有意不让杨柳变青，使离人无法折枝送别。具有高度艺术修养的审美者，感知较敏锐，经验较开展，想像较丰富，因此他们能具备由表及里体味内在意蕴的能力。他们往往不满足于纷纭的知觉印象和浮在表面的感受，而能深入领略对象内在的意蕴，从而使审美对象的内容更完整、更丰盛，使审美主体的美感、更充实、更深刻。

审美实践说明，审美探求向审美创造过渡的原因主要表现在两方面：（1）隐含在形象内的意蕴具有某种程度的模糊性、不确定性，这样就使探求带有主观想像的因素。（2）审美探求的发生和发展，依赖于主体求异思维能力的高度发挥。那些善于探求的人，往往是有强烈好奇心和求知欲的人，他们竭力想在寻常的事物中挖掘自己未曾见闻但又迫切希望了解和掌握的新鲜内容。想像就是对已有经验的不满足，就是对未知世界的渴求，就是对理想前景的展望。

二、审美评价特点

1. 审美评价是一种寓理于情的特殊的理性评价

理性评价运用逻辑思维的判断、推理的抽象方法进行；而审美评价不同于任何理性评价，是一种寓理于情的情感评价。情感评价凭借形象思维，而不是概念。袁面上看情感和理智是两回事，这是孤立、机械的认识，事实上情和理常常是相互渗透的。在审美体验中，情感同时包含着理性，形象同时包含着评价。这是一种寓理于情的审美评价，寓思想于形象的审美评价。

人的情感大体上分为两类：一是完全建立在感知上的近于生理快感的低级情感。这种情感可能具有某种愉悦性，但它更多地带有直接使感官愉悦的特点。当然，这种情感并不等同于动物生理的愉悦。马克思认为，人的感官已经是不同于动物的社会性的感官，而是包含着更多的理性因素的高级情感。这种情感又分为两种：一种是属于对科学、政治、伦理的追求，充分表现出对科学的热忱、政治的崇尚、伦理的高尚。这是经过深思熟虑而产生的带有明显理智与思想色彩的高级情感。另一种是同低级情感相似的，具有直感的，由审美体验而产生的高级情感。这种情感不具备明显的理智与思想色彩，而这种情感本身就包含渗透着作者的深刻认识和伦理道德因素，即寓理于情。

2. 理性因素在审美体验中的表现

理性因素在审美体验中不是作为独立的阶段出现，而是直接渗透于审美体验中，直接体现于艺术形象中。理性因素首先决定了审美体验能否发生。对于同一客观对象，因各人有不同的观点、立场、情趣，于是产生不同的结果。有的能发生审美体验，有的却未必。施耐庵对北宋末年的宋江等农民起义军发生了兴趣，创作了著名的《水浒传》。而俞万春却对镇压农民起义的地主曾希真发生了兴趣，创作了《荡寇志》，观点截然相反！其次，理性因素决定了审美情感体验的强弱程度。审美情感的体验因人而异，有强、有弱。然而，重要的是理性因素决定了审美想像所创造的形象性质。审美形象已不是现实形象的翻版，既具有现实可感性的特点，同时又凝聚了主体强烈的情感和渗透着作者深刻的理性，是感性同理性的统一，是包含着理性因素的"意象"。当然，这里的理性因素往往不是作者的直白，而是形象，"不着一字，尽得风流"（司空图）。艺术就是运用一定媒体的思想情感的间接表达，它多采用寓意、蕴藉的方式，使形象能回味无穷、耐人咀嚼、发人深省。达·芬奇的名画《蒙娜丽莎》就是一个范例，那难忘而神秘的一笑，似乎是传达了文艺复兴时期某种崭新的思想精神，但难以言状、无以明达。

一般地说，作为个别现实形象所蕴含的感情往往是单薄的，而审美创造的艺术形象却包含着极其丰富的感情。高超的艺术，常常是超脱必然、走向自由，达到更深、更远、更高的理想境界的。在我们欣赏艺术极致之时，我们感触的不仅仅只是形象而已，常常是连作者都难以表述的"象外之象"、"景外之景"、"味外之味"。这是理性因素在审美形象中的最高表现。

3．理性因素在审美体验中发挥作用的特点

审美理性一方面保持感性直感的鲜明性具体，始终不能脱离形象有知觉和想像过程；另一方面进行着富有诗意的悟性去理解审美对象的内在本质，产生"朦胧预感"（黑格尔）。正是这一独特的审美判断的理解方式，才使美感的愉悦成为可能。美感的特征是判断在前，愉悦在后。但这种判断并不是以概念语言的理性思维进行的，而是意志、领悟进程中积淀的理性因素。这就使理性因素在审美体验中具有如下的特点：第一，这种能引导美感直觉迸发的心理冲动趋势，这种能规范审美判断的情感反映模式是源于丰富的经验积累。人们都把作为意识活动或逻辑思维的成果融会到大脑的经验库存之中，在未形诸言表之时，作为意念性的心理冲动趋势和情感反映模式积淀的理性因素。第二，在没有外界审美判断刺激的情况下，一般蛰居于无意识领域。积淀的情感理性因素因受激发，开始从相对静止状态，转入迅疾运动状态。这一进程沟通了主观意念和客观对象之间的联系，于是主体对对象展开了一系列认知辨析工作。由于意念领悟对客观对象本质辨认极其神速，故难以被审美者的意识所觉察，故这种意志领悟就称之谓"无意识推理"（德国，赫尔姆霍茨）。第三，在意念领悟进程的每一阶段，通过"无意识推理"就可能滋生和迸发"朦胧预感"。这种"预感"已经捉摸到、揣摩到、领悟到审美对象本质的氛围了。这时的"预感"所得，处于非语言概念的意念状态，而这种意念作为形象思维的结果之一，显然是积淀的理性因素。

第三节　审美教育的意义

一、美育是现代素质教育的主要组成部分

1．以美辅德，知善恶、识美丑

美育是与德育相辅相成的，美育是德育情感的基础和有力的手段。德，晓之以理；美，动之以情。美育是德育教育的重要内容，是德育教学的理想途径。德育是美育的方向，它对美的标准、美育的内容起着指导和保证的作用。德育的基本观点是美育的基础，有助于正确的审美观点的形成。美育通过自然、社会、艺术的美，培养了人们高尚的情操和良好的品德，塑造了美好的心灵，以特有的形象情感教育见长。就性质而言，德育是规范性教育，而美育是在熏陶、感发中对人起激励、净化、升华的作用。德，作用于人的意识理性；美，作用于人的感性情感。就功能而言，德，调整和规范人与人的关系，避免人际间的失序、失范、失礼。美，着眼于个体的精神平衡、和谐和健康。

2．以美启智，培养想像、探索、创造能力

美育有助于人的智力发展。一个人的智力因素多指观察力、理解力、记忆力、想像力、逻辑思维能力、创造力及非智力因素。智力因素多方面在应试教育中应该说已给予较多的重视，而想像力、创造力及非智力因素却经常被忽视。在知识经济时代，针对智商

（IQ）概念提出了情商（EQ）概念。美国耶鲁大学心理学家彼得·沙洛维将情商归纳为以下五类：（1）认识自身的情绪；（2）妥善管理情绪；（3）自我激励；（4）认知他人情绪；（5）人际关系的管理等。有人说一个人的成功，智商占20%，出身环境和机遇占20%，而情商就占60%。美国哈佛大学心理博士、《纽约时代》科学记者戈尔曼根据情商的重要性与社会上情感问题的严重现实，在《情感智力》一书中郑重提出"情感教育"的问题。知识经济社会对人才提出新的要求：一是要求人才具有创新能力，而创新能力的重要内容就是想像力；二是要求人才具有可持续发展的观念。而所谓可持续发展就是和谐发展，它要求人与社会、自然及人自身都处于和谐均衡的发展状态。和谐发展观念从根本上说，正是一种审美态度。美育是提高审美能力的重要手段，事实上审美能力是人类精神创造力之一，其本身就是一种创造力的发展。因而，美育发展创造力的功能是在于激发和丰富个体生命，使之具有自发涌动的创造欲望和动力。高度灵敏与发达的创造能力和自觉的创造价值意识，是为思维与实践等方面的创造力发展提供了源头活水。

3. 以美助健，塑造健全人格和健康心理

应试教育的弊端使学校环境枯燥无味、紧张有余，严重影响青年生理、心理健康。美育的功能在于提高人们对事物的审美力，发现美、欣赏美，增进身心健康，获得全面和谐的发展。美育能大量渗透于体育运动之中，形态美、体态美、节奏美、造型美、动作美，其本身就是体育运动追求的。美育能促进人们对健美的自觉认识，不断提高身体的健美。

二、美育是发展现代生产力的重要因素

"艺术也将在物质改造中成为一种生产力。"（马尔库塞，转引自《现代西方美学史》）艺术或美育怎么会成为"一种生产力"呢？这是艺术或美育在知识生产与传播中，想像力发挥了突出的作用。知识的创新、决策的分析能力，常常凭借带有直觉性的想像力。"依靠于想像力，我们可以创造新的越位，以至改变游戏的规则。"（引自利奥塔的《后现代状况》）这从当前信息科技产业中软盘生产及信息高速公路网络化的迅速传播中就可以看出。没有想像力，美国微软公司总裁比尔·盖茨不可能连续成为世界首富。想像的创造能力正是人的审美能力的重要因素，它不仅在艺术创作与欣赏中起着决定作用，而且在科学研究中成为必不可少的因素。科学研究中凭借直观形象的模拟、类推和拟设的能力，是十分重要的。列宁认为："即使在最简单的概括中，在最根本的一般观念（一般'桌子'）中，都有一定成分的幻想"，又说："有人认为只有诗人才需要幻想的，这是没有理由的，这是愚蠢的偏见！甚至在数学上也需要幻想的，甚至没有它就不可能发明微积分"（见《列宁全集》，第33卷）。爱因斯坦断言："想像力比知识更重要，因为知识是有限的，而想像力概括着世界一切，推动着进步，并且是知识进化的源泉。严格地说，想像力是科学研究中实在因素。"（引自《爱因斯坦文集》第一卷）；而想像力只有通过美育才能在形象的启迪与情感的熏陶中加以发展。

作为一个科技人员，是否掌握美学知识，同他们设计的产品销路息息相关。当前，人们对于日用消费品、工业产品，不仅有质量方面的要求，而且有外观方面的严格要求。包装装潢的美观、色彩造型的讲究、花色品种的多样已成为消费者日常的要求。所以，应运而生的生产美学、技术美学、工程美学、工艺美学、工业设计美学、服装美学、餐饮美学等等是举不胜举的，美育已成为知识经济社会生产力发展不可或缺的重要因素。

三、美育是培养新的社会性格的重要措施

审美教育是一个健全发展的人的心理结构的必要组成部分。人的心理结构包括知、情、意三个部分，与之相对应的是人类社会实践中形成的真、善、美的特殊领域。所谓"真"，是实践对象的客观必然规律，属于客体。所谓"善"，是主体在某种愿望、利益和目的的推动下改造客体的实践活动，属于主体。所谓"美"，则是主体的目的、利益和愿望在客体上的现实是主体的对象化，对象的人化；是"真"与"善"融合统一。反映了主客体之间的关系处于中介地位。人类心理结构上的"知"，指认识客观对象的规律性、必然性的能力。心理结构上的"意"，是反映主体意志、愿望的意志力。故"情"，就是指审美能力，是主体对劳动实践成果艺术的观照态度，并由此产生了一种肯定性的情感评价。这种"观照"和"评价"是人的自我肯定，于是就产生了一种赏心悦目的愉快。这样，认识能力、意志能力、审美能力都是人类通过劳动实践所获得的掌握世界的能力，这是人类特有的功能。而审美则兼具认识力和意志力的特点，处于中介地位。作为一个健全性格，身心全面发展的人，这三种心理功能都必须具备，缺少任何一方面都将使心理结构失去平衡。故审美力的中介作用，就更显得特殊。任何忽视审美力的培养就忽视了心理结构的健全发展，违背了心理健康原则，给身心带来危害。有人说，只要一个民族还在爱美，这个民族就有希望。对美的追求是人生活热情的标志，是一个人充满朝气心理健全的表现。只有追求美、追求生活、创造生活，社会才能获得生命、获得发展。

四、美育的根本任务是培养"生活的艺术家"，实现新世纪人类和谐发展的美好理想

所谓"生活的艺术家"，不是以艺术作为自己的职业，但却以艺术的审美态度去对待生活、社会和人生。具体有以下四条：

1. 有健康的审美观和较强的审美力与创造力

健康的审美观就是更多地贯彻善对真、意对知、理性对感性、一般对个别的制约性与统领性，在美与丑的辨别中应贯穿对人类进步有益，符合绝大多数人民利益的主旨和精神。较强的审美力与创美力，可统称为"创造的想像力"。它包括想像力、知性力、理性力（精神）和鉴赏力。鉴赏力是审美的情感判断的核心，想像力是最活跃的因素。作为审美活动始终是以直观形态的感性表象为其心理活动的基本元素，以审美的感受力作为基础，而以审美感官的训练作为基本的训练。可以说，离开了想像力，一切审美活动将不复存在。而知性力即形式逻辑判断能力，具有重要地位，它使审美快感从根本上区别于生理快感，并使审美活动成为有意义、有逻辑的精神活动。而理性则使审美具有无限丰富深广的内涵，具有深刻的伦理道德价值。

2. 以审美的态度对待自然

人类应建立一种审美的自然观，建立起人和自然的审美关系。对于这一点我国传统文化是非常了不起的。人类要宽泛地善待自然，道家主张"道法自然"是十分正确的。道家的"自然"并不是一个实体，而是一种法则。法自然，宗无为，这是老子思想的灵魂，亦是道家道教学说的纲领。人与自然的融合共存，不仅是后天的必要，更是先天的决定。人既然来自天地，理应法天则地，遵循大自然的规律，这是道家"天人合一"思想的要义，也决定了道家对社会和自然的观察、研究，力图采取客观的视角和冷静的态度。他们重视"天地与我并生，而万物与我为一"的自然生态，强调自然和人之间、宇宙大生命与个体小生命之间的同极与互动关系，诱导人们从自然哲学转到生命哲学的研究，为现代人们对自然生态平衡繁

息的观念提供了理论依据。道家的这种思想，就是对自然的正确的审美态度。

3. 以审美的态度对待社会

社会性是人的根本属性，社会美包含更多的理性内容，人与社会之间应建立一种和谐发展的审美关系。同样，以审美态度对待社会在传统文化的儒家身上，表现得十分透彻。实现人际和谐，是儒家"和"思想表现的一个方面。人际和谐应包括国际和谐、国内和谐、家庭和谐、个体和谐。这是孔子中庸之道一个重要内容。孟子认为，只要行仁政，就能"无敌于天下"（《孟子·公孙丑上》），国内和谐是压倒一切的大事，它包括君臣和谐、人际和谐。孟子提出"民贵君轻"、"民以为大"。在人际关系上孔子的中庸之道就是人和之道。"和"要尊重别人的人格。"四海之内皆兄弟也"（《论语·颜渊》）。只有人际和谐，才能建立一个理想的社会。"老吾老，以及人之老；幼吾幼，以及人之幼"（《孟子·梁惠王上》）则是孟子的"人和"理想。中国社会自古就注意家庭和谐。孔子强调的是"孝悌"，认为这是"为仁之本"。孟子讲的"五伦"中，有三伦是家庭关系："父子有亲"、"夫妇有别"、"长幼有序"。果能如是，家庭就和谐了。儒家的这种以审美态度对待社会，主张人际和谐是一种内在的自觉性，是一种自觉自愿的情感驱动力，通过这样的途径才可能极大地减少犯罪行为和丑恶现象，才能倡导"仁者爱人"的传统仁爱精神。

4. 以审美的态度对待自身

人类在长期的发展中更多地关心社会，较少地关心自然，同时也更少关心自身，特别是更少地关心自身的心理与人格的发展，因而导致精神危机，这已成为全人类的共同疾患。在这方面我国传统的儒家文化同样理解得非常深刻。他们认为人类与自然的和谐、人与人的和谐，关键都是个体和谐。精神和谐讲的是注重道德修养，儒家非常重视思想意识的和谐。而心理与人格协调发展的核心是培养提升人的内在情感力，使每个人都充满着美好高尚的情感。这是健全的心理和人格的基础，也是新世纪人类更加美好的基础。

新世纪是知识经济时代，它以更丰富的历史与哲学内涵提出了生命本体及人生存的意义问题，从而为美育赋予了新的更高、更丰富的意义。其中，最著名的当为德国哲学家海德格尔的理论。他认为，在某些国家"归根结底是把生命的本质本身交付给技术新制造处理"，"人本身及其他事物都面临着一种日益增长的危险，也就是要变成单纯的材料以及变成对象化的功能"（转引自朱立元《现代西方美学史》）。现代世界之夜，人们遗忘了自己真正的本质。这是海德格尔对现存世界的批判，又是对世界"天人合一"和谐发展的呼唤。为此，海德格尔提出了"人类应该诗意地栖居于这片大地"的重要命题。"诗意的生活"可理解为审美的生活，成为人类追求的目标。"诗是支撑历史的根基"（引自《西方文艺理论名著选编》下）。海德格尔将美的理想、艺术的理想与人类的理想、人生的理想有机地统一起来。这是海德格尔在新世纪来临之前对人类与社会解放的呼唤，也是对美与美育的呼唤。

第二章 审美体验

第一节 审美活动中的主客体关系

一、审美活动是审美主客体的交流与统一

1. 任何审美活动都由不同因素的相互作用构成

在审美活动中,第一因素是审美客体的存在,第二因素是审美主体的存在,只有社会的人才能成为审美的主体。但孤立的审美客体或孤立的审美主体,都不是审美活动。只有审美主体和审美客体形成一种对象性关系——审美关系,审美主体和审美客体的相互作用,其结果在审美主体那里产生精神上的特殊体验——审美体验,这样的活动才是审美活动。

审美客体是客观存在的。进入人的审美活动,乃是因为它对人类具有一定社会意义,对审美主体具有这样或那样,肯定或否定的意义。

审美主体也是客观存在,是世界上确实存在着的实体。人,并不就是意识、精神,而是实实在在的有血有肉的物质。不过,这是一个组织起来的特殊物质,具有既能实践又能思维的能力。现实存在的人,乃是躯体和心灵的结合,物质力量和精神力量的复杂综合体。

审美活动也是客观存在的。主体作用于客体,并非只是精神外化,而是人作用于物或作用于他人的客观活动,是具有精神能力的物质力量对于其他物质力量的作用。正是在主体作用于客观的实践活动中,主体才能认识客体;反过来,又促进主体去改造客体。人类在改造客观世界的过程中,也改造了主观世界。

审美活动是一个过程。在这个过程中,主体对客体的反映是通过客体对主体的作用进行的。在主体之外的客体,作用于主体的感觉器官(一种特殊物质),给人以客体信息,感觉器官获得信息,又把信息传送到大脑(另一种更为特殊物质),在脑海里,新信息唤起或触发了过去早已储存着的旧信息。这直接来自客体的信息,与直接来自主体的信息(因为储存在主体中的信息,是过去经验中从客体获取的)相互作用,产生了一种非常特殊的综合而又崭新的第三种信息。在审美活动的结果中,这就是审美体验的特殊信息。

2. 人类的多种多样的活动是由人们需要驱使引起的

人类最基础的活动是生命活动,生命活动是人类最根本的实践活动。审美活动不是孤立于社会的封闭体系,它渗透在人类实践活动的各个领域。人类的多种多样活动是由人们的需要所驱使而引起的。人类最基础的活动是生命活动。生产活动是人类最根本的实践活动,人对自然的关系首先是实践关系。人类的实践活动,并不只限于生产劳动,实践关系也不只是人与物的关系,还有人和人的相互作用。为了进行生产,人与人便发生了一定联系和关系,只有在这些社会联系和关系的范围内,才会有他们对自然的关系。

审美活动产生在人类所有的实践之中,并和其他实践活动相结合。审美活动产生于实践活动,审美活动形成人同现实的审美关系;反过来制约着实践活动,激发人类的审美需

要，从而要求实践活动提升到审美水平。

人类并不是一开始就有审美活动。人类只有到了能创造劳动工具，能进行自由自觉的劳动活动时，使自然按照人的社会需要进行改变，服从人类的目的，人类的实践活动才能提升为审美活动。只有当人的活动转化为自由的实践，人在活动中获得了实践的自由，人把体力和智力当作乐处来享受，实践活动本身才提升到审美的水平。

3．审美活动，是人们审辨美丑、悲喜等的精神活动

审美活动时自我调节，既表现在对客观世界中对人具有肯定意义的客体（崇高的、优美的）作出肯定的评价，激起主体对它肯定态度；又表现在对客观世界中对人具有否定意义的客体（丑恶的、卑下的）作出否定的评价，激起主体对客体的否定的态度。生活中美好东西符合人的审美需要，客体对主体直接就处于和谐一致的关系中，引起主体本身的身心和内心世界的和谐协调，在主体那里产生美感。对美的直接肯定，这是人与现实间的审美关系。生活中丑恶的东西，违反人的审美需要，客体与主体处于冲突、失调的关系中。然而，如果主体的审美理想、趣味是高尚的，就会对丑恶激起反感，在内心采取一种否定态度。通过对丑恶的否定，间接地肯定美好。这也是人与现实间的审美关系。

4．审美活动是人和周围环境达到的平衡一致

人与环境的统一，客体与主体的一致，既包括人与自然的关系，又包括人与社会的关系。人通过不同的实践活动，取得了人与物和人与人的和谐协调。人与环境、客体与主体的和谐协调，又同作为主体个体内在的和谐相一致。作为社会的人，个体由于主客体的协调，其本身也取得和谐协调。个体的和谐，既包括身心和谐又包括内心和谐。而内心和谐，是极复杂的，它是个体意识和集体意识的统一，理想和认识的统一，感情和理智的统一等等。身心和谐，内心和谐，是主客体在实践中取得和谐的结果。但它不只是对这种结果的享受，反过来又对人的实践起反作用，推进人在从事新的实践活动中取得和谐平衡的自我调节。

二、艺术审美主客体的交流

费希纳、屈尔佩用实验科学的方式建立实验美学，认为美学应建立在实验之后或之上；韦勒克、沃伦、卡勒等结构主义文论家，卡西尔、朗格等文艺符号家。他们都片面强调文艺的客观性、科学性，忽略了文艺的主体性、审美性。

克罗齐的直觉论、弗洛伊德的性本能论、荣格的集体无意识、马斯洛的人本主义心理学、尼采的意志论、狄尔泰的生命哲学、胡塞尔的意向论、海德格尔的艺术作品起源论、萨特创作阅读的主体关系论。他们只求主观精神的张扬，片面地突出主体，忽略乃至贬斥客观研究，虽在推动文艺主体性研究方面是有贡献的，但轻视客体的研究，视客体为主体的附属的观点，使文艺的主客关系朝主体这一极倾斜。

客观材料为主观创作提供基础，主观创作赋予客观材料以审美特性，主观的情感与理性总是与客观材料"糅合"在一起。艺术家的主观审美精神总是通过与客观材料交流而表现出来。由于客观材料有自己的质的规定性，有自己的发展变化规律，有自己的运动秩序，所以它又制约了主观与它交流。因此，这种交流是互相创造而又互相制约的。艺术交流过程，应包括三种意义：一是，作为创造主体的艺术家与艺术素材的交流；二是，作为对象化了的主体作品与作家的交流；三是，作为作品的接受者与作品的交流。审美中的这种物我情感的相互回流和有机应对，在格式塔心理学中被称为异质同构。

文艺审美活动这种主客交流规定了以探索审美主体诸要素（感知、想像、体验、理解），思维运动诸方式（直观、直觉、新感性、思维向度），心理流程初级美感（悦耳悦目），中级美感（悦心悦意），高层美感（悦志悦神）为其根本特质的审美心理学，必须从自下而上的心理学角度（而非自上而下的哲学观点）出发，去研究艺术中审美主体的心理结构和凝聚在艺术作品的"物化的"审美体验，以及二度创造（欣赏主体）的审美心理层次，从而揭示出文艺活动一般和特殊的心理规律奥秘。

第二节　审美体验与非审美体验

一、审美体验与非审美体验

审美体验的心理过程就是大脑皮质从抑制到兴奋的过程，是相对稳定的审美经验的激发流动、重新的组合过程，是审美主体对审美对象进行聚精会神的体验时所感受到的无穷意味的心灵颤栗。

审美体验的基础是审美经验。审美经验包括审美感知、审美情感、审美想像、审美理想、审美感受等等，是审美主体从无数次的审美活动中获得各种审美感受和内心印象的总汇，是相对一般的、静态的。而审美体验是主动的、富于创造性的、导向活动的，更显出审美主体的能动性和鲜明个性特征，是审美动态过程。审美体验是主体审美的张力场，随着情感、想像、理解、灵感等多种心理因素交融、重叠、震荡、回流而出现各个不同形态。但审美体验又与审美经验不可分。

可以说人类体验的形式远远不止一种。除了审美体验形式以外，还有非审美体验形式：如日常生活体验，实践体验，道德体验，宗教体验等等。在一定条件下，非审美体验可以导向审美体验，或转化为审美体验。审美的深层体验，是以深度的人生体验和广泛的日常生活体验为基础的。

1. 对审美主客体的静态分析

审美主体，是审美创造活动和审美鉴赏活动的基础，是一个由生理、心理、经历、修养等因素构成的包含了多系统的复杂整体。审美主体必须具备发生审美体验的两个主观条件：一是，审美能力，诸如审美感受力、审美想像力、审美理解力、审美情感等，以及审美需要和审美心境。二是，对审美对象的特征具有相应的丰富经验（包涵审美经验和非审美经验），这因为审美体验的瞬间感受凝聚着社会和个人的审美心理史，是审美直觉与理性熔为一炉，生理快适和心理愉悦的完美结合。审美主体应调动自己多层次经验：情感情绪经验、理性层次经验乃至沉潜入生命底层的原始意象和集体无意识等深层经验。

审美主体的这种审美能力和审美经验构成主体审美心理结构。从历史发展角度看，审美心理结构是漫长历史的沉淀积累成果，是人类社会的某种深层结构。审美心理结构的获得是一个意味深长的过程，是在有限物质创造活动中并超越这一活动的外在形式，而进入人的审美心理内化建构的宏伟工程。而个人审美心理结构（其中，重要的是审美经验和审美能力）是审美主体发生审美体验的重要条件。当他面对审美对象时，就能唤起自己审美表象和想像，通过体验来建立一个独立的审美世界，达到审美情感和审美认识的统一。

审美客体是审美主体的对象。一般说，作为艺术创作者的审美对象（自然美、社会美）相对地较分散、粗糙，因而特别需要美的发现。而作为艺术鉴赏的审美对象——作品,是物态化的作者审美体验,无声地显示着作者独具的审美理想以及对外部世界的独特的审美掌握方式,是更集中更凝练的艺术审美形式。

2."主客合一"——审美体验的动态过程分析

审美体验是多种心理功能(感知、想像、情感、理解)共同活动,而表现出"起兴"(初级直觉)、"神思"(想像)、"兴会"(美感)几个不同层面。

以画为例说明审美动态过程:画家达到灵感高峰时,所孕育成熟的审美意象获得了自身生命和勃勃生气,这时审美意象所表现的审美对象的本质,已不完全是客观生活本身,同时也是艺术家的主体本质。审美意象是客体本质的有关部分和主体本质有关部分的化合。一旦有了"化合"、"同一"的意象,就不再完全是客体,也不完全是主体了。客体的本质为主体本质所"顺应",转化为主体;主体本质"同化"了客体,转化为客体。二者的化合产生了新的本质。艺术作品是作者审美体验的物态化,是保存作者审美体验的精神化石,也是我们借以分析考察作者审美体验的美学标本。

二、审美体验的特性

1．模糊性和直觉超越性

在审美体验发生时,刹那间便感到审美对象的美,这是审美经验沉淀积累所对最新审美信息的一种"诗意直觉"。这种直觉是与科学的"理性直觉"有别的模糊性。就像陶渊明《饮酒》中所说:"此中有真意,欲辩已忘言"。

正因为丰富的审美经验支撑着现时的感兴、神思、兴会,所以主体想像丰富而自由,体验精深而含义朦胧多义,瞬息万变,内在深质宽泛而非确定。这模糊是意识和无意识的统一。也正是康德所述的:"模糊观念要比明晰观念更富有表现力……美应当是不可言传的东西。我们并不总是能够用语言表达我们所想的东西。"(阿尔森·古留加的《康德传》)

2．激情性和随机性

审美体验的整个过程是充满激情的,而这审美体验的激起,发生是随机的、偶然的、突发的,没有固定法式和预定轨道,也没有预期的结果。正是这种随机性和激情性,使不少人对创作审美体验的起兴感动、神思兴会"来不可遏,去不可止"有一种神秘感。这因时、因地、因事、因人(心境、性情、审美能力等)而异的随机性,的确有其不确定性质,但这正是艺术家获得鲜明个性特征的条件。

3．流动深化性

在不同民族的审美心理结构,不同时代的审美理想,不同个性的审美趣味的合力下,审美体验往往呈现出一种起伏发展的流动深化性。宋代蒋捷《虞美人·听雨》:"少年听雨歌楼上,红烛香罗帐。壮年听雨客舟中,江阔云低,断雁叫西风。而今听雨僧庐下,鬓已星星也,悲欢离合总无情,一任阶前,点滴到天明。"这正是康德所说的审美体验的沉醉有时"一下子"发生,有时则需要相当长的时间。

审美体验深化是个体心理不断"同化"和"顺应"过程,是由耳目感官愉悦向心灵的精神沉醉的拓进过程,是一种体会宇宙精神,把握人生境界,渗透自然之气,讲求灵肉内修的流动过程。

4．双向建构性

审美体验就是主体精神与客观世界的一个支点,借助这一点,小宇宙推动大宇宙,实现"天人合一",进而通过小我的审美体验反映了大我的精神。

审美体验过程,既是认识世界又是认识自我的过程,既是创造客体又是创造主体的过程。这是以一个审美体验为核心的双向建构过程。不仅建构了具有审美价值的艺术作品,而且纯净升华了人的审美意识,创造出艺术个性和美的心灵。

5. 二象性特征

审美体验具有的双重价值,一方面构成激情,构建艺术细胞——审美意象;另一方面,是艺术创作的原动力,激起创作热情,并伴随制作而发展、丰富、展开想像力。这样,艺术作品的内容既不单纯是客观的现实,也不单纯是主体的心灵,而是主客体融一的审美体验,是主体心灵传达出对象心灵内容、内在生命所获取客观的审美价值。这种既是激情运动的形式又是物化为作品内容的特点,构成审美体验的二象特征。这二象性说明了审美体验是人的关于审美方面的本质力量本真地敞开,是人的多种、多层体验的瞬间融合。

审美体验问题是属于艺术创作和艺术欣赏的核心层次问题,它贯穿于整个艺术过程始终。审美体验是艺术作品之所以为艺术的根本依据,是区分艺术与非艺术的主要标志,是解决当代美学中艺术与非艺术问题的一个突破口。

第三章 审美价值

第一节 艺术审美价值的本质

一、艺术与非艺术

艺术是属于人为的东西，而不是天然形成的。天然的东西，也有审美价值。欣赏自然风光，这是审美主体对审美客体的一种特殊的精神反映，亦即审美反映，属于精神活动。但艺术的创造不只是一种精神活动，还是一种实践活动。艺术的创造是双重的创造，它不仅是审美主体对客观世界的精神上的履行，而且也是审美主体对审美客体的一种实践上的改造。

艺术活动，是按照"美的规律"创造的审美活动，一种审美创造。但在按"美的规律"的创造中，必须区别两种不同的审美创造，艺术的审美创造和非艺术的审美创造。

艺术创造是一种审美创造。一切属于"表演"领域的艺术，如音乐、舞蹈、戏剧，其活动的结果和活动方式紧密结合在一起，艺术创造在"表演"活动中得到体现，才算完成。这些"表演"活动本身就是一种审美创造，而杂技、体操、武术等表演活动不能成为艺术表演。但两种表演可互相转化，体操等可以是艺术的，也可以是非艺术的。

至于人类的物质生产，如精制的家具、华美的房屋、漂亮的器皿，审美价值不是这些物品的主要内容。实用价值才是这些物品的主要内容。它主要是满足人的物质需要，供人物质享受，那么，它就是非艺术的。

建筑艺术、实用艺术，它们既有实用价值又有审美价值，而且审美价值上升为重要内容。然而，非艺术的变为艺术的，这不仅是审美价值和实用价值这两种因素的比例变化，而且是一种新质的审美价值创造。在建筑艺术、实用艺术那里，美的物品作为物质形式，体现一种精神内容。精神内容与物质形式相结合，形成一种独特的新东西——艺术形象。

艺术是一种特殊的意识形象，它既区别于科学的思想体系，又区别于哲学等意识形态。这是由于艺术的精神内容是概括化和系统化了的审美体验，而不是普通的哲学观点、政治观点、道德观点、宗教观点的总和。不错，艺术也要描绘政治、道德、哲学等现象，表现政治、道德、哲学的观点，但是，这些东西都要经过审美体验的折射而转化为自己的审美体验，在艺术作品中表现的意蕴，才是真正的艺术内容。

艺术的创造，是把这种复杂而独特的精神内容体现于物质形式中，形成艺术形象。这就是艺术的作品。这样的东西，既有物质文化的性质，又有精神文化的性质，但它既不是普通的物质文化，又不是普通的精神文化。它把特殊的精神内容和独特的物质形式融为一体，具有特殊的审美价值。

二、艺术与审美的辩证关系

艺术是对世界进行精神把握的特殊方式。这种把握，既不同于理论概念上的把握，也不同于宗教式的形象把握,而是用审美意象来对审美对象加以审美把握。这是一种特殊的形象思维,始终带有主体的强烈情感、想像和意欲的性质。同时,艺术有着自己独特的反映对象和内容——以人为中心的社会生活整体;有着自己独特的反映方式——意象思维。

(1) 审美活动是人类活动中的特殊形态,是随社会的发展而发展的。人与自然、社会首先形成了价值关系、实践意识关系和理智认识关系。人对自然美、社会美的审美,是由物质功利性到精神功利性发展的。

人对自然美、现实生活美的审美活动与非审美活动(如科学活动、认识活动等)相比,具有非实用性、想像性、愉悦性等不同特点。审美活动具有非功利性(如听音乐,并非是对音乐的占有,而是一种对音乐的审美体验,是自己对音乐美感的自我享受和确证)。审美活动的想像性,表明它与非审美活动的不同之处在其超越性。审美活动已经从狭窄之境、功利之用超越出来,从而具有精神价值的愉悦性,而非"囿于粗陋的实际需要的感觉"。艺术活动(包括创造和欣赏活动)本质在于审美创造性,不同于一般审美活动,是一种特殊的审美活动,是审美活动的高级形态,也是从人类实践活动中产生的。

(2) 艺术活动是审美活动的集中表现形态,审美活动是主体对客体的审美感受、审美评价,是一种精神活动。艺术创造除了在审美体验中形成审美意象外,还要借助物质手段将这审美意象物化出来。艺术活动是精神活动与实践创造活动的统一。我们可以说艺术是一种审美活动,但审美活动却不一定是艺术活动。是否有艺术传达(即艺术符号化)是艺术与审美的分水岭。

审美活动领域比艺术活动领域更广,而艺术属于审美的高级范畴。艺术是审美的体验物化,是一种将瞬间神态、动态凝固下来的美。艺术美比现实更易拉开审美距离,更易培养人的审美态度和审美能力。

(3) 艺术是审美体验的典型化、物态化,具有一般审美活动所不具备的特殊的审美价值。艺术美是内容美(意蕴美)与形式美的统一,主题与题材的统一,再现与表现的统一。艺术美是审美化、典型化的艺术形象。从艺术消费的性质看,作为特殊的上层建筑,艺术美具有一种其他审美类型(自然美、社会美)所不能代替的特殊价值。

人的审美活动,并不就是艺术活动,审美的并不就是艺术的。但是,艺术活动是审美活动的特殊方式,艺术作品具有特殊的审美价值;不仅艺术的物质形式具有审美价值,而且艺术的精神内容(意蕴)也具有审美价值;艺术文化的审美特征,不同于普通物质文化,也不同于普通精神文化。美妙的艺术,不仅是形美、声美,更重要的要意美。

三、艺术审美价值的本质和特征

艺术审美价值宽泛地讲,指人在艺术创作活动中,以作品的形式客观地反映了世界的审美价值财富,并且概括了主体对世界审美关系所形成的精神价值。另一方面还包括人在通过艺术审美所获得的审美体验中,不断形成新的审美趣味和审美心理结构,也就是对人的审美塑造——最高的审美价值。因此,艺术价值不仅在于完成作品,而且更在于完成人的灵魂的铸造,从而改造人的个性心灵,影响他的感觉、情感、理智和想像。

艺术具有创造性和不可重复性。人的自由自觉的创造达到全新的高度。只有在人按照"美的规律"进行创造的过程中,即对现实世界进行审美反映,又不断地在这反映中渗透、融入作者的审美体验,艺术作品的审美价值定向才能形成。

艺术作品的世界与人的生命世界同构,它可能包含哲学、道德的思想,包括通过活生生的艺术形象传达的世界审美的多样性。艺术作品中所包括现象的宽广范围是其他文化现象所不能比拟的。艺术将自己的视界投注在人与世界的整个体系，即人与自我、人与他人、人与社会、人与自然四个层面上。

（1）艺术始终要面对人与自我关系。真正的艺术家敢于揭示自己的生命真实，哪怕那里有恶欲、有污脏、有阴暗，他用解剖刀一般犀利的笔，将自己的意识和潜意识冲突，自己的人性和兽性冲突，自己的真、善、美与假、丑、恶的冲突揭示出来，并艺术地描绘出来。

（2）艺术价值在它对"人与他人"的关系的深切关注上。艺术，正是通过我与你的对话，达到人类心灵相通的程度；正是通过灵魂相契，达到深切的理解。艺术，使人们认识到追求生命、生活的意义，是人的价值的所在。正是在追寻生命答案的过程中，人类对真、善、美追求的意义才得到揭示。

（3）艺术也关注"我与人类"的关系。因作品从整体来说不只是对具体的、现实的当代状况的反映，而且是关注整个人类根本处境和终极的价值，为了表现人类总体长久的生活走向和价值取向。

（4）艺术价值表征在人与世界的关系上。这不仅标出人对宇宙的洞悟程度，也标志着人关于存在本质的最高哲学的艺术解决。艺术对人与世界总体关系的揭示，使人达到一种对人身处其间的世界透明性的洞悉。艺术使人与世界的意义凸现出来，人通过艺术既认识世界，又认识了自己。

（5）艺术审美集中表现在艺术的超越性、艺术与未来的接通上。艺术不仅关注现实世界，也关注未来世界，不仅关心今日人生境况，也关心未来人性新维度。艺术具有审美超越性，它使人不在现实生活中沉沦，而是坚定地超拔出来，达到人格心灵的净化。艺术以其不断的创新，为人类开拓出一片澄澈的境界，实现完美创造的图景。艺术是由美而求真的进程。它将真理置入艺术作品的同时，对个体人生和整个人类重新加以塑造。艺术的审美价值存在于艺术创造和人格塑造的双重创造之中。

第二节　应用美学的审美价值

一、应用美学的发展

1. 人为美

陈望道先生是中国著名学者、教育家、语言学家。新文化运动的革命战士。他认为美是广泛存在的，不独艺术，生活中随处可见。

他给美划分的六个层面：（1）从人为和自然的区别上，分自然美和人为美。（2）从时间和空间上，可分为空间美和时间美。（3）从动和静上，可分为动美和静美。（4）从感觉方面，可分为视觉美、听觉美、味觉美、嗅觉美、触觉美。（5）从形式和内容上，可分为形式美和内容美。（6）从美的情趣上，可分为崇高、优美、悲壮、滑稽等。

他认为衣、食、住等物质产品对于人，其实用功能是首要的、第一位的。他肯定了物质产品的合目的性。实用功能成为产品为人而存在的物质前提和基础，而物质产品的美"并不是第一等的问题"，它具有附属性，是附加于物质产品的。实用固然很重要，但审美也绝不可忽视。

2. 产品美的时空特征

徐庆誉指出了审美观的时空差异性。"合时宜"是美,"不合时宜"是不美。物质审美文化是与民族、地域文化的物质相关联,它的"空间"特征即随地点、地域的不同,人们的审美观点也就不同。

3. 物质审美文化及美育

蔡元培是伟大的教育家、中国近代学术与教育的奠基者。他在《以美育代宗教》中说:"我向来主张以美育代宗教,而引者或改美育为美术,误也。我所以不用美术而用美育者,一因范围不同,欧洲人所设立美术学校,往往止有建筑、雕刻、图画等科,并音乐文学,亦未列入;而所谓美育,则自上列五种外,美术馆的设置,剧场与影戏院的管理,园林的点缀,公墓的经营,市乡的布置,个人的谈话与容止,社会的组织与演进,凡有美化的程度者均在所包……"(《蔡元培美学文选》)。

4. 自由自主的生活、工作

邓以蛰是我国早期著名美学家和艺术史家,新文化运动拥护者和新艺术思想的传播者。他从生活的艺术化,进一步谈到了工作、生产、劳动的艺术化。

他认为:"机器的工作"与"人类的工作"区别就是后者有人的自主性、创造性的发挥,而不是被动、机械地服从,是人在劳动、工作中自由的实现。他还批评了当时的艺术只是艺术家的艺术,还不是民众的艺术,它与民众的情感分离,成为只取悦于少数人的东西。道路、房屋、器具、衣服、消遣的旷野与剧场都涉及人们日常物质生活中的精神、审美内容,这些方面艺术化、审美化程度的提高与民众的生活、工作息息相关,是大众生活审美的实现,自然也就成为民众艺术的重要方面。

5. 劳动快乐化、生活美化

徐蔚南是作家、文学翻译家。他对怎样才能实现劳动的快乐化、生活美化进行了分析。他认为劳动快乐化与生活美化的条件,要"把我们内在的所有活动,缩到最少限度的活动,把我们的创造的冲动扩充到最大的活动。"(胡经之:《中国现代美学丛编》)

他的这些观点是直接受英国艺术家、社会活动家、空想社会主义者威廉·莫里斯及约翰·罗斯金的影响,他们都是英国"手工艺运动"的先驱者。

6. "合理的形式"与适用

何培良把人的行为分为两种不同形态的活动:一种是与个人生存有直接关系的,如衣食住行,生产与再生产过程,劳动生活与职业生活。另外一种是与个体生存并无直接关系的,如娱乐、游戏、竞技、社交、信仰、治国平天下等,艺术、审美也属于此类。

他又把人的与生存无直接关系的行为分为两部分:个人主义与非个人主义的。前者属于个人活动,对他人没有心性之交感。而非个人主义的行为则"既不与生存有直接关系,又不以个人为中心,这是基于群的交感互识而产生的行为"(胡经之:《中国现代美学丛编》)。显然,艺术才是他所说的非个人主义的与生存无直接关系的人类行为。他把器物上的美也视为与纯艺术如诗歌、音乐相同,就是说也是一种艺术。

何培良结合人类器物,产品生产进一步阐明了实用与艺术的内在联系。他认为产品的存在必合乎一定的构成规律,依赖于特意的结构、形式;产品的形式、结构须有助于产品效能的发挥,成为一种积极而有意义的形式、结构。

7. 美对用、物质与精神文明的意义

陈之佛是我国早期著名工艺美术家,是中国新式美术教育、艺术设计早期引进者之一。他认为,美术与工艺同属造型艺术、空间艺术。但美术与工艺又有性质上的明显差别。"借眼所见的一种形而表现其美的,即是'美术'。"(胡经之:《中国现代美学丛编》)又说"美术是为'视'而作的,工艺是为'用'而作的。故'实用性'可说是工艺的主要特点。"(胡经之:《中国现代美学丛编》)工艺除了也要考虑"为视而作",更主要的特点是"为用而作"。因此,实用功能、目的是它的重要特征。

戴岳在谈论美育、美术革新等问题时也谈到了审美与物质文化、实用的关系。他认为,审美、美术产生于人的天赋能力,是人的模仿和游戏本能的结果。美术、审美文化也是人类文明发展的产物和象征。审美、美术也能促进实用器物文化、物质文明的发展。

8. 科学与文艺互补、科学的"人化"

梁实秋强调了文学艺术对科学家素质,健全人格的完善意义。文学与科学应该有密切的联合,科学家是人,所以不能不理解文学,文学要吸取科学知识,科学也要"人化"。

梁实秋对文学与科学互补、并重的观点,启发着人们对二者关系的深刻认识。他的见解,不仅仅是一种纯管理的探讨,更多的则是结合历史和现实中文学与科学的实践而阐发的一种文化的人文关怀,是对文学与科学的发展、人的发展的深刻反思。

李广田对文学也强调要重视理智的分析,他也看到了文学对科学活动的意义。科学虽然揭示了自然规律的奥秘,发现了真理,但它本身并不回答人文价值问题,而科学的发展方向常常受着人文因素的制约,科技的发展有着人文的情怀。

9. 美对求真的意义

王显诏看到了科学技术是一把双刃剑,既可造福于人,亦可祸及人间。

李泽厚较早提出了"以美启真"的观点。张相轮等关于艺术的形象思维对于科学思维的作用进行了具体分析,认为可以促进科学思维中的形象组合、联络,形成概念和关系;帮助建立科学理论模型和形象类比;扩展思维领域;保持自由于和谐的创造思维情境。

二、对应用美学的审美价值探讨

1. 王朝闻的工艺美学价值论

著名美学家王朝闻的美学理论有一个显明的特点,那就是他的理论研究常常是结合具体艺术而展开的。他首先对工艺美术品进行了功能分析,从功能分析中来处理工艺品适用与审美价值关系。人们对于工艺美术品有物质方面的需要,也有精神方面的需要,对于非实用的观赏品,主要是精神的需要;对于日用品,首先是物质方面的需要。对它们的设计都应联系适用、经济、美观各方面的要求,考虑对人们物质上和精神上的积极作用。

王朝闻认为工艺美术具有社会意识形态性,这在社会发展史中都有所表现。工艺品在政治上的作用,它的艺术特征和阶级利益的关系,不像历史画或纪念性雕刻,直接由它本身表现出来,而常常是与其他条件相联系时才能得到表现。

王朝闻在肯定工艺美术具有意识形态性、政治性一面的同时又指出,'绝大多数的工艺品是一种生活资料,它没有鲜明的意识形态的意义。"(《王朝闻文艺论集》)工艺美术的门类很多,有的宜于直接体现一定的政治内容,有的不能这样也不必这样。

"适用"是王朝闻分析工艺美术的一个重要概念。他认为"工艺品多是以适用为首要目的"(《王朝闻文艺论集》),追求艺术性和适用目的统一。工艺品的艺术性创造不能脱离适用性。工艺品的艺术性和适用目的相统一，正如建筑的艺术性不能离开适用目的一样。服装、家具、交通工具以至武器的艺术性（如造型）不可能像某些纯艺术那样成为某种事物的模仿。他强调指出，破坏了适用功能的工艺品往往也就丧失了它的美感。

适用、经济、美观是工艺美术创作的总原则，不能离开适用谈美观，也不能只讲适用而不要美观，当然还有经济因素，这在物质生活尚未十分富足甚至短缺的经济时代尤为如此。在日用工艺品中，精神需要虽处于从属地位，但却十分重要，不可忽视。"适用的东西不都是美的，但适用的东西应当同时是美的。美和适用的关系，在使用需要上和心理反应上，都应当都是统一的"（《王朝闻文艺论集》）。

2．李泽厚论物质的审美功能

李泽厚认为日常生活用品、环境也应纳入美学的研究范围。实用产品的审美问题随着社会生活的发展，将会日益显出重要性。

他在具体谈到工艺美时强调了两点：一是，"而在于使其外部形式传达和表现出一定的情绪、气氛、风尚、趣味"（《李泽厚哲学美学文选》）。实用品的美不在于用外部造型、色彩、纹样等去再现现实、描摹事物，"而是由其外在形式所烘托的气氛情调，在潜移默化中影响、作用于人们的感情和思想……"（《李泽厚哲学美学文选》）。二是，功能美。实用产品、工艺品总是在特定环境、场合下使用的，因此对其情绪色调美的创造就应是有特定的具体性，必须与特定的实用环境、场合的气氛相符合。还要有其各个时代和社会的不同要求的具体性。"随着于实用品身上的工艺美，也就必然地趋向简单明了，爽快活泼，而注意功能美便成为一个很突出的问题"（《李泽厚哲学美学文选》）。对于"功能美"的认识已是一个时代的认识，它是基于人们日益广泛的审美视野而受到关注的。而这种广泛视野的打开则是随着人的本质力量的对象化客体愈加丰富，人的实践活动及社会技术——工艺日益进步的脚步而拓展的。

3．洪毅然的物质产品审美观

洪毅然认为美学不仅要研究艺术，也要研究艺术之外的自然与社会现实美。按照审美客体——即事物的不同种类，把美分为"自然美"、"社会美"和"艺术美"。他认为随着人类社会生产、生活不断发展，不仅客观存在的"自在之物"越来越多地成为"人为之物"，从而具有各自的审美因素、审美价值。同时，人类自身之间的种种社会关系，也随生产、生活实践的不断发展而越来越复杂多样，更加多重化和多面化。因而人与物的审美关系之范围也不断扩大。这就把美学的视野从艺术、自然、一般事物扩展到人类创造的物质文化产品，因而他的美学研究也就自然而然地为后来技术美学提供了思想内容。

一切工业产品（特别是轻工业产品），不仅讲求'内质量'，还要讲求'外质量'。所谓'外质量'，乃指产品的式样、花纹、色彩、光泽，以及'手感'等等。

4．建筑的审美价值及特征

建筑比之于其他一般产品，其审美价值更为突出。20世纪初的包豪斯开创现代工业设计运动，他们主张在工业产品和建筑中实现艺术与技术，审美与实用的统一，这极大地影响了人们对产品包括建筑的美学观念。包豪斯也成为技术美学的一个重要的思想来源。在技术美学形成和发展过程中，建筑实践和理论成为其中一个十分重要的内容。

范文照（现代建筑学家）分析了建筑审美的特征：（1）建筑的节奏、形式美对人的知觉所产生的一种普遍的愉悦感，是一种感官上外在性质的愉悦。（2）建筑给人的第二种喜悦与其实用功能相关，是由实用引起的喜悦。（3）建筑给人的喜悦还有一种来自于对社会历史、文化的认知与理解。（4）建筑给人的愉悦还来自于它是情感的表达。范文照对建筑审美的多层分析，使人们对建筑美的丰富性和多重含义有了较全面的认识。

梁思成是著名的现代建筑学家、建筑史学家、建筑教育家。他认为，建筑在艺术审美方面和其他艺术有许多共性，同时也有许多特殊性。建筑艺术必须从属于适用、经济的要求，要受到材料、结构的制约。

绘画、雕塑、戏剧、舞蹈等都是现实问题，是生活或自然现象的再现。而建筑虽然也反映生活，却不能再现生活。"一般说来，建筑的艺术只是运用比较抽象的几何形体和色彩、质感以及一些绘塑装饰等等来表达一定的气氛——庄严、雄伟、明朗、幽雅、放荡、神秘、恐怖等等"（《梁思成文集》（四））。建筑一般只能用外在环境中的东西去暗示移植到它里面去的意义，建筑所创造的外在形状只能以象征方式去暗示意义。

梁思成看到了建筑美离不开建筑物的功能及其材料和结构上的特征。建筑的审美法则与建筑材料，结构的合理尺寸和比例有密切关系。

建筑的审美创造也离不开对建筑形式与内容关系的处理。梁思成认为建筑的内容就是它的功能——物质和精神功能。功能要求建筑的形式与之相适应。

梁思成对"功能"的理解则既包括物质实用的功能，也包括精神（认知、审美）方面的功能。"从创作过程来说，建筑的内容不应仅仅为一般生活和生产功能，也应理解为同时也满足精神要求的功能。"

梁思成强调建筑的政治性、民族性（建筑的认知功能），并认为建筑的功能是多方面的，但它们又不是平分秋色的。不同的建筑物、同一建筑物的不同部分，功能要求也不尽相同，因此就必须按功能要求，全面安排、权衡轻重、区别对待，以求得矛盾的统一。

5．城市审美价值特征

城市是人类聚集，从事生产和生活活动，社会发展到一定阶段的产物。它既是物质文明的结晶，也是精神文明状况的反映。因此城市是文化的体现，城市文化又是城市发展的必要内容。

吴良镛赞成用系统论观点对城市进行综合考虑：（1）生态健全。（2）人文景观优美和谐。（3）生活方便舒适。他认为城市客体形态特性方面应具备——①舒适。包括生理和心理上的舒适。居住环境应安静、无压抑感、适度宜人、井然有序。②城市结构、布局要井井有条，街道脉络清晰，分区明确，标志丰富显著，界限分明。③可达性。好的城市应易于通达、接近，不仅交通系统结构完善，还要便于人们的各种活动。④多样性。包括建筑物造型、文化服务设施。⑤选择性。不喜欢这种房子可选另一种房子。人们的衣食住行都应具有可选择性。⑥灵活性（即适应性、应变性）。单体建筑、建筑群、整个城市都要如此。比如室内空间要有几种不同组合，要有多功能，公共建筑、城市都应如此。要有广泛适应性。建筑规划要注意到灵活性、伸缩性、应变性。⑦应讲究卫生。

吴良镛又从人的生活角度，提出了主体感受特点的原则：①私密感。生活空间具有个性、自我性特征，有一个不便随意公开的空间心理需求。②邻里感。人总是社会的人，总属于一定的社区，这样从住宅区到整个城市必须有生活气息，要有邻里感、归属感。③乡土感。乡土是家庭赖以为生的土壤，是思想感情上更深一层的居住环境。④繁荣感。好的城市应该是欣欣向荣的。不仅反映在经济生活、物质建设的繁荣上，也反映在人们的精神面孔和社会风气的朝气蓬勃上。

城市物质环境，包括自然与人为两个方面的内容，二者是互相依存的，都以社会需要为前提，"以创造自然美和人文美作为工作的内容之一。对人文美的创造亦可称之为艺术美。城市美的建设和经营最终要造成一种艺术境界。""城市美，概言之就是社会美、自然美和艺术美的综合构成"（天津社会科学技术美学所《城市环境美的创造》）。

6. 工艺美术审美价值问题

庞薰琹是我国著名画家、工艺美术家。他在《图案问题研究》中指出："图案工作就是设计一切器物的造型和一切器物的装饰"（庞薰琹《论工艺美术》）。服装、家具、橱窗、店面、商品装潢、室内布置、纹样等都属于图案设计的内容。"图案"一词相当于今天的艺术设计。

庞薰琹认为，设计是艺术和科学的统一。用途（功能）、需要、材料成为设计的先决条件，而"用途"决定着造型。

他十分强调日用品的艺术和审美价值，认为设计不只是停留在图纸，它还要被制造出来，还要为人们所购买、使用。"在工艺美术设计工作中，日用品的美术设计是主要的。对摆设品、装饰品，美的要求应该更高，要设计得美，要制作得美。造型更美，色彩也要美"（庞薰琹《论工艺美术》）。美感成了工艺美术设计最基本、主要的因素。

张道一认为工艺美术的创造包括实用与审美两个目的。在实用方面首先是"资生"。人类生活、生存惟靠衣食。

工艺美术审美目的有两点：一是"美目"，给人以美感。工艺美术不仅要造物致用，还要悦目美观。要从生理上的快感上升为心理上的美感。二是"怡神"。工艺美术之所以成为艺术的一种，不在于它的实用，而在于它的美目、怡神作用。

他又指出，作为工艺美术的物品，实用是第一性的，审美是第二性的，但是对于人民生活来说，两者却是同时发挥作用，很难排出何者重要，何者不重要。工艺美术实用与审美的双重社会功能决定了它既表现为物质文明，也反映出精神文明。

张道一批评了那种认为工艺美术没有思想性，比绘画、戏剧、文学等次低下的观点。"所谓高雅的款式，大方的仪表，和谐的色调，舒适的环境，都必须经过美的意匠。……一面是修养高尚的情操，一面是美化、充实、丰富和创造美好的生活"（张道一《工艺美术研究》第1集）。工艺美术使人的生活方式日益美化，使人们的生活变得充实和美好。它们的美比纯文学艺术对人们有更大的普遍性。

田自秉认为工艺美术具有物质和精神双重性，工艺美术的创造即是物质生产也是精神生产。但物质生产是基本的，精神生产是从属的。工艺美术的创造既是物质生产的"人化"过程，也是精神生产的"物化"过程；它不仅是物质生活用品的创造，也陶冶、培养着人们的精神世界，是精神世界的塑造。

从内容上看，"工艺美术的内容，应包括功能的内容和审美的内容两个方面。"从形式上看"工艺美术的形式，应包括功能的形式和审美的形式两个方面"（田自秉《工艺美术概论》）。

田自秉肯定了工艺美学与技术美学、生产美学的联系和相似之处，他所谈的工艺美学是围绕着生活美、艺术美、科学美三方面展开探讨的。

工艺美学的生活美包括自然美和社会美两个方面。自然美即指生活环境（自然与人工的）；社会美指生活行为。工艺美术的艺术美包括：艺术表现，如具象化、程式化、抽象化；艺术形式，为形式法则；艺术构成，如平面、立体构成；艺术形象，如造型、色彩、装饰；艺术风格，如民族美和时代美。

他还谈到了工艺美术的科学美，它包括材料美、工巧美和结构美等。材料美包括材料的质感、色泽、肌理等美的效果。工巧美指制作的技艺，它所表现的精确、工整的美的程度。结构美是物品内外空间架构，在符合功能要求和力学原理的形态所表现的美。

田自秉还谈了工艺美术设计中的主体性观念（包括为人）。人是主体，物为我用，物我一体；主体性还具有参与意识，既是创造者，也是欣赏者；主体性即人的尺度。

7. 技术美与功能美的问题

技术美、功能美是技术美学中最为重要的核心范畴，正是由于有了它们的存在，技术美学才有理由建立起自己不同于其他美学学科的理论体系。

在近代西方工业革命过程中，伴随工业设计的兴起，一些思想家、艺术家如罗斯金、莫里斯倡导"技术与艺术的统一"。德国包豪斯提出产品设计要以功能为三，形式服从功能的口号。尽管这些主张在当时还有一定的含糊性和片面性，但却为对技术美的认识增添了新的内容。包豪斯的代表人物格罗皮乌斯在其《艺术家与技术家在何处相会》一文中指出，工业产品只有形式、结构适合其功能，那么才是获得了它的本质，形象也就适合于它的工作了。包豪斯的理论与实践奠定了功能主义的理论原则。法国美学家拉罗对工业美提出了一种结构分析理论。他把构成工业美的结构要素分为功能的、材料的、机体的、形式的、环境的五种基础结构。

美国美学家托马斯·门罗在《走向科学的美学》一书中涉及了技术美问题。并指出，有时审美与功能还会出现分离的状况，功能不一定具有审美价值，美也不一定靠功能来体现。他否定了探索美本质的必要性，而是强调科学的美学应把重点放在对美的经验进行描述、分析研究上。

日本美学家竹内敏雄认定技术产品的美是功能与形态、形象的统一。他提出了技术美、功能美、形式美等概念，并分析了它们的内在联系，因而使技术美学显现出较为科学、系统的形态。

在李泽厚看来，技术美是人类改造与征服自然的物质生产实践活动的直接成果。技术美更是以自由的形式对物质生产实践活动的肯定，或者说是肯定实践的自由形式。他认为技术美是一种社会现实美或实践的美，是"真"的主体化，"善"的对象化。社会的美首先表现在以生产劳动为核心的社会实践活动过程中，然后才表现在静态的成果即技术产品上。

李泽厚认为生产劳动过程及其成果——技术产品是社会美的重要内容，二者不过是动态与静态的区别。技术产品的美不只美在形式，而是美在内容即社会的目的性。技术产品也有形式美，如产品的线条色彩、款式、均衡、比例、对称、节奏等，这些形式美是否就是自然天生的呢？也不是。在李泽厚看来，形式美也与人的实践有密切联系，它是从属于技术美的。"所以技术美是与美的本质直接相关的，它是社会美的核心和基础，它比自然美、艺术美重要得多"（天津社会科学院技术美学所《城市环境美的创造》）。

徐恒醇、马觉民、张博颖等同志赞同李泽厚关于技术美的观点，并在研究中逐步丰富、细化、发展了技术美思想，使得技术美的美学理论得以展开。

他们认为，技术美学把技术、产品作为研究对象，把研究视角伸向了物质文化领域，突破了作为艺术哲学的传统美学的局限。人在创造性的生产劳动中所生产的那种具有实用和审美功能相统一的产品所具有的美便是技术美。这是人类创造的第一种美的形态，也是人类物质生活中最基本的审美存在。他们认为，技术美在于合规律性与合目性的统一。技术美是一种附属于物质功能的美，但是它的审美价值并不是直接来自产品的物质功能和效用本身，而在于形式所表现的技术文明的历史内容，它反映了产品的合规律性与合目的性的统一，以及人在创造历史中所取得的自由。

他们又提出在研究技术美时不应忽视两个问题：一是不应将技术美只局限于产品本身，还要关注以大工业生产劳动为核心的社会实践过程中的技术。二是不可将技术美、艺术美隔离开来孤立地研究。

陈望衡又对技术美的性质进行了分析，探讨了技术美与功利、技术美与物质、技术美与情感的关系：(1) 技术产品是以效用、功能为其存在前提的，"这一点决定了技术美与产品的效用功能有不可分割的联系，功利性就成为技术美最基本的特征之一"（陈望衡，《科技美学原理》）。(2) 技术美是以物质形态为其存在方式的。这使它与科学美、艺术美有着重要的区别。它的审美价值有如下特点：①对心灵自由的制约带来正反两种价值。任何轻视技术活动与技术品审美价值，否定技术产品物质形态对于精神文明所具有的决定意义，都是片面的。②技术美以真实的物质形态作为其表现形式，决定了生产实践必须受客观规律的严格限制而具有一定的难度。③技术美中的物质，已不是纯客观的自在之物，而是经过人的改造，比一般自然物质更纯更精，外观形式和内在性能都发生了质的变化。④物质生产包括着情感的真实表现。

徐恒醇提出了"技术美的核心是功能美"的命题：①功能美不同于艺术美。艺术美是一种反映美，而功能美则是人类在最广泛的生产实践活动中创造的一种物质实体美，它是一种最基本、最普遍的审美形态。同时也是一种比较初级的审美形态。②功能美同样是超功利性的。产品功能美给人的愉快与对产品进行功能评价带来的愉快是不同的，二者不能混同。③形式美是功能美的抽象形态。从实践观点看，形式美是人类生产劳动实践的成果。一般来说，功能美是指物质产品整体形象所表现出来的一种美，而形式美则是指产品上的个别形式因素独立呈现出来的一种美。产品的整体造型不能脱离形式因素，功能美不能脱离形式美。

8. 艺术设计的审美价值

凌继光、徐恒醇从美学角度切入艺术设计研究，他们的观点：(1) 艺术设计的核心问题，审美和功能，美和效用的关系问题，是中外美学长期研究的问题。促使艺术设计诞生和发展的一些艺术设计理论家，如英国的罗斯金、威廉·莫里斯、里德，德国的泽姆佩尔，法国的苏里奥等，都在西方美学中占有一席之地。即使纯粹的艺术设计现象，也只有放在美学发展大背景中，才能对它作出深刻理解。(2) 要在技术创造中充分展示人文精神。这项任务不是传统艺术所能胜任的，也不是工程技术所能完成的，于是出现了艺术的新家族：作为艺术和技术相结合的艺术设计。(3) 艺术不应该再现现实，而应该创造新的现实。(4) 关于技术美学和艺术理论的关系：一是技术美学就是艺术设计理论；二是技术美学是沟通美学原理与艺术设计理论的中间环节。

第四章 审美创造

一、艺术美的构成

艺术应该按照美的规律来创造，艺术的创造乃是美的创造。艺术美的构成可分为三个层次：（1）艺术美是形式美和内容美的完美统一；（2）内容本身各要素的统一（包括：描写什么和表现什么？涉及情感、认识，作者审美评价与审美理想的统一）；（3）形式本身各要素的统一（包括：线条、色彩、光影、秩序、音节、节奏、韵律、语言、文字、动作、形状、形体、比例、均衡、和谐、协调、结构、情节等等）。

任何艺术作品都有形式和内容两个必不可少的因素。形式是外在的，内容是内在的。一件艺术作品，人们首先接触到的是直接呈现给感官的外在物质形式，然后领会这种物质形式所引出来的内在意蕴。但作为艺术创造的结果，是一定的形式和内容的结合。

艺术形式的创造，需要一定的物质材料，如绘画用线条色彩，音乐用旋律音调，摄影用光影器材，舞蹈用形体动作，文学用语言文字。但是，物质材料本身还不是艺术形式，只有把物质材料按照美的规律予以改造，结合为整体，使它具有表现力，物质材料才能转化为艺术形式。

艺术形式具有相对的独立性，每种艺术形式提供一种特殊的乐趣，不同的艺术形式产生不同的表现力。"任何艺人都对自己的媒介感到特殊的愉快，而且赏识自己媒介的特殊能力。这种愉快和能力感当然并不仅仅在他实际进行操作时才有的。它的受魅惑的想像就生活在他的媒介的能力里；他靠媒介来思索、来感受，媒介是他的审美想像的特殊身体，而他的审美想像则是媒介的惟一特殊灵魂"（鲍山葵《美学三讲》）。艺术形式是具象，艺术内容是灵魂，两者相对独立，而又结成一体。

艺术的内容美，就是意蕴之美，就是意美。用思理来美化天物，创造出来的作品，具有意美、形美、音美。绘画、雕塑、建筑等是视觉可见的美术，有形美。音乐是听觉可闻的美术，有音美。有的美术只有形美，有的美术只有音美，有的美术则形美、音美兼有（如舞蹈、影视），而意美却是一切美术所共具。形美、音美也属于文学的形式美，而意美则是文学的内容美。

高尔基把艺术的内容美，更是归之为心灵美，内容美来自心灵美。崇高的、美好的审美理想、审美趣味、审美观念，这应是美好心灵中一些最重要的东西。作家、艺术家的美好心灵是由社会生活决定的，是生活反映的结晶。艺术的内容，既包含着客体的再现，又包含着主体的表现，是二者的统一。

车尔尼雪夫斯基十分重视文学艺术中的再现因素，他说："美好地描绘一幅面孔和描绘一副美的面孔是两件全然不同的事。"普列汉诺夫在《艺术与社会生活》中也说过类似的话，完美地描绘一个白髯老人，并不就是描绘一个美的白髯老人。艺术作品不限于描绘美好的东西，然而却必须完美地描绘作家、艺术家所感兴趣的东西。艺术内容的美与不美，不只决定于再现客体的完美，也决定于表现主体的完美。

艺术内容的美必须具备三个层次：（1）题材本身的美丑；（2）主题本身的崇高、滑稽；（3）题材是否完美地体现了主题。

二、艺术内容与美丑对照

描写美好的事物，可以是美的艺术，也可以是丑的艺术；描写丑的事物，可以是丑的艺术，却也可以是美的艺术。"丑的事物，单就它本身来说，可以用美的方式去想；较美的事物也可以用一种丑的方式去想"（鲍姆加登《美学》）。用丑的方式去描绘美好的事物，这是丑的艺术；用美的方式去描绘丑的事物，这仍是美的艺术。

美的艺术既可描写美，也可描写丑。雨果就力主在作品中再现生活的美丑对照，既描写美，也描写丑。"丑就在美的旁边，畸形靠近优美，丑怪藏在崇高的背后，美与恶并存，光明与黑暗相共"（《雨果论文学》）。英国戏剧家莎士比亚、英国作家弥尔顿、意大利诗人但丁，他们的创作，就遵循了美丑对照的原则。弥尔顿写《失乐园》，但丁写《神曲》，"他们竞相地把我们的诗渲染上戏剧的色彩，他们像他一样，把滑稽丑怪和崇高优美互相混合"（《雨果论文学》）。

雨果在创作中就有意识地运用了美丑对照的原则。美丑对照，这不仅是同一作品中不同人物之间的对比，而且是同一人物本身的对比。在他的笔下，克伦威尔是"一个复杂的、混合的、多样的个性，充满着矛盾，混杂着善与恶，兼有天才和渺小，是一个悲喜的人物，整个欧洲的暴君，自己家庭的玩偶，这个老弑君者凌辱各国君主的使臣，却被自己信仰王权的小女儿折磨，他习性谨严而沉郁，但常在身边豢养四个弄臣"（《雨果论文学》中的"克伦威尔"序）。他既是一个军人，又是一个精明的政治家；他疑心病极重，总是令人恐惧不安，但残酷的时候却很少；他对亲近的人粗暴傲慢，对他所害怕的党徒则怀柔讨好，他既虚伪又狂热。这是个混合着崇高和滑稽，优美和丑怪的悲喜剧式的人物。

美丑对照，确实是创造美的重要原则。美丑对照的目的最终还是为了肯定美，描写丑只是成为创造艺术美的一个手段。美丑对照的描绘，必须蕴藏着作家、艺术家的审美评价和审美态度，才能创造出美的艺术。

三、否定性艺术形象的审美价值

艺术价值是审美价值的集中凝练的形成。生活丑不能激起人的美感，而艺术中的丑却能成为审美对象，具有特殊的审美价值。这是因为，否定性艺术形象是通过对生活丑的否定，达到对艺术的审美价值的肯定。作者审美体验和审美理想是创造艺术内容审美价值的关键。

生活是复杂的，有美有丑，艺术既可描写美的现象，又可描写丑的现象。描写美可以是美的艺术，也可以是丑的艺术；描写丑可以是丑的艺术，却也可是美的艺术，问题关键不在于表现什么，而在于怎样表现。而怎样表现与艺术家有无美好的心灵，对所表现的对象作什么样的审美评价和持什么样的审美态度关系极大。

艺术对象的性质不能决定作品的美丑性质，因为艺术作品的美决定于艺术家创造性劳动，创造才是艺术美的生命。当他对丑恶进行批判、否定时，他所表现出对丑恶的愤慨，对美的追求和向往的审美理想、审美态度、审美评价就被编织到艺术整体中去了。因此，艺术内容——审美体验的美丑是构成艺术作品审美价值的关键。果戈理《钦差大臣》里虽然没有高尚人物直接出场，却有一个高尚的人物隐约贯穿全剧，这就是作者自己对人间丑态的嘲笑。在对丑的嘲笑、揭露和批判背后，隐藏着作家的理想和美好心灵。

生活丑不可能激起人们的美感，但当生活丑一旦进入艺术领域，成为反面艺术典型就能取得一种独特的审美价值。首先，艺术家通过观察、研究、分析，深刻地认识到生活丑的本质及其背后所隐藏的社会意义，将它真实地反映出来，体现了合规律的真。同时，当生活丑成为一种渗透艺术家的否定性评价的艺术形象，便从反面肯定了美，体现了合目性的善；再者，生活丑获得了和谐优美的艺术表现形式，就构成了具有审美价值的艺术形象。这是一种以其艺术的存在否定自身现实存在的美。

为了印证"丑"艺术的理论，我们从以下两方面寻找一些例证。

1. 西方现代主义、后现代主义"丑"的艺术

1956年贾克梅蒂绘制了《迪雅哥》，是一幅淡彩素描，也是他最为典型的绘画风格。他将半身肖像置于空旷无边的空间中，有种恍如隔世之感，凸现人物的瘦弱和孤寂。贾克梅蒂采用粉质颜料和碎线反复交织涂抹，来塑造人物和空间，然后再反复破坏和删改，力求在反复涂抹和破坏中显现出画图的主旨和一切皆无又一切皆有的空虚境界，以此来表达存在的某些重要思想，即二战后人们生活在动荡不安的氛围中的苦闷、疏离、自由及反抗的状态，也是人类命运中的悲剧意识。

在雕塑方面，贾克梅蒂的又细又长的，被风化得坑坑洼洼、粗糙、僵直而畸形的人物形象，成为他的形式语汇符号。正是通过这些新的雕塑形态，表明他对那个特定时代一种无力扭转、更无力阻止的清醒的绝望。这使他在当代雕塑史上占有独特的地位。贾克梅蒂的艺术风格是真诚热烈地将传统艺术与现代主义虚构，将古代的人文思想和现代的自由哲学相结合，创化出作品的最佳特质。

比尔·汉森的一组照相艺术作品是代表澳洲参加1985年威尼斯双年展的作品。在昏暗的展场四壁挂满了她巨幅的作品，忽暗忽明的展示空间与画面上阴森恐怖的气氛非常协调。汉森以摄影为媒材，先期拍摄了大量自然界的暴风骤雨，闪电雷鸣，阴暗的森林及风雨中的荒郊野岭。又根据主题情节拍摄少男少女的各种各样的裸体动态，似悲剧舞台上的表演。然后采用手撕、剪裁拼贴组合而成。作品给人们的直观印象是生命在恶劣的、恐怖的大自然里挣扎的各种场面：脆弱与暴力，虐待狂与受虐者，男性的侵略和女性的被残害，性爱与淫乱。而艺术家的关注点是指向人们在现代都市中社会和心理失衡的病态，披露在工业环境中青少年沦落迷失，精神错乱、涣散、意识眩感和晕倒的状态。在肉欲的驱使下，这些裸男裸女们似在面对自然、社会做着一种祭礼仪式。

汉森创作这批照相艺术作品，是对工业化摧毁人类灵魂的控诉，也是对人生堕落的批判。

2. 用"丑"作为揭示生态失衡的一种艺术手段

我们的自然，为生命物质与非生命物质所组成的有机系统。这一系统，由于其固有的调节能力而总处于某种平衡状态。所谓生态危机，即指这和谐有序的生命系统由于外力的干扰，特别是人的活动而出现的严重失衡。其具体表现为：环境尤其是空气、水和土地的污染；气温升高与气候反常；基本资源（森林、矿藏、河流、土壤等）的衰减、枯竭与变质；动植物种类与数量的急剧下降，……与过去相比，从近代开始到20世纪末迅速加快的这场危机具有全球性、全面性、深度性、不可逆性等特点。这是一种真正意义上的危机。造成危机的原因是长期的、多方面的，如人口的增长、工业化运动、资源的过度开发与利用、化学物品的制造与使用、经济体制与政府政策、军备竞赛与现代战争等等。

出生于德国的赖因哈德·赖岑斯泰因于1992年，在他创作《青春和解》中，我们看见

一颗连根拔起的大树，被高高托出盖满青草的小山丘，就像一个巨大的拱门。这是对被削弱了意义的纪念。在1996年的《第八座桥》中，出现在我们面前的是一片其中有八个图腾雕塑的奇特树林，树根都朝向天空，树皮被剥去，树林被砍光，这个幽灵般的怪影使人畏惧。它似乎走来警告人们"小心"。

那么，否定性艺术形象的特殊审美价值主要表现在哪几个方面？

1. 美丑对照

美丑对照的目的是为了肯定美，描写丑只是成为艺术创造的一个手段。美丑对照的描绘，必须蕴藏着作家、艺术家的审美评价和审美态度，才能创造美的艺术，所以高尔基认为：艺术的目的是夸张美好的东西，使它更加美好，夸大丑的东西，为引起人们的厌恶，激发人去消灭它。《巴黎圣母院》中人物之间美丑对照都引向一个目标：否定丑，肯定美。

2. 化丑为美

在对丑的直接否定中，间接地肯定了美。丑的艺术形象因被批判、否定，而获得审美价值。我们从罗丹的《老妓》松弛下垂的肌肤上，看不到生活巨掌残酷的搓揉和压榨，如果低首塌肩的体态不能使人分明地感受到她那强烈的内心痛苦和无言的哀诉，那么，就成了丑的展览。正是这种哀诉，是作者审美典型化的结果，使我们感到了作者的义愤和鲜明的审美态度。于是它在实际生活中丑的否定，对资本主义造成这种畸形的控诉，否定丑，肯定美，从而具有了审美价值。

3. 生活丑进入艺术

生活丑进入艺术成为否定性艺术形象，对于拓展艺术领域的广度和深度，具有重大价值。生活丑进入艺术，这是对美学和艺术理论的挑战，艺术审美价值观念发生了重大变化，使人们对艺术本质和规律有更深的了解，导致艺术和艺术审美理想的进一步发展。艺术美，从此变得复杂了，更深刻了，从而获得更高的审美价值。

否定性艺术形象只有具备社会认识价值、伦理教育价值和情感愉悦价值的高度完美统一，才能激发深刻美感，成为审美对象，转化为艺术美。如若对丑的描写仅停留在生物水平上，引起人们生理上的反感，那就破坏了丑的审美价值，是严肃艺术所不能相容的。

四、艺术美的再现与表现

1. 再现与表现的关系

任何艺术品的内在结构或内容美都是再现与表现的统一。再现艺术不排斥表现，表现艺术也不排斥再现。再现与表现是不可分割地结合的。没有不表现的再现艺术，也没有不再现的表现艺术。但在一种艺术中，可能是再现因素占主导地位，也可能是表现占主导，或二者平行，于是就有了再现艺术、表现艺术和综合艺术。

2. 再现与表现的本质

"再现"、"表现"其传达领域广阔。再现是指艺术家以外的社会物质生活，也可指艺术家本人的物质生活；表现既可揭示艺术家之外的社会精神生活，也可表达艺术家本人的精神生活。

对艺术，人的内部活动、人的心灵、内在体验、内在生命等比人的外部活动、外在形体、行动或事件更为重要。内部活动、社会意识、精神生活，归根结底是外部活动、社会存在、物质生活高度发展的产物。人的外部活动固然是最基本的人类活动形式，但它最终要"内化"、"投射"于心灵，成为内心所体验的"内在形式"，积淀为人的意识存在。

艺术是诉诸人类心灵的精神产品，它只有真正传达出对象的心灵内容、内在生命，才具有审美意义。任何艺术都应当是通过客观对象活动的再现而表现出艺术家主体的内部活动、内在生命、内在本质，从而赋予客观对象以内容和生命。

强调内在生命，并不意味着轻视外部活动。艺术应当通过对外部活动的再现，最大限度地表现出内部活动、内在生命。而并非任何内部活动的表现都是具有审美价值的，却只有这种内部活动形象能充分体现出使它得以产生的外部实践、物质生活和社会存在时，即能够使读者由于它而引导到它本身之外时，它才可能具有审美价值。艺术就应当使这种内部活动与外在活动具有"共同的结构"（即格式塔的"同构"）。

五、艺术品的题材与主题

在任何艺术品中，再现与表现的统一，外部活动形象与内部活动形象的统一，最终必须体现为题材与主题的统一。

题材，即作品中描写的所有外部活动形象与内部活动形象组合的总称。

主题，是同审美情感结合的审美思想的"情致"或"意蕴"。

主题是包容在题材中，由题材本身体现出来的同审美情感结合的审美理想。内在结构应当是这种题材与主题的有机统一体。题材是血肉之躯，主题则是它的灵魂。题材只有在主题的统帅下有机地排列组合、环环相扣、缜密无间，才能组成一幅完整的生活图景、完美的整体。

第五章 审美意象

第一节 艺术形象与审美意象

一、艺术形象与非艺术形象的区别

凡艺术作品中出现的人物、情景、事物、故事等等都是艺术形象。意识并非实在，艺术形象不是生活现象。艺术形象反映生活，但并不是对生活的任何反映都是艺术。科教影片（电视新闻、地理图册、人体挂图或模型……）是形象，然而却不成为艺术。更有一些历史实录、人物传记、新闻记事等所写的人物、事件、实物等也不称其为艺术。相反，中外的许多神话、传说、童话，出现了实际生活中并不存在的事物形象，如孙悟空、美人鱼、狮身人面像等都是生活中不可能有的，然而却是绝妙的艺术形象。

艺术形象的有无，是区别艺术还是非艺术的标志。有了形象并不就是艺术。概念化、公式化、一般化的作品，也许因其揭示了某种现象或阐明了一种先进理论，而具有政治、道德或科学上的思想价值，然而却缺乏或很少有艺术价值。

艺术形象，是艺术的基本范畴。艺术形象既是艺术创作的直接目的和必然结果，又是艺术欣赏的直接对象和当然起点。艺术生产的直接目的就是要创造艺术形象。艺术典型之所以不同于社会典型也不同于科学典型，正在于它首先是艺术形象，艺术生产过程中要运用形象思维，为什么？正因为艺术生产的目的是创造艺术形象，所以需要的不是普通的思维，而特殊的形象思维——艺术思维。

艺术表现了人的感情，也表现了人的思想。因而，艺术成了社会意识形态上层建筑，成为社会意识的特殊形态，特殊的上层建筑。艺术的思想和感情只存在于艺术形象之中，离开艺术形象的思想和感情就不是艺术的思想和感情。艺术有规律，艺术生产必须尊重艺术规律。规律离不开本质，要寻找艺术规律，就必须先揭示艺术的本质。艺术和其他的意识形态上层建筑有共同本质，但艺术又有其他特殊本质，并且还是在特殊本质中表现共同本质，共同本质寓于特殊本质。要阐明艺术本质，必须从分析艺术形象入手。

艺术美只存在于艺术形象之中，存在于艺术形象的内容及形式及其统一之中。艺术形象的形式要美，内容也要美，并且形式要完美地表现内容。艺术形象无论是内容还是形式，都离不开美的问题。人的物质生产要按"美的规律"进行。艺术生产（创造艺术形象）就要按更为复杂的"美的规律"进行。艺术形象是一种审美品，比生活中美的物品，是更为复杂而特殊的审美品，人们用它来表现审美体验。人们正是为了要把审美体验告知于人，所以才创造了艺术形象。艺术形象当然也要表现人的政治观点、道德观点及哲学观点，但这必须融入审美体验，在艺术形象之中，人们可以对艺术形象做科学的分析，指出其中的政治、道德、哲学的观点，作出政治道德的评价。但如果仅限于此，而不阐明这些观点是如何表现在艺术形象上？政治道德、哲学观点如何融入审美体验之中？那还是不能成为科学的批评。艺术形象是个审美品,艺术理论应阐明艺术形象的审美性质。

艺术形象的内在结构(心理结构)和外在结构得不到揭示,艺术形象的独特本质是无法说清的。艺术形象的探索,不只限于艺术理论还需要从美学、心理学、社会学、逻辑学、语言学、工艺学、建筑学等各方面进行努力。

二、艺术形象与审美意象的关系

艺术形象在各种艺术样式和不同艺术作品中,有着神态各异、千奇百怪的表现形态。但不管是何种形态,它们又有着共同的表现过程。

这里以郑板桥画竹为例:这里的"眼"中之竹不是艺术形象,而只是园中之竹映入人的眼帘在及脑海中形成的视觉映像。它还没有经过思维的加工改造,尚未上升为一种特殊的理性认识;而且也还没有和感情相结合,并予以物化成为审美品。"胸"中之竹也并非就是艺术形象。"胸"中之竹是"眼"中之竹在人脑思维中的加工形成,这种加工经由两种途径,产生两种结果。感性映像经由思维的分析、比较、综合,抽象而为概念。概念的继续运动,使意象与意象联结为意象体系或复合意象。因此,"胸"中之竹是经过思维加工的结果,它可能是"竹"的概念,也可能是"竹"的意象。

意象,按传统的说法,它是"意"中之象,不是表象,不是纯粹的感性映像,但它又不是概念,保留着映像的特点意象,是思维化的映像,是具体化的理性映像。意象一旦得到了物化,就转化为形象。"胸"中之竹可以是审美意象,也可以是非审美意象。"胸"中之竹,并非就是艺术形象,它有待定形、物化。只有当意象是审美时,并且审美意象得到物质表现,才能成为艺术形象。

如果"胸"中之竹确是审美意象,经画家之手而定型物化在纸上,那么就转化为"手"中之竹,艺术形象就诞生了。这是精神上的加工,就像郑板桥所说,在落笔画竹时"倏作变相",是"胸"中之竹的改动,使审美意象最后定型、完成。这就是,"我有胸中十万竿,一时飞作淋漓墨","一两三枝竹竿,四五六片竹叶。自然淡淡疏疏,何必重重叠叠"(《郑板桥题画诗》)。画的几枝墨竹,正是他胸中之竹的"变相"和"迹化"。

"手"中之竹成为艺术形象必须符合两基本条件:一是,"手"中之竹必须是审美物像;二是,"手"中之竹的审美物像表现了审美意象。艺术形象应是审美物像和审美意象的统一;审美物像是艺术形象的形式,审美意象则是艺术形象的内容。艺术形象就是表现,传达了审美意象的审美物像;就是物化,固定于审美物像的审美意象。

故人们为创造审美的物像,不仅需要物质材料和物质工具(如画笔、颜料、线条、刻刀、石头、金属等等),而且需要技巧经验。每门艺术都有自己的特殊材料和工具,也都有自己的特殊技法。可是,工具、材料、技法本身都还不成为审美物像,物像材料必须经过艺术家的加工改造才变为审美物像。作为艺术形象的形式,这个审美物像却不同于日常生活中的审美物品,人创造各种各样的形式,首先是为了实用的目的,其次才是为了审美。艺术形象需要有审美物像作为自己的形式,却并不仅仅只以形式美去满足人的审美需要。它首先是以这个审美物像来表现、传达特定的精神内容——审美意象,从而把审美体验传导于人,影响人的思想和感情。审美物像,在艺术形象中把审美体验传导于人,影响人的思想和感情。审美物像,在艺术形象中只表现于审美意象的形式。作为艺术形象的形式,审美物像又具有不同于日常生活中的审美物品的特殊性,作为艺术形象的形式,审美物像有自己的形式结构。绘画的构图、雕塑的形体、戏曲的程式、音乐的曲式、影视的蒙太奇、文学的格局等等，都有自己的结构原则。作为艺术形象的形式，这个审美物像同生活中精美物品的不同在于：它表现审美意象，并围绕着审美意象来确定自己的形式结构。

三、审美意象的特性

1. 审美认识

审美意象是包含着审美认识和审美感情的心理复合体。审美意象包含着认识，但这是特殊的认识——审美认识，它体现着感性认识和理性认识的特殊统一。审美认识是对于现实对象的审美价值或审美性（美或丑、崇高或卑下，喜或悲）的认识。

一个人要能感受到对象的美或丑，必须以长期积累的审美经验为基础。要认识到对象的审美属性，必须把眼前感知的对象映像和过去经验中的表象和概念联系起来，进行比较。但在艺术直觉中，这种思索、理解的过程极为迅速、隐秘，因此显得好像没有思索似的。其实，这是因为过去有了审美经验，对所表达的对象早有了思索和理解。

人的并不只限于再现现实对象的审美属性，而且还可以想像或虚构出具有审美意义的意象。历史上的一些优秀作品里，包含着真实而深刻的审美认识，至今，还能帮助我们从审美上去认识过去的社会。像《西游记》、《聊斋志异》、《普希金童话诗》这些以幻想为特征的艺术作品，里面也包含着作者对当时社会的审美认识。所以，我们不能笼统地否认艺术的这种认识，但必须阐明，这不是科学上的认识意义，而是审美的，而且审美认识也只是使艺术具有审美价值的一个方面的因素。

2. 审美感情

审美意象的另一个重要因素是审美感情。对美丑等审美属性持肯定或否定态度。审美感情和审美认识在审美意象中结合在一起，融为一体。审美感情和审美认识都是客观的反映。审美认识是人对客观对象审美属性的反映，而审美感情则是人对现实对象的审美属性是否满足人的审美需要而作出的反应，它是审美客体与审美主体之间关系的反映。

一切艺术都需要感情。在整个艺术创作过程中，需要感情的参与，并且感情要支配着意象的运动，甚至还要用"移情"或"拟人"的方法，去改变意象。读一部精彩的科学著作，只会引起理智感。而欣赏艺术创作，所需要的则是审美感，审美感、理智感和道德感一样，都是属于人的感情的高级形态，不同于日常生活中普通的感情形态。但审美感同理智感、道德感，既有相互联系又各有区别。

艺术作品，特别是那些描绘了广阔而复杂的社会生活的小说、戏剧、影视，它们表现的审美感，是和道德感、理智感紧密地联系和交织在一起。但社会生活中的政治、经济道德现象，只有从美感上去反映，给予审美评价，经过审美体验，才有可能成为艺术作品。

审美感和理智感，道德感一样，都是对现实对象的感情上所引起的满足的反应，感情上的满足，可以产生精神上的愉悦。这不是一般的生理快感，而是精神快感。但审美感所包含的精神快感还有自己的特点，它是审美快感，一种特殊的精神愉悦。

3. 审美认识与审美感情的结合

审美意象中包含着审美感情，使得艺术不仅具有审美认识作用，而且具有审美教育作用。审美感情在审美意象中是同审美认识紧密结合的。审美感情和审美认识都产生于对现实的审美体验。如果自己没有亲身体验到，而只是道听途说，是无法形成审美感情和审美认识的。

"真情实感"就是真实的情感，实际的感受，不是"矫情"，不是凭空的臆想。正是这样的审美感情和审美认识结合而成的审美意象，才是艺术形象的真正内容。它是艺术家的独特创造。法国著名印象派画家莫奈，曾应邀去伦敦教堂。他根据自己的亲身感知和感受，把伦敦的雾天的画成了紫红色，这引起了伦敦人的惊愕和愤慨，雾本是灰色的，然而这恰恰是莫奈的独特处。当人们看过莫奈画出着伦敦的雾，终于发现了——它确是紫红的。人们把莫奈称为"伦敦雾的创造者"。

第二节 艺术形象是有机的整体

一、审美意象的结构方式

艺术分为两类型：造型艺术，表情艺术。其实，任何艺术，都既要表情又要造型，审美感情要和审美认识统一。在这统一中的表情艺术，如音乐、舞蹈、建筑、装饰艺术等，表情特点突出，而造型艺术，如绘画、摄影、雕塑等，造型特点突出。至于影视、戏剧、小说等，虽也归入造型艺术，但表情和造型结合更为复杂，更难绝对地将其分入哪一类。

1．造型艺术

造型艺术的审美意象是以形寓情。任何审美感情都只有寄寓在感性映像中，感情转化为造型。为了造型，审美认识作用突出起来。表象、联想、想像的活动积极活动起来，感情的支配，结合起来，向一个目的——构成再现性或想像性的映像，有时称它"客观投影"。造型艺术中审美感情的表现，只有通过"客观投影"才能做到，别无他途。直接造型、间接表情，这是造型艺术的特点。

2．表情艺术

表情艺术的审美意象是使情具形。审美感情直接表现出来，而对于客观对象的描绘或造型处于辅助地位。为了表情，当然也需要造型，模拟客观现实中的一些动作或声音，但这种模拟，造型都是因情而设，引向一个方向——表情。表情艺术中的模拟，造型本身也都成了感情的直接表现。这种表情的直接性，是表情艺术的特征。

音乐，是表情艺术中最为典型的现象。柴可夫斯基说："我发现交响乐作曲家的灵感价值是二重的，即主观的和客观的。在第一种情况下，他连自己的音乐中表现自己的欢乐和痛苦的感觉，一句话，就是像抒情诗人一样，所谓吐露自己的心情"，"但当一个音乐家在读一部富于诗意的作品或有感于大自然的景色，想用音乐的形式来表现燃烧起来的内心的灵感的那种题材，这就是另一回事"（《与梅克夫人通信集》）俄文版第1卷）。应该说，一切艺术的审美意象都是客观现实的主观映像，都是主客观的统一。但是，主客观的统一，在不同种类的音乐中可以是不同的：一种以表现客观现实所引起的主观感受为主，一种则以描绘燃起主观感受的客观现实的映像为主。

3．语言艺术

文学即不能简单地归结为造型艺术，也不能简单地归结为表情艺术。小说是综合了造型和表情艺术的特点。诗歌则被称为表情艺术。但就抒情为主的表情诗中，仍有一种是王国维所谓的由"无我之境"造成的"客观"的诗，和另一类王国维称为"有我之境"的主观的诗。其实就是散文，也分为"缘情"和"体物"两类。

艺术作品的审美意象，通常不是只由一个单一意象构成，而是由许多意象结合而成的复合意象或意象体系，单一意象和复合意象本身都是审美感情和审美认识的统一，只是复合意象的结构方式要更复杂些。

审美意象,不管是单一的还是复合的,都是对生活印象的一种概括。艺术家在创作时,不可能也不必要把所有的"生活印象"和"体验"都照搬到审美意象中,而是经过选择取舍,选取突出了印象和体验中的某些东西,而舍弃省略了另一些。要对生活印象和体验作选择,就必须先对他们进行分析和比较,这都需要艺术家的理智活动。然后,还要把经过选择的生活印象和体验综合起来,集中起来,亦即进行概括,才能成为审美意象。

这种经过思维的分析,比较而选取出来的生活印象和体验,再经过思维综合而得到进一步的艺术概括。其综合的方式基本有两种:

(1) 联接。这是把不同的生活形象和经验联接在一起,成为一个整体。这种联接可按时间的统一性进行,也可按空间的统一性进行。可按类似关系来联接,也可按对比来联接。联接起来可形成并列关系,也可形成主从的关系。这种联接在各类艺术中都存在,而在影视中最为普遍。

(2) 融合。这是把不同时生活印象和经验融为一体。这就是鲁迅说的"缀合",杂取众多的现象,而合成一种,融合不同印象,不仅能创造出现实中可能存在的东西,而且可创造出现实中不可能存在的东西。

任何艺术作品都有主题思想,它是作品的灵魂。但是艺术的主题思想,既不同于科学的抽象概念,也和新闻记事,历史传记中的主题思想有所区别。艺术的主题思想是蕴藏在审美意象中的审美观念。审美观念不是离开感知、表象、想像等孤立存在的抽象,不表现为概念,它就存在于意象和意象体系里。艺术的主题思想,正是有感情思考的结果。为了和非艺术作品的思想相区别,恩格斯把这种只存在于艺术形象中的思想和感情的结合,称之为"倾向"。并指明倾向要从场面、情节中自然流露出来。这"倾向",不是概念,而审美意象中的思想和感情的结合。正是因为艺术的主题思想是审美感情和审美思想的结合,它只能存在于审美意象中,要了解艺术的主题思想,只有去亲身体验艺术形象除此之外是别无他法的。艺术的主题思想,正是这种成为艺术灵魂的审美观念与审美感情的结合。

二、审美意象的符号化

审美意象毕竟还只存在于审美主体的内在境界,要转化为具体的艺术形象,需要用一定的物质符号加以外化。作家、艺术家所感悟、凝聚的审美意象用艺术符号外化出来,形成艺术形象。

艺术符号由于使用不同的物质材料,可分为两类:一是运用语言这一特殊的物质;二是运用语言之外的其他物质材料,如人体、线条、色彩、光影、音节、纸墨等等。

"语言有两种互相联系的优点:第一,它是社会性质的;第二,它对(思想)提供了共同表达方式,这种思想如果没有语言,恐怕永远没有别人知道"(罗蒂《人类的知识》)。如果没有语言,审美意象将失去载体,也不复长远存在,更不能为人们提供审美享受,视听审美内容也随之消失。

艺术语言和符号是艺术的一种生命力。符号则有两种:论述性符号和显现性符号。论述性符号表述对客观世界进行反思所必须用的概念、范畴、词汇文字,依据约定俗成的辞书规则和语法规则予以合逻辑、合规律的传达,具有严密的逻辑结构;显示符号与此不同,它是审美体验化的结果,不一定时时处处与客观世界形成对应,和具有严密的语法规则和逻辑规则,具有浓烈的意象色彩及其情绪性,是一种有意味的形式。

"艺术符号是一种有点特殊的符号，因为虽然它具有符号的某些功能，但并不具有符号的全部功能，尤其是不能像纯粹的符号那样，去代替另一件事物，也不能与存在于它本身之外的其他事物发生联系……，那些真实的生命感受，那引起互相交织和不时地改变其强弱程度的张力，那引起一会儿流动，一会儿又凝固的东西，那些时而爆发，时而消失的欲望，那引起有节奏的自我连续，都是推论性的符号所无法表达的。主观世界呈现出来的无数形式以及那无限多变的感性生活，都是无法用语言符号可以描写或论述的，然而它们却可以在一件优秀的艺术品中呈现出来。一件艺术品就是一种表现性的形式，凡是生命活动所具有的一切形式，简单的感性形式到复环奥妙的知觉形式和情感形式，都可以在艺术品中表现出来"（苏珊·朗格《艺术问题》）。

艺术的审美体验具有强烈的虚幻意识，使艺术品在虚幻中诞生，上自无人问津的天国，下至地狱，纵自远古及未来，横至尚无人知晓的虚构世界，都能用艺术符号予以显现。"艺术作品是符号而不是信号，所以它表现的完全是想像的有感情的形象和意味"（川野洋《符号和艺术》）。艺术符号中有许多空间，然而这也许正是伊塞尔所说的——"召唤结构"，希望读者进入其间，用自己的体验填充它。

艺术的意象与符号相交融形成一个完美的有机体，这两者相辅相成，犹如生命之肌肤与血肉的关系，彼此绝对不可分离。在艺术生产过程本身中，审美体验及其外化活动把显示性符号具有生命力，所以它能够与审美意象互相配合，互相渗透，合血合脉，构成意象符号，从而诞生了活生生的艺术。

"艺术品作为一个整体来说，就是情感的意象。对于这种意象，我们可称之为艺术符号。这种艺术符号是一种单一的有机结构体，其中的每一个成分都不能离开这个结构体而独立存在，所以单个的成分就不能单独地去表现某种感情……，在一件艺术品中，其成分总是和整体形象联系在一起组成一种全新创造物"（苏珊·朗格《艺术问题》）。

三、艺术形象是有机整体

1. 艺术形象是内容和形式的统一

艺术形象是有机的整体，是内容和形式的统一。我们在前节中揭示其结构层次，把他分解成几个方面，这是为艺术形象的本质所决定的，但艺术形象绝不是这几方面的简单相加，而辩证的统一体。因此，想透彻了解艺术形象，必须从整体上去了解。

当艺术物像为了体现审美意象时，其内容和形式是结合的过程，是相统一的过程。艺术形象的内容是审美意象，审美物像是形式，既然艺术形象的形式是审美物像，为了创造艺术形象就产生两个层次的"美的规律"——（1）审美物像怎样才能美；（2）审美的物像怎样才能完善地表现审美意象。前一层必须服从后一层，不然，就会走向形式主义。艺术形象的形式应该是美的，但形式的美只是为了表现内容的美的一种手段。

2. 艺术形象是审美认识和审美感情的统一

审美意象本身又是各种心理因素综合而成的复合体，它是审美认识和审美感情的统一。但审美认识本身又是感性认识和理性认识的审美统一；审美感情则又同审美思想密切结合。在审美认识和审美感情的统一中，联想、想像起着重要的作用，它们把各种映像（感知、表象）联接或融合为意象，又把意象联接，融合为复合意象或意象体系。

3. 艺术形象是审美感情和审美思想的统一

为着创造审美意象，艺术必须调动自己的一切精神能力；感知、情感、理智、想像、意志，并且要将其统一为一个完整的东西。这就产生了两个层次的"美的规律"——（1）审美感情如何和审美思想相统一。审美意象的统一性，首先表现在艺术家的审美评价的一致性和连贯性上，同时，又受艺术家的审美理想的制约。艺术家从审美理想上来评价和对待生活，这种审美理想即表现在对崇高的、优美的、悲剧的东西的肯定态度中，又表现在对卑下的、丑恶的、喜剧的东西是否态度中。（2）审美感情和审美认识的结合为主题思想，怎样通过规定情景完美的表现出来的。这规定情景也就是臆造的映像，它可以是再现现实生活中的情境，也可以虚构出生活中未必有的情境。

4．艺术形象与想像力

在把感知、表象的感性映像改造为审美意象，把单一意象联接、融合而为复合意象或意象体系过程中，想像起着特别主要作用。想像力是人类一切创造活动所必具备的能力。艺术想像，在把表象进行改造时，是服从于表象审美感情和审美思想这个特殊目的的，是带着感情的想像。艺术创造中常见的拟人、移情都不只是想像，而是感情和想像的共同作用，其结果是产生审美意象。

审美意象是人的多种心理因素交织成的复合体，是感情、理智、想像等的相互作用的融合物，艺术的形象思维，也是感情、理智、想像等心理活动相互交错的过程。

5．艺术形象与感情

艺术要有感情。感情是艺术的根本。艺术感染的深浅决定于三个条件：（1）所传达的感情具有多大的独特性；（2）这种感情的传达有多么清晰；（3）艺术家真挚程度如何，换言之，艺术家自己体验他所传达的那种感情的力量如何（见托尔斯泰《论艺术》），但感情要受理智的制约。

审美感情和审美思想是有具体的社会内容和性质的。审美趣味的好坏、高下决定了艺术是进步的还是反动的，是这个阶级的还是那个阶级的，是艺术标志。审美趣味的优劣高下，决定艺术情趣的性质。但区别艺术与非艺术的界限不在政治上、思想上的好坏，而在于艺术形象的有无。

第六章 审美意境

第一节 艺术的意境生成、构成和特征

一、艺术意境的审美生成

我国意境说初始，历代认为始于"诗言志"，它是从感性世界向理性世界的拓展作为自己生命意蕴之所在。两周至两汉的"意象说"，"物感说"，"比兴说"，'言不及意'说等虽内涵有异，角度有别，但都在寻绎艺术审美中的情感和追求视觉形象的内在意味上与意境说的发生发展有着千丝万缕的联系。

"象"（《易传》）是主客观因素的统一，"象"包蕴着"生生不息"，是我国古代借助形象来表达概念无法说清的思想，"立象"包含尽意的特点，这与后来"意境"说的包容性，层次性及形象可以传"情意"的特点有内在精神的一致性。

"比兴"在显与隐，感与类之上的重要差别是情于理的差别，"比"，附理，"兴"，起情。"兴"因而更具有文学现象的情感特点和感发意志的倾向。后来，刘勰将"意象"的概念引进为"意境"范畴的形象奠定了重要的理论基础。

唐代的"形神"论，"言意"论，"诗味"说与意境有关。"味"与艺术的善于状物，情感真切，有言外之意有密切关系。钟嵘更以"滋味"说作为品评诗歌审美特征的标准。"诗味"说已经从《诗歌》的意与情的总体氛围中把握到诗艺的审美精神，而与意境关系相当密切。

盛唐殷璠以"兴象"这一概念来表述，"兴"是感情，"象"是物像。他从诗歌角度首次提出"兴象"的概念，重情思与物像的契合，已触到了"境界"的一个侧面，标志着艺术理论思维的深化，意味着人们越来越接近用规范、稳定的术语探索境界的问题。

唐诗人王昌龄提出"物境"、"情境"、"意境"的概念。皎然"诗式"中明确地把诗歌构思作为立意"取境"的过程，认为诗歌韵味是超越于文学形象之上的，并认为诗人的取境，追求诗味创作过程中，有其精神的主动性驾驭自然的能力。

唐司空图对意境的重要贡献在于对意境层次深刻的体悟和独到的见解，"象外之象"、"味外之旨"是意境的重要内涵，"韵外之致"、"味外之旨"是意境理论的重要内涵，"韵外之致"、"味外之旨"作为品评艺术的最高艺术标准，他已从理论上意识到"境界"是一种超感性，超具象生成了具体艺术媒介之外的美学范畴。他的功绩在于兴法为核心研究了意境中"象"以外的两个层次——"象外之象"和"神"。

宋严羽"兴趣说"的深刻之处在于他把"诗有别趣"提到诗的特性上理解。这里的"兴趣"当然就是与理路相对的"情路"，言有尽而意无穷正是兴法，点明了"兴趣"说的实质。他已明确地感到诗歌是艺术所追求的美学极致就是"妙悟"的意境。意即诗歌的境的过程，其思维的对象不是书本知识和抽象的理念，而是充满着生机和活力的客观形象世

界。内心在外物的偶然触发下产生诗思,这就是"妙悟。"

清王夫之是通过"情景关系"来对审美特性进行阐发的,他试图以情景关系为纲对意境之象的各层次不断生成性给予必要的解释,认为诗之"圣境"是由具有特殊的对立统一关系的情与景构成的,而且情景处在一种相依相存的关系之中,诗人要善于把抽象的情思转化为形象的景物,将"情语"变成"景语",诗歌意境具有因情景交融,互相生发而且有不断生成的特点。并认为意境并非单纯在客体,也并非单纯在主体,而在主客体的相交相融相感之中,王夫之以明确的语言标举出意境的三个层次即有形、未形和无形。

在意境范畴上的集大成者是清学者王国维,他把"意境"作为中国诗歌的最高美学境界,完成了古典意境论的探讨,诞生了理论化的意境论。他第一次以明确的语言规定了意境的艺术主体性,揭示出"境界"的独特美学内涵,把意境分为"造境"、"写境"、"有我之境"、"无我之境"等,同时,将意境范畴上升到艺术的普遍适用性和艺术本体论上加以认识。王国维的意境探索达到中国古典艺术美学意境论探索的新高度,标志着传统意境论的完成。

二、审美意境的构成

宗白华先生在《美学散步》中明确指出:艺术意境不是一个单层面的自然再现,而是一个境界层深的创构,从直观感相的摹写,活跃在生命的传达,到最高灵境的启示,可以有层次。

"直观感相的摹写",其特点在于呈现为静态实像;

"活跃生命的传达",其特点在于飞动的虚灵;

"最高灵境的启示",特点在于超迈而神圣。

1. 境(象内之象)

表征为审美对象的外部物像式艺术作品中的笔墨形式和语言构成的可见之象,即是作品中的对象物实体的再现部分。这象内之象在空间上说是有限的,在时间上存在是短暂的。但仅仅是象内的象远远不能构成完整的意境,也不能构成艺术,审美客体须打上审美主体的精神印迹,才能构成艺术,达到审美客体之景与审美主体之情的统一,才是意境的关键。

2. 境中之意(象外之象)

表征为审美创造主体和审美欣赏主体情感表现性与客体对象现实之景与作品形象的融合。意境的这一层次不能脱离意境的第一层而独立存在,但可以与第一层共同构成艺术意境类别。这层意境着重探讨如何处理情与景、思与境、意与象的关系,情景相融、思与境谐、意与象应、心物相契是艺术创作的意境。这时心已完全化为物,物也完全化为心,情景心物妙合无垠被视为意境高超的象征。

3. 境外之象(无形之象)

这集中代表了中国的宇宙意识,道体为虚,构成了中国艺术家的生命哲学的情调和艺术意境的灵性。它要依赖于前两个层次,它并不能形成意境的单独类型。天、地、人的本体,成为艺术本体,使意境在"天人合一"中臻于妙境。艺术的境界,使心灵和宇宙净化,又使心灵和宇宙深化,使人在超脱的胸襟里体味到宇宙的深境。意境的创造不会是情与景的简单相加,而在广度、深度、高度上在人与人、人与物、人与自然、人与宇宙的四重关系中进入人生诗化的哲学境界。

三、艺术意境的审美特征

艺术实践告诉我们：绘画、摄影、雕塑等造型艺术可以创造意境，音乐、舞蹈、诗歌等抒情艺术也能创造意境。戏剧、小说、影视等综合了抒情、叙事、戏剧因素的艺术可以创造意境，实用艺术（包括环境、生态）、园林艺术、建筑艺术等也未尝不能创造意境。

而意境又呈现出什么样的审美特征呢？

1．虚实相生的取境美

虚实结合这一创造意境的艺术手法，在艺术家手中得到充分的运用，收到了以少见多，以小见大，化实为虚的意境美的效果。

在黄翔拍摄的《黄山雨后》中，作者充分调动摄影艺术的各种造型手段，线条语言，光线语言，影调结构，色彩的处理，或浓艳、或淡雅，或抒情、或写实，画面富有变化而又相互谐调，富有动感而又相对均衡。在形式上以和谐、平静、稳定为特点，给人以一种宁静和谐的审美愉悦。作品明显受到中国传统绘画的影响，那山石参差与层次，那云雾缠绕的空灵之妙，那朴实而活泼的构图，有一股强烈的生命气息和深远的艺术意境。

这类意境，通过"象"这一直接呈现在欣赏者面前是的外部形象去传达"境"这一象外之旨，从而充分调动欣赏者的想像力，由实入虚，由虚悟实，从而形成一个具有意中之境，"飞动之趣"的艺术空间。

2．意与境浑的情性美

意境是意与境的结合。意与境之结合，必须达到完整统一，和谐融洽，自成一个独立自在的意象境界。这个意象境界是现实生活的反映，然而却并非是实在世界本身。正是在这意象境界里，蕴含着无穷之味，不尽之意，可以使人思而得之，玩味无穷。

唐孟浩然诗《春晓》："春眠不觉晓，处处闻啼鸟。夜来风雨声，花落知多少？"全诗形象单纯，然诗意无穷。它抒发的是惜春伤时，惋惜花落春短之情，还是赞美春景，欣赏大地春晓的美景？它表现的究竟是恬静、闲适，还是哀愁怨惜的情趣？《春晓》一诗创造了美妙的意境：它既有对春晓美景的赞美，又有对花残春短的惋惜。对美景的肯定，和对美景被摧残的惋惜，在诗人的审美感受中是一致的，并不冲突。也正因为这种复杂而微妙的审美感受，被诗人巧妙而完美地编织进诗的意境里，才使这诗玩味无穷。

3．深邃悠远的韵味美

艺术的意境是心中之意和心中之境的独特形态的结合，在意与境的和谐统一中，产生了一种新的"东西"，我国古典美学称之谓"韵味"。

李白诗《黄鹤楼送孟浩然之广陵》："故人西辞黄鹤楼，烟花三月下扬州。孤帆远影碧空尽，惟见长江天际流。"这里由烟花、天际、孤帆、碧空、江流等意象构成了直接境象，虽未直接叙述李白和孟浩然是如何告别的，也未直接抒发二人友情有多深。然而，这些直接的境象，却引发了、导向了比直接境象更为广阔、丰富的间接意象，使人不仅看到了送别的场面，而且深切感到离别之情是如何深沉。正是这种直接境象以及由它所引发出来的间接意象的结合，构成了这首诗的意境。这意境，产生出一种"韵味"。别离是痛苦的，使人难过，因别离而生的一股淡淡的哀愁之情，在诗中自然流露出来。体味这别离的哀愁，却又引发出一种超越于哀愁的心情，叫人欣慰愉悦的情趣，使诗产生了"韵味"。

第二节 艺术意境的品类

一、优美

从艺术载体看，凡能使人感到优美的对象一般具有小巧、轻盈、柔和的特点。小巧是指优美的对象占有的空间较小。苏州的网师园规模很小，亭台楼阁小巧典雅，假山小丘峰峦回抱，荷花水池明洁清幽，古木藤萝封满山石，小水潺潺，曲径通幽。轻盈是指优美的对象运动变化不明显，在时间上表现为缓慢、安静。溶溶月色，淡淡轻风，微微水波，波澜不惊，都因缓慢、安静，而构成优美。柔和是指优美的对象在力量上比较弱小，在性质上比较温和。"自在飞花轻似梦"，"无力蔷薇卧晚枝"。西欧洛可可式建筑波纹上波浪形的涡卷纹，现代家具简洁流畅的弧形，女性形体的柔和曲线（安格尔的《泉》），都表现了力量的弱小与性质的温和。

二、壮美

壮美的对象是巨大、急疾、刚强的。巨大是壮美的对象占有较大空间。塞外漠野，茫茫星空，长江大海，万里长城。急疾是指壮美的对象以剧烈的运动变化为特点，在时间上表现为急速、快疾。黄山云海，弥天盖日，瞬间万变，蔚为壮观；狂风呼啸，火山爆发，飞流直下，万马奔腾。刚强是指壮美的对象在力量上显得强大，性质上显得刚硬。咆哮万里的黄河水展现了摧枯拉朽的伟大力量，豪放、强劲的音乐，哥特式建筑尖利的直刺云霄的塔顶，显示了刚硬的性质。

三、悲境

悲境包括悲情、悲剧与崇高。这里的"悲"不同于日常生活中的悲惨（悲惨、悲哀），而是在人类实践与理性的能力发展的一定阶段，才可能对自己生命活动与生活中发生"悲"的回顾反思，并从中发掘了理想与前景，获得精神上的超越与愉快。

悲情的主体有着追求真善美的人生理想，但强大的客体，作为一种客观力量总是打击与扼杀这种理想，造成痛苦忧郁与悲伤。因此，悲情的原因主要在于人生失意。人生失意蕴含着的是人与自然、历史的矛盾，以及个体的有限性与宇宙无限性的矛盾。这样造成悲情的客体的力量是主体无法抗拒的，它们或是无形、无限的宇宙的时空，或是人生的必然规律、命运，或主体自身并不认为是敌对的甚至是忠诚的社会力量。这些客体力量虽然与主体对立，但是主体却不能与之形成抗争、拼搏的关系，只能接受这种痛苦。

鲁迅说："悲剧是将人生的有价值的东西毁灭给人看"，恩格斯说："悲剧是历史的必然要求与这个要求的实际上不可能实现之间的悲剧性的冲突"（《马克思恩格斯选集》第4卷）。悲剧以代表真善美的这一方失败、死亡、毁灭为结局，他们是悲剧的主人公。

凡是能引起人恐惧的东西，如晦暗与朦胧、空虚与孤独、黑夜与沉寂等，都是构成崇高的因素。崇高的对象往往是无法驾驭的力量、具有庞大的体积、粗犷的形式，强硬的直线、坚实笨重的形式特征。崇高是相对弱小却代表正义与善良的主体与强大的敌对势力奋斗抗争的过程，通过这种奋斗与抗争展示人的精神与力量。因此，崇高是人的精神与力量的动态展示。

四、喜境

喜境包括滑稽和喜剧，滑稽常见于生活现象，是由人的行为、言论的荒谬背理引起的有趣快乐、荒唐意外、幽默等情感反应是轻松的喜。喜剧是与悲剧相对应的一个概念，表现社会的矛盾与冲突的一个阶段。在这个阶段，矛盾双方的地位有了根本性改变，原本强大的客体力量逐渐失去其优势，被历史实践所否定，因此就成为被嘲弄的对象。

滑稽与笨拙、错误、丑这些形式上不正常以及形式与内容相悖的不正常现象的联系。"滑稽的事物是某种错误或丑陋，不致引起痛苦或伤害，现成的例子如滑稽面具，它又丑又怪，但不使人感到痛苦"（亚里士多德《诗学》，见《西方美学史资料选编》上卷）。柏格森提出，身体、姿态、动作、行为与条件带上机械性和僵硬性，就成为滑稽。

幽默与滑稽的区别在于：滑稽的基础是人类自身的弊端所造成的形式于内容的倒错悖离或变形，幽默却是人自觉地用倒错歪曲的形式表现深刻的思想和真实的内容，显出含蓄诙谐和机智。车尔尼雪夫斯基说："幽默感是自尊、自嘲与自鄙之间的混合。"幽默中所含的批评一般更易为人所接受，幽默比滑稽更使人快乐、轻松。

喜剧中存在滑稽因素，如行为语言的乖讹夸张、倒错、变形及明显的虚假和假正经、自相矛盾等等，因而也会引起发笑。但喜剧与滑稽还是有着明显区别的，喜剧常常用于评价某一重大的社会历史现象，所以比滑稽更具有严肃性。

喜剧的主人公总是要被否定的旧事物，原本强大的不可一世的社会力量，现已经透出虚弱的本性，失去了历史存在的合理性，强大的外形与虚弱的内容已经发生了悖离，再不能对社会进步的力量构成威胁了。喜剧的主人公总是要自欺欺人的，他们总是力求"用一个异己本质的外观来掩盖自己的本质。"喜剧就是对这种内容与形式错乱、本质与现象悖离的旧事物的揭露与否定，因此能直接显示人类的理想与自信，不像悲剧只能在被摧残与毁灭中间接地显示人类的理想与自信。喜剧感的笑还包含着人类对人的价值的肯定，对真与善的肯定，这是喜剧具有审美价值，能引起人的审美愉快的重要原因。

五、荒诞

荒诞作为审美意境，是西方现代社会与现代文化的产物。荒诞的本义是不合情理与不和谐，它的形式是怪诞、变形，它的内容是荒谬不真。

从形式上看，荒诞与喜剧相似，但荒诞的形式是与内容相符的，并不像喜剧那样揭示的是形式与内容相悖或形式所造成的假象，所以荒诞不可能让人笑。荒诞的形式还与原始艺术相似，因为怪诞变形本是原始艺术的特征，但原始艺术表现出神秘与崇高，却不是荒诞。

从内容上看，荒诞更接近悲剧，因为荒诞展现的是与人敌对的东西，是人与宇宙社会的最深的矛盾。但荒诞的对象不是具体的，无法像悲剧和崇高那样去抗争与拼搏，更不会有胜利。荒诞也不能像悲情那样通过理性的理解达到超越，荒诞本身就是非理性的，不能理解的，所以荒诞也不可能让人哭。但是，荒诞却传达出一种更深沉的不可言说的悲。

第二篇 自然美

第七章 生态美

第一节 生态美的形态和内容

一、生态平衡和生态理论

近代社会生态理论始于17、18世纪欧美一些思想家提出的"仁慈主义"的理论主张，他们反对粗暴地虐待动物，认为动物也应像人一样享有"天赋的权利"，因而也必须承认它们是权利主体。

英国思想家杰罗米·边沁较早地提出了要给予动物道德上的关怀的观点。边沁功利主义的思想基石是快乐主义，也就是把趋乐避苦看成是人类和动物的共有本性，因为趋乐避苦必须是以肉体的感受性为条件的。边沁认为，不仅人能够感受到快乐和痛苦，而且动物也有快乐和痛苦的感觉，他反对笛卡儿将动物看成是无灵性或无感受性的存在物。

浪漫主义的思想风采在18世纪法国思想家让·雅克·卢梭这里得到了较为充分的体现，在18世纪启蒙运动风光大显之时，卢梭却与之分道扬镳，他站在启蒙运动的对立面控诉工业文明进步所带来的罪恶。卢梭着力同主张以改造和征服自然来体现人的主体性的古典主义、人文主义划清界限，主张逃离工业文明所制造的功利化、机械化的生存世界，要充满激情地追求诗化的世界，以为人生应该是诗意浪漫的人生。人的精神生活应以人的本真感性为出发点，以自己的灵性作为感受世界的根据。追求人与自然的契合交感，反对工业文明带来的人与自然的对立与敌视。

美国先验主义文学家爱默生认为人类对大自然的审美常常出于三种情况：一是，以简单地直觉观看自然的形体来产生美；二是，从人们的理智活动出发来发现和探究自然之美；三是，与道德的关联是产生完美无缺的美的重要条件。

美国青年亨利·梭罗提出人类要不断扩充自己关怀的对象的范围，即不仅要对人予以关怀，而且也要关怀大自然，因为人和大自然都属于一个统一体。其次，慈善应当是人类惟一值得赞许的美德。梭罗反对人们追求奢侈的生活，认为大部分的奢侈品，大部分所谓生活的舒适，非但没有必要，而且对人类进步大有妨碍。

英国人亨利·塞尔特及其同时代的思想家更多地关注动物，而很少涉及生态系统或其他自然物，但他的观点都成为以后生态伦理学体系中"动物解放论"这一分支的源头，特别是他所提出的扩展道德共同体的观点对后世影响更大。

在生态学的萌芽时期，阿尔贝特·史韦兹所提出的"敬畏生命"的伦理思想可谓独树一帜，影响深远。他的主要观点有：(1) 伦理是生命意志的体现，一切生命都有意志，但相对于其他动物，人的生命意志表现得最为强烈，也分裂得最痛苦。(2) 敬畏生命的伦理思想有非常充分的思想文化上的根据，中国古代孟子就曾以感人的语言谈及动物的同情问题；列子认为动物的心理与人的心理并无多大差别；杨朱也认为，把动物的生存权仅看成是为了满足人的需要的观点是一种十足的偏见，因为动物也具有生存的意义和价值。敬畏生命的伦理思想是人类道德进步的必然，是建立在对生命统一性和世界和谐认识的基础上的。(3) 敬畏生命思想的要点为：关于善恶的定义。善是保存和促进生命，善的本质是保持生命、促进生命，使生命达到最高度的发展；恶是阻碍生命、毁灭生命、损害生命、破坏生命的发展。

英国生态学坦斯利正式提出"生命系统"这一概念，认为有机体是不能与其所处环境分离的，而必须与其所处的环境形成一个生命自然生态才会引起人们的重视。他主要观点表现在：(1) 在生态学发展过程中，科学的整体有机主义的思想开始确立起来，人们开始清晰地认识到，大自然是一个共同体，适合于它的只能是共生主义而不是任何形式的利己主义。(2) 生态学成为了一个重要的理论生长点，它为孕育和培养其他相关学科提供了较为丰富的营养，同时也发展出了许多应用性学科。(3) 生态学所揭示出的科学规律成为了人们对待大自然的行为基础，特别是生态学所反复强调的扩展共同体的观点更是被直接地移植到生态学的体系中。

奥尔多·利奥波德是生态学的重要奠基人，他所阐释的"大地伦理"提出了将所有自然存在物以及作为整体的大自然都纳入伦理体系中的理论范式。"大地伦理"的理论特色：(1) 对伦理的演化过程进行了新的归纳总结。(2) 伦理拓展的前提是要扩大"共同体"概念的范围。(3) 关于"大地伦理"的价值标准。

瑞彻尔·卡逊在生态学史上的地位不是通过阐述什么深刻的道理或建立起什么博大的理论体系而确立起来的，主要是她以自己的笔触唤起了民众对生态问题的高度注意，从而为生态学的普及或转化为平民意识起到了十分重要的作用。

20世纪中叶后，在对现代化进行批判反省的队伍中，罗马俱乐部是十分引人注目的。它举办了一些产生重大影响的活动，如主持了1974年的萨尔茨堡会议，通过了著名的《萨尔茨堡宣言》；1975年7月在墨西哥召开了以"为和平和发展团结一致"为主题的大会；1976年4月2在美国费城召开了讨论"人类的新的地平线"的特别会议。

20世纪60年代以来，生态学领域中最引人注目的动向即是深生态学理论的提出和发展。1973年，挪威哲学家阿伦·奈斯在《浅层生态运动与深层、长远生态运动：一个概要》的文章中，首次提出了"深生态学"的概念。

当代美国著名生态学家霍尔姆斯·罗尔斯顿认为生态学的根据即是生态系统的机能整体性特征，自然价值以及人对自然界的道德义务不是由人所决定的，而是由生态系统本身所决定的，从生态系统的整体性着眼而不是以人的生存来着眼，只要坚持这样的理论立场，那么"事实"与"价值"的矛盾也就迎刃而解了。他力图在消解传统伦理思维干扰下来构建生态学的体系，直接从生态学中寻找自然价值的根据。

20世纪70年代后，人类中心主义的价值观念受到了越来越多的人的抨击，产生了反人类中心主义的思想观点。它认为：生态危机并不简单地只是人类生存环境的恶化，它所透显出的是一种文化危机，而核心内容则是人类价值观念的错误，所以可以说生态危机只是一种结果，价值观念的失误才是危机的源头。反人类中心主的内容概括为：（1）动物平等论。这种观点所强调的是动物像人一样也具有道德地位，因而也有资格或权利得到人类的道德关怀。其代表人物是汤姆·雷根和皮特·辛格。（2）生命中心论。它将对生命的尊重作为生态伦理的理论基石，主张无论是人、是动物、或是植物，凡是有生命的存在物都应当得到道德上的同等尊重。代表人物是美国布鲁克林学院教授保尔·泰勒。（3）生态中心论。这种观点认为，生态学必须是一种整体主义的价值观，因此那种局限于生物个体或非生物个体的生态伦理观都是不完整的，生态伦理学应当以生态系统的整体性和完整性为立足点。

美学的生态学时代的来临，已经为多种文化表征的出现所决定。托马斯·伯里曾把后现代文化说成是一种生态时代的精神。拉兹洛也把继"农业革命"、"工业革命"后发生的"第三次真正的革命"称作"人类生态学的时代"。正像法国社会学家J-M·费里所乐观预言的："未来环境整体化不能靠应用科学或政治知识来实现，只能靠应美学知识来实现"，"我国周围的环境可能有一天会由于'美学革命'而发生天翻地覆的变化……生态学以及与之有关的一切，预言着一种受美学理论支配的现代化新浪潮的出现"。而这种现代化新浪潮出现的标志就是指生态美学的诞生。生态美学把自然、社会、文化作为人类生存的生态整体来看待。所谓生态美，就是指人类生态世界中一切事物、对象、形式及存在所表现出的有序与和谐。它既包括事物自身生命形态的和谐、有序，也包括事物与事物内在秩序与结构间的生态协同。生态美的最根本的性质是它的生命性。美在于生命，是由于生命的生气盎然与生机勃勃。生态美的第二性质是宜人性。生态有宜人的，也有不宜人的，因为生态并非为人而存在。然而，生态美必然是宜人的。

二、生态美的具体形态

1. 生态气象美

一定生态系统在感性外观上所显示的生气、生机之美，就是生态气象美。生态是世界的物质、能量和信息运动的感性存在和动态展开，必然在外观上通过色彩、声音、形体及其运动感性地显示出它的生气和生成动势。这种蓬蓬勃勃、欣欣向荣、生生不息的生态气象，是美的最生动、最直观的显现。"百花齐放"、"百鸟争鸣"，生必动，动则生，"生动"是气象美的基本特征。

2. 生态秩序美

生态是呈网络状关联性的存在，是不同因素和物种的一种有利于革命生成的结构状态。生态系统及其运行所显示出的结构和规律之美，就是生态秩序美。

生态学家和生物学家对各种生物群落及整个人类生物圈生态关系的考察，揭示了类似于"预定和谐"的秩序，即使同一种群在性别、职能、长幼的区别里也存在着微妙的协同共生关系。

生态秩序的美是多种多样的，其中最重要的有生态对称美、生态平衡美、生态和谐美和生态协同美等。

（1）生态对称美　是生态秩序中最常见也是最初级的一种形态。相辅相成、相反相成、互补共生的生态结构，都是对称的不同水平的表现。中国古代道家的"阴阳相生"之说太极圈，就是对生态、对秩序的深刻感悟。放眼世界，无处不在的对立统一、互补共生，都表明生态对称美的普遍存在。

（2）生态平衡美　对称当然是一种平衡，但只是一种最简单的平衡，生态平衡要比对称复杂、高级。它参与的因素更多，彼此差异更大，结构也复杂多变。在生态平衡中，生态系统的诸因素各安其位，各司其事，各尽所能，既相互依存又相互创生，使生态系统得以维持，生命水平得以提高。

3．生态功能美

所谓功能，就是功用、用处、作用、效能等。它同一定的结构相联系。在这联系中，一定的结构作为形式，应表现为了某种功能而美。

生态功能美包含两层意思：一是，指生态系统本身的创生功能之美；二是，指构成生态系统诸因素对系统生态优化所具有的功能之美。前者着眼于生态系统整体，后者着眼于生态系统的构成因素。就是一个生态系统的整体而言，如果它不仅使其诸因素共存共荣，造成旺盛的生机和繁荣的气象，而且在相对的稳定中实现向更高的水平跃迁，它就具有整体性的生态功能美。而就生态系统中的某一因素而言，倘能在生态平衡中发挥积极的作用，以自己的存在和活动激发整体生机，推动整体生成，它也就具有独自的生态功能美，无论哪个层次上的生态功能美，归根结底都是以其生态生成的作用为内涵，都是以向前、向上的生态趋向为根本坐标而转化为美的。拿水来说，它不仅是生命之源，作为天与地的"边缘"，它具有特殊的生态优势，又因为其流动性和亲和性而成为元素的原生物相互结合，阻力最小，机遇最多，条件最稳定的场所，而且启迪人的智慧，促成人的自鉴和反思。正是水的这些生态功能，使它成为人类永恒的审美对象。

三、生态观念美的具体内容

生态观念就是对自然所传达的生存智慧的理性认识。虚心而全面地领会自然的这些启示，人类才真正懂得自己在自然中的地位，正确认识和处理与自然的关系并知道自己应该做什么，又能够做什么。生态观念的具体内容，作为自然的生态关联所启示的生存智慧，可以用"生"、"和"、"合"、"进"四个字来概括。这四个字，构成了生命在生态中运行演化的开放性循环。

1．生

生就是生气、生机、生命、生殖的意思。这是生命之为生命、生态之为生态的最基本的特征。生态等本就是以生物的有机生命与其环境的关系为研究对象，它所追求的目标就是使生物及其群落乃至整个系统能有正常兴旺的生机，使生命能健康地生存并通过生殖得以延续，生气氤氲，生意盎然，生机勃勃。这是生命应有的景象，有生之物因其生机而自然生动。生命的真髓在于生生不息的连绵，这包含了肉体生殖和精神传承两个方面。在这里，生与死是对立的统一，没有死就没有生。但从生态运动的整体说，死是为了生，生才是最高的目的。死不是对生的简单否定，是生之为生的自然超越。所以，庄子在二千多年前提出"齐生死"的论断。现在，我们既懂得了两者的区别，更懂了两者的内在联系，因此从生观照和理解死，也因死而更珍惜和爱护生。生命世界观作为绿色思潮本来就是面对全球的"死亡"危机而作为人类生存智慧提出来的，崇生、惜生、护生、爱生、优生，正是生态观念的灵魂所在。

2．和

和即和平、和善、和谐。和谐是人类古老的理想。无论东方和西方的古代哲人，都曾把世界和人看成是和谐的产物，并且具备和谐的天性。和的前提是分化差异与对立。分化和差异是生命的本性。由分化和差异造成的丰富多样，正是生命兴旺气象。但是，差异和分化尽管显示了生殖和丰富，却还得在"和"，即多样统一中才能构成生命世界，才能创生新机。荀子说："万物各得其和以生。"所谓"和"，就是指有差异和矛盾的事物之间不仅互容共存，而且互补共生，还包括互相对立的事物之间相反相成、相克相生的关系。

在生态系统中，每一个生物个体或群落都是一个牵一发而动全身的活性因子，因子之间都是相互影响、相互作用的。它们在相互创生中共同营造着自己的生存环境。互补共生是比互容共存更进一步的生存关联，指的是有差异甚至对立的事物之间，还有互相补充、取长补短、互帮互进、协同营造和维护共同的生存条件的生态关联。差异有多种不同的程度和性质，有的造成矛盾的对抗。这表明"和"就是表现为相反而能相成，相克却还相生，如古人《周易》中所说的"阴阳变易"、"五行"学说中的相克相生一样。

在"和"中，还包括争。它不仅是生的一种表现，而且是创生和优生的一个有力的机制。在竞争中，生命力得到充分的激发，生命智慧得到充分的发挥。动物通过竞争，不仅使优秀的个体获得优生的生殖权，而且由竞争激活的生命激情在当时的交配中也有助于提高生殖质量。竞争在这里成为优生的手段。天敌是生物最具威胁性的竞争对手，同时也是抑制物种片面发展以维护生态平衡的有利因素。因此，不能把竞争跟和谐对立起来。竞争不仅是推动和维持和谐的必要手段，在一定意义上也是和谐秩序的一种特殊表现，它们以紧张强势的合力推动着生命的进取、提升。

3. 合

合是合作、合谋、综合、融合的意思。合把互补共生的和谐关系上升到合作创生的新水平。在"和"的基础上得"合"，发挥出综合的建设创生功能，从系统中产生出新的生命品质和力量。动物中，自发的协和与合作就已有了，甚至可以把群落和生物链内相辅相成、相克相生的关系也看作是一种"合"，因为这也是一种分工合作。中国古代传统中的"四灵"（龙、凤、麒麟、龟），都综合为其特征，并由此赋予神秘的灵性。这说明古人早就懂得"合"的意义。

同"合"一样，"合"也是以差别和多样为前提的，它不是流行意义上的"统一"和"同化"，而是系统性的协调和配合，在充分发挥互补作用的同时，又在整合中产生出新的品质，实现整体的跃迁和进步。

4. 进

进，即进取、进化、进步。世界作为生态系统是生成的，生态的"和谐"不是静态平衡，生态的"合作"也不只是维持现状。生之为生，归根结底在生成中才获得意义，并得到最高的表现。一切生命的意义就在于生成、进化，在于不断创新。进，是一种更高水平上的"生"。

第二节 中国传统文化与生态

一、道家、道教的生态思想

老子说："人法地，地法天，天法道，道法自然。"而"自然"是什么呢？在老子看来，是自然产生万物，却并不占有万物，更不因此而视自己为万物的主宰，这就是"玄德"，即一种最高的品德。

法自然、宗无为，这是老子思想的灵魂，亦是道家道教学说的纲领。人与自然的融合共存，不仅是后天的必要，更是先天的决定。人既然来自天地，理应法天则地，遵循大自然的规律，这是道家天人合一思想的要害，也决定了道家对社会和自然的观察、研究，力图采取客观的视角和冷静的态度。正是这种道法自然的定势，唤起了道家中人热爱自然、尊重客观规律的美的情操。他们重视"天地与我并生，而万物与我为一"的自然生态，强调自然和人之间、宇宙大生命与个体小生命之间的同极与互动的关系，诱导人们从自然哲学转到生命哲学的研究，影响和推动了我国古代自然科学的发展。

道家道教称天地、万物、人为"三才"，道教的《黄帝阴符经》提出了一个"三才相盗"为核心的天人理论。所谓"盗"，即盗窃、危害相互利用的含义。万物盗天地、人盗万物、万物盗人，这是三才相生相克的基本状况，亦是大自然运行的客观规律。元人胥元一说："万物盗天地而生，人盗万物而养，万物盗人而成，此为三才相生、相养、相成的正理。"

二、道家思想和深生态学

西方哲学对待自然、环境的思想是客体化了的、机械化了的、僵化了的、非人性化的，使自然和环境失去了生机。与西方思维方式形成鲜明对照，中国传统哲学是以一种主客交融的、有机的、灵活的和人性的方式来认识和对待自然和环境，所追求的目标是人和自然的和谐与统一。中国传统哲学对生命和宇宙的理解与深层生态学的基本理念确有许多相通之处。

澳大利亚环境哲学家西尔万和贝内特所说："道家思想是一种生态学的取向，其中蕴涵着深层的生态意识，它为'顺应自然'和生活方式提供了实践基础。"按照德韦尔和塞欣斯的说法，"当代的深层生态主义者已经从道家经典《老子》和13世纪日本佛教大师道元的著作中发现了灵感"。奈斯则更明确地说："我所说的'大我'就是中国人所说的'道'。"美国环境哲学家科利考特将道家思想称为"传统的东亚深层生态学"。

道家哲学是一种自然主义的哲学，其最高范畴就是"道"。"道"是本体论和价值观范畴的核心概念。它既囊括了人际关系的领域，也涵盖了生态关系的领域。在本体论范畴，"道"的基本含义就是指宇宙万物的本源。在价值观的范畴，"道"具有生态价值的含义，这就是要求人们的行为要与"道"一致，要与自然界的万事、万物一致。在老子看来，"道"产生万物的过程是一个由于自身的内在矛盾而进行的一个自然而然的过程。道家突出了本体论范畴的价值和普遍性，认为作为最高范畴的"道"对人提出的基本要求就是顺从"自然"，将人际道德和生态道德看作是"道"在价值领域中并行不悖的两种表现。

用现代的眼光来看，道家思想已经超越了人类中心主义，而达到了一种生态平等主义和尊重生命和自然的伦理观。道家认为，人来源于自然并统一于自然。因而老子、庄子都反对贵贱观念用于自然界，主张尊重天地自然，尊重一切生命，与自然和谐相处。这与深层生态学的反等级态度和生态中心主义平等观念十分吻合。

西方生态哲学家们普遍把"道"理解为"顺应自然"、"与自然相和谐"。"道"的行动理想就是"无为"。冯友兰指出："'无为'的意义，实际上并不是完全无所作为，它只是要为得少一些，不要违反自然的任意地为。"因此，"无为"实质上是指遵循事物内在的法则，按规律办事。在这种意义上，"无为"仍是顺应自然。天道，自然无为，人道，应遵从天道，顺应自然，才能"无为而无不为"。

三、中国传统美学中的生态意识

古人的生态意识在很大程度上并非仅保存在抽象的哲学中，而且保存在具象的美学中；并非仅仅保存在道家美学中，而且在儒家和佛家美学中也多有表现。从某种意义上可以说，中国古典美学领域是古人生态意识的最理想的栖身之地。正是通过许许多多中国古典美学家、艺术家的自觉和不自觉的努力，古人的生态意识才得以保存、传递和弘扬。

1. 对大自然的敬畏与爱戴之心

我国古代的美学也好，艺术家也好，始终是以一种敬畏与爱戴的态度去对待他们生活于其间的大自然的。这种对自然的敬畏态度在美学上的具体表现就是，"自然"成为美的最基本的原则和最高的原则。在古代文人和艺术家的意识中，决定一个对象是否具有审美价值，主要不是人的因素，而超越于人之上的自然因素。

2. 对大自然的欣赏之情

我国古人的生态意识不仅表现在对大自然的崇敬上，而且表现在对自然的欣赏上。这意味着自然尽管是他们崇拜的对象，但并非某种凌驾于他们之上、令他们恐惧的超验的存在，而是一个可亲可近的审美对象。所以，文人和艺术家始终对大自然抱着一种欣赏的态度，在他们的眼里，自然万物无时不美，无处不美。

总之，在古人那里，从来不是被动地遭遇自然，而多是主动地去追求自然，热情地邀请自然，自然已成为生活的一部分，生命的一部分。

第八章 环 境 美

第一节 城市环境美

一、城市环境美的构成要素

1. 城市自然环境美是构成城市景观的重要因素

任何城市都是一定地理环境的产物，凭借一定的自然资源条件得以生存和发展。因而，各种自然的、物理的要素是构成城市景观很重要的因素。

首先，从宏观上着眼，城市的座址，它对城市的形态结构、选型设计和发展前景影响重大。从地理位置上看，大致有以下几种类型：(1) 平原城市，往往处在中心地带和交通交汇处，易形成规模较大的城市和以大城市为中心的星座式或带形城镇，互相呼应，形成网络。如我国东北和华北平原的大小城市。(2) 临水城市，滨临江河湖泽，常把湖光山色作为城市美的依托，能充分利用自然景观和以此为依托的人文景观，创造出景色秀美的城市。如我国江南地区西子湖畔的杭州，太湖旁的无锡，以及"二水中分白鹭洲，三山半落青山外"的南京等。(3) 山区城市，可依循参差错落的地形展示城市的立体风貌，形成具有立体美感的城市。如我国西南地区的山城重庆。尤其当夜晚万家灯火、街景明灯齐放，就仿佛银河落凡，蔚为壮观。(4) 港口城市，又叫海滨城市。一方面对外交流、贸易方便，如再加上内陆交通便利，就极易形成经济上发达的城市。如香港、纽约、新加坡等。如果再加上又是处于大江大河的入海处，则更能形成繁华的大都市，如上海、广州。同时，这类城市可充分利用海滨沙滩、沙洲岛屿及独特的气候条件等开辟旅游胜地，营造独特而迷人的海滨城市景观。城市选址有利于科学化和审美化，就能从宏观上为创造环境美提供优越条件，如我国的大连、青岛、厦门、深圳等。

其次，从具体的自然物来看，如山、水、花草树木等都是城市景观的重要因素，应该很好地加以保护、利用。丰富的自然资源及合适的地理位置，对城市的形态、结构、功能有重大影响，也制约着城市环境美的特色。如，古希腊盛产大理石，雅典卫城的神庙均由大理石砌成，且上面雕刻着美丽的浮雕；而我国古时中原地带多产木材、砖瓦，故城市建筑多是雕梁画栋的土木结构，以及飞檐大屋顶的造型。

2. 城市的历史文物常常是一个城市环境的重要特色

几乎所有具有历史的城市都会有文物古迹，历史文化古城则更是以历史人文景观闻名遐迩。如北京的故宫、天坛、长城；西安的秦陵、碑林、大小雁塔；杭州的灵隐、岳坟、六和塔；罗马的万神庙、角斗场等。有的虽已是断壁残垣，却更见历史的沧桑，给人以悠远深厚的美感。正如，吴良镛先生所说的："富有文物遗迹的城市，仿佛是'活'的博物馆，是不用加以布置的永不闭幕的舞台，它可以让人们重温历史上的重大事件，杰出人物的事迹，为现代和未来的史家留下了继续探索的园地。并且，从建筑中能看到历代艺匠与科学家的智慧创造,一种无言之美在默默地传递给拜谒者和旅游者,教育着后代"(《城市环境美的创造》)。历史文化遗产对城市所具有的审美价值是多重性的,这些特殊的物像勾起人们对往事的怀想,在体验到"历代艺匠与科学家的智慧创造"之美的同时,无形之中起到了对人的审美认知与教育作用,人们通过对当地历史人文从感性形象获得的了解和启示,引发对城市文化内涵的感受与理解,并渗入人们的文化心理和审美情感之中。由此引导出的人们的自豪感、主人翁意识又会激发人的创造热情,更好地投身于现实的实践之中。

3. 建筑物是城市环境的主体

它为人们提供了居住和活动空间,因此建筑美不仅表现在外观造型和色彩上,而且表现在空间构图关系的合理上。建筑也是民族文化、城市文化的一部分。不同时代和地方的建筑具有各自的造型和风格特色。如古典式建筑比较端庄、典雅;现代建筑趋向于简朴、规范;罗马式建筑平稳、沉着;哥特式建筑轻盈、升腾;洛可可式建筑华丽、艳美。建筑像无声的音乐,建筑群应该具有造型、线条、光影的节奏和旋律感。

城市中心区常常是一个城市精华所在,所以,中心区的公共建筑一般质量较高,体量较大,某些重点建筑物是该地区或全城的标志,它的形象具有时代性和纪念性。中心区的公共空间,如广场、街道、公共用地等也要完善组织,具有较好的适应性。工业区、商业区、居住区乃至城市的出入口都对城市美有不可忽视的作用。

如果把整座城市看作一座放大了的建筑,那么城市的形象美很大程度上取决于空间构成的关系。"在建筑方面的艺术的表现方法就是以内部空间的生活体验为基础,其艺术性是由于空间的存在而带来的,也就是说,建筑可以认为是空间构成的艺术。"空间的形成、聚散、远近、内外、连断、层次等是城市空间造型的形式美规律,而在这些形式美的创造上,又是蕴涵了丰富的生活内容的,是多样化、人性化的空间。

城市总是随着时代、社会经济和文化的发展而变化的,建筑的变化是城市发展变化的显著标志之一。在这种情况下,每个城市在发展过程中都会碰到新老建筑如何谐调处理的问题。现代化的新建筑、新区、新城"他们既满足新的生活要求,又是历史文脉的继承,反映着对建筑美的新追求,是一种欣欣向荣的时代之美"(《城市环境美的创造》)。新建筑根据生活的要求,追求功能上的进一步完善和发展。同时,新建筑也应有对当地历史文化、建筑传统的继承,具有鲜明的地方特色,而不是千篇一律。新建筑是一种新质的美,是对新材料、新技术、新的结构工艺的发挥利用。当然,"一般常用的、简朴的、传统的建筑材料,如果运用独特的设计构思、高明的设计技巧、精湛的工艺技术,也可以表现出另一种新的形式美,也同样可以赋予新的时代气息"(《城市环境美的创造》)。

新旧建筑具有"共存之美"。一个城市新旧建筑的结合处理得好,其审美价值不是相互消减,而是互为提升。"新建筑与历史建筑结合在一起,如善为组织,可以相得益彰。特别是当旧建筑得到良好保护时,富有特色的新建筑就更显眼,更显出城市的丰富多彩,这就是'共存之美'"(《城市环境美的创造》)。城市的历史与新因素的介入依然相辅相成,这也是与人们的视觉审美心理有关的。新建筑给人的现代感觉,是与人的现代生活状况相关联的;具有典型意义的老建筑、老街区则往往给人以宁静、幽雅的感觉,唤起人们思古之幽情,感受人生的终极关怀。因此,"共存之美"也是现代人们心理上不同侧面互补、和谐的整体感的反映。

4．园林绿化、绿化植被在城市环境中的地位日益显得重要

绿色植物是自然界的永恒主题，也是孕育生命和滋养人类的重要资源。绿化问题还是一个比较复杂的技术问题，在专业分工上也是一门跨学科的专业。人们在规划整理植被状况的时候，通常有宏观和微观之分。从宏观上说，研究的视点主要从生态出发，以保护和有序更新为手段，维持人类生存环境的理化指标，创造大面积的国土景观。西方的城市发展都在有步骤地实施所谓"园林化城市"的构想，其宗旨就是将森林、大面积自然植被引入城市，尽可能发挥原始地理地貌特征的长处，建立城市中自然保护公园，甚至还可将大片农田等准自然因素引入城市，使之成为既有规范人群聚居，又不彻底脱离自然的原始形态的理想生活环境。荷兰是个盛产花卉并因此闻名于世的国家。在那片土地上，人们可以看到像麦田般一望无际的花卉养植园。不同色彩的花卉组成巨大的色块和色带，平铺在大地上，赋予世界从未有过的景观。花卉出口是荷兰经济的主要产业之一。花卉从种植到包装销售都经过高度严谨的系统化管理，遍布整个欧洲甚至世界市场。这是促成荷兰大面积从事花卉养植的原因之一，然而花卉的产业化更重要的动因是来自人们的爱好和民间广泛种植。无论是大街小巷还是房前屋后，令人赏心悦目的花卉比比皆是。这种结果并非与生俱来，而要归功于发达的园艺学研究。大量的植物学家和园艺工人精心培养良种，并担当观赏植物的筛选和户外养护工作，使花期色彩都能最大限度地满足人的要求。

大面积的绿化是一项系统的工程，其基本原则是因地制定。因地制定，首先要了解本地的阳光、温度、湿度及土壤情况。选择的植物要能够适应本地的水土，以保证成活率。植物栽植有普及绿化和观赏绿化之分，但两者的区分不是绝对的，因为自然之美本是无处不在。森林、灌木丛、行道树等大面积种植更多地是从质感、宏观肌理和浓郁的绿荫色调等角度体现观赏价值的，故此组团形态的对比感颇为重要。成此效果，需要依据形式构成原理选择植物的种类变化，如利用乔木与灌木、针叶与阔叶等不同植物的色质变化实现造型的有序搭配。

在微观上看，面积相对较小的观赏性绿化，多用于人员活动较集中场所。在勤于养护的基础上，对造型和色彩搭配进行精致而有趣的设计，同时与硬质景观（即人工搭建物）进一步完善配合，从而产生环境设计的精品。

绿色环境决非一朝一夕即可形成。它提醒我们树立时间意识历史观念。具体地说，就是必须要有合理的远期规划，以便保持绿色植被的持久性。因为我们经常看到在进行建设的同时，毫无顾忌地对已有的植被进行砍伐。一条老街的林阴走廊是百年杰作，是由细小幼苗长到参天的大树。人们在享受绿色之前，付出的是时间的等待。倘若我们不能为植被的生长保证稳定的周期，那么人民的生活就只有等待了。

5．雕塑、壁画、艺术摄影、工艺、广告、橱窗和街道小品等是城市环境的重要内容

城市既离不开自然美、实用美的装扮，也离不开艺术美的美化。建筑群、公园、街头等处的雕塑、壁画、广告等已日益成为美化城市、展现城市文化氛围的重要举措。早在20世纪50年代，科普艺术、公共艺术、街道艺术就在欧美各国发展、流行。随着经济、科学和艺术的发展，现代城市公共艺术也越来越与科技、商业结合。商业繁荣，各种借助科技与艺术手段的广告媒体就会成为城市的靓丽景观，尤其是当夜幕降临，霓虹闪烁，音乐喷泉流光溢彩，更能显示出现代化都市的缤纷之美。

环境设计不是一个孤立的工程，而是一个跨行业的工程。对于创造环境设施而言，还

必须从工业产品设计的角度加以研究和进行多样性开发。从根本上说，产品开发能力决定于一个国家制造业的加工能力。目前，我国需要实现的目标是尽快提高工艺水平，并针对工艺特点，实现产品设计的复杂化、多样化。而现实的环境设施产品，许多还停留在简单粗糙的现场手工操作阶段。如大城市的候车棚，常见的是角钢搭架，锤子钉板式的作品。在产品开发的原则以及考虑类型化批量生产和安装方便的同时，还应在适应性、可调节性上下功夫。以照明设备为例。市级公路照明与区级公路照明和小区道路照明的样式及功能是一种系列梯次的关系。产品的形式应该逐层超于工艺化，人情化。体量型制依次减小，样式、种类却依次增加，使设施同具体环境的标识性要求互相配合。与此同理，道路标牌，广告栏等也有类似的设计规律。

像栅栏这类设施，原则上要尽可能使之不过分显眼，能用绿化，地面高差等环境固有元素，代替就不用建后再安装的办法解决。最好的办法是使隔离设施与长椅花池等服务性设施实现功能合并。这样城市的人情味便得以建立，环境的美感才不至受到损伤。

要以功能为依据，结合材料和加工工艺的变化，罗列一些城市"家具"的种类。如木制座面金属支架长椅、金属网面坐椅坐凳、石材坐凳、彩色玻璃钢坐椅、石礅、高架路灯、射灯架、古典工艺路灯、花丛装饰照明地灯、水下射灯、混凝土石砌凉亭、金属架候车廊、木构金属节点花架、玻璃钢一体化遮阳伞罩、不锈钢果皮箱、彩色垃圾分类及废品回收箱、自行车停放架、石做观赏植物钵、太阳能钟、树池透水盖等。

二、城市环境美的构成原则

1. 城市环境美是自然环境和人工环境统一构成的综合体

对城市美进行综合考察，它应该包括生态健全、人文景观优美和谐、生活方便舒适等方面，要对各个方面作综合、整体的考虑，而不只是着眼于单个建筑和建筑群组合。要着眼于建筑与自然的结合，更重要的是着眼于人。因为建筑、环境归根结底是为人服务的，而人既是生物的，更是社会的。

城市物质环境包括自然与人为两个方面，两者是互相依存的，都以社会需要为前提，以创造自然美和人文美为工作内容之一。对人文美的创造亦可称之为艺术美。城市美的建设和经营最终要造成一种艺术的境界。概言之，就是社会美、自然美、艺术美的综合构成。

2. 城市环境美是物质功能要求、实用需求与审美需求的综合反映

什么是城市的美好形态？我们可以从城市客体特性及人的感受性方面进行具体分析。一般来说，客体形态特性方面应具备：（1）舒适，包括生理和心理上的。居住环境应安静、无压抑感，尺度宜人，井然有序。（2）清晰。城市结构布局要井井有条，街道脉络清晰，分区明确，标志显著，界限分明。（3）可达性。好的城市应易于通达、接近，不仅交通系统结构完善，还要便于人们的各种活动。（4）多样性。包括建筑造型、文化服务设施。（5）选择性。这是多样化的结果。多样化使人们的衣食住行都具有了可选择性。（6）灵活性，即适应性、应变性。比如，室内空间要有几种不同组合，要有多功能。单体建筑、建筑群、整个城市都应如此。建设规划要注意到灵活性、伸缩性、应变性。

这些客体特征原则，都是从物质实用功能角度进行阐述的。但任何客体都是相对于主体而言的，即相对于人的活动及感受的。城市美离不开完善、合理的功能。美作为一种价值存在于主客体的关系，离不开客体对主体需要的满足。上述对美好城市形态之功能要素

的考虑，实际上就是对城市客体满足人的需要之特性的关注。因此，从城市生活空间给人的感受方面来说，必须要有宜人性，其中包括要有私密感，个人房间、公寓、住宅区的设计建设都要考虑到个体某些不便随意公开的空间心理需求，否则就失去了安全感。同时，从住宅区到整个城市必须有生活气息，给人以邻里感、归属感，满足人的社会化需求。乡土感，由当地的自然风光、人性习俗、文物古迹、人物成就等构成，这些使生活在这里的人们产生乡土情谊，从而营造出思想感情上更深一层的居住环境。这些也可谓城市形态建设的心理、情感功能。

当然，宜人性还包括满足人的审美需要，是实用性与艺术性的统一。上述有关心理空间、人文美方面的营造就是人们审美需要的体现。同时，艺术性的形成离不开特色、个性，一个建筑、一个园林、一个城市都应是有个性的。应采取不同手段，促成城市特色的形成与发扬，如自然山水、人文环境特色，传统和现代建筑特色等。要珍视和保护有特色的建筑和地区。一个盲目抄袭模仿，千篇一律毫无特色的城市环境建设，是缺乏文化底蕴的。城市的特色不仅存在于物质环境中，也表现在生活于其中的人们的生活中。

3．城市景观是局部和整体、静态和动态的统一

城市环境美是和谐的整体美，是上述城市环境美诸因素综合而成的整体形象和意蕴，而不仅仅是表现在某个局部的个体的方面或只是个体美的简单相加。某些个体如果脱离了整体可能就丧失或削弱了原有的美感。或者说，某些个体从个体视角也许是很突出、很美的，但却与周围环境格格不入，反而破坏了整体的谐调性，甚至成为一处刺眼的败笔。整体美体现在城市整体布局安排中，局部建筑和景物安排要顾全整体安排，服从于整体的和谐。如，旧北京城城楼的安排，皇宫的布局，中轴线的运用，干道系统与胡同的组织等就达到了很高的整体美境界，其中景山是全城的几何中心和制高点，从这里观全城，一种严整与变化的整体美的韵律，就了然于胸。

如果说建筑是"凝固的音乐"，那么，城市的高速路、立交桥、交通岛等等又构成了现代城市的立体交通景观，既有静态美又有动态美。

第二节 环境保护

改善城市环境刻不容缓。改善城市环境要保护优先，预防污染和治理污染并举，保护与开发合理配置，相互协调。要严格贯彻执行环境保护的政策法规，首先是要发挥城市领导的功能，牢牢把握环保这个基本国策，在决策城市建设的每一个问题上，都要想到环保因素，当城市建设与环境保护发生矛盾时，必须先考虑环保，而不是只顾眼前，不顾长远。进一步加强环保立法，充分发挥现有政策法规的作用，做到有法必依，执法必严。要培养重视环保科技人员，加强科技力度。当然，最基本和最重要的还在于提高城市居民的环保素质。其次，控制人口增长，调整城市规划布局，加强城市环保基本设施和加大城市环保投入的力度等等，都是改善城市环境的途径。最后一条，也是极为重要和有效的一条，就是把自然生态环境引进城市，用生物功能来治理城市环境，使自然生态环境的优越性和现代城市的优越性有机地溶为一体。绿化就是其中最重要、最有效，也是最经济的途径。

绿地对改善城市环境的作用是多方面的。(1)绿地能够调节光照。因为树木枝叶遮挡

和分散减弱直射的阳光,从而降低紫外线的辐射能量,起到保护人体的作用。(2)绿地可以调节气温。因为树木草地能起到吸热、隔热和抵挡冷空气等作用,使居住环境冬暖夏凉,这种自然的舒适感决非空调器的效果所能代替的。(3)绿地能够调节空气湿度。因为绿色植物能够根据空气中水分的燥润情况而自动涵养或蒸腾水分,使空气的湿度宜人。(4)绿色植物通过光合作用吸收二氧化碳,"制造"出氧气,这是大家都知道的;同时,它也能吸收大气中的有害气体,起到净化空气的作用。(5)绿地还可以降低噪声。因为树木可以起到一定的隔声作用。(6)绿地减少尘埃和细菌。首先,树木、防护林可以阻挡风沙,吸附和吸收尘埃(草地亦然);再者,起到覆盖作用,使得裸露的土地不再扬起尘土,在这方面,草皮的作用更加明显。(7)如果在花木品种上进行恰当的选择,在发挥其生态功能的同时,也能取得一定的经济效益。因为有些花木的茎、叶、花、果是有可以利用的经济价值的。当然,这不是城市绿化的主要目的。(8)绿化就是美化。绿意葱葱,生机盎然,处处令人赏心悦目,谁能不赞叹和热爱这样的城市之美!荷花虽好还需荷叶扶,城市要美就得绿色衬,绿色是现代化城市最靓丽的景观。没有绿色,就没有生命的底蕴,就没有美。只有用丰富多彩、绚丽多姿,而环保功能强大的绿色植物把我们城市的各个地方——包括道路、公园、广场、水岸、各种建筑物以及居室内外,全方位地、有条不紊地装扮起来,才能使一座城市成为一个风景如画的"大花园",成为一个各方面都比较宜人的、可居的城市。现代化呼唤城市的生态美。

第九章 人 体 美

第一节 人体审美的历史文化内涵

一、人体审美的含义

1. 作为审美对象的人体

人体美是人体的生命形态和文化特征给人带来的美感,对人体的审美是人对自身存在的观照。人体审美是以人体为对象的审美活动,现实生活中活生生的裸体、用各种媒质所创造的人体艺术品、运用身体的各种体育和竞技活动、用身体来造型的舞蹈……以诸多方式存在的人体,都可以成为审美欣赏的对象,成为美感的源泉。但人体审美必须与将人体作为自然对象来认识的科学活动区别开来,后者将人体分解、描述为诸种功能不同的生理系统。虽然人体的自然结构为人体审美提供了基础,但在人体审美中还存在着超越于人体自然结构的精神文化内涵。人不能抛开身体来辨认身份,正是人体把人自身的个性暴露给他(她)以外的世界,人体才可以说是一个人的宿命。作为文化的创造物、文化进程的参与者、文化交流的主体和媒介,人体灵与肉、形与神的统一体,人体不仅是一个为自己自身感受着的主体,也是一个存在于社会中的被人认知的对象,更是被审美主体尊为主体并使主体与之产生情感认同的审美对象。人体对象以其富有表情意味的形态和运动将生命展示给主体,主体则以自身的情感态度、自己的生命状态去响应对象的召唤,从人体对象中获得愉悦、陶醉并反观自身,这便有了人体审美。正因为审美主体在看到了人体的感性形式外,还同时体验了人体的精神内涵,与对象共享了同一种生命力,人体审美便具有主客体认同的情感特征。

2. 人体审美的态度

每个个体的人都是一个性别的存在,在注意和观赏人体时,尤其是男性在观赏女性人体时,性本能冲动是不可避免的。如果该对象的刺激导向本能的反应行为,视觉对象就成为诱导性行为的手段而不可能成为关注的对象,与古代春宫画类似的当代色情文化产品(包括照片、录像、电影、小说等)起到的是刺激性欲和教授性行为的作用,这会破坏人体审美的情趣。人体审美之所以能够发生,关键是审美主体能在性行为的延宕中超越本能的支配,并能把本能整合到意识中去,把冲动视为灵肉深处正常的内蕴,使主体人格能携带着其全部内蕴自由而自如地发挥出来,让人体激发出审美主体的自由感和创造力。只有延宕本能反应,人才获得对自身和世界进行观照和反思的可能,人体深层的生命力才会在鉴赏者面前充分展现出来,鉴赏者才有可能与人体对象作情感上的交流。在人体审美中,鉴赏者流连于人体起伏的线条、山谷和漩涡中,感受着体态的柔美与刚健、紧张与舒展、沉静与激情,通过行动的延宕,爱欲自由地参与人体审美活动,成为推动升华精神层次的动力。

3. 人体审美的意义

与其他的审美活动相比，人体审美是与人自身联系最密切的审美活动。人体审美，就其本质而言，是对生命存在形式的最直接的观照。马克思说过："人到世界上来没有携带镜子，也不像菲希特派哲学家那样，说'我是我'，所以人首先是把自己反映在另一个人身上。一个名叫彼得的人所以会把自己当作一个人看，只是因为他把那一个名叫保罗的人看作自己的同类"（《资本论》第一卷，郭大力、王亚南中译本）。可见，人对自身的认识是需要一个参照物的，而最好的参照物无疑是人自身。人体作为形神统一体，具体而生动地体现了生命存在的本真样貌，这种样貌不仅反映出被观赏对象的生命真相，而且也足以激发他人来分享同一根源上的生命力，鉴赏者通过鉴赏人体，在惊叹造物主奇妙造化的同时，既在对象中寄托了自身的审美理想，又通过对象反思着自身的生命状态和存在意义。

二、人体审美的历史文化内涵

1. 人体审美意识的起源

原始人对人体的态度可以从现存的原始民族对自身身体的装饰和利用身体的各种仪式中得到考察，也可以从现存的原始文物（雕像、图形和文字资料）中得以推断。原始人对人体的关心是与他们最基本的满足生命欲望的活动分不开的，原始人把各种维持生命和繁衍后代的生命活动放在带有功能的巫术仪式中进行，使人类自身的力量能通过巫术仪式去影响和控制自然的秩序，保证其基本的生命要求得以实现。虽然原始人在自然面前是不自由的，但他们相信，只要借助于集体的巫术仪式，他们就能与神灵取得联系并获得神灵的帮助，甚至能使神灵附着在他们身上，在神人同一的迷狂体验中超越现实的局限，满足自由的愿望，这大大地激发出他们自身的生命活力。这种生命活力为整个原始部落乃至整个宇宙所有，体现为人与人、人与自然、人与神之间的生命交感和共振。人体舞蹈、人体雕塑和人体装饰艺术都是在这种交感的巫术仪式中发展起来的。狩猎巫术中装扮成动物的人模仿动物的动作跳舞，在强烈的节拍下，原始人完全进入了所扮动物的角色状态，具有了控制动物的神秘力量，同时原始人体的灵巧、力量、节奏感和造型能力也在舞蹈中培养和锻炼了起来（如著名的"鹿角巫师"岩画，我国青海大通出土的新石器时代的舞蹈彩纹陶盆）。至于人体装饰艺术，如面具、纹身、涂色及种类繁多的身体各部位的饰物，无一不是原始人通过巫术仪式为了进入一个神灵的世界而采用的造型手段。这些造型带有鲜明部落标记，它们通过对人体的适当变形（夸张和省略），造成了体的程式化、抽象化和图案化，并渐渐与象征勇敢、挑逗异性和显示审美趣味等因素结合在一起，形成了综合的精神文化内涵。

2. 古希腊的人体审美观

人体美的观念是从古希腊成形的。在古希腊，人被视为万物的尺度与准绳，就连神也是以理想化了的人的形象来呈现的。希腊人的神人同形同性观念使人极力去追求人体自身的完美，他们满怀热情地肯定现实人生，骄傲地把毫无矫饰的刚健而柔美的自然人体的赤裸裸地展现出来，他们把奥林匹克运动场上的竞技优胜者看作是神灵赋予力量的人，并请著名艺术家为这些优胜者作雕像，使之环绕在奥林匹亚神殿的周围（如米隆的《掷铁饼者》雕像就抓取了运动员在竞技过程中力量凝聚爆发前的最紧张激烈的瞬间，生动展现了人体的健美与力量）。他们用理想的规范来塑造艺术人体，使之成为自然人体的典范。与原始人体艺术表现神灵成为变形或抽象人体的精神内涵不同，古希腊的人体艺术表现的是神灵成为自然人体的精神内涵，采用和谐的自然主义手法，追求人体各部位互相之间及其与整体之间比例的有机协调。古希腊人体审美基本上是以青春期少年和青年作为美的尺度的，它追求的是和谐，因而人体审美带有浓烈的理想与梦幻色彩。古希腊的艺术精神生生不息地浸润了西方的人文艺术，古希腊人体艺术中所焕发出来的身心健全的理想人格形象成为西方自文艺复兴以来的一种理想楷模。

3．欧洲中世纪的人体审美观

中世纪由于受到基督教的影响，人体被认为是色欲淫念的藏身所，是罪孽的根源，因而赤身裸体意味着耻辱而被禁止，人体形象只是出于图解圣经故事的需要才出现，其中的人体形象作为苦难和堕落的象征，总是被扭曲和变形，表现出遭受磨难的痛苦。由于受到希腊和罗马古典艺术的影响，阿尔卑斯山以南的地区（如希腊、意大利）的人体艺术还有一些自然主义风格倾向，而北方（如德国、荷兰）人忧郁的气质和宗教情绪使他们的人体艺术带有浓厚象征意味的表现主义风格。北欧人体艺术拒绝了人体的自然形态而普遍采用了变形手法，突出的是人体的宗教象征；而公元12~15世纪的哥特式人体艺术代表了中世纪人体艺术的最高成就。为了适应哥特式建筑的垂直效果，表现灵魂超越肉身向天飞升的象征意蕴，人体雕像身材修长，神情庄严，其程式化的服饰往往造成飘垂的效果。虽然意大利文艺复兴影响了北欧艺术，但北欧仍没有放弃自身的风格传统，如德国伟大的艺术家丢勒就试图把自然主义的古典趣味与北欧的表现主义结合起来，他用加宽或增长人体的适当变形来取得均衡的效果。另一位艺术家克拉纳赫为了适应哥特传统而调整了意大利风格，其画中的仙女往往以修长的腿和柔和的曲线比哥特式人体更为动人。中世纪的艺术人体向以希腊为代表的自然主义理想人体发起了挑战，其平凡、变形和怪诞的样貌给人带来强烈的精神震撼，这也深刻影响了西方近现代的艺术。

4．古代印度的人体审美观

印度的宗教是人体艺术繁荣的园地，印度人的生殖崇拜也比其他民族来得强烈而直率得多。印度宗教艺术的主要题材之一是神与万物的起源，贯穿这些起源史里的一个基本观念就是自然生殖的拟人化描绘。印度教中的梵天（亦称婆罗门）是世界的创造者和主宰，代表了生产和生殖，虽然在教义上有这样一个抽象的、至圣至尊的梵，但当体现梵我合一的时候，教徒们往往以平凡、快乐的感性生活状态来描述那种绝对的无知无觉的空灵境界中的极乐生活。所以，印度宗教艺术中毫不避讳肉体的狂欢场景和对肉欲的热烈追求。印度雕刻中的男性器官——林加是很普遍的；女性形象的性特征也给以夸张而细致的表现，不仅结构表现准确，而且造型线条优美，体态丰腴健壮，还带有精美的装饰。犍陀罗地区出土的公元1世纪贵霜王朝时代的艺术品由于受到希腊艺术的影响，偏重沉静内省的精神因素，在造型上较凝练概括，富有装饰性，但人体的性征刻画仍很突出。代表印度人体艺术最高成就的是库亚拉奥·摩诃提婆庙基座上的天国装饰带，它以近乎圆雕的高浮雕方式，塑造了一组组姿态多样的沉湎于性爱疯狂中的男女，其性爱的姿势是用曲折的线条、起伏的轮廓来表现的，但无论躯体如何扭动，人像的面部都恬静安宁，好像有一种来世的满足感。与希腊相比，印度的艺术人体更柔媚些，没有希腊人体的那种肌肉的紧张和力量。

5．古代中国的人体审美观

中国古代没有裸体艺术，即使有，也是罕见的特例。由于对图像的社会功能理解不同于西方，中国从来没有把裸体当作艺术来对待。无论是儒家还是道家都强调把作为生命原质的气引向和谐的状态，保养它，引导它，使它有利于善，符合宇宙万物阴阳统一而平衡的道行规律。因此，在人体的审美中，对生命力的节制和伦理性的疏导成为主要原则。由于占统治地位的士大夫阶层的人体趣味追求空灵蕴藉的神韵，自然人体便经过抽象化和形式化以白描的形式体现在绘画作品中，人体塑造并不要求摹写真实，而是要通过线的运动表现高古、飘逸的风神骨气。为此，人的身躯、四肢、肌肤往往被服饰所遮盖，脸部和手虽然可见，但也被程式化的手法所描绘。装饰成为人身份的标志，甚至比人的脸面还要重要，因而身体的装饰化使得身体只给人一种暗示，如古代艳体诗词往往借助于女子贴身的服饰来咏叹香艳意味，赋予这些物件以性感并借代女性的身体部位，让人产生联想。除了服饰以外，女性身体也用其他的间接手段来表现，如用花柳意象来比喻女性身体，产生一种欲露故隐、若隐若现的诱惑。肉欲的表现虽然在正统的艺术作品中被禁止，但在民间的春宫画中却有放肆的表现，这是对性压抑的一种反弹。

佛教对中国的人体艺术也有很大影响，如佛像的塑造起初是师承印度犍陀罗艺术风格的，但随着佛教的深入，佛像也越来越中国化，特别是唐代的佛像，带有鲜明的时代印记，尤其是那些精美的女菩萨彩塑像，体形丰满，姿容柔媚，动作娴雅，显示出女性的特有魅力。虽然，裸体艺术在汉文化圈内是罕见的，但在边远的西藏及藏传密宗传之地，大胆表现男女交媾情景的欢喜佛的造型却是常见的。

6．西方近代美术中的人体审美观

从14世纪意大利文艺复兴至19世纪中后期，西方的人体审美先后受到不同的艺术风格和社会风尚的影响。文艺复兴把人性从宗教规格的束缚下解放了出来，肯定了世俗精神和人的情感，活泼、健美的自然人体形象继希腊后重又在绘画和雕塑作品中得到了表现，达·芬奇神妙的笼着柔和光影的绘画《蒙娜丽莎》、米开朗基罗雄健刚毅的雕塑《大卫》和《被缚的奴隶》、拉斐尔绘画中端庄而纯朴圣母形象系列等，无不透视出人性的光辉，体现出活生生的人体价值，即使是神的形象，也掩饰不住人性本色。巴洛克艺术比文艺复兴的艺术更华丽，更突出戏剧化的意味，画面中的人体从黑暗的背景中凸现出来，置身于前景，更富有动感和光影效果，卡拉瓦乔富有情感动态的人体作品、鲁本斯洋溢着强有力韵律的人体作品均有强烈的个性色彩。古典主义艺术遵循古希腊的艺术理想，以平衡、和谐的形式来表现优美和崇高的理想人体，普桑的人体作品庄重而节制、达维特的人体作品激昂而悲怆、安格尔笔下的人体柔润而典雅，均展示出非凡的艺术魅力。洛可可艺术作为一种装饰性艺术反映了上层贵族阶层肉体享乐的需要，女性人体的色情意味加重了，虽然人体失去了以往的高雅，但人体变得更为妩媚了。华托常把人体自然地布置在天鹅曲颈般的云彩深处；布歇常将可爱而轻盈的小仙女嬉戏于形体曲线的缭乱中。浪漫主义艺术注重通过对真实事件的塑造来强调人的旺盛激情和理想。席里柯的《梅杜萨之筏》以鲜明的色彩情绪和激烈的人体运动，使画面在悲壮的气氛中充溢着对生存的渴求；德拉克罗瓦的《自由神引导人民》以强烈的冷暖色调和人物的静动对比，将浪漫的理想精神与现实情境紧密结合，尤其是女神回首振臂高呼的神姿具有激动人心的气势。现实主义艺术则将目光投向平民朴素的社会生活，以凝练而厚重的写实手法表现现实人物淳朴的内心情感。伦勃朗怀着伟大的爱和真挚创作《巴恩希巴》，以人物美丽的遐思神态画出一个人体的灵魂；库尔贝以对劳动者的同情和赞美创作《筛麦的女子》，刻画了劳动妇女健硕优美充满动感的身姿。

7．西方现代美术中的人体审美

印象主义是传统艺术和现代艺术的分水岭，自印象主义之后，优美的人体渐渐从美术上消失了。虽然有的印象主义画家也画过优美的人体作品，如雷诺阿力图将古典化的理想人体与印象派的风景结合起来，注重表现跳动在人体身上的光感，德加迷恋于捕捉瞬间人体运动的不寻常体态，更善于运用明暗对比强烈的色块和简练粗犷的笔融来表现人体自然淳朴的情感和神秘的象征。印象主义尤其是被誉为现代艺术之父的印象派后期画家塞尚，用主观理性来分析物像，使画面在条理化、秩序化和抽象化中表现物像的结构美和建筑感，表现他观察到的物像的内在真实，人体只是作为构成画内在结构秩序的色块而存在了，这导致现代西方美术彻底颠覆了再现的传统。野兽派画家马蒂斯沿着塞尚的路子，一改传统艺术人体的光润、舒缓和纤细的标准而以简练的线条、纯净而平面化的色彩表现人体，使人体变得简洁而明快，富有装饰性。立体主义的代表画家毕加索更是发挥了塞尚把自然看作圆柱体、圆锥体和球体的说法，并借鉴了非洲的雕塑艺术，按照几何形状和游动的曲线将人体变形分解后重新组合，人体完全改变了可视的面貌而以多维的视角在平面上呈现出整体的状态。而北欧以蒙克为代表的表现主义则继承了中世纪哥特艺术传统，并融合了印象派的色彩观念，以富有情绪内涵的色彩和线条、富有精神寓意的变形人体形象来表达出对生活变迁的不安、痛苦等直觉感受，具有神秘的悲剧力量受精神分析学说影响的以达利为代表的超现实主义画家善于用写实的手法来表现荒诞的梦境，以达到隐喻现实的目的，在达利的作品《战争的预感》中，人已被肢解为不同部位组成的张力极强的巨大框架，给人一种残酷而疯狂的视觉震撼。

8．当代的人体审美观

摄影术的发明也是西方现代美术中变形人体审美观形成的原因之一，虽然摄影的纪实性不可避免地要和古典理想化人体的概念发生冲突，但它对现实的再现而言确实是绘画所不能比的。况且，以往大师塑造的女性形象的色情性也是不能忽视的，毕竟收藏作品的人以社会上占优势地位的男性为主，而在激起性感这一点上，照相机比绘画扮演了更令人兴奋的角色。当然，真实的人像本身就是一个个性的存在，而艺术摄影师也可以发挥想像，运用镜头、光线和暗房技术来创造某种独特的艺术效果。这样，与现代美术中变形的人体审美越来越个性化相比，对自然真实人体的鉴赏随着影像的普及变得大众化了。然而，正如裸体相片最初为大众所感兴趣的的原因大多是其色情内容一样，作为在20世纪引发了一场视觉风暴的影视艺术，它让观众站在摄影机的立场上深深地闯入到事件的内部，闯入到个人的私密空间。影片的分级制度使影像中身体的暴露合法化了，虽然影像是幻觉，但观众"通过占有一个对象的酷似物、摹本或占有它的复制品来占有这个对象的愿望与日俱增"（本雅明语），因而，不难理解好莱坞在塑造明星形象的同时也导致了观众的明星崇拜，毕竟人体影像对观众欲望的撩拨总是存在的，艺术难免要受制于商业因素。当代艺术的宿命是与大众文化意象保持联系，但这并没能动摇艺术家在创造审美趣味上所做的超越性努力。帕索里尼的艺术实践也能使色情电影饱蘸人文内涵。艺术和生活本来就有界限，关键是艺术能否给人提供有益的生活经验而非迎合人的低级趣味，作为对个体生命存在作最直接观照的人体审美，同样也要把欲望的冲动提升到意识的层面，使爱欲的能量成为人格发展和生命创造的原动力而不仅仅是把人体当作一个循环欲望的排泄对象。

第二节　人体审美的基本范畴

一、空间之维——形体

1．体形

体形与解剖学关系最密切，是人体各部位结构关系的空间形态，关涉到体重、身高等身体特征。一般在日常生活中，人们总是用"匀称适中"这样的概念来品评一个人体形的高矮胖瘦的。可以说，折中观念与标准始终影响着人们人体审美的趣味和判断。这种观念虽然给人一种稳定平衡的感觉，但未必给人的审美知觉带来张力。而对美的体形的描述都是对特征的描述，如"丰满"、"小巧"、"纤秀"、"魁梧"、"刚健"、"柔媚"、"嶙峋"、"圆润"等，这些都是对折中标准的某种偏离。而且，对体形审美的多种描述总是体现出不同民族和时代的审美趣味的多样性，虽然审美趣味和生理常态之间的矛盾不可避免，但美的理想性却总要表现出对现实的某种超越或偏离，因此适当的人体变形是人体审美的一种主导倾向。古今中外人体变形审美观有一种相当普遍的趣味倾向——对颀长体形的爱好。由于颀长体形突出了人的直立特征，因而它更易表现出人精神上优越感。而芭蕾舞演员以修长的体形、伸展的四肢、上举的动作表演、仰望远方的神态，充分表现了人们在颀长人体审美中把对理想和希望的追求指向背离地心引力的上方以超越现实的精神态度，常给人以高贵的感觉。当然，颀长体形的审美趣味还有一种变体——纤秀，即在不高于普通身高的前提下强调身体的纤巧轻盈，这主要体现在女性体形的欣赏中，因四肢与躯干的比例缩小，重心下移，女性"楚腰纤细掌中轻"（杜牧《遣怀》诗），小巧玲珑而失去了外拓性，渐沦为男性的掌中玩物，中国古典女性的由颀长到纤秀，由纤秀而柔弱的人体审美衍变历程是中国男性文化对女性的支配倾向日益明显的反映。

与纵向颀长的人体审美趣味相对，还有一种对横向体形的爱好，它首先表现在对粗壮体形的青睐上，这种粗壮体形因身体腰围粗大、四肢相对粗短、重心低而给人稳定扎实的感觉。

2．容貌

容貌是形体审美的第二层次，同体形一样，容貌的欣赏也受特定文化趣味的支配，不过较体形而言，它较少受生理因素的制约而更富有文化特色。一直以来，"美"似乎都是人们欣赏容貌的理由，许多不同类型的美貌特征，如女子的清秀、艳丽、丰润、娴淑、妖冶等，男子的冷俊、儒雅、魁梧、潇洒、秀气等，均可以成为观照个体生命的依据和标准。虽然美貌不可避免地带有某种普适化的理想色彩，不代表个别化的生命形态，甚至与个别化的生命形态发生冲突，但时至今日人们还是愿意为美作出牺牲。流行于社会中的选美活动借助公众意志制造明星偶像，人体的容貌美更体现为一种商业符号价值，成为人进入幸运社会的通行证。美感固然产生于主客体之间彼此认同的情感交流，但作为对个体化生命形态作直接观照的人体审美，还有对独特具体的生命活力的欣赏，而容貌作为个体生命最独特的表征，从身心两方面揭示了人的现实存在，因而对"性格"的欣赏便成为与理想化的"美"的欣赏相对的另一极趣味。现实主义的美术造型便倾向于对人物性格的揭示，头部更是艺术家着力塑造的中心，因为没有比头部的神情更能成为个性焦点的了，衣服可以遮蔽一个人的体貌，但头部却可以成为识别个体精神的标志。

3．气质

人体审美的最高层次是气质，它是蕴涵于形体之中又通过形体来表现的个人精神特征的总和，气质基本上是通过表情和姿势等形体语言行为表现出来的，这类行为不同于吞咽、抓取、行走等行为产生直接物质性后果，而是向他人传递某种信息符号，使得人际交流得以发生。每个人的生理特点、年龄阅历和文化教养的差异，决定了每个人特定的表情和姿势所负载的人性内涵的独特性和复杂性。通过表情和姿势等形体语言的交流，人独特的精神气质，不仅能透视出人心灵深处的秘密，而且显示出特定的文化环境和历史条件给人留下的印记。成功的艺术作品就是以传神地捕捉人体姿态和表情中所流露的精神气质而打动人心的。然而，当社会中人们普遍地根据某种容貌来判定人特定的精神气质时，便会产生带有偏见的印象模式，中国传统的面相学就是依据这些印象模式的成见建立起来的，中国传统戏曲中的脸谱也是将人们的印象模式加以变形和夸张后的产物。印象模式无疑会破坏人们对气质的感受力，它所形成的先入为主以貌取人的图式会漠视人真实个性的存在。作为对大众的形象模式的悖反，艺术家会创造出反习惯心理的审美趣味。

二、时间之维——运动

1. 力量与平衡

人体运动是人体骨骼肌肉的各部分力量在动态趋势中打破既有平衡又建立的一种新平衡的运动状态。人体运动之所以值得审美，是因为这种力量平衡状态的变化同审美主体的心理状态的变化构成异质同构的关系。当人体力量的方向、大小或相互抵消，或与外力（如重力）相抵消时，人体就处于相对静止状态，一个静止的直立人体本身就是神经中枢调动全身骨骼肌内对抗重力而形成的平衡。从对静态的人体造型的欣赏中，人们可以确定作为审美对象的人体的基本力量形态和力量在人体的自身控制中所获得的平衡感。当然，人体还有一种在更复杂的运动状态中保持平衡的方式，它们都是在不改变加速度（角速度）和方向（弧度）的条件下进行的，人们在对这类人体运动状态的欣赏中不仅能感受到人体稳定的轮廓轨迹，而且还能满足审美主体在一个变动不安的世界中寻求秩序和稳定的心理愿望。更重要的是在对人体力量欣赏的人体运动审美中，人体运动的那极富对抗性的力量平衡能激发审美主体内在生命意志的冲动，为人们认同并加深自身力量的体验与认识提供直接观照与验证的机会。

人体运动的力量存在两种基本类型：爆发力与耐力。在具体的个人身上，这两种力是并存的，但特定的强化训练能使人具有不同的力量素质。人体运动由于呈现了这两种不同的力量而显示了不同的生命状态和体质个性。爆发力具有人体运动的突发性特点，它或通过急剧的运动加速（如百米短跑），或改变运动方向（如掷铁饼），或通过迅速征服外在阻力和自身重力（如跳高、拳击），打破人体既有的平衡状态，凸现并炫耀了力量本身，它往往使观赏者和运动者一样带有强烈的情绪体验过程。力量势能的积累而产生的心理紧张，力量突然爆发而激荡着兴奋的高潮，继而是力量突然松弛使人产生失落和满足混合的情感，这条锯齿形的运动变化曲线与心理变化曲线相一致，表现了人体爆发性运动的本质。耐力具有人体运动的持续和平稳性的特点，它作为人体运动的基础力量也为爆发力作出铺垫。耐力运动虽然没有力量自我炫耀的意味，也不会给人带来感觉上的强烈而突发的兴奋，但它却给人带来更深层的生理和意志相结合所形成的坚韧与沉稳的感觉。由于耐力要以人的整个肌体能力的过度消耗为代价，人的精神力量——意志便得到了体现。

2. 轨迹与节奏

轨迹是人体运动在空间位置中形成的，节奏是人体运动在时间推移中形成的，对人体运动的欣赏离不开对人体运动的轨迹和节奏的感受。人体运动轨迹造成了几何线条运动的形式美感，这种美感会淡化人体的具体感性特征，强化人体抽象形式，中国的人体造型艺术就有这种对人体的运动轨迹曲线的夸张与迷恋倾向（如敦煌壁画中的飞天形象突出人体的图案化效果。在对人体抽象几何线条形式的欣赏趣味中，各种弧线及其平滑连接构成的组合线段所给人带来的曲线美成为古典美中的普遍趣味，它以蛇形线为典型形态，表现出不受暴力强制的自由感，无论是以"拧倾曲圆"见长的中国古典舞蹈，还是以"开蹦立直"为特征的西方古典芭蕾，其跳跃、旋转等造型动作都是通过人体各部位关节运动的平滑传递而显示出自然圆润的曲线美。而现代却把冲动与扩张的刚性线条当作审美趣味，人体运动的轨迹常呈现为由直线变异屈折而成的锯齿形状。

无疑，只有包孕着精神理想和生命冲动的人体运动轨迹才是值得审美的，虽然梦幻与激情在人的生命要呈对立统一状态，但文化环境的特定趣味总使某一方占据上风。古典文化对完美理想境界的追求使得古典舞蹈轨迹的曲线美呈现为完满、节制的梦幻般的生命内涵。当代文化对生命的本能与直觉意识的强调使得当代大众流行舞蹈的轨迹承受奔放生命狂欢之力的冲击。如果说圆和曲线围成面并由面组合成体，表现出古典人体空间运动造型的稳定封闭与圆融完整特性的话，那么直线作为对空间观念的否定，在当代大众迪斯科等舞蹈的运动轨迹上就显示了只受制于时间节拍的支离破碎的线条空间，而在这两极间摇摆的现代舞则更多地显示了梦幻与激情的冲突意味。

人体运动轨迹在时间上的展开是借助于节奏来完成的，只要运动在一定时间间隔内重复出现，就产生了最简单的节奏形态。人体运动的节奏同人的生理特征紧密相关，使原始艺术诗、乐、舞合一的基础就是生理节奏，当代大众通俗音乐的强烈节拍与宣泄生命冲动的流行舞相应和，生理节奏又是原始趣味渗入当代人体运动的基础。虽然在分化的艺术中古典音乐的节奏逐渐掩盖了生理节奏而走向精神化和理性化，形成以旋律为主的样式，但节奏仍可通过指挥家的节拍感受到。

3. 语言与言语

由于装载着能被人感知的生命与文化状态的信息，人体运动不仅在生活实践中成为人际交往的媒介，而且在审美意义上也使审美客体的交流成为可能。这样，人体运动以力的样式、运动轨迹与节奏的语汇来表达意义，成为一种特殊的语言系统。现代语言学创始人索绪尔在研究语言时所用到的语言和言语这两个重要概念，成为一种特殊的语言系统，可以用来揭示人体运动的规律和特点。作为由规则和习惯构成的抽象的系统，语言在人体运动（体育、舞蹈）中有它自己的一套语汇（规定动作）和语法（动作组合方式），而作为具体存在的话语行为事实，言语则是一次实际进行的比赛和表演。言语行为受制于一定的语言规则，如一个简单的跳跃动作必须放入到舞蹈、武术或体育竞技等各自的语言系统中来考察它的表现个性和效果；一套约定的语言系统以它特定的文化积淀也为个别的言语行为染上特定的文化色彩。言语又具有因人而异的个性特点，这些特点也会丰富和发展整个语言系统，一代戏曲大师在原有语言积淀的基础上根据自身嗓音与身段特点发明新的唱法和身姿扮相，也会成为一种新语言程式为后来的弟子所继承。

从空间和时间两个维度对人的形体和运动所做的考察，无不循着由浅入深、由表及里、由生理的直观层面向精神的人格层面跃进的层次，人体呈现的审美价值层次取决于审美主体对审美对象的感知领悟与认同体验的层次，审美主体所置身的时代与地域不同，其情感经历、文化修养、兴趣爱好和个性气质不同，使人体审美体验因人而异，具有鲜明的个性风貌。

第十章 建 筑 美

第一节 建筑艺术的审美特征

一、什么是建筑艺术

建筑是实用艺术之一种，又归之于广义的造型艺术。建筑是指用沉重的物质材料堆砌而成的物质产品，是人类为满足自身居住、交往和其他活动需要而创造的"第二自然"，也是人类日常生活最基本的空间环境。建筑艺术是通过建筑群体、建筑物的形体、平面布置、立体形式、结构造型、内外空间组合、装修和装饰、色彩、质感等方面的审美处理所形成的一种综合性实用造型艺术。

建筑是人类重要的物质文化形式之一。在人类文明发展史上，最初的建筑主要是为遮风避雨、防寒祛暑而营造的。《礼记·礼运》中说："冬则居营窟，夏则居橧巢"，这穴居、巢居在史前的半坡遗址和史前的姜寨遗址中可得以明证。宅是人类为抵抗残酷无情的自然力而自觉建造起来的第一道屏障，只具有实用的目的。

随着物质技术的发展和社会的进步，建筑才越具有审美的性质，直至发展到以作为权势象征为主要目的的宫殿建筑，以供观赏为主要目的园林建筑。

在各门艺术中，建筑是最早的艺术之一。恩格斯认为在原始社会末期，就已经有了"作为艺术的建筑的萌芽"了。建筑是时代的一面镜子，它以独特的艺术语言熔铸、反映出一个时代、一个民族的审美追求。建筑艺术在其发展过程中，不断显示出人类所创造的物质文明，以其触目的巨大形象，具有四维空间和时代的流动性，讲究空间组合的节奏感等，而被誉为"凝固的音乐"、"立体的画"、"无形的诗"和"石头写成的史书"。

二、建筑的分类

1. 根据建筑材料的不同划分

（1）木结构建筑。中国建筑是世界惟一以木结构为主的发展较为成熟的建筑体系。木结构建筑体现了与自然高度协同的中国文化精神。木结构建筑点缀在大自然中，仿佛是大自然的一个有机组成。中国的建筑特别重视群体组合之美，群体组合常取中轴对称的严谨构图方式，也有自由组合的方式。它们十分重视中和、平易、含蓄而深沉的美学追求，体现中国人民的民族审美习惯。例如山西应县的木塔，是建于辽代的我国最早的木塔。通体全以木材构筑，外观造型为八角形五层楼阁式塔（实为9层，因每层下端均有一个结构层）。其底层建一周副阶（回廊），以上各层皆建木构斗栱平座和塔檐。塔檐宽大，边线呈内凹弧线形，柔和优美。塔之形体高大健壮，气势雄伟。木塔轮廓线曲折多变，造型艺术之佳空前绝后，是中国古塔中之精品。

（2）砖石建筑。欧洲建筑是一种以石结构为主的建筑体系，肇兴于公元前两三千年的爱琴海地区和公元前一千年的古希腊，也融合一些古埃及和古代西亚建筑的某些传统。欧洲建筑长期以来以意大利半岛为中心，流行于广大欧洲地区，以后又传到南北美洲。欧洲的建筑以神庙或教堂为主，此外还有公共建筑、城堡、府邸、宫殿和园林。在长期发展过程中欧洲建筑表现出风云激荡的多样面貌，大致地说有古希腊、古罗马、拜占廷与俄罗斯、罗马风和哥特式、文艺复兴、巴洛克、古典主义和折衷主义等许多风格。石建筑的个例如古希腊卫城中的帕提农神庙。神庙是卫城最主要的一座殿堂，供奉希腊保护神雅典娜。神庙在椭圆卫城中部靠南缘，是一座长方形建筑。其结构虽简单，却以其无与伦比的美丽与和谐成为世人公认的艺术珍品。帕提农神庙体形单纯洗练，四周围绕柱廊，东、西廊内有门廊，由挺拔的带有凹槽的陶立克石组成，使它显得更加阔朗，同时又具有一种肃穆端庄的高贵风度，有很强的纪念性。神庙采用白大理石建造，代表了古希腊多立克柱式的最高成就。多立克柱修长挺干，柱间净空较宽，柱头简洁有力，整体造型极尽完美，风格洗练明快。围廊内上部一圈浮雕极其精美，曾经涂着金、蓝和红色，铜门镀金，瓦当、柱头和整个檐部也曾有过浓重的颜色。

伊斯兰建筑主要流行在古代阿拉伯帝国和土耳其奥斯曼帝国地区，以阿拉伯地区为中心。宅的建筑形式吸收古代西亚建筑的因素，也有欧洲的影响。伊斯兰建筑以砖或石结构为主，主要建筑类型是礼拜寺、圣者陵墓、王宫和花园。在立方体上覆盖高穹窿，各种尖拱及广泛采用的彩色琉璃面砖是宅的几个显著的特性。16～17世纪流行于波斯（今伊朗）及其以东地区的礼拜寺是伊斯兰建筑的主要代表。皇家礼拜寺位于一座广场的南端，其轴线为东北—西南向，与广场南北轴线成45度斜角，使礼拜殿后墙对着麦加（伊斯兰穆斯林朝拜的圣地），是整个广场建筑群的中心和主体。寺院大门是一个巨大的尖拱凹廊，两侧分峙一对高耸的塔尖。塔尖冠以穹顶小亭。中庭四周各面正中分别有一座门式大凹廊，以双层尖券小凹龛相连，两侧各有一对与入口处相同的尖塔。后面是圣堂，其上覆盖着高达54m的大穹顶。所有的凹廊、大穹顶和尖塔都包贴着深蓝色琉璃面砖，组成非常美丽的阿拉伯几何图案。圣堂内大理石柱座和墙裙以上部位镶满陶瓷彩砖，弥漫着浓厚朦胧而幽炫的蓝色辉光，将祈祷带入一种神秘的氛围。

此外，根据建筑材料划分还有钢筋水泥建筑、钢木建筑、轻质材料建筑等，这些材料多运用在近现代的建筑，其中英国的水晶宫建筑就是显例。

2. 其他划分

（1）根据民族风格分：中国式、日本式、意大利式、英吉利式、俄罗斯式、伊斯兰式、印第安式建筑等。

（2）根据建筑的时代风格分：古希腊式、古罗马式、哥特式、文艺复兴式、巴洛克式、古典主义式、国际式建筑等。

（3）根据流派的不同，分类就较复杂，仅"二战"后，西方就有野性主义、象征主义、历史主义、新古典主义、新方言派、重技派、怪异建筑派、有机建筑派、新自由派、后现代空间派等。但在通常情况下，人们较多的是根据使用的目的不同而将建筑分为：住宅建筑、生产建筑、公共建筑、文化建筑、园林建筑、纪念性建筑、陵寝建筑、宗教建筑等。

三、建筑的审美特征

1. 实用功能与审美功能的统一

相比于其他多数造型艺术门类而言，建筑与生活的关系显得密切、广泛得多。大部分造型艺术都只与人类的生活、精神的某一方面发生联系，但建筑却几乎与人类全部生活即从最初的物质生活到最精微的精神生活都发生着联系。人类的一切生活和生产活动，生老病死等等，没有一样离得开建筑。建筑既然建立在如此广阔的生活土壤上，就必然会在满足人们物质需要的同时，还要多方面、多层次地满足人们的精神需求，最广阔地反映人们的生活理想和对美的追求，这就说明了建筑是实用功能和审美功能的统一。

2．建筑在内容表现上的抽象性和象征性

建筑具有丰富的艺术语言。美国现代建筑学家托伯特·哈姆林，提出了现代建筑技术美的十大法则：统一、均衡、比例、尺度、韵律、布局中的序列、规则和不规则的序列设计、性格、风格、色彩等，较全面地概括了建筑美的内容。建筑也只有通过这些形式法则，使建筑美的内容得以表达，故使建筑在内容表现上具有了抽象性和象征性。

建筑艺术内容表现的抽象性和象征性，使它具有与人类心灵直接相通的特点，直接给人以诸如轻灵或凝重、宁静或骚动、冲和或繁丽、淡泊或威严、清丽或庄重等等不同的感受，迅速地激起人们强烈的感情火花。建筑艺术最重要的价值在于它与文化整体的同构对应关系，它是某一文化环境中的群体、心态的映射，更多地具有整体性、必然性和永恒性的品质。绘画由画家个人完成，创作的自由度几乎是无限的，人们可以通过画面窥探到画家独特的个性风格；而建筑艺术家却没有这种荣幸，始终要受到各种条件的严格限制，集体创作的方式更不容许任何一个人随心所欲。建筑的创作者和产权所有者通常也不是同一的，前者要受到后者的很大制约。再加上建筑艺术本质上的抽象性和象征性，使得建筑的主要意义并不在于表现艺术家的某一独特个性，而在于映现某一社会环境下的群体心态。建筑艺术家个人必须把自己融合在这一体现"文化圈"的群体心态之中，他的工作就在于使这种群体心态表现得更加完美。

3．建筑的技术性

建筑的原意是"巨大的工艺"。任何建筑，都是人对自然的加工、改造，体现出一定的技术和技巧，是技术和艺术的结合。我国两宋时的李诫《营造法式》三十四卷，就是古代建筑技术的一部总结名著。

随着现代科学技术的进步，深刻地影响人们对建筑的审美观念，促进了建筑艺术的发展。

4．建筑的固定性

建筑的基础，直接与地球相连，一旦建成就很难移动，它同其所处的环境不可分离。这同其他艺术品可灵活移动、可人为改变其周围环境是不同的。建筑艺术并非仅仅创造建筑个体的艺术美，而是处理、协调人与自然关系的艺术，是人类对自然环境的一种整饰、加工和美化。建于美国匹兹堡效外的赖特的流水别墅就是著名的代表作。

5．建筑的空间性

建筑以创造各种内外空间来满足人们的物质生活需求。一个完整的建筑形象，总是由建筑实体和空间两部分构成，它们各以对方存在为条件。凡被称之为建筑实体的东西，都占有一定的空间，或是占有内部空间，或是占有外部空间，或是兼而占有内外空间。离开了空间，建筑就失去它存在的意义。

6．建筑的强制性

在人类的创造中，建筑是规模最大、最具有永久性的艺术品，它以巨硕触目的形象强迫人们去感受它、欣赏它，并作出审美评价。

7. 建筑的综合性

建筑是一个空间环境，它不仅以其外部立体造型表现美，还通过内部不同的空间序列来表现。建筑的室内室外至少有十一个面。人们欣赏建筑，必须不断地移动自己，才能把所有的面看完，以获得一个完整的印象，所以，优秀的建筑都十分重视空间序列的展开，在空间序列组合中加入了时间的因素，使欣赏者由静态的三维实体产生动态的四维审美感受。其次，建筑的综合性表现在雕塑、壁画、书法、工艺、园艺、室内设计等在建筑艺术中的协同作用，用以突出建筑所蕴含的思想意蕴，加深审美的效果。

8. 现代建筑的融合化

现代建筑开始于本世纪初，是在18世纪下半开始产业革命后的欧洲近代建筑兴起的基础上蓬勃发展起来的。现代建筑从西欧始，以后传到美洲，现在已普及到所有发达国家并对发展中国家产生很大影响。在发展过程中，先是德国，后是美国曾起很大作用。在现代社会，建筑的功能大大扩充了，旧的建筑类型，如教堂、城堡、宫殿、陵墓等逐渐被新的建筑类型——车站、航空港、博览会、博物馆、图书馆、大学、商场、办公大楼、医院、电影院、大剧院、体育馆和新型住宅等所代替；钢筋混凝土、钢铁、高强钢丝、玻璃、铝合金、塑料等新的建筑材料不断涌现，水、暖、电、空调、电梯等新型建筑设备及新的施工技术层出不穷，加上由它们代表的新的大工业生产方式等，都促成了建筑的全局性改变。同时还不能忽视新的思维方式、生活观念和审美情趣的变化对于建筑发展的作用。建筑开始了一场比历史上任何一场建筑变革意义都更为深远的革命，世界建筑文化也开始了一场空前的大交流，传统的按地域或民族区别建筑材料体系的方法已经不适用了。反传统的趋势一时曾成为潮流，形成了一种被称为"国际式"的风格。

现代建筑的融合化，在我国上海的现代建筑上体现最为明显。上海汇丰银行新大楼于1923年建成。汇丰银行大楼高五层，中间主体高七层，另外还有地下室。这座大楼的建筑形式对称庄重，表面贴的花岗石面层给人以稳重而坚固之感。汇丰银行不但体量巨大（当时外滩建筑中规模最大的一座），而且形式雄伟，被称为远东第一豪华银行。这座建筑的形式采用西方典型的古典主义形式。建筑正中高两翼低。正中以一个半圆球顶形成整座建筑的构图中心，两翼为五层立面形象，纵横均为三部分，纵向是上、中、下三部分，上面是第五层，下面一个檐，以一条强烈的水平线作分隔，下面即是中部，自上而下为四至二层，然后又是一条强烈的水平线与下部分开。下部为底层较高，几乎占一层半的高度。这种构图关系就是西方古典主义建筑构图的"三段式"法则，以严格的1:3:2的比例关系构成。横向所分的三部分为：中间双柱廊，左右两翼，其比例关系为2:1:2。重点空出，主次分明。主体部分为罗马式圆顶，其下部空间保持圆厅形式。底层圆厅内有一个长方形的营业大厅，十分豪华。立面立体部分下部是三个罗马式拱门，比例为严格的古典主义式，即拱门高是圆拱直径的两倍。拱门上部是双柱廊，由六根科林斯式的巨柱构成，具有层次感，使主体更为突出。门前有一对铜狮。

第二节　中国建筑述要

一、秦汉建筑

从历史发展来看，从战国至秦汉是中国建筑艺术逐渐定型的过程。在秦汉，中国建筑艺术在各方面都取得了迥异于西方希腊罗马时期的成就，这些成就表现在：

1. 建材的科学化和艺术处理

在战国时期，屋面使用的是青瓦，其中板瓦和筒瓦有了一定的硬度和色泽，半圆形瓦上所饰的花纹也有创新。砖的形态有条砖、方砖和空心砖。但到秦汉时，砖瓦的坚硬度和色泽都有了提高和变化，这一时期的圆形瓦当，花纹疏朗富于变化，而铺地方砖和空心砖几乎都有模印花纹。另外，此时的石结构建筑物上，所用的石块上多有镂刻的人物故事和各种纹样，这在汉代石室中可以见到。

2. 以木构架为主要结构方式的中国建筑体系基本形成

在战国到西汉时，基本上采用高台建筑，但至东汉后高台建筑逐渐减少，多层楼阁大量增加。这时的楼阁每一层都是一个独立的结构单元，直至宋辽时，它仍是中国高层建筑的基本结构方法。在木结构的技术上，主要采用抬梁式和穿斗式结构，它的目的在于保持柱枋之间的平衡，防止它的变形和潜在危险。不过在中国南部地区，房屋下半部分是用架空的栏杆式构造，在靠近林区的地方，则用井干式壁体。中承平座在屋檐下的斗栱，不仅具有结构功能，而且也有美学上的意味，造成平面墙壁到突出屋檐之间过渡的层次美。汉时的木架构房屋有五种基本屋顶形式：庑殿、悬山、囤顶、歇山和攒尖。其中庑殿和悬山式应用较为广泛。

这时期的代表建筑作品有：阿房宫、上林苑等，今已不存在。

二、南北朝、隋唐的佛教建筑

中国建筑在悠久的历史文化影响下，经过长期发展，到佛教传入中国时，已形成自己独特的建筑体系，中国佛教建筑一开始就依循着自己传统的形式出现。但有一个事实：这种建筑是在印度和西域文化艺术影响下逐渐形成——中国化的佛教艺术和建筑风格。

中国的传统住宅和坛庙都以厅室、享堂为中心，向外依次是庭院和回廊，于是寺庙逐渐从廊院式布局改变为以佛殿为中心的中轴布局形式。北魏时的永宁寺稍具这种形式，但主要还是受印度寺院风格的影响。

进入隋唐，中国佛教空前发展，大规模兴建佛寺已是必然。这一时期寺庙布局形式以房屋围合成庭院为单位，多个院落进行不同的组合，变化出各种不同的平面形式，有些大的寺庙如唐长安魏恩寺多达十几个院落。至此中国佛教寺院最后以纵轴式的布局形式定形，把主要殿堂布置在一条轴线上，大型寺院则在主轴两侧发展平行的多条轴线，布置附属殿堂与僧房。这是流传至今的寺庙格局，如北京智化寺即是。

在佛教传入中国后，初始期也把塔置于寺庙中央，如永宁寺和山西应县的佛宫寺。随着中国佛教由习经向奉佛的发展，寺塔逐渐向寺庙后部及两侧转移，后来干脆移至寺外，有些塔与寺庙相脱离或耸立山巅，或以碧水为伴，或隐现于平缓的天际，勾画出中国建筑特有的优美轮廓。

除塔和寺院外，石窟寺在中国也有很重要地位。它在东汉后由西域传入我国，主要分布在中国西部，代表性的石窟有：敦煌莫高窟、新疆克孜尔千佛洞、山西大同云冈石窟、河南洛阳龙门石窟、甘肃天水麦积山石窟。

三、宋元住宅

宋元时期与我国其他的历史时期相仿，城市与农村间的居住建筑形式差别是比较明显的，这种差别并不表现在木结构的形式上，主要表现在它们的空间布局及经济、文化上。

宋元民居几无实物，但从张择端的《清明上河图》中可略见一斑。此画以汴河为依托，作了详细忠实的描述，把这一时期的社会动态人民生活状况具体地展现出来。我们对这幅画感兴趣的是居住建筑，对此，著名的建筑历史学家刘敦桢在《中国古代建筑史》（中国建筑工业出版社，1981）有详尽的解说："宋朝农村住宅见于《清明上河图》中的比较简陋，有些是墙身很矮的茅屋，有的以茅屋和瓦屋相结合，构成一组房屋。"又说："城市的小型住宅多使用长方形平面。梁架、栏杆、槏格、悬鱼、惹草等具有朴素而灵活的形体。屋顶多用悬山式或歇山式，除草茸外，山面的两厦和正面的庇檐（或引檐）则多用竹篷或在屋顶上加建天窗。而转角屋顶往往将两面正脊延长，构成十字相交的两个气窗。稍大的住宅，外建门屋，内部采用四合院形式。有些院内莳花植树，美化环境。"元之后，就不可能有什么更多的创新了。

四、明清时的建筑风格

如果说唐时的建筑风格是宏伟、豪放，宋时的建筑风格是柔和、绚丽的话，则明清时代建筑则显得沉重、拘束，却不乏稳重和严谨。就建筑本身要素在明清时代的发展状态而言，从技术、结构到材料在这一时期都有了新的进展。

1. 在结构方面

承继以前的木构架的结构形式，没有太大的改变，但在城门洞的结构上明清时已从唐宋以来的"过梁式"木构城门发展到砖券城门，在15世纪几乎全部采用砖券结构，并于16世纪中晚期盛行，同时随着伊斯兰教而传入的穹窿顶，通常建于方形平面上。它有两种结构方式：一是用于新疆维吾尔族所造的陵墓；二是见于内地礼拜寺形式中，它是在方形平面四角用砖及砖制斗栱出跳，上承穹窿顶，面积较大。如北京、杭州等处少数明代清真寺大殿，在汉族形式的屋顶下并列三座穹窿。这种砖砌穹窿顶，到了明中叶发展成为多层的斗八形状，如太原永祚寺、苏州开元寺中无梁殿所用的即是这种结构。

2. 在建材方面

明清两代琉璃瓦的生产，硬度有了很大的提高，所烧的瓦件有黄、青、绿、蓝、黑、白等釉色。清之后，其色彩更为繁多，增加了桃红、孔雀蓝、葡萄紫等更华丽的釉色。然而，由于等级制度森严，黄色琉璃瓦仅用于宫殿、陵寝和官方的祠庙。

在木结构上明清时有所改变，重要的是斗栱结构机能减弱，很多建筑上斗栱只成为装饰性的结构。这时的楼阁建筑中，都将内柱直接升向上层，而去掉了辽、金楼阁建筑中常见的上下层柱间的斗栱，借以表现建筑结构的整体性。

明清两代的皇宫，属中国建筑体系成熟时期内的建筑群体，其成就令世人瞩目。

故宫始建于1406年。故宫所在地区称为皇城，位于北京内城中心偏南，东西长2500m，南北长2750m，呈不规则方形。皇城规模巨大，四向辟门：东面是东安门，西面是西安门，北面是地安门，南面正面称天安门，这是由于中国古代皇帝背北朝南的传统所决定的。故宫同三海、太庙、社稷等共同组成皇城的主要建筑群，在原京城的建筑规划中，宫殿群的轴线和北京全城轴线合二为一，以此突出体现帝王宫殿的至尊地位。

故宫建筑成就有多方面表现：(1) 强调中轴线和对称布局，这与中国古代宏大建筑群的布局原则相同，表现出明清帝王重视至高无上的王权，使得整座建筑群主从有序，并形成统一整体。(2) 院的灵活运用和空间变化的层次感。故宫从大明门至太和殿，先后经由五座门，六个闭合性的空间（庭、院、广场），形成三个空间的高潮；天安门、午门、太和殿。这样形式对比强烈、富于层次变化，于庄严肃穆的空间气氛中透出一点轻灵与活泼。(3) 建筑形体的尺度变化有序，对比运用适当。故宫里的各类建筑，通过其构成部分尺度变化对比，一是表现等级的分别，二是为了主体突出。由此而带来了建筑群的各组成分高低错落有序，起伏开阖自然的空间美感。另外，这也是中国建筑体系的定型化和规范化在宫殿建筑中得以运用的典范。(4) 色彩繁富和装饰的豪华精致，基于中国封建社会对色彩运用的等级规定，宫殿用金、黄、赤等色调，这样在京城灰色为背景的情形下，这些原色显得格外强烈和分明，以此来显现皇宫的尊贵与显要。彩画题材多变：有龙凤、几何条纹、花卉风景。这些通过各种色彩的组合，点缀以金饰，形成多变的观感，但等级分明。

第三节 外国建筑述要

一、古埃及建筑

古埃及的主要建筑形式有宫殿、陵墓及庙宇。主要建筑材料是石头。宫殿仅仅是国王在活动的主要场所，但他们追求的是永垂不朽，宫殿不能具备这种不朽的象征意味，于是金字塔和陵墓便成了国王追求的目标。

公元前3千纪中叶是金字塔建造的黄金时期。在哈弗拉金字塔祭堂旁边还有一座借岩石凿就的长约46m、高约20m的狮身人面像，名为斯芬克斯。仿佛是金字塔的守护神，增加了它的威势。斯芬克斯浑圆的头颅和躯体，同远处金字塔的方锥形体产生鲜明对比，丰富了群体造型，也增添了神秘气氛。

金字塔中最著名的有库富、哈弗拉、门卡乌拉三座，它们形成吉萨的金字塔群，它们都是精确的正方锥体，形式单纯。这些金字塔以众多附属物为衬托，显示出塔体的壮伟，而且构图（尤其是附属建筑物）都采用简洁的几何图形，方正平直，无任何矫揉造作，从而使纪念性建筑物的典型风格得以定型。吉萨的众多金字塔，其外部虽简洁明朗，但其内部却神秘无比。另一方面，因为它是纪念性建筑，又位于沙漠边缘，只有采用这样高大、稳定、简洁的外观形象，才能在白茫茫的黄沙之中展现其恢宏的气势，从而具备纪念性。金字塔的美学意义就在于这种雄伟阔大的外观，使观者形成宏大、单纯、简洁的美学观念。

二、古美洲建筑

大约从公元前2千多年开始，直到欧洲人入侵以前，美洲土著人在中美洲波多黎哥、墨西哥和南美洲西北沿太平洋的秘鲁，先后创造了玛雅文化、阿兹台克文化、印加文化及多尔台克文化，形成了古代美洲建筑体系。

阿兹台克人的建筑有许多是为了放血仪式而建的，特诺奇帝特兰城的构造模式充分说明了这点：金字塔式庙宇前形成共同集会、表演宗教舞蹈和娱乐的宽阔广场，通过巨大的阶梯可直达金字塔顶的小神庙。阶梯顶端放一尊神像，它是祭司们公开举行献祭仪式的地方。

玛雅人的建筑特点主要体现在：阶梯形金字塔顶端有一方形小庙，庙顶后高耸着石头做成的羽状绉领，这些常从周围的树丛中显现出来。另外，玛雅建筑的柱上有拱，从柱上最后两层伸出的石头在大梁下相交，靠自身形成稳定的结构。

印加人建筑上的主要特色是巨大尺度的砖石建筑，而且施工中不用灰浆，将砖石紧密地干砌在一起，这种建筑在其首府库斯科城中可见。高居一方的萨克色华曼是为防御而建，其用料都是巨大的砖石。

三、爱琴、古希腊建筑

爱琴海在地中海的东北，沿爱琴海，在它的南边是克里特岛，在它的西边巴尔干半岛东海岸是迈锡尼，从公元前3000年到公元前15世纪，起源了一种文化叫爱琴文化。它的有名建筑是克里特岛上的米诺斯王宫和迈锡尼的卫城。

古希腊的建筑是在美学上反映西式、欧洲传统建筑特色的最杰出的实例之一，同时也是后来世界各国兴起的多种建筑风格的基础。这种建筑的实际成就主要体现在公元前5世纪的雅典卫城建筑中。在卫城，人口处建有多立克式和爱奥尼式的宏伟圆柱，还有层廊，这一雄伟的廊式建筑是雅典人的骄傲，但更令后人感兴趣的则是帕提农神庙这个神庙的建筑方案和外观形象，它并不是一种革命性的反映，而是一种漫长而缓慢的进化过程的结果。它是公元前447~432年在菲狄斯领导下由伊克弟纳，穆尼西克里和卡里克拉特完成的。

四、古罗马建筑

在建筑方面，罗马人侧重吸收希腊建筑物上的形式和风味，为表现罗马大帝国的沉着、威严和权力，就实行拿来主义政策（这与军事扩张十分相似）。于是，他们建成各类凯旋门、广场以及实用性极强的公共浴场、竞技场、引水管道、公寓楼等，还有伟大的万神庙。这些其实就是罗马建筑的精华。

建于公元1世纪的万神庙由圆形的主殿堂和矩形门廊组成。门廊为希腊式，是从旧万神拆过来的，正面有8棵高达14m的科林斯式的柱子，柱身用整块的深红色花岗石建成，柱头柱础额枋和檐部都是白色大理石，山花和檐口上的雕像、门扇、瓦及顶棚均为铜制。门廊后面的圆殿是一个巨大的圆球形空间，平面直径和穹顶高度都是43.43m，空间感完整而统一。在穹顶中央有一个直径8.9m的圆洞。墙面强调垂直分划，内壁沿圆周有8个大龛，目的是减轻墙体自重和丰富墙体构图。封闭而连续的内壁把庞大的穹顶过渡到地面，增加了整个构图的连续感和稳定感。穹顶表面则强调水平划分，用放射和水平拱肋组成框格，增加了室内空间的透视效果，有很强的向心韵律。地面也采用框格形图案，与穹顶上下呼应。万神庙在艺术上的最大成功在于它的集中式布局，以巨大的体量和完美的形式创造了一个极为完整、单纯、统一、和谐的内部空间，是希腊人从来没有梦想到的，体现了罗马人倾向于崇高、宏伟的审美理想，对以后产生了很大的影响。

五、基督教建筑

在罗马人抛弃的巴西利卡基础上，早期基督教建筑脱颖而出，它成为随后900年间西方教堂通用的类型。公元313年，君士坦丁大帝宣布基督教为帝国的正式宗教后，罗马帝国发现教堂可作为其古典建筑的避护场所。

大约公元330年，东罗马在尼禄竞技场旧址上建造了圣彼得教堂，教堂有着长达400英尺的中厅和在塔顶下交汇的五条成对的走廊，而且是有史以来，在此首次出现左右伸出的视廊或曰十字形走廊。公元380年，狄奥多西宣布，除基督教外，所有的宗教一律属异教，并将所有的庙宇接收，关闭或是改成基督教堂，或在洗劫之后重建新教堂。由于那些改建和新建建筑的增多使得巴西利卡越来越多地被用于教堂唱诗班和大型集会。巴西利卡式教堂有两个鲜明的特点：（1）它们避开了罗马浴场穹窿顶上那种复杂技术，于是能降低造价，重新使用造普通墙或柱子的方法。（2）这类教堂通常建在郊区，这很可能是因为贫穷的基督教社区担负不起在城里建教堂的昂贵费用，也或许他们喜欢将教堂建在埋葬圣徒的地方，将墓地安排在教堂围墙的外面。

从早期的基督教建筑艺术渐次发展过渡到集中式教堂，通过它基督教堂建筑进入拜占庭时期的向心型圆顶教堂。

此后，罗马式建筑主要追求凝重均衡的效果，它以饱满的力度，疏密均匀的节奏和宏大的体积烘托出中世纪基督教精神的威严和力量。它继承了古罗马的半匾形拱券结构，多在窗、门和拱廊上广泛采用罗马式半圆拱顶，以一种桶状拱顶和交驻拱顶作内部支撑。厚实的窗间壁和墙抑制了这些拱顶的强有力的外延感。

六、伊斯兰教建筑

伊斯兰世界在叙利亚和埃及的大贵族拥立摩阿维亚为哈里发建立倭马亚王朝之后，才有了建筑艺术上的一些成就，并逐渐形成伊斯兰宗教建筑的风格。

公元688~690年耶路撒冷城建成"石头圆屋顶"，它的金顶高踞在"四面的大墙"之上。公元710年哈里发瓦勒德在附近的同一轴线上建造了艾尔·克萨清真寺，现存的这座清真寺是最古老的伊斯兰建筑物，它建在一个裸露的白色矮墙台基上，四周有深色的丛林围绕。

另一个穆斯林中心城市大马士革存有最完整、最早的一座巨大的清真寺院，它保持着清真寺发展阶段的典型面孔。它原先只是个庙宇，后来才不断扩建改造成为伊斯兰教徒聚集的寺院，当时的哈里发将广场内已有的尖塔改造成第一个"邦克楼"（清真寺的尖塔）。寺院窗格上透空的石头模式，从另一方面表现出一种几何形的细部装饰，成为伊斯兰的标准模式。

定型化的伊斯兰宗教建筑主要代表作有：撒马拉罕的比比·哈内清真寺，它是中亚伊斯兰宗教建筑的最高成就。此外，还有苏菲王朝道都伊斯法罕广场上的皇家清真寺，它的规模极大，主穹顶高达54m，大门凹廊覆盖半个四圆心穹顶，方圆之间的过渡极其明确，这座建筑是伊朗中世纪建筑的最高代表。另外，开罗的汉撒苏丹清真寺是集中式清真寺的代表。

七、哥特式建筑

就其风格发展而言，哥特式建筑经历了两个时期：第一阶段从12世纪一直到13世纪中叶。它非常强调结构，强调零散构件的递增，而在法国则强调取得建筑的高度。第二阶段趋向强调装饰，后又逐渐强调达到丰富多彩的整体视觉效果，直到哥特式时期结束时，装饰细节已发展到能脱离结构因素而独立存在的地步。这种风格的第一个成熟作品是林肯大教堂（公元1192年兴建）的主体部分，包括中殿和唱诗班席。其后不久兴建的一些教堂都具有这种风格的典型特点：使用曲肋构架不仅出于结构需要，也是为了美观；有控制地采用高大、细长有少量石窗花格而设有竖框的尖角窗，尖角窗的排列三五成群，墙壁厚重，拱门内边镶有饰线等等。第二阶段分为大陆的辐射式风格和英国的装饰性风格，辐射风格的出现标志着哥特式建筑发生了显著变化。公元1250年前，哥特式建筑师一直只注意均匀地分布大块砖石结构，特别在法国，只注重解决建筑物高度的技术问题。公元1250年后，他们关心通过非结构性装饰来达到丰富多彩的视觉效果，这种装饰采取的形式是尖顶、饰线，尤其是窗花格。辐射式建筑的一个典型特点是垂直的支撑部分越来越不吃力，墙壁后来又变化为竖框、窗花格和玻璃构成的隔屏，彩绘玻璃窗的色调过去是深沉平匀，以后变得越来越透明，以增强窗花格的轮廓。

八、圣彼得大教堂建筑

圣彼得大教堂被誉为文艺复兴时期最伟大的纪念碑。

公元1547年，教皇委托米开朗基罗主持这一多灾多难的工程。米开朗基罗抱着"要使古希腊和罗马建筑黯然失色"的雄心壮志开始了他的工作，他凭借自己的声望和才艺从教皇那里争来了工程主持的决定权和自由权，加大了支承穹顶的四个墩子，简化了四角的布局，在正面设计了九开间的柱廊。这样，整个建筑设计得更加雄伟、更具有纪念性。这种设计是米开朗基罗以雕塑家特有的三维视觉，突破了当代人对比例的偏执，开拓了尺度与空间的新观念。他所设计的圆顶不仅规模更为宏大，而且使建筑物本身的内部空间和周围的环境统一起来。

教堂巨大的穹顶直径41.9 m，几乎与万神庙相等，内部顶高123.4 m，几乎是万神庙的三倍。希腊十字的两臂，内部宽27.5 m，高46.5 m，穹顶外部采光塔上十字架尖端高达137.8 m，是罗马全城最高点。

九、巴洛克建筑

巴洛克运动在绘画、雕塑、建筑、音乐诸多领域取得了辉煌的成就。巴洛克建筑艺术风格有三个突破点：(1) 巴洛克建筑师抛弃了对称与平衡，而转向对新的富有生命力体块的试验，维也纳的贝尔维德雷宫明显地体现了这一点。宫殿有一个很宽的向外扩散形的窗式立面，两边拥有低矮穹顶的角楼和戏剧性的台阶形的屋际线，这些均由凯旋门式入口及曲线形的墙形成巨大的中心统领在一起，它对称却没有任何华而不实的规整性。(2) 抛弃方形和圆形的静态形式，代之以旋涡和动态：以椭圆形为基础的S形、曲线形、波浪形立面和平面。波诺米尼为罗马设计的圣卡罗教堂，有很好的体现。它的平面和波浪形起伏的正面，成为后来巴洛克教堂试验的模式。(3) 巴洛克建筑师往往采取极端戏剧化的形式，并由此生出许多幻想来。它在那些带有"立体感强而逼真的画的巴洛克实例上体现出来"。

在法国巴洛克的最后阶段被称作洛可可，洛可可原意为石块和贝壳，它显然是由巴洛克（畸形的珍珠）而引出的双关语。

十、泰姬陵建筑艺术

泰姬陵是印度莫卧儿王朝的杰罕国王为其皇后所建的陵墓，费时15年（公元1632～1647年）它被誉为世界建筑艺术史上的杰作。它的艺术成就主要体现在以下几个方面：

1．建筑群总体布局优美

布局显得很简单纯朴，陵墓是构图的惟一中心，它不像一般陵墓居于中轴线的中心，而是位于中轴线末端，其中设置了面积广大而又生机盎然的草地，既有较佳的观赏距离，又与建筑群的色彩辉映成趣。整个建筑群的色彩沉静明丽，在蓝蓝的天空下，绿草衬托着洁白的陵墓和高塔，而两侧建筑物的赭红色又与这青绿、莹白相映照，对比分明而不失和谐。

2．陵墓本身形象明朗肃穆

一般来说用于皇后的陵寝应该是华丽肃穆庄严，但泰姬陵的陵墓主体却不同，它的构图稳重舒展，其台基宽阔，与矗立其上的高大主体略呈方锥形。但由于四角的圆塔相衬，使得整个陵墓轮廓空灵剔透。

3. 陵墓的构图充分利用了对比和谐的设计原理，使得陵墓内外多彩多姿

例如，陵墓方形主体和浑圆穹顶的形体对比，在这总体对比之中又有隐性的过渡，即主体抹角，逐渐向圆接近。

十一、卢佛尔博物馆和凡尔赛宫建筑

总体而言，卢佛尔博物馆有起有伏，有主有从且构图为简洁的几何图形，法国的高屋顶被意大利式的平屋顶所代替。这座建筑物一方面可以看作是古典主义建筑理论在宫廷建筑上的体现，另一方面也可以看作是两种不同建筑风格的斗争，法兰西人用自己的艺术创造战胜意大利风格的统治。但是，最突出的建筑应该是凡尔赛宫。

凡尔赛宫可以被视为是路易十四作为专制君主最高权威的象征，它不仅是君主的宫殿，也是国家的中心。设计方案精确无比，它的巨大中轴线实际上是从巴黎的博物馆通过尚普·埃利泽大街，向西南方向延伸12英里进入它的建筑场地，再穿过广场中央到宫殿建筑，通过一条逐渐狭窄的通道进入雄伟的中心部分——大理石宫廷。另外，加上附属的园林设计，使这一宏伟的整体设计非常附合逻辑性和对称原则，成为绝对空间结构中的一处沉思冥想的书斋。

十二、芝加哥建筑学派与摩天大楼

芝加哥学派的创始人是工程师詹尼，他于公元1883～1885年建造的芝加哥家庭保险公司大楼被认为是第一座真正的摩天大楼，它具有防火性能，使用了金属框架和砖石外墙。但是詹尼未能完全摆脱古典主义的外衣，也没有真正把握这类新建筑必须有新的形式。1892年，伯海姆与鲁特设计的卡匹托大厦高双层，是19世纪末以前芝加哥最高建筑。在1890～1894年，两人又设计了16层的瑞莱斯大厦，这是芝加哥学派的代表作，它具有美国框架结构与古典外形的特点，但同时却以其透明性和比例的纯净而征服世人。荷拉伯与罗许设计的马揆特大厦是19世纪90年代芝加哥典型的高层办公大楼，它的正面是简洁的，外表与宽阔的"芝加哥式"横长方形窗整齐排列。内部空间没有固定的隔断，以便将来按需要自然划分，这体现了框架结构设计的优点。

十三、后现代建筑

就建筑领域的后现代而言，指的是新创立的建筑艺术的主体，它以国际风格为代表的建筑艺术是彼此对立的。在后现代古典主义作品中，查里斯·摩尔的作品最为成熟，他的加州圣巴拉的住宅设计表现出古典主义建筑的空间概念。在新奥尔良的意大利广场设计上，他设计出一个令人愉快的公共空间。其功能多样，设有喷泉、色彩丰富的立面、矮墙和古典式的细部。

1972年，工程师费雷奥托和建筑师贝姆茨克设计的慕尼里国际奥运会比赛场，是运用相反曲率中的张力原理建成的一个巨大网状的篷式屋顶，那是在钢索编成的网上敷贴了透明的化学树脂膜，然后悬挂在钢管竖杆上，形成一个波浪的、半透明的、没有结构投影的晴雨篷。

后现代最辉煌的建筑作品出现在巴黎。1972～1977年，由意大利的皮阿诺和英国的罗杰斯共同设计的蓬皮杜中心。这项工程的要求是创造出一个连续的互不干扰的内部空间，有高度的内部空间，有高度技术化的地下结构。设计完成后，所有运转系统不是包在里面，而是暴露在外——让管道、线路、自动扶梯和结构全都一目了然。

澳大利亚的悉尼歌剧院可以说是20世纪以来最生动、最激动人心的建筑艺术形象，

它由年轻的丹麦建筑师杰恩·伍重设计,从 1959 年开工至 1973 年结束,在蔚为壮观的防波堤上,钢筋混凝土制成的贝壳体伸向悉尼港,在贝壳的下面,在花岗石矮围墙里面,布置着音乐厅、歌剧院、电影院和餐厅等。整个结构由表面镶着陶瓷砖预制钢筋混凝土旋肋组成。

十四、近五十年欧美建筑

战后直接影响欧美建筑发展与变化的是它的强大的物质技术力量,雄厚的技术人员队伍和一大批专门投资于房屋建筑与经营的大业主。在这三方面力量的共同作用下,欧美的建筑艺术取得了令人瞩目的发展与成就。

1. 高层建筑的发展

自芝加哥学派以来,美国的高层建筑方面一直处于世界前沿。到了 20 世纪 60 年代末期,开始向超高的新型结构发展。在结构上主要是加强外圈抗风与抗震性能,采用了筒体结构,其代表作是纽约世界贸易中心大厦由两座塔式摩天楼及四幢七层建筑构成(摩天楼现已被毁)。高塔的平面呈正方形,采用钢结构,饰以玻璃,外层用铝板饰面,在造型艺术处理上,底下 9 层开间加大,上部采用了哥特式连续尖旋。

2. 居住建筑的发展

美国住宅建筑在战后有两种倾向:一是向郊区发展,在哪里采用传统的农场式,讲求住宅与自然环境的协调。二是欧化式的居住区,如雷土顿城是一座环境优美的花园城市,全城分成 5 个居住区,一条快速公路将全城分为两部分,北部有三个居民村,南部有两个居民村。

讲求个性与象征倾向的国家美术馆东馆(1978 年),是一座非常有个性的成功运用几何形体的建筑,设计者为美籍华裔贝聿铭。乐馆造型醒目清新,其平面主要由两个三角形:一个等边三角形(美术展览馆)和一个直角三角形(视感艺术高级研究中心)所构成。

从欧洲各国的建筑发展来看,意大利在战后的建筑更具创造性,工程师内维尔是著名的创造者之一,他的都灵展览大厅(1948~1949 年)是他基于混凝土结构型式的个人风格努力的结果。而德国却不同,他们在许多商业建筑中,大面积外墙和精巧鲜明的金属细部方面,表现出密斯的影响。柏林汉莎住宅区的规划显示出有意识的恢复 20 年代设计风格的倾向。在丹麦,受密斯影响的阿尔恩·雅各布森,他的罗多夫尔市政厅冷峻而优雅,索霍尔姆住宅群的布局新奇且结构多变。

第十一章 园 林 美

第一节 中国园林创作艺术

一、相地合宜，意在笔先

中国园林艺术景象，不是客观的自然界，而是主观化了的艺术品，它的创作，也如诗文、写意画的创作一样，要深在思致，妙在情趣，高在意境。

中国古典园林创作的第一步是勘测和选择园址，即"相地"，包括地理位置、交通、地形、地质、土壤、水文、山石、林木、朝向、周围建筑及人文景观、环境卫生、对景与借景条件等。然后进行设计，也就是"立意"。计成《园冶》把《相地》篇置于卷首，主张"相地合宜，构园得体"，"得景随形"。"意在笔先"，本是传统画论用语，言艺术创作构思应在下笔之前，中国园林艺术属于诗画艺术载体，是立体的画、凝固的诗，它的营构与诗画创作一样，造园的布局一定要先有全局构思，胸有成竹，才能达到"心潮"的目的，"尽"其善美。

"相地"：一需要选择园林的地址。根据园址的地形形势，因地制宜；二需要考虑园林选址的环境特点，如在山林、江湖、郊野、城市、乡村等不同的环境中造园，也应有不同的"立意"。

封建皇帝是"普天之下，莫非王土"，选址因为不受经济条件的制约，更显示他的识见。清康熙皇帝是个卓有相地见识的人，他在全国范围内进行了比较并反复实地踏查，最后选取热河辽代离宫作为建造山庄之地。首先，山庄具有的天然形胜，符合"合天下之心，成巩固之业"的帝皇心思。该地"恬天下之美，藏古今之胜"，切合帝皇强烈的占有欲。

园林因所处地理环境不同，采取不同的"立意"。计成分成山林地、城市地、村庄地、郊野地、傍宅地、江湖地六种。

立意古朴清旷。避暑山庄是典型的山林地，创造的也是山野远村的情调、漠北山寨的乡土气息以及包括山、水、石、林、泉和野生动物在内的综合自然生态环境，"鸟似有情依客语，鹿知无害向人亲"，具有淡泊、素雅、朴茂、野奇的格调。

城市的造园，以地偏为胜，"邻居近俗，门掩无哗"。目的是能"闹处寻幽"。因自然条件差，要尽量保留古树，堆山凿池，考虑竖向设计的经济，立意清丽幽邃。郊野地造园，要"依乎平冈曲坞，叠陇乔林"，因地成形，"开荒欲引长流，摘景全留杂树"，立意是在郁密之中而兼旷远的野趣。明代苏州上沙村的"水木明瑟"园，灵岩山峙前，天平山倚后，平田缭左，溪流带右，老屋数椽，规制朴野，广庭盈亩，植以丛桂，一派田园野趣。

园林布局的形式，一般分规则式、自然式和混合式三类。庄严肃穆的皇家园林宫苑，纪念性园林采用规则式的居多，如北京天坛、南京中山陵。

布局形式确定后，根据功能需要，巧妙地划分景区，进行空间处理就成为构园设计中的关键。中国古典园林具有封闭内向和多功能等特点。因此，首先要根据不同的需要及地形特点划分景区，每区再布置各种不同趣味的风景点。借景，就是将有限的园林景观，融入无限的宇宙之法。利用自然地形和环境的特点来组织空间，挖掘原有条件的潜力，巧用匠心精心布局，以最少的人工和最小的改造来达到最大的景效和最高的意境，是园林艺术创作的一个重要方法，是园林突破空间限制的一种手法。远借就是突破园内的空间视界，借园外之景。园林中楼阁或高阜等高视点的建筑物，都可借眺远景。

通过布局上分割、转折、封闭、围合达到"庭院深深深几许"的艺术效果，获得曲折幽深、藏而不露、含蓄蕴藉的神韵。

二、掇山、理水、置石

假山，是山水园林中的主要物质建构。掇山叠石艺术，是中国造园的独特传统。早在汉代，人们就开始在园内造假山。六朝以来士大夫的自然山水园逐渐成为主体，用堆叠假山来营造宛若自然的山林氛围，或"多聚奇石，妙极山水"，或"积石种树为山"。

掇山要有深远如画的意境，余情不尽的丘壑。有了真山的意境来堆假山，堆的假山就极像真山。园山，园林中随处点缀的假山是变城市为山林的主要景观。厅山，封闭的厅堂前庭中的假山，一般用石叠成，尤以太湖石为多用。当前庭进深较小时，也可嵌石于墙壁中，称为"峭壁山"。楼山，楼前堆叠的假山。因可供人登临观赏，故山要高，距离要远，方可产生深远效果。阁山，在阁旁堆叠的假山，不必用梯子，而将室外之梯叠石成蹬道。书房山，位于园内静僻清幽之处，宜小巧，或依佳木点以灵石，或独立为峰壁。池山，水池中堆山，若大若小，更有妙境。水石结合的假山，又称"水假山"。内室山，内庭中的假山；峭壁山，是靠墙叠构成悬岩峭壁意象的山石景。

选择堆叠假山的石块，是"掇"重要的前提。一般根据石的形状及轮廓线、质感及色泽、肌理和脉络、大小、比例、重量等并按照所构园林的具体情况来决定去取，对景石大体以瘦、皱、漏、透、清、奇、顽、丑等为标准。

叠山石所用石可分如下几类：(1) 湖石类。属于石灰岩、砂积石类。如太湖石、巢湖石。(2) 黄石类。如江浙黄石、华南腊石、西南紫砂石、北方大青石等，产于常州黄山者为佳。(3) 卵圆石类。形体浑圆坚硬，风化剥落，多出自海岸河谷，为花岗岩和砂砾岩。(4) 剑石类。指利用山石单向解理而形成的剑状峰石。如江苏武进斧劈石、广西槟榔石、浙江白果石、北京青云片等，钟乳石则称石笋或笋石。(5) 吸水石类。水上石类，疏松多孔，能吸附水分。(6) 其他石类。如木化石、松皮石、宣石、灵璧石、昆山石、宜兴石、龙潭石等。选石有如笔法，叠石则如章法。叠石为山这一构筑方式，是艺术之难者。

叠置峰峦幽深的园林意境。峰峦的叠置形式有：(1) 剑立式。峰棱奇峭，穿云走雾的山形。(2) 叠立式。可达到远近高低参差有致、宽广敦厚而又连绵不断的气韵，又有宾有主。(3) 层叠式。高低错落，跌宕飞舞，自由多变，多用横纹条石层叠。(4) 斜立式。峰态倾劈，气势磅礴，如同直插江边态势的假山，往往仿倾斜岩脉，可采取此式，用条石斜插。(5) 斧立式。独峰高耸，险危奇突，立之可观的山景，上大下小，块石竖置。

著名的观赏石峰很多。如常熟"虚廓园"的湖石"妙有"。现置常熟人民公园内的"沁雪石"，原为元赵孟頫莲花庄园鸥波亭前名峰，为"皱"的代表。表面石纹如海浪相叠，又如雪压琼枝，意境清远。宋徽宗造御园"艮岳"时，曾命苏州人朱勔负责采办奇石名卉，叫"花石纲"。后事败，许多来不及运走的太湖石遗留在苏州，元代时就被引进园林作为观赏石峰，如元代狮子林有狮子峰、含晖峰、吐月峰、昂霄峰、立玉峰等著名石峰，今苏州留园就有大小古物石峰30余座。

景石具有的某些外形特征，借助文学题名的启示，还可使人们获得"妙在石头之外"的深层意蕴。清嘉庆年间的留园主人刘恕，酷爱奇石，他收罗湖石十二峰。一一赐以嘉名，分别曰奎宿、玉女、箬帽、青芝、累黍、一云、印月、猕猴、鸡冠、拂袖、鲜掌、干霄。石名与石形大多在似与不似之间。

独立石峰的配置，讲究意境，巧妙配置，自成妙趣。如留园十二峰中的"印月峰"，置于园中部水池东侧，峰石中有一天然涡孔，形如盆口，倒映池中，恰如一轮满月，垂手可掬。留园东部书房"还读我书斋"西面天井内，当窗立有湖石"累黍峰"，该峰表面上生有黄豆般大小的晶体颗粒，如黍米，大概有"书中自有千钟黍"的内涵，以鼓励子弟们刻苦读书。

景石与植物配置也必须遵循一定的原则。如：松下之石宜拙，因为松树挺拔偃塞，蟠曲质朴，苍老劲健，深沉厚重，宜置粗夯顽拙、雄浑简率之石。梅边之石宜古，因为梅花铁骨铮铮，冰心莹莹，高古典雅，超凡脱俗，宜置婉转险怪、古色古香之石。翠竹修长挺拔，高节虚心，幽声细细，清香脉脉，故宜置颀长瘦削、如笋似剑之石。

我国山水园中的理水艺术，凝聚了历代造园艺术家和匠师的经验，园林中的江湖、溪涧、瀑布等既来自自然又高于自然，是对自然之水的提炼、概括。理水的原则为：水面大则分，小则聚；分聚结合，相得益彰。水有源头，流随山转；穿花渡柳，悄然逝去。瀑布落泉，洄湾深潭，动静相兼，活泼自然。理水手法有分、隔、破、绕、掩、映、近、静、声、活等十种。造园家必须根据主题意境，因地制宜地进行规划，匠心独运地巧妙设计。中国园林中理水的意境和手法，源于自然界的湖、池、潭、湾、瀑、溪、渠、涧等。

在中国古典园林中，几乎是无园不水，无水不园。

"大分小聚"，这是理水的基本原则。大型的水面处理，如湖泊、池沼，大都是用天然水面略加改造而成，如杭州的西湖、广东惠州的西湖、北京的三海、颐和园中的昆明湖等。分隔水体的手段有堤、埂、岛屿、洲渚、滩浦、矶、岸、汀、闸、桥、建筑、花木等。

小园的水体聚胜于分，聚的布局使水面辽阔，有水乡漫漶之感。如被誉为"小园极则"的网师园，以水面为主体，水面集中作湖泊型，以显其宽，突出了"网师"、"渔隐"的主题，仅仅400m^{2}的水面，却给人以湖水荡漾之感。

三、建筑物的配置

中国园林所属性质、地域的不同，决定了建筑风格、空间组合形式和色彩的不同。皇家园林建筑体量大、装饰豪华、色彩金碧辉煌，表现出恢弘堂皇的皇家气派；江南私家园林建筑轻巧、玲珑、纤细、通透、朴素、淡雅，表现出秀丽、雅致的风格。园林中单体建筑的实用功能，古人常用"堂以宴，亭以憩，阁以眺，廊以吟"概言之。它们可以单独构成景点和用作实用建筑物。

园林建筑都采用木构架结构方式，运用屋顶、柱廊、台基三个部位组合而成，其单体建筑类型十分丰富，略述如次：（1）厅堂。用长方形木料（即扁作）做梁架的称厅；用圆木料做梁架的称堂。（2）轩馆。轩的样式，类似古代的车子，取其空敞而又居高之意。适宜建于高旷之处，对于景观有利，便为相称。(3) 斋台。《园冶·屋宇》云："斋较堂，惟气藏而致敛，有使人肃然斋敬之意。"(4) 楼阁。《园冶·屋宇》云："《说文》云：'重屋曰楼。'《尔雅》云：'狭而修曲为楼。'"(5) 榭舫。《园冶·屋宇》曰："《释名》云：'榭者，藉也。'形式灵活多变，在水边称水榭，建筑基部半在水中、半在池岸，也称水阁，临水立面开敞，设有栏杆。(6) 廊桥。变化多端地将房屋山池联成统一的整体。(7) 亭。供人停下集合的地方，为园林中开敞的小型建筑。亭还有半亭和独立之分，半亭一般附建于两边长廊或靠垣的一面。

四、花木的选配

花木是构成园林的重要因素。"寻常一样窗前月，才有梅花便不同"。中国园林花木品类丰富，有观花、观果、观叶、荫木藤蔓、竹、香花、草木与水生植物等多种类型，并在适时适地的前提下，处理好常绿与落叶、乔木与灌木的搭配，达到轮廓起伏、层次变化、明暗对比等艺术效果。

园林花木是营构自然美、创造山花野鸟之间那种朴野撩人气息的不可或缺的物质材料，所谓"无花不成景，无绿不成园"，具有实用功能。花木在园林中的实用价值为：(1) 隐蔽围墙，拓展空间。(2) 笼罩景象，成荫投影。(3) 分隔联系，含蓄景深。(4) 装点山水，衬托建筑。(5) 陈列鉴赏，景象点题。(6) 渲染色彩，突出季相。(7) 表现风雨，借听天籁，创造园林"声景"。(8) 散步芬芳，招蜂引蝶。(9) 根叶花果，四时清供。

园林花木的取裁，涉及多方面的因素，有民族的、地域的、文化的和自然、气候以及植物生长特性等。一般来说，选择的植物品种根据"适时适地"的林业原则，以"乡土"树种为主，不求异花奇木，注重传统的民族特色。因地制宜，根据植物生长习性所要求的环境特点，选择适宜的品种。植物种植配置的地点，也必须根据具体植物对日光、热量、水分等自然需要，加以合理配置。

植物配置讲究以少胜多，深得写意山水画之神韵，王维《山水诀》云："咫尺之图，写百千里之景，东西南北宛尔目前，春夏秋冬写于笔下。"中国古典园林中除了大型的皇家园林，植物很少丛植，小型园林大多以散植为主，如拙政园"海堂春坞"小院，一共才植两枝海棠花。古树名木年代久远，饱经风霜，耐人观赏。

第二节 中国园林与民族特质

一、中国园林艺术

1. 古典诗文与园林

中国古典园林是立意深邃的"主题园"，置景构思，大多出于诗文。开创中国田园诗流派的陶渊明，号"古今隐逸诗人之宗"，他的思想以及诗歌辞赋对中国园林的意境构思产生了巨大影响。他志趣高雅，心境澄澈悠闲，憧憬着"桃花源"式的理想社会。陶渊明的审美情趣、人格理想，对中国园林意境产生了深远的影响，成为许多园林构园的主题意境。从园名看，苏州就有"归田园居"、"五柳园"、"耕学斋"、"三径小隐"等；扬州有"寄啸山庄"、"耕隐草堂"、"容膝园"等。

晋王羲之、谢宽发、许询、支遁等四十一人于会稽山阴之兰亭，饮酒赋诗。王羲之写下千古传诵的《兰亭集序》，文中描绘了文人们大规模集会的盛况。"崇山峻岭，茂林修竹"的自然胜景，和流觞曲水，水畔进行"文字饮"的形式，成为中国古典园林中建园置景的蓝本。如苏州东山的"曲溪园"。

苏州狮子林揖峰指柏轩后廊砖刻曰"留步养机"。意思是说，请你停下脚步，在此地培养创作的冲动和灵感。园林优美的自然环境，润泽了作家的心田催化了他们的创作激情，是古代文人诗酒相酬的主要场所。

造园如作诗文，诗文又每每离不开园林，园林著作，既是优美的文学作品又对造园理论、审美情趣起着重要的作用。陶渊明的《桃花源记》，瘐信的《小园赋》，王世贞的《游金陵诸园记》、《安氏西园记》、《灵洞山房记》，在中国园林史上具有不可替代的影响。

2．书画与园林

中国以描写山河自然景色为题材的山水画，独立成熟得较晚。自晋代始，山水以其"使人情开涤"的独特魅力，闯进了绘画的艺术领域。后经唐代大画家李思训、李昭道、吴道子和王维等的实践，才成为中国画中重要一支。

北宋前期，以关仝、李成、范宽为代表的山水画家，主要师法荆浩，以描绘北方地区的景物为主，采取大山、大水、全景式的构图；忠实客观地描写对象，虽也经过提炼概括，但稍偏重于形似。虽然在他们的笔下，是理想化的山水，但画家主观感情色彩并不十分强烈。与此同时，以董源、巨然为代表的画家以描绘南方丘陵地带山水为主，采用"披麻皴"、"墨点"和"矾头"等，用水墨画江南，侧重于写意。

明清是中国山水画和花木竹石图等风景小品发展的高潮期，明代流派众多，明有以戴进为代表的"浙派"，以沈周、文徵明为代表的"吴门派"，以董其昌为代表的"松江派"等。清徐渭及清初的"四王"和"四僧"：王时敏、王鉴、王翚、王原祁，朱耷、原济、髡残、弘仁（另有龚贤、梅清等），能突破古人樊篱，大胆革新，在理论和实践上将传统山水画推向高峰。

在寺庙园林、书院园林、纪念性历史名人的祠堂园林中，书法墨宝以匾额、楹书、碑铭、摩刻、卷轴条幅等形式流传。秦汉后，名碑迭出。汉代名碑有《乙瑛碑》、《礼器碑》、《西岳华山庙碑》、《史晨碑》、《仓颉庙碑题铭》等。北朝以《龙门二十品》与山西耀县药王山北朝造像题记最为珍贵。隋唐时，数量更多，虞世南《孔子庙堂碑》、欧阳询《化度寺禅师舍利塔铭》和《九成宫醴泉铭》、欧阳通《道因法师碑》、褚遂良《孟法师碑》和《雁塔圣教序》、薛稷《信行达法师玄秘塔碑》、李阳冰《城隍庙碑》等，均为书法名碑，后世奉为楷模。今人可从各寺庙园林中领略其风采。孔庙内也都有碑刻，如山东曲阜孔庙碑刻，上自两汉，下迄民国，真草隶篆等书体皆备，共有2000余块。

私家园林均有所谓翰墨林，以壁悬晋墨迹为尚。园主不仅效法书画家米芾、倪云林建楼筑斋藏之，而且热衷于在园中用书条石的形式摹刻在粉墙上，成为园林艺术的重要特征之一，也是中国园林的一大景观。苏州园林是书法艺术与其他艺术门类结合得最完美的典范。园林的碑刻和书条石质量高、数量多、内涵极为丰富，包括了我国自晋及清的名人书法，展示了篆、隶、行、楷等书法字体的美。书条石以留园、怡园和狮子林最为丰富，有"留园法帖"、"怡园法帖"之专称。

二、"天人合一"与园林的自然化

在世界古典园林类型中，有意大利的台地园、法国的平地园、英国的牧园、日本的水石庭，中国则是以"可居可游"的自然山水园为基本类型。中国园林艺术创作的最高准则是"虽由人作，宛自开天"、"外师造化，中得心源"，即得自然之道，获得人之精英，生成艺术生命，从自然中感悟出生命真谛、宇宙隐语，自然因人的情思而包裹感性及生命，由此孕育并上升为容量极大、辐射力极广的审美意象。"文稿人园是主观的意兴、心绪、技巧、趣味和文学趣味，以及概括创造出来的山水美。"中国人这种深致的山水自然意识，使中国园林成为自然山水园的精神发源地。

中国自然山水园的创作原则是"天人合一"哲学观念与美学意念在园林艺术中的具体体现，即纯任自然与天地共融的世界观的反映。中国古代哲学宣扬人与自然的统一与和谐，提出了"天人合一"的理论命题，以天人合一为最高理想，体验自然与人契合无间的一种精神状态，成为中国传统文化精神的核心。

中华民族在与自然保持亲和、感应和相互交融的关系中，很早就发现了自然美，对自然美有着独特的鉴赏力。道家主张"以人合天"，提出"法自然"、"法天贵真"，认为只有顺从回归自然，进入"天和"状态，才能达到常乐的至境；儒家追求天道，"以天合人"，重在探求人的生命和生存之道。所以，中国的古典园林成为"艺术宇宙模式"也是必然趋势。中国园林在营造布局、配置建筑、山水、植物上，竭力追求顺应自然，着力显示纯自然的天成之美，并力求打破形式上的和谐和整一性，模山范水成为中国造园艺术的最大特点之一。基于天人合一的思维模式，人们往往不将天堂人间、此岸彼岸等分成两个世界，而是浑融为一。

园林选址、布局处处注意与大自然的融合。颐和园西借玉泉山及燕山，方使人获得"悠然见南山"的"真意"。私家园林更以情韵取胜，追求平淡清深、幽雅脱俗的意境美，园中云峰石迹，迥出天机，参乎造化，以妙合自然、假中见真、不见人工痕迹为重要的美学特色。张陶庵在苏州东山所叠假山，人居其间，将假山当作了真山，而真山反倒觉得好似假山了。素朴而富野趣，回归自然，进入"天和"常乐的至境，成为中国园林的追求。

白居易的庐山草堂，以原木为庭柱，不上红漆，墙只是让泥瓦工简单抹一抹而已，不刷白。贵族私园也追求返璞归真的艺术境界。明代北京的"定国公园"，堪为显例，该园园墙不粉刷，地不铺砖，"堂不阁不亭，树木花不实，不配不行"，素朴而有野趣，竟使人"不记在人家圃"。

皇家园林也力求去奢华，回归自然。特别是一些文化艺术欣赏品味很高的皇帝，如明宣宗朱瞻基，自幼受到祖父明成祖的宠爱，受到良好的中国传统文化的教育和武备训练，文武双全。他即位以后，扩建了祖父赐建的皇太孙宫，号"南内"，除了建筑宫殿、台阁、水池外，还建了许多茅舍，舍外四周围上毛竹篱笆，追求田园风光，乡间野趣，富有中国古代文人的传统气质。

隋唐西苑和北宋汴梁的寿山艮岳以及清避暑山庄，皆融人工美于自然，崇朴去奢，无雍容华贵之态，具松寮野筑之情。如避暑山庄，茅亭石驳，苇菱丛生的"采菱渡"，颇具乡津野渡气息；山区不少石桥，不用雕栏；湖区的桥也多带有树皮的木板平桥，水位以下驳岸，作水草护坡处理。

寺庙道观园林中的建筑也不乏这类天然素朴的建筑。如中国道教发祥地的青城山有一种人为的亭桥，以木为柱，以树皮当瓦，藤萝栏架，竹篾捆扎，散落于曲径间、茂林里、飞瀑边、巨石旁、山巅上，与大自然浑然一体。

三、传统思维与园林艺术的个性化

中国传统思维模式表现在艺术领域，就是十分重视艺术品的神韵，要求"气韵生动"。李泽厚认为，在中国古代，文坛艺苑的百花齐放，文艺灿烂图景的真正展现，各艺术门类的高度成熟，各类艺术的个特征的充分发展，肇始于中晚唐。我国各类艺术包括园林的艺术个性也在这个时期开始形成并日趋成熟。沿着中晚唐朝这条线，走进更为细腻的官能感受和情感色彩的捕捉追求中。

中国人习惯辩证的模糊思维，这里我们称之为艺术型思维。中国古典园林艺术与中国其他艺术一样，"本于心"源于主体的思想感情，追求味象畅神，抒写情志。以景写情，随兴适趣，体现自己的人品和人格，具有"缘情"的艺术个性。园林艺术讲究意境的创造，"造园"讲"构园"，即必须经过艺术家的精心构思，创造出"外足于象，而内足于意"的"意象"，要求外界就物的形象与造园家的主体情思相互交融，从而形成充满主体感情的形象。有的园林通过布局的变化就能看出园林的主人以及历代修葺者的心态，苏州沧浪亭现存布局就比较典型。有的借助文学题名，委婉陈情，如明末清初散文家张岱所筑小院名"不二斋"。有的在自然景物中寄托一定的理想和信念，借景抒情，满足某种精神追求，如宫苑中建象征海中三神山的"一池三岛"。

雕刻、雕塑等园林装饰和园林植物，也带有强烈的感情色彩，如颐和园的铜牛，作为镇水灵物而设。私家宅园的住宅主厅前后小庭院各植金桂和玉兰花，以寄托"金玉满堂"的生活理想。

中国园林"缘情"的艺术个性，决定了反映自然界外物的艺术手段的写意性，即不是忠实逼真精确地再现外物。如欣赏艺术品的朦胧抽象的美，欣赏园林中随势而筑的亭台楼阁，傍清溪而植的茂林修竹，书条镌刻，嵯峨怪石等实景以及池中清漪，白壁花影，月光倒影，松涛竹韵，前贤韵事等虚景，可以漱涤胸次，平添雅兴。

第三节　园林个例精选

一、写意山水园集大成者——艮岳

宋徽宗本人是个能诗书善丹青的艺术家，又酷爱名石名花，他陶醉于山水风光之中，更喜造园林。艮岳就是他亲自设计建造在城市的皇家园林。艮岳始建于宋徽宗政和七年（1117年），历时五年，位于北宋汴梁（今河南开封）城东北隅。周长约6里，面积750亩。徽宗命苏州人朱勔专门收集江浙一带奇花异草、珍禽异兽、玲珑石峰。

以艮岳为园内各景的构图中心，以万松岭和寿山为宾辅，形成主从关系。介亭立于艮岳之巅，成为群峰之主。左为山，平地起山，右水，池水出为溪，自南向北行岗脊两石间。往北流入景龙江，往西与方沼、凤池相通，形成了谷深林茂、曲径两旁的完好水系。艮岳东麓，植梅万株，之西是药用植物配置。西庄是农舍，皇帝贵族在此可以"放怀适情，游心玩思"，欣赏田野风光。艮岳中的亭台楼阁，依自然地势而建。因地制宜，隐露相间，使艮岳如"天造地设"一般自然生成。艮突破了秦汉以来"一池三山"的传统规范，进行了以山水为主题的创作。建筑物具有了使用与观赏的双重功能，园中的禽兽已经不再供帝皇们狩猎之用，而是起增强自然情趣的作用，成为园林景观的组成部分。

假山具备了自然山体的基本特征。周围环境山水秀美，林麓畅茂，奇峰叠石，位置高下有致，动静得宜，徘徊其间，如置身名山大壑、深谷幽岩之中，成为绝胜。宋徽宗在《艮岳记》中得意地说："东南万里，天台、雁荡、凤凰、庐阜之奇伟，二川、三峡、云梦之旷荡，四方之远且异，徒各擅其一美，未若此山并包罗列。"不但模仿造化，而且集中提炼并作了典型化创造。在山洞的处理上，符合生态科学。

艮岳这座典型的山水宫苑，构园立意，以山水画为蓝本，以诗词品题为景观主题，园中有诗，园中有画，创造了一种趋向自然情致的意志和趣味，成为元、明、清宫苑的重要借鉴。

二、近代园林艺术的典范——拙政园

拙政园在苏州娄齐二门间的东北街。拙政园的布局主题是以水为主，实有其道理在。在苏州不但此园如此，阔阶头巷的网师园，水占全园面积的4/5。平门的五亩园亦池沼逶迤，望之弥然，莫不利用原来的地形而加以浚治的。

园可分中、西、东三部，中部系该园主要部分，旧时规模所存尚多，西部即张氏"补园"，已大加改建，然布置尚是平妥。中部远香堂为该园的主要建筑物，单檐歇山面阔三间的四面厅，从厅内通过窗棂四望，南为小池假山，广玉兰数竿，扶疏接叶，云墙下古榆依石，幽竹傍岩，山旁修廊曲折，导游者自园外入内。东望绣绮亭，西接倚玉轩，北临荷池，而隔岸雪香云蔚亭与待霜亭突出水面小山之上。游者坐此厅中，则一园之景可先窥其轮廓了。以此厅为中心的南北轴线上，高低起伏，主题突出。而尤以池中岛屿环以流水，掩以丛竹，临水湖石参差，使人望去殊多不尽之意，仿佛置身于天然池沼中。从远香堂缘水东行，跨倚虹桥，桥与阑皆甚低，系明代旧构。越桥达倚虹亭，亭倚墙而作，仅三面临空，故又名东半亭。向北达梧竹幽居，亭四角攒尖，每面阔四圆拱门。此处系中部东尽头，从二道圆拱门望池中景物，如入环中，而隔岸极远处的西半亭隐然在望。是亭内又为一圆拱门，倒映水中，正所谓别有洞天以通西部。亭背则北寺塔耸立云霄中，为极妙的借景。右顾远香堂、倚玉轩及香洲等，右盼两岛，前者为华丽的建筑群，后者为天然图画。根据实际情况，东西两岸水面距离并不太大，然而看去反觉深远特甚。设计时在水面隔以梁式石桥，逶迤曲折，人们视线从水面上通过石桥才达彼岸。两旁一面是人工华丽的建筑，一面是天然苍翠的小山，二者之间水是修长的，自然使人们感觉更加深远与扩大。

西部与中部原来是不分开的，后来一园划分为二，始用墙间隔，如今又合而为一，因此墙上开了漏窗。当其划分时，西部欲求有整体性，于是不得不在小范围内加工，沿水的墙连就构了水廊。廊复有曲折高低的变化，人行其上，宛若凌波，是苏州诸园中之游廊极则。卅六鸳鸯馆与十八曼陀罗花馆系鸳鸯厅，为西部主要建筑物，外观为歇山顶，面阔三间，内用卷棚四卷，四隅各加暖阁，其形制为国内惟一孤例。

拙政园东部有兰香堂和涵青亭等。

第十二章 雕 塑 美

第一节 雕塑艺术的形式特征

一、雕塑的分类

雕塑是以耐磨性较强的物质材料，占有三度空间，静态（当代动态雕塑是一种例外）和瞬间地再现客观物体形象的一种造型艺术形式。它是雕、刻、塑三种方法的总称，故称为雕塑。雕塑的分类大都是以形式着眼的，故雕塑类型间的区别大致上是形式的区别。

（1）根据雕塑物质材料的特征，雕塑可分为木雕、石雕、牙雕、骨雕、泥塑、面塑、铜铸、钢铸、石膏等类型。因雕塑家对物质材料的选择决定了雕塑的类型，不同物质材料具有不同的形式特征。雕塑家往往根据材料的天然固有的形式和条件加以选择、加工、改造，使雕塑既具有人工的艺术美，又具有固有的自然美。

当代雕塑又产生了金属雕塑和软雕塑。

金属雕塑是指用金属材料制成的雕塑。金属雕塑的时代是 20 世纪 50～60 年代后，据估计，当代西方几乎 4/5 的雕塑是以金属或与之有联系的物质制成，人们称此为雕塑艺术的"新铁器时代"。兴起的原因：一是，随着冶金工业的飞速发展，传统取材于自然金属的工业已受到各种合金材料发明的挑战，一些敏感的艺术家已经注意到和探索了这一新动向和发展，加之艺术创作中日益增长的轻视思想上的母题的倾向；二是，适合于雕塑的石头和木头因被大量开采，到 20 世纪已难以寻觅，且价格昂贵，现代雕塑家又对青铜"质感"的完美有些轻视，故着力于探询和开发锻成的或铸成的材料的粗犷品质。

软雕塑又称软艺术，是一种以线绳、帆布、橡胶、皮革、塑料、纸等软质材料为主体的现代艺术，源于达达主义。软雕塑每摆弄一次就会出现一些不同的面貌，使自身形体一成不变的雕塑出现了一种新的生机，由此对立体派以来的硬金属，光洁的平面和棱角分明的工业结构现代雕塑作了勇敢而幽默的挑战。软雕塑从 20 世纪 60 年代日益盛行，其材料的使用和手段的运用也更多种多样，出现了一种纤维纺织物，把传统壁毯的平面结构形式变成为三度空间的立体造型，有的还加上金属、木、石、塑料等小块硬材料的以丰富作品的质感和肌理的表现力。

（2）根据雕塑运用工具及其相关表达手段的不同，雕塑可分为雕和塑两种创造方式。

（3）从题材上分，雕塑可分为人物雕塑、景物雕塑、动物雕塑等。如果细分的话，人物雕塑又可分为肖像雕塑、人体雕塑、半胸雕塑、全身雕塑、群体雕塑等。

（4）从雕塑表现形式上分，有圆雕和浮雕两种。圆雕的形式特征表现为三维的并以作品为中心的立体形象。浮雕的形式特点是凹凸对比的半立体平面形象。

活动雕塑又称动态雕塑,它打破了雕塑是静止不动的传统雕塑的观念,是一种以风、水等外力或以机械、电为动力而作不规则的运动的偶发艺术作品,用金属丝和几何形的金属片或木片等构成,片状体表面涂以原色或黑色、白色,在自由运转中,面、块、色不断产生变化,使得雕塑实体和周围的空间产生持久的变化关系,变幻出各种不同的视觉形象,从而具有多种含义,引发人的联想。

(5)根据雕塑功用的不同,可分为观念性雕塑、装饰性雕塑、园林广场雕塑和架上雕塑四种类型。纪念性雕塑一般用于纪念重大历史事件和重要人物,具有较强的社会内容和政治、教育、宣传色彩,有鲜明突出的主题和意旨。装饰性雕塑一般与社会生活中的实用性、功利性联系在一起,具有一定的美化装饰作用。广场园林雕塑以观赏为主,其题材和主题显得比较轻松、自然、随意,强调情调和气氛,强调艺术性和审美性。架上雕塑一般作为室内和展厅内的摆设、装饰,以供人们观赏和品玩为主,强调艺术性。

二、雕塑是三维空间的艺术

雕塑的重要美学特征之一是其外部造型的单纯和内部概括的纯粹,雕塑特别是圆雕,具有360度可观赏性,势必造成无法展示背景,单体雕塑且无对比性使其难以表达复杂的社会关系。这就决定了雕塑的简洁明快,集中于单一的思想主题。但雕塑的三维空间艺术特征还表现在它可以与其周围的环境融合,从而更好地体现雕塑的内容和意义。

三、雕塑物质材料的自然美

雕塑形式美首先表现在物质材料本身就具有天然的形式美。如石雕所使用的物质材料,有大理石、花岗石、菊花石、青田石等不同的石类;其本身就具有整齐规整的石理纹路和漂亮鲜润的色泽,带有一定的外观几何形式和晶块的几何形式特征。木雕的使用材质,有黄杨木、柚木、紫檀木、红木等,也有色彩、木纹、色泽、质地的不同,因而具有不同的形式。许多宝石、玉石、矿石、象牙、珠贝,本身就具有天然的美丽晶莹的光泽和色彩。这些形式因素都具有一定的天然的外观形状、形态,与雕塑家所要创造的艺术形象的外观形态、形体有一定的相似之处。同时,雕塑还要利用物质材料最本质的原色,即无色特点,给人以物质材料本身的单纯的形式美,给人以一定程度的美的感受。

四、雕塑艺术的象征化寓意化

雕塑作品的题材大多为内容宽泛、寓意深长,对象稳定化、理想化的正面形象(当然,后现代主义等现代流派例外)。雕塑形象一般多为英雄形象、典型化形象、神化形象、拟人化形象。黑格尔说:"雕塑形象的基本任务在于把近来发展的主体的特殊广泛的那种精神实体灌注到一个人体形象里,使精神实体与人体形象协调一致,突出地表现出与精神相契合的身体形状中一般的常驻不变的东西,排除偶然的变动不居的东西,而同时又使形象并不缺乏个性。"西方雕塑注重运用概括化方法,将雕塑形象理想化(典型化)甚至类型化、定型化,概括了人的所有优点和人的理想美。如维纳斯女神雕像几乎是人类所有最完美、最全面优点的体现。所有的人体美都集中在她的身上。在宗教雕塑中,都存在类型化和理想化的倾向。这种类型化、理想化的雕塑形象所着重表现的是代表性、普遍性、理想性,而不刻意追求写实性和个性化。在类型化、理想化中体现出象征性和寓意性,具有对现实生活的超越性,从而具有深厚的底蕴、象征意味,实现了教化、引导的作用。

五、现代抽象雕塑的形象表达

抽象雕塑是现代雕塑的主要表现形式,现代雕塑越来越倾向抽象化、符号化,更多地强调形式、象征和寓意。通过抽象的形象来表达雕塑家对生活和生命的思考，但抽象雕塑的象征和寓意并非是固定的、惟一的，而是具有多样性和相容性的。

其一，抽象雕塑首先表现在西方的立体主义和未来主义雕塑上。在《缠着布的女人》（1911年）的雕塑作品中，俄国的阿尔西品科将雕像的一部分肢体切面分割成许多平面，与另一部分圆润的肢体交结在一起，那些时连时断的平面出现在肢体上，就像布缠在身上一样，新奇有趣。之后，他又尝试用凹陷的结构来表现人体凸出的部分，使得负空间成为雕塑的要素，雕塑在人们的观念中总是一个向外凸出的实体，它依靠凸出的体块在空间中勾出优美的造型，并且呈现着一种主动扩张的力，一旦突出的体块转化为凹时，立即显示出另一种美感，它不再侵占周围的空间，相反被空间所占有，张力完全消失，呈现一种被动的呈受力，好像在空间强大的压力下，雕塑的实体受到了压缩，以致内陷。未来主义艺术家把摄影上的连续曝光技术所获得的运动过程移植到绘画艺术中，然后又把这种感觉体现在有着坚硬实体的雕塑上。博丘尼（意大利）的《空间连续运动独特的形式》表现了一个阔步行走的人物，他抽象的头部不具五官，手臂只有最上端一段，浑身布满的是流动线条的块体，好像被风吹拂着的衣服的定型，人体的一切变化其实都是由运动的速度创造的，充满快速的流动运动感，时间在他身上体现。博丘尼曾说他的作品展开了第四维度，他运用了立体主义对形象的分解和重新组合的原理完成了这一个有着强烈运动感和速度感的人物，由此表现了对内在美的赞扬。

其二，杜尚和西方结构主义的雕塑，是一种抽象雕塑。法国的马塞尔·杜尚，他的现成品艺术以平常的物体作异常的组合，或作异常的放置，通过标题、主题来动摇概念和眼睛所见的名称和物体之间的固定关系，从而拆毁了传统艺术语言的示意系统，成为20世纪雕塑艺术的一项重要革新。1917年，杜尚完成了一件惊人的作品《泉》，这是一只现成的男用瓷质小便壶。杜尚把它颠倒过来放置，再用油漆在便池壁上写上"R. Mutt 一九一七"字样。他解释说："这件《泉》是否杜尚先生亲手制成，那无关紧要。杜尚选择了它。他选择了一件普通的生活用具，予它以新的标题，使人们从新的角度去看它，这样，它原有的实用意义就丧失殆尽，却获得一个新的内容。"结构主义的代表人物是俄国艺术家培特林，他在毕加索影响下，用金属、木头和纸板完成了一件绘画性浮雕《瓶子》，《瓶子》是明显地带有博丘尼静物雕塑影响的抽象构成品。培特林用金属丝在房内一角横吊起来，悬挂上构成品，既没有基座也没有传统的雕塑技巧，追求的只是常人的空间。美术史上把这种用长方形等几何形体组合而成的没有表现对象的艺术称作"结构主义"。

其三，抽象雕塑的代表人物应当是贾科梅蒂（瑞士）和亨利·穆尔（英国）。贾科梅蒂接触了劳伦斯和利普契兹的立体主义雕塑，开始探察雕塑的抽象形式，创造出具有原始风格，抽象变形的作品。他的《悬球》（1930~1931年）是将一个裂缝圈球悬吊在一个新月形的物体上面，那裂缝几乎要碰到弯刃上，却又没有完全碰到，表现一种永远满足不了的性欲。穆尔的第一件《斜倚的人像》（1929年）雕塑，是一个斜卧着的体格丰硕的女人，昂首侧视，抬起左手抚于脑后，右手臂自然地支撑于身旁，抬起的左腿搁在侧放的右腿上，丰满的胸部像两座圆圆的小山头。沉静、庄重的性格中蕴含着一种宏大气势和力量。1938年的《斜倚的人像》中，他又将空洞用于他这个永恒的母题之中，结实的躯体被蚕食。有时候这个形体仅仅是薄壳夹着一个洞。自此之后，穆尔的作品在形式上更趋于抽象，更注重空间构成的要素，以及作品的量感和表面张力。穆尔作品的特点：（1）在技术上追求材料的真实性；(2)对雕塑形式充分表现的潜在可能性的挖掘。

第二节 雕塑美精粹举例

一、米开朗基罗的雕塑艺术

米开朗基罗（1475~1564年）是16世纪上半叶意大利伟大的艺术家。他多才多艺，在建筑、雕塑、绘画、诗歌等许多方面取得了成就。他声称自己首先是位雕刻家。

米开朗基罗从1501年开始从事大卫雕像的创作。历时4年到1504年完成了这件高5.5m的巨大塑像，雕像给人们心灵带来了强烈震撼！大卫这个题材，在历史上曾被15世纪前期的多那太罗和15世纪后半叶的委罗基奥先后表现过。多那太罗是15世纪前半期意大利最伟大的雕塑家。他们两人的作品都是时代的杰作，作为不同风格的体现者而存在着。米开朗琪罗在这样两位著名的雕塑家之后，进行同题材的创作，当然遇到的挑战也是不容轻视的。幸而米开朗基罗对这一题材有完全不同于前两人的理解和把握。

米开朗基罗的作品突出表现了一个运动的瞬间。前两位艺术有对"大卫"进行的是战斗后的形象塑造，表现了大卫战胜巨人后沉浸于喜悦和安闲中的形象。米开朗基罗则独具匠心地塑造了战斗中的大卫形象，他认为，人的力量只有在准备战斗时才是饱满的，肌体才是紧张的。所以，米开朗基罗塑造的大卫是处于临战时的一种紧张状态：头部转向左侧，双目怒视前方，左手握着肩上的投石机弦，右手垂于身旁，随时准备打击敌人，叉开两腿保持着一种警惕的姿势，身体上每一块肌肉都充满着生命的活力。米开朗基罗对《大卫》的精心刻画正是他的政治理想与艺术的融合体，以至于当他雕完站在由自己的双手创造出来的《大卫》雕像下面时，禁不住感到自己是那么的渺小、微不足道。

按照米开朗基罗的艺术信念，他认为人体是神圣且完美的，是自然见于人类的最美的礼物。肉体不仅仅是单纯的肉体，它蕴含着灵魂思想和性格，也就是说肉体不仅是自然形体的美，还有着更重要的精神之美。《大卫》是全裸体的形式，裸体这种最单纯最本质的特征，使这尊雕像具有了非同寻常的艺术效果。米开朗基罗的这部作品是西方美学史上值得夸耀的男性裸体雕塑之一。

此外，"大卫"的身体和脸部的肌肉紧张而饱满，充满了力度，仔细观察可以感受到雕像中"大卫"情绪紧张，充满激情的状态。米开朗基罗成功地解决了雕塑静中有动的课题。

米开朗基罗的著名作品的还有《摩西》、《美狄奇家庙雕像》等。他凭借巧妙的构思、独特的美学思想和高超纯熟的雕刻技巧成功地创造了许多雕塑的艺术形象。《大卫》像因其自身的特点和风格，被认为是雕塑的经典作品。

二、罗丹的雕塑艺术

奥古斯特·罗丹（1840~1917年）是19世纪法国最伟大的雕塑家，他在雕塑领域内所表现出的执著精神与大胆创新，启迪了后辈雕塑家，把雕塑引入了20世纪多元化的新境界。

罗丹不满现实和当时的守旧愚顽的学院派艺术采取对抗的斗争态度，他厌恶政治和战争，认为艺术家只应该忠于艺术。他这种苦闷和无奈的世界观在他的作品中有很好的体现。

  罗丹认为缺陷和痛苦是个体所不可避免地具有的，个体的脆弱也正是人生价值的一个曲折反映。所以，罗丹意识中的世界不是光明、乐观、充满活力的，而是阴暗、迷离、富有悲剧性的。在罗丹的艺术中，可以很容易感受到这一点，他表现人苦恼灰色的精神世界，表现人心灵痛苦的挣扎和矛盾状态，给人以震撼的力量。

  罗丹的作品《青铜时代》，表现的是人从自身中觉醒的形象，这个形象被认为象征着人类的黎明。人物以矫健、镇定从容的姿态向前奔进，反映了蔑视命运的压力，勇于用实际行动冲破现实的黑暗，冲破苦恼困扰的气概。《青铜时代》抛弃了传统的做法，赋予了形象以真实的生命力，给陈腐呆板的学院派雕塑以有力的挑战，他号召雕塑回到赋予形象生命力的现实主义道路上来。

  规模巨大的《地狱之门》是罗丹非常著名的作品。这是一个十分宏伟的工程，耗掉了罗丹37年的时光，并至死没有完成。它取材于大诗人但丁《神曲》中的《地狱篇》，内容情节极其丰富，反映的内容与罗丹那个时代的思想意识十分相似，能比较真实地反映罗丹的思想。罗丹企图借《地狱篇》的象征构图来表现人类世界的苦难。

  门的上端是亚当的象征形象，罗丹通过把他造型为倾斜和摇摇欲倒的体态，来揭示人类充满苦恼和矛盾的心理状态。下面的"思想者"形象，代表着最不幸的罪人和最不幸的判决者。"思想者"全身肌肉抽搐，好像正处在阴郁充满矛盾的苦苦思索之中。在他的姿态和表情中，那种为难苦恼的心理被刻画得活灵活现，可以看出雕刻者高超纯熟的技术和严肃且一丝不苟的创作态度。这个"思想者"也反映了罗丹自己的思想感情，作为一个雕塑艺术家，在一定意义上也是一位思想者。

  在门的横额下面，地狱之门被分为两边，一边是依恋拥抱、接吻的恋人，他们想双双投入地狱。这些接吻者的爱恋和热情是罗丹极力表现的，被认为反映了创作者美好的人类理想。门的另一边是想吃人肉却被活活饿死的饿鬼，表明艺术家对邪恶和暴力的无情诅咒和愤怒。其他部分的形象为地狱中各种各样的恶人。罗丹在《地狱之门》中反映了当时法国社会的悲剧。

  1886年，罗丹又完成了一座富有独创性的群像雕塑《加莱义民》。这是一座具有重要历史意义的雕塑，为了纪念6名义民的功勋和弘扬伟大的爱国主义精神而创作的。

  历来的纪念性雕塑偏重于形式结构的完美统一，片面追求纯装饰性的浮面的程式化，而忽视人物内心情感的刻画。而罗丹突破了这一传统的局限，这是罗丹现实主义雕刻的巨大胜利。

  罗丹的其他作品，一系列单独肖像，如《巴尔扎克纪念像》、《雨果像》等，都以刻画人的心理特征而不同凡响。罗丹的贡献还在于他以一批无头、少臂、断腿的人体躯干像，证实了雕塑语言的宽广性，可以说这是罗丹对残缺美的一种深入探究的结果。《运动躯体》、《飞翔的人体》、《行走的人》等以前所未有的粗野形态展示着一种奇异的生命力和美感。

三、马蒂斯的雕塑艺术

  马蒂斯是法国画家、野兽派画的开创者，同时也是20世纪的一位重要的雕塑家。在《玛黛莱妮1号》中，马蒂斯就已经突破了前辈的陈规而另辟蹊径，这是一座舍去了手臂和五官的裸女像，人体姿势呈柔软优美的S形曲线，这件作品已显露了马蒂斯后来一直追求的所谓的阿拉伯风：尽量回避量感和体块感，而偏重于动势和动作，以便将一种阿拉伯式的装饰线条流动贯穿于雕塑的动势之中。

在油画《蓝色的裸女》（1907年）与雕塑《斜倚的裸女1号》（1907年）、油画《摩尔女子》（1923年）与雕塑《坐着的裸女》（1925年）这两组作品中，可以鲜明地看到马蒂斯在绘画和雕塑上的不同追求：在油画中，他打破了三度空间与立体造型法则，抛掉了体积于光影的描写，舍弃了细微色彩关系的表达，把经过提炼与简化的形、色、点、线、面等绘画要素运用线描和平涂色彩的笔法把它们综合在一个和谐的整体中，充满了抒情味与音乐感。而当画中的裸女出现在雕塑中时，被打破的三度空间和立体造型却又弥合了，但绘画中的其他要素都被保存下来：轻视体积以及光影对其的影响，而注重造型本身的形与线的视觉效果；摒弃细腻的肌肉起伏塑造，而强调整体的节奏韵律。

后来，他的《背部1号》（1913~1914年）已摆脱了写实的风格，粗犷而概括，体现出立体主义的趣味，但基本上尚未脱离具象的人体。相隔15年后的《背部4号》中，形状已简约到在他的绘画中很少见到的程度，人体已完全变成一种坚硬的建筑体，极其简约的形体与粗大厚重的块面蕴含着浑厚古朴的力量，具有一种纪念碑的气势。

四、毕加索雕塑艺术

帕布洛·毕加索（1881~1973年）是西班牙艺术家，他开创了立体主义和集合艺术，他的雕塑作品在达达主义、构成主义、超现实主义、波普主义等流派中都有杰出的表现。

毕加索曾被公元前5~4世纪的伊比利亚雕塑强烈刺激了，他决定仿效这种古怪稚拙、富有表现力的原始艺术。非洲黑人的雕塑，富有神秘感的可怕的面具，粗犷夸张无拘无束的人像，既没有严谨的比例结构，也看不出精巧细腻的雕塑技术，可是这些有着大胆泼辣的表现手段和充满野性的艺术作品却使毕加索震惊了、屈服了。毕加索开拓了他的"黑人时期"，他试图解开体与面之谜。从这个意义上说毕加索的立体主义，实际是一种形式探求。他的第一幅立体主义的油画《亚威农少女》（1907年）是20世纪美术第一次最具根本意义的革命，尽管画面是司空见惯的浴女，但这种推翻自然结构重新组织形态的方法是前所未有的。

1909年，毕加索进入"分析的立体主义时期"。《女人头像》（1909~1910年）是为他女友费尔南多·奥利维埃塑造的肖像雕塑。这件青铜作品的头像的脸上堆满了一块块坚硬的凸状物，甚至连五官也被挤来挤去，失去了原有的均匀，好像火山刚在脸上爆发过一样，被冲裂的碎片复又被生硬地拼装起来，凝固成一个新面貌，尽管头像还保持着女性的妩媚，但在传统雕塑中随处可见的漂亮脸蛋，光滑的皮肤，在这里找不到一丁点影子，性格的塑造被放到了次要的位置。在此，毕加索所要研究的是最基本的体块与形象塑造的吻合。他认为立体主义"是一种跟形态打交道的艺术，当一种形态被表现出来，它便获得了自己的生命"。《女人头像》使毕加索立体主义目标在雕塑上成功地得到了体现，于是他抛下立体主义，向新的目标进发。

1912年毕加索进入"综合的立体主义时期"。他用集合的手法把纸板、金属的片和丝、木头、玻璃和各种各样的废品制成雕塑作品，比绘画显得更为有力，更为完善。《苦艾酒杯》（1914年）可以说是第一件获得"集合雕塑"艺术的雕塑作品。

毕加索的《线的构成》（1930年）是个"空间的笼子"，用线的外形来划定空间，否定传统雕塑的坚实感和重量感，又是对构成主义的一种客串。据卡恩韦勒尔说，毕加索本打算把这种构成做成一座纪念碑那样的模型，人们可以进入到纪念雕塑的里面来感受雕塑内部空间。西班牙著名雕塑家冈萨雷斯说："我认为，毕加索创作活动神秘的一面，也可以说是他的神经中枢，是他的雕塑。"

五、秦始皇陵兵马俑雕塑艺术

1974年发现的秦始皇陵兵马俑群，其数量之多，造型之硕伟，神态之勇武，体貌之威壮，队形之齐一，阵势之严整，风格之写实，场面之宏大，气氛之肃穆，气魄之磅礴，群像之英武都是史无前例、世罕其匹！它主要有以下审美特征：

1. 陶俑造型高大硕伟、勇武逼人

这是秦始皇陶俑有别于其他时代明器雕塑的最突出特点。在出土的大批兵马俑中，武士俑一般高度在1.8m左右，将军俑则高达1.96m，陶马也高约1.7m，其形体的大小高矮都不让真人真马。这种如实模拟真人真马的秦俑陶马，在直接的功利意图上似是为了用它们代替活的人马排成为皇帝送葬的军阵，在间接的审美效果上则显示出一种空前的具有鲜明时代风貌的宏伟气魄。

2. 秦陵陶俑数目之多、场景之大令人吃惊

到目前为止，在秦始皇陵已发现俑坑4座，其中有1个是没有建成就废弃了的空坑。其余3座数1号坑最大，东西长230m，南北宽62m，深4.5～6.5m，面积约14260m²，据挖掘和钻探资料推测，全坑至少埋置陶俑6000件左右。2号坑面积约6000m²，估计有陶俑9000余件，另有战车89乘，驾车陶马356匹，陶鞍马116匹。3号坑最小，仅520m²，已出土陶马4匹，陶俑68件。总共加起来，三个坑的武士俑可能多达7000个，四马战车100多乘，驾车陶马和骑兵陶鞍马超过1000匹。想像一下，倘把这么多的兵马陶俑都挖出土，该是一种多么浩大壮观的场景！可以说，这种量的宏大为其"大美"品格的形成奠定了客观基础。

3. 秦始皇陵陶俑的军阵排列和布局，尤显雄壮威猛之势

秦俑的独特之处，就在于它不是一般的世俗人物的塑造，而是作为国家机器的正规军的再现，是一支阵营庞大、组织严整的皇家禁卫军。整个兵力的配置组合，森严整一，井然有序。1、2号坑的武士俑三列横队，面朝东方，为军队的前锋部队。三个领队身穿铠甲，其余兵士免盔束发，着轻便短褐，扎裹腿，穿薄底浅帮鞋，鞋带紧系，显示出其作为前锋部队"轻足善走"、骁勇善战的风貌。强大的主力部队是由38路纵队和几千个铠甲俑簇拥着战车而组成的，亦正面向东方，浩浩荡荡地向前推进。在军阵两侧和后面均列有武队，以防止敌人从两翼及后部突然袭击。如此严密的军阵组织形式，表明的是一种剑拔弩张的战时状态，一种进攻型的战斗格局，体现了秦军队的强大和"秦王扫六合"的无敌气概，是一种特有的进攻型、征服型时代和强健型、壮美型文化品格的有力表征。

4. 秦俑制作上以形似为主的写实风格较为突出

俑马陶塑与真人真马同大，全部武器均用实物，马车及马车装饰也是实物。军队体制、阵营队列的设计亦如秦军实况。在对人物头部的刻画上强调客观逼真、栩栩如生。以1号坑"第二过洞马前直立三俑为例，一个面孔方圆，年纪略大。他双唇紧闭，圆睁大眼，凝视前方，表现了久经战争锻炼，沉着勇敢的性格。一个面孔修长，年纪轻轻。他头部微低，略有所思，看来是足智多谋的。一个面孔圆润，年纪较小。他是生气盎然，满面笑容，表现了他

满怀胜利信心,活泼爽朗性格"(《临潼县秦俑坑试掘第一号简报》、《文物》1975年第11期)。这说明,秦俑皆为军士,但不是"千人一面",而是以真人为原型,以写实为准则,故显得互不雷同、各有特点。

六、霍去病墓石雕群艺术

霍去病是西汉名将,他先后6次衔命击匈奴,均获大胜。现存于陕西兴平县武陵博物馆的有"马踏匈奴"、"野人搏熊"、"跃马"、"伏虎"、"卧象"、"野猪"、"牡牛"、"石鱼"、"石人"及"怪兽食羊"等作品16件,均为霍去病墓石雕。

石雕群朴拙浑厚、雄大深沉的壮美风格,表现在以下三点:

1. 体积巨大,环境宏阔

这一纪念性石雕群通过"为冢象祁连山"(《汉书·霍去病传》)这一特殊环境,来表现一种威武雄壮的英雄主义精神。雕像都用巨石刻成,长度都在 $1.6 m^2$ 以上,还有的长达 $2.7 m^2$。这种模拟山势的环境氛围和体积巨大的石材形式,本身即给人一种厚重壮伟的"大美"感。

2. 因势象形,朴拙粗犷

石雕明显把重点放在选择那些体积、质料、轮廓、形状等均符合所雕形象要求的巨型石材上,然后充分利用巨大石料的自然形状,不加或少加雕琢地进行创作。如《石鱼》和《野人搏熊》,由于形象天然浑成,粗犷遒劲,反映了西汉石雕艺人把握和驾驭"自然"的较高能力和水平。

3. 神态各异,动感有力

霍去病墓石雕造型多为卧姿。为避免容易产生的单调雷同之感,石雕作品着力突出不同对象形体、习性的个性特点,并在这种神态各异的表现中显示出内在的动感和力量。《马踏匈奴》是霍去病墓前石雕中一件最著名、最富有意味的雕塑作品。这一件圆雕长1.9 m,高1.68 m。主体形象是一匹壮健轩昂的战马和被踏在马下狼狈挣扎的匈奴奴隶主,二者作为具有象征意义的典型形象,共同构成了对霍氏生平功业的纪念性、歌颂性主题。这匹战马,矫健轩昂、浑厚有力,充溢着一种征服者、胜利者的豪迈和自信。与之形成鲜明对比的是一个被踏在马下,满脸胡须、面目狰狞、仰面倒地、垂死挣扎的敌人形象。他将手中的长矛刺向马腹,而骏马似乎毫不理会,依旧巍然不动,稳如泰山,显示出凛然无敌、浩气冲天的英雄气概和风采。

七、"昭陵六骏"和乾陵石刻艺术

唐"昭陵六骏"原为李世民在唐王朝开国战争中(包括镇压隋末农民起义的战争)立下战功的6匹战马。它们的名字是飒露紫、拳毛䯄、特勒骠、白蹄乌、什伐赤、青骓。李世民早在贞观十一年(637年)就命宫廷画师阎立本绘写图形,并选用名匠把它们雕成比真马小一些的6块,并在每块浮雕的右上角划出一处方形石面,由著名书法家欧阳询书写太宗自撰的赞词。

唐太宗死后,这6块浮雕即列置于陵山北坡的陵垣北门内东西两庑作为陪侍。

这6匹骏马,3匹站立,3匹奔驰,都是体态矫健,雄劲圆肥,明显地刻画出唐代统治者所喜用的西域马的典型。其中之一的"飒露紫"是表现马在战场受弓箭伤,由随将为之拔出箭矢的顷刻,雕刻者在处理这一题材时,体会到马因拔出箭矢所感到的疼痛和紧张,表现出却步后退,但又不失为雄强的战马应有的骄矜气质。

另一匹名马"拳毛䯄"（腿部残损），表现出因战阵中身受九箭，虽疲惫走动，却神态自若而具有阳刚之气，形体比例适度。惋惜的是优异名马飒露紫、拳毛䯄二骏在1914年被盗，现存于美国费城宾夕法尼亚大学博物馆。其他四骏藏于陕西省博物馆，仅"什伐赤"一马较完整。

乾陵位于唐代陵山群最西的梁山，是唐高宗与武则天的合葬地。陵山前的石雕有：守护蹲狮1对、"客使"像61人、文武侍臣10对、仗马和牵马人各5对，朱雀鸟1对、带有飞翅的翼马1对、华表1对。

石雕中置于前列的翼马，也称"天马"或"瑞兽"，是最高统治者权威的象征。形象写实，两肩雕出的飞翅更具有高度的装饰结构和洗练的艺术手法。飞翅形象卷曲自然，类似唐代装饰花纹中的蔓草，造型典雅华美，有和谐的韵律。虽马腿已断，却能充分显示出作为天马的矫健气质。

乾陵四门上，分别有唐陵石雕中最多见蹲狮，那种踞坐雄视、张口作吼的凶猛形象，正反映出统治者"君临天下"的气焰。乾陵正门前一对庞大的坐狮，似乎流露出睥睨一世的威势。在坐狮左右两侧，站立着60多具"客使"群像，更加衬托出封建统治势力无比强大的主题。

乾陵鸵鸟是唐石雕中最早出现的鸟类雕刻之一。为了表现颈部和腿部的牢固，特以浮雕形式，是一件非常写实的作品。

八、天水泥塑与龙门石雕艺术

泥塑最为典型的是天水麦积山第13窟的石胎泥塑像：16m高的释迦牟尼端坐中央，13m高的文殊、普贤侍立两侧，整个造像高大威严，体现出泱泱大国的美学风范。然而细看，则人物造型略嫌呆板，佛像的表情也不够生动，而且释迦牟尼与两位菩萨之间的主从关系还不够突出，文殊与普贤的动作和神态也缺少变化，甚至每座雕像身体比例结构都不十分准确。从美学趣味上看，它虽已摆脱了六朝时代的"秀骨清像"的模式，但尚未进入唐代"丰肌为体"的艺术佳境。

这些缺憾，在唐代雕塑中得到了一定程度的弥补。最能代表初唐特色的，当属洛阳附近的龙门石窟。至唐贞观后，石雕进入黄金时代。除北魏已有释迦牟尼佛、弥勒佛、阿弥陀佛和观音菩萨之外，又出现了卢舍那佛、药师佛、大日如来、宝胜如来、维卫佛、优填王、地藏、业道、西方净土变和历代师祖像等。骑狮子的文殊、跨大象的普贤及千手千眼的观音等姿态各异的佛教人物均活灵活现地出现在石壁上。在以佛教造像为主的情况下，佛龛中还奇怪地掺杂了道教中的原始天尊，其丰富的题材反映了唐代佛教派别纷繁林立和佛道之间的共存共荣。与此同时，造像的规模也体现了有唐代雄厚的国力和非凡的气度。唐代造像讲究对称，大多是一佛为主，左右二弟子、二菩萨、二天王、二力士，以形成辅佐、拱卫之势，主从分明、体制严整。有着用天上之神际关系暗示人间之等级制度的意味。除神界形象外，伎乐人和供养人的形象也经常出现在石壁上，其世俗化倾向日趋明显。

其中最突出的是奉先寺卢舍那佛造像。该龛在垂直的石壁上劈出宽阔的造像场所，显得胸襟博大、气势磅礴。主尊卢舍那佛高达17m，是整个龙门石窟中最大的造像。其体态风韵、容貌端庄，眉宇间显露出超凡脱俗的宁静和智慧，嘴角处则略带有世俗的微笑与自信。相传，当初的造像者为了讨好即将登基的武则天，便以她的形象为摹本而创造了这尊大卢舍那佛。因而"像"可被理解为世俗君主的化身，"佛"则可理解为彼岸主宰的肉身呈现。或许这种说法并不可靠，然而从中国佛教艺术发展来看，它恰恰暗示了唐代佛像介于彼岸和此岸之间恰到好处的中介位置。卢舍那佛稳重、庄重，却又慈祥、睿智；它高贵、典雅，却又活泼、明朗；它的前额饱满，面部圆润，弯眉直鼻，嘴角微翘，眼睑下垂，目光俯视，含满而又秀美的双眸给人以深切的关怀和殷切的期待。它体现了东方艺术高贵的单纯和静穆的伟大，它代表了初唐时代激扬的热情和向上的精神。作为一个完整的艺术群体，奉先寺的造像有着一个主次分明、相得益彰的多元结构。在主尊佛像的两边，二弟子敬而虔诚地侍奉于左右，二菩萨端庄而矜持地矗立在两边，二天王脚踏夜叉、威风凛凛，二力士金刚怒目、杀气腾腾。从而在造像间既形成了主从对比，又造成了文武的反差，在间隔中有对比，于对称中寻求变化。

第三篇 生活美

第十三章 工艺美

第一节 工艺美术概述

一、工艺美

工艺美术是艺术和科学结合的产物。工艺美术不只是美的设计，最终要制成物质成品。人们运用各种物质材料，通过特定技术，进行审美加工，使工艺美术体现出意匠美、材料美、技巧美等。这对于人来说，是人的审美观念在物质成品中的体现，是"物化"；而对于物来说，则是物质制作表现了人的审美要求，是"人化"。因此，工艺美术作为一个艺术实体，它具有物质和精神的双重属性，它是一种特质产品，又是一种精神产品。这是它和美术（纯意识形态的）以及工业产品的主要区别。

中国工艺美术领域广阔，门类纷繁，样式众多。据吕品田先生所论，大致有以下划分：(1) 按功能价值可分实用美术和陈设工艺美术。(2) 按历史形态可分为传统工艺美术和现代工艺美术。(3) 按生产方式可分为手工工艺美术和工业设计。(4) 按生产者和消费者的社会层次可分为民间的、宫廷的和文人工艺美术。(5) 按材料和制作工艺可分为雕塑工艺（牙骨、木竹、玉石、泥、面等材料的雕、刻和塑）、锻冶工艺（铜器、金银器、景泰蓝等）、烧造工艺（陶瓷、玻璃料器等）、木作工艺（家具等）、髹漆工艺（漆器等）、织染工艺（丝织、印染、刺绣等）、编扎工艺（竹、藤、棕、草等材料的编织扎制）、画绘工艺（年画、烫画、铁画、内画等）、剪刻工艺（剪纸、皮影等）。传统习惯常把工艺美术分为：雕塑工艺、织绣工艺、编织工艺、金属工艺、陶瓷工艺和漆器工艺六大类。

二、工艺美分述

1. 青铜工艺

中国使用铜的历史十分久远，大约在六七千年以前我们的祖先就发现并开始使用铜。已知最早的青铜器残片发现于河南省登封县龙山文化晚期的灰坑，年代约为公元前 1900 年，相当于夏代初期。在二里头文化遗扯中，发现有青铜礼器爵和斝为多范合铸的先进技术制造，造型、纹饰粗简，具有明显的早期青铜器的特征。商周时代为中国青铜器发展的鼎盛时期。器物多为贵族的食具和重要视器。据文献记载，夏代已开始铸鼎。禹铸九鼎以象征九州，以后成为传国的重器，鼎也就成为权力的一种象征。商代前期的青铜器的造型特征以三足器为盛，纹饰以饕餮（兽面）纹为常见。商后期的青铜工艺十分繁荣，制作极为精良，表现出不同的艺术风格，其主导审美倾向是追求庄严、华美。如司毋戊鼎，高133cm，横长110cm，宽78cm，重875kg，型体庞大，纹饰华美，为中国古代最大的礼器。西周中期以后，青铜器数量明显增加，铭文成为一大特色，风格则为典雅、朴素。如毛公鼎，铭文最长，达497个字，内容涉及广泛；风格端庄，初露人文精神的光辉。礼乐器代表了中国青铜器制作工艺的最高水平。东周时总结青铜器制造技术的文献《考工记》中，对制作钟鼎、斧斤、戈戟等各种器物，所用青铜中铜锡的比例作了详细的规定。吴越宝剑，名闻天下，出现了一些著名的铸剑匠师，如干将、欧冶子等人。越王勾践等一些剑，其表面经过一定的化学处理，形成防锈的菱形、鳞片形或火焰形的花纹，异常华丽。周王室式微，"礼崩乐坏"，青铜器的种类、形制、构造特征、装饰艺术等都出现了新的变化。至秦汉末年，礼器逐渐减少，日常用具增多。精美之作也有不少，如：陕临潼秦始皇陵出土的两乘彩绘铜车马，由三千多个大小青铜器部件构成，极其精巧，是迄今发掘到的形制巨大，结构最复杂的青铜器。甘肃武威雷台出土的汉代铜奔马，以"马踏飞燕"造型，饮誉海内外。汉代铜灯及有透光效应的"魔镜"，实用功能和审美功能高度统一。

中国青铜工艺的特点为：（1）纹饰丰富。二里头的青铜器上有兽面纹，《吕氏春秋·先织》："周鼎著饕餮"。（2）迄今为止没有发现过任何肖像。不少青铜器用人的面形作为装饰品，如人面方鼎、人面钺等；四川广汉三星堆出土的立体像、人头像，富于神秘色彩，应是神话人物。（3）数以万计的中国青铜器上留有铭文（金文）。商周青铜器中文字以铸成者为多；西周晚期开始出现完全是刻成的铭文；战国中期大多数铭文已经是刻制的，其刀法异常圆熟，有很高的艺术价值。

2. 陶瓷工艺

陶器的发明是人类文明的重要进程，是人类第一次利用天然物，按照自己的意志创造出来的一种崭新的东西。从河北省阳原县泥河湾地区发现的旧石器时代晚期的陶片来看，中国陶器的产生距今已有11700多年的悠久历史。江西万年县仙人洞遗址出土的圆底罐，经测定，距今已有8000多年。

陶器在人类生活中具有很重要的意义，不仅丰富了生活用具，而且也加强了定居的稳定性。"陶器的制造都是由于在编制的或木制的容器上粘上黏土使之能够耐火而产生的。最初是用泥糊在编织物上烧成的，后来就直接用泥制坯烧制了"（恩格斯，《家庭、私有制和国家的起源》）。最早的制陶技术一般认为是捏制法和贴敷法等，然后才发展到泥条盘筑法。至少在新石器时代中期就可能已出现了陶车。轮制陶器在技术上是一个飞跃，它的出现提高了生产力。先人们重视原材料的采集、淘炼，也直接导致后来瓷土的发现。

在新石器时代晚期及青铜时代早期，各地域文化均有相当精彩的陶器产生。从目前所知的考古材料来看，陶器中的精品有旧石器时代晚期距今1万多年的灰陶、有8000多年前的红陶、有仰韶文化的彩陶、有大汶口文化的"蛋壳黑陶"、有商代的白陶、有西周的硬陶，还有秦代的兵马俑、汉代的釉陶、唐代的唐三彩等。陶俑运用了模塑结合的制作方法，在人物、马匹的造型上具有很高的造诣。唐三彩，不仅在造型、装饰、釉色、烧制技术方面取得了惊人的成就，而且在艺术上创造了健美雄浑的独特风格。到了宋代，瓷器的生产迅猛发展，制陶业趋于没落，但是有些特殊的陶器品种仍然具有独特的魅力，如宋、辽三彩和明、清至今的紫砂壶等。

中国瓷器的发明和发展，是有着从低级到高级、从原始到成熟逐步发展的过程。早在商代，我国就已出现了原始青瓷。从无釉到有釉是陶瓷工艺中的一大进步，它为瓷器的出现奠定了工艺模式的基础。经过1000多年的发展，到东汉时期，制造技术发展很快，烧制出了成熟的青瓷器。这是我国陶瓷发展史上的一个重要里程碑。

经过三国、两晋、南北朝和隋代共330多年的发展，到了唐朝，经济繁荣促进了制瓷业的发展。青瓷形式丰富，设计巧妙，纹饰精细，色彩多样，工艺创新。北方邢窑白瓷"类银类雪"，南方越窑青瓷"类玉类冰"，形成"北白南青"的两大窑系。同时，还烧制出雪花釉、纹胎釉和釉下彩瓷及贴花装饰等品种。

宋代是我国瓷器空前发展的时期，瓷窑遍及南北各地，名窑迭出，品类繁多；在烧制上采用了先进技术和工艺，产量激增，质量提高；在花色品种和纹饰图案上有改进和创新；黑釉、青白釉和彩绘瓷纷纷兴起。宋代瓷器形成自由奔放、简练潇洒的时代风格。举世闻名的汝、官、哥、定、钧五大名窑的产品为世所珍。此外，还有耀州窑、湖田窑、龙泉窑、建窑、吉州窑、磁州窑等，产品均以清新、质朴而闻名。

元代的景德镇设"浮梁瓷局"统理窑务，发明了瓷石加高岭土的二元配方，烧制出大型瓷器，并成功地烧制出典型的元青花和釉里红及枢府瓷等；尤其是元青花的烧制成功，在中国陶瓷史上具有划时代的意义，开辟了中国瓷器工艺的新纪元。龙泉窑比宋时更加扩大，其中梅子青瓷是元代龙泉窑的上乘之作。还有"金丝铁线"的元哥瓷，应是仿宋官窑器之产物，也是旷世希珍。

明代从洪武35年开始在景德镇设立"御窑厂"，景德镇成为全国的制瓷中心，还有福建的德化白瓷产品都十分精美。

清朝康、雍、乾三代瓷器的发展臻于鼎盛；清瓷器在色彩装饰上有发展，美学越味趋于大众化。

3. 丝织工艺

早在新石器时代，中国已开始掌握纺织技术。6000年前，中国有了麻类织物；4500年前已经有了丝织物。西方学者认为，全人类的早期农业活动的成果，以中国人在蚕丝上取得的成功最富有创造性。

到了商代，我国已经开始饲养家蚕，所织的绢已出现有规律的图案纹饰，如回字纹等。周代的丝织业从养蚕到染色都已有专门的分工，丝织物的纹饰更加丰富，已经有了织锦工艺。春秋时期的丝织品"齐纨"、"鲁缟"名闻天下，绢、罗、锦、绦、带等品种丰富。湖北江陵马山战国墓出土的丝织品中，织纹技术已非常高超，有双色锦和三色锦。秦汉以后，纺织手工机械如缫车、纺车、络丝、整经工具一应齐全。丝织品颇为精美，品种甚多。长沙马王堆一号汉墓出土的纺织品和衣物200多件，轻薄的素纱蝉衣仅重49g，代表了西汉初期的缫丝、织造的最高水平。绣品有信期绣、乘云绣、长寿绣等不同种类，针法多样，绣纹极为精美。汉代的丝织工艺相当发达，丝织业分官营和私营两种，产量以齐、蜀两地最大。其中的"绒圈锦"工艺最复杂，花纹具有立体感，近于现代的天鹅绒。印染技术也相当高，已能染出三四十种鲜艳的色彩。三国魏晋南北朝时期的织染工艺以蜀锦最为出名，织锦产业是蜀国的重要经济支柱。唐代的丝织品更是举世闻名，创造了田纬线起花的织锦，织锦图案复杂、色彩华丽、风格清新。唐以后官营和民营的织造业都得到很大发展。宋代的缂丝和刺绣，以高度成熟的工艺著称；各路以绢充税的丝织品数量多达341万匹。元代最著名的丝织品是金锦，使用金线成为元代丝织品的特色之一，在纹饰上受中亚文化的影响。明清时期官府以江宁、苏州、杭州三地的织造府最为重要，称江南织造。清代的丝织发展达到顶峰，民营丝织作坊规模不亚于官营织造，丝织品也越来越精美。南京的云锦成就最高。

大约从公元前2世纪以后的一千多年间，中国历代的丝织品，通过"丝绸之路"，源源不断地销往世界各国，为世界文明和织绣艺术的发展作出了重要贡献。

4. 漆器工艺

髹漆器是中国的传统工艺品。考古发现，早在六七千年前的河姆渡文化时代，我们的祖先就已经发现并使用天然漆来髹漆木器和陶器。在良渚文化遗址中，也发掘出先民们造的漆器。至殷商时代，人们已开始在漆液里掺进各色颜料，并且在漆器上粘贴金箔和镶嵌松石，这种做法开汉唐"金银平脱"技艺的先河。在商代以前，漆器的颜色以朱色为主，从西周开始才有了黑地，春秋之后虽然人们已能调制红、黄、白、紫、褐、蓝等各种颜色，但漆器的基本色调仍然差不多"朱画其内"、"墨染其外"，在强烈的对比中构成了层次变化，形成独具特色的装饰风格和魅力。战国至秦汉，髹漆工艺从成熟走向鼎盛。楚国在漆器的制作和应用上，居领先地位，许多家具、容器、妆具、乐器、球具等都是漆器。从汉至唐，漆器逐渐由日用品向工艺品方向发展，制作工艺更趋精致。宋代，实用器具和工艺品并重，有著名的"剔犀执镜盒"、"黄地雕漆长方盒"。中国著名漆器有：福建脱胎漆器、扬州漆器、大方漆器、四川漆器等。福建脱胎漆器历史悠久，具有轻巧美观、耐热、耐酸碱、绝缘等特点，颇得青睐。扬州漆器造型古朴典雅、做工精巧细致、纹样优美多姿、色彩和谐绚丽。大方漆器古朴黄雅、润泽生辉。四川漆器画面雅丽兼蓄，着色深厚质朴，装饰技艺丰富多彩。广东漆器选料十分讲究，器物坚实耐用。元代时的嘉兴是全国闻名的漆器产地之一，它以剔红器享誉天下。故宫博物院藏有"栀子纹剔红圆盘"、"山水人物剔红圆盒"、"剔红花卉渣斗"和"剔红山水人物八方盘"等；安徽省博物馆的剔犀圆盒，堪称元代传世剔犀中的精品代表作。《苏州府志》中形容苏州漆器"有退光、明光、剔红、剔黑、彩漆多种，制作均甚精美"。而扬州最负盛名的"百宝嵌漆器"则创始于明代，用金、银、宝石、珍珠、珊瑚等珍贵材料，在木质漆器上通过雕镂镶嵌创作出栩栩如生的山水楼台、人物花鸟等图案，"五色陆离，难以形容"。到了清代，技艺得到进一步发展。清宫廷武英殿陈列的雕漆玉屏风高2m多，装饰豪华，气势恢弘，堪称稀世珍品。历经商周直至明清，中国的漆器工艺不断发展，达到了相当高的水平。现在惟一的古代漆工专著是明代黄成的《髹饰录》。中国的漆器工艺对日本、东南亚、西欧、北美等地都有深远影响。漆器是中国古代在化学工艺及工艺美术方面的重要发明，其技法与种类有：描红、螺钿、点螺、金银平脱、雕漆、斑漆。

5. 石雕工艺

石雕、亦称"石刻"，是中国古代的石雕、陶雕、木雕、铜雕、泥雕等五大传统雕塑之一，它与其他雕刻一样，有着辉煌的历史。中国石雕艺术起源于新石器时代，后洼遗址出土的多件石雕作品，是迄今为止国内发现的新石器时代遗址中最早和最丰富的原始图腾和人形雕像。商周时期的石雕艺术日趋成熟，出现许多杰出的石雕艺术品。在河南安阳殷墟发掘出商朝的虎纹大石磬，刀法纯熟洗练，线条流畅自然，造型优美。秦汉至唐代是石雕艺术的高峰阶段，从秦汉的纯朴粗犷到精致完美的唐代石雕艺术，出现了许多石雕精品，以纪念碑式雕塑最为有名，这是中国雕塑发展史上重要的里程碑，代表作品有西汉霍去病墓前的"马踏匈奴"等17件大型石雕作品。以石雕动物为主体的雕刻群，造型手法独特而简练，对石块巧妙利用，形式博大、雄浑，富有生命力。

　　三国两晋南北朝时期，石窟艺术兴起，这是佛教艺术在中国的具体体现。中国现有石窟寺遗迹共一百二十处之多，在世界上居首位，它闪烁着艺术的光芒，也是世界上的艺术奇观。这一历史时期主要的有：大同云冈石窟、敦煌莫高窟、洛阳龙门石窟、巩县石窟、麦积山石窟、文殊山石窟群、南京栖霞山等多处石窟群，可谓丰富多彩，气象万千。敦煌石窟以莫高窟最早，始建于公元366年，至唐时就有千余窟龛，现存四百九十二个沿窟。一千多年间，形成了具有独特民族风格的敦煌石窟艺术体系。云冈石窟"雕饰奇伟，冠于一世"，雕凿富丽为全国之冠，并载誉世界。它开凿于公元460年，前后共花40余年时间。在五十三座洞窟里，雕刻的佛像飞天共有五万一千多躯，其造像主要为三世佛。云冈石雕以浑圆的体积，雷霆万钧之势君临中国大地，原有的技法受到挑战，十几米高的巨大人像也能从结构上严谨的控制与掌握，中国人像艺术第一次和"巨大"、"崇高"等概念相结合。它那端庄严正，雄浑无畏的巨大精神力量再次唤醒了中国人内在阳刚而威猛的精神。高13.7m的本尊大佛，连着山崖开凿，庄严浑朴，是古代大型石刻像的杰作，它已成为中国历史这一时期的伟大象征与标记。闻名中外的洛阳龙门石窟，现存二千一百龛，造像十万余躯，浮雕佛塔四十余座。龙门石雕世俗化风比较鲜明，神秘色彩减弱，多数主像面露微笑，服饰为通肩式，汉代为冕服式，近似当时君臣的形象。

　　隋唐时期，雕塑走向圆熟洗练，形体饱满，衣着瑰丽的成熟阶段。佛的森严、菩萨的温和与妩媚、迦叶的含蓄、阿难的潇洒、天王力士的雄健和威力，都各自充满了时代的活力，在艺术风格上达到了前所未有的完美与成熟。四川乐山开凿了中国以至世界上最大的佛像——弥勒佛。该佛开凿于公元713年，完成于803年，历时90年。总高71m，头长14.77m，眼长3.3m，耳长7m，以宏大瑰伟而载入文化史册。完成于唐代的龙门奉先寺的卢舍那大佛，面相庄严，气度非凡，堪称这时期的佛像典范。"是中国古代雕塑作品中的最高代表"（李泽厚《美的历程》）。飞天的形象在印度佛教雕刻中极少见到，这是中国艺术家的创造。飞天的飘逸动势十分优美，借助飘带的曲线。使形象更加富于节奏和韵律感，它反映了欢乐歌舞的升平景象，是浪漫艺术的典范。唐代雕塑家创造了一系列与时代审美风尚相一致的艺术形象，著名的有昭陵六骏石刻浮雕。陕西地区有一批极为优秀的陵墓纪念性雕刻，作品新颖、生动、宏伟、真实，反映出一个强大帝王国的气概。乾陵的飞龙马（带翼马）、石狮等，不仅制作精湛，而且雕刻得丰满有力。顺陵石狮高约4m，它昂首挺立，气势非凡。独角兽（天禄），表现得凶猛矫健，气魄壮伟。它们均是用一块巨石雕成，造型极为概括、完整，完全用的是室外雕的手法。隋唐雕塑艺术对邻国也有重要影响。唐晚期作品则逐渐失去恢弘气度。

　　五代及宋时期，继续表现为世俗题材和写实风格。大足石窟石雕艺术仍为宗教题材，但更加富有地方色彩和民间特色。代表作品为《数珠观音》。陕北地区的宋代石窟造像过去鲜为人知，雕刻水平高超，动态上打破了造像体制的束缚，而显出自由生动的形象。如护法天王，则像当时的武士形象。

　　元明清时的石雕艺术成就突出表现在宫廷和皇家园林中。著名元代石雕作品有：居庸关云台浮雕护法、天王、"六拿具"等，是研究古代石雕艺术的重要实物。明清陵寝石刻保存较完整，有南京明孝陵石刻、北京明十三陵石刻群、清东陵等。在通往十三陵大牌楼至龙凤门的神路两侧，有石兽二十四座，石人（武臣、文臣、勋臣各四）十二座，为明宣德十年（公元 1435 年）修整长陵、献陵时所雕造，均用完整石块所雕成，颇具浑厚的整体感。

浙江的青田石雕和福建的寿山石雕，多小型立体摆件，石质细润，色彩明丽，刀法细腻，是明清以来石雕小摆件中的精品。

6．玉器

中国有"东方玉国"之称。有学者认为，在石器时代与铜器时代之间应有个玉器时代，此说虽有争论，但玉器因其制作之精美，地位之独特，成为中国古代文明中不可或缺的重要组成部分，却是无可辩驳的事实。

玉之不同器色造型，表达了人对自然界、对天地的不同理解，也表达了人们的宇宙观念，社会性对玉器工艺给予了一种规范，这种规范也体现着一种设计思想。玉器不仅以其质地细腻、造型精美而给人以美感，更由于玉器所具有的表示一定思想观念的功能及基于社会文化、宗教活动中的特定的象征意义而受到人们的特别重视。

距今已有 7000 年左右的河姆渡文化，其工艺美术已能运用刻画和雕塑等造型手段，因材施艺，创造出令人称绝的饰物，其中的玉饰是我国迄今发现较早的玉饰件之一，表现出玉器制品初期的特征。

新石器时代晚期，玉器的品种、数量有较大幅度的增加，造型艺术和雕刻技巧达到了相当高的水平，占较大比例的玉饰品，更是题材广泛，造型别致，制作精良。东北地区红山文化出现发达的玉器，品种有勾云形佩饰、马蹄形玉箍（束发兼装饰）、玉璧、三联璧、猪龙形玉器、环、珠、竹节饰、棒形玉饰、玉鸟、玉龟等，上多有窗孔，可系绳悬挂。尤以猪龙形玉饰最为著名，作兽首，体呈 C 字形，吻部前突，末端上翘，中间有孔，整体扁圆，厚重光洁，有学者认为此饰物造型为中国最早的龙形。龙山时代玉器，在数量、品种、制造技术、分布范围上都有飞跃性发展。其中，良渚文化的玉串饰最有特色，由多种开头的玉饰组成，组合复杂，制作精美，为国内罕见珍品。玉琮是良渚玉器的重要代表，是一件带有神秘色彩的礼器。南方石家河文化其中发现的龙形和凤形镂孔玉佩，不仅制作精美，更传达了丰富的原始图腾意义。山东朱封山的龙山文化大墓中出土的玉簪、玉冠徽，还有一件串饰，是由 960 多片几毫米大小的绿松石做成，豪华而高贵，令人叹为观止。

良渚文化距今 5000～4000 年左右，晚期墓随葬品出土十分丰富，玉器种类有钺、璧、琮、锥形器、管、镯、玦、璜、杖首、坠、带钩、鸟首、珠、环、靴形器、饰片、冠状饰、三叉形器、半圆形冠状、圆牌形饰、涂朱嵌玉等，以单件计多达数千件，玉饰品中，除玉串饰外，还有一件玉带钩也十分珍贵，为我国发现的较早的玉带钩。良渚玉器的技艺水平出类拔萃，许多精美的玉器，至今让人难以想像。

夏代玉器吸收融合各家之长发展起来。夏代玉器品类有：玉璜、玦、瑗、串饰等。商代玉器的种类、形制、装饰风格基本上承袭自夏人，但数量、品种有所增加，有玉制环、璜、鱼形饰、笄、珠、管、瑗等。郑州商城遗址出土的珍贵的玉戈、玉铲、玛瑙等，有青、白、黄和墨绿等色，光泽晶莹，反映了制玉工艺有较高的水平。商晚期饰物类包括环、璜、玦、笄、钏、串珠，以及雕刻成多种形象用于佩带插嵌的玉饰，品种十分复杂，数量惊人，玉器的装饰观赏功能受到重视，越往后作用越强，此风气经殷墟期、西周，到春秋中晚期才有所转变。1976年发现的商纣妃子妇好墓，是一座无与伦比的宝库。墓虽不大，随葬品竟有1928件之多。其中玉器755件，宝石制品47件，骨器564件，还有红螺2件，海贝6820个，尤其是造型多样、品种齐全的玉饰品中，雕琢成人物和各种动物形象的物件，小巧玲珑，线条流畅，姿态优美，栩栩如生，虽经三千多年的地下掩埋，仍光泽莹润，显示了当时琢玉工艺和抛光技术的高超。有件玉凤饰物十分著名，其高13.6 cm，由墨绿色的新疆良玉雕琢而成。玉凤圆眼尖喙，三朵凤冠并连，长尾弯曲，翅上有纹饰。整件作品造型优美，轮廓线条明快，富有动态美。玉凤上端两侧一对外凸的穿孔圆纽供穿线用，属一种高贵的佩玉。商晚期玉器以殷墟为数量最多、质量最好、制作最精美、形态最丰富，有虎形、象形、鸟形、鱼形、蝉形、兔形、鸮形、蝠形、蛙形、兽头形、人面形、跪坐人形等。此外，四川广汉三星堆等处出土的玉器也较知名。商代出现了我国最早的俏色玉器——玉鳖。春秋战国时期，和田玉成为玉雕的主要材料，玉雕技艺也有发展。

汉代玉器奠定了中国玉文化的基本格局。汉代玉器可分为礼玉、葬玉、饰玉和陈设玉四大类。汉代玉器的设计制作比前代更为精巧，结构上打破了对称的格局，着意追求活泼流动、变化多端的效果，镂空技艺精致灵巧，刻画纤细如发，自然流畅，显示出高超的水平。最能体现汉代玉器特色和雕琢工艺水平的是葬玉和陈设玉，著名的"金缕玉衣"是葬玉的典型。汉代的玉奔马、玉熊、玉鹰、玉辟邪等，多为圆雕或高浮雕，风格浑厚豪放。

唐代的玉器数量虽少，但所见都是珍品，碾玉工艺极佳。唐代玉匠从绘画、雕塑及西域艺术中汲取艺术营养，形成独特的盛唐风格。收藏于陕西省博物馆的八瓣花纹玉杯，是唐代风格玉器中的上乘之作；兽首形玛瑙杯，既是唐代玉雕艺术的真实写照，又是中西文化交流的实物见证。

宋、辽、金玉器实用装饰玉占重要地位，玉器更接近现实生活。南宋时的玉荷叶杯，北宋的花形镂雕玉佩，女真、契丹的"春水玉"、"秋山玉"，是代表这一时期琢玉水平的佳作。元代玉器中的典型器物是渎山大玉海，随形施艺，气势雄健。

明清时期是中国玉器的鼎盛时期，无论是玉质之美，做工之精，器形之丰，数量之多，用途之广，都是前所未有的。定陵出土的玉盘、清代的菊瓣形玉盘、桐荫仕女图玉雕，都是皇家用玉。苏州专诸巷是明代的琢玉中心，足见当时民间琢玉业的兴盛。明清玉器千姿百态，茶酒具盛行，仿古玉器层出不穷，玉器与社会文化生活关系日臻密切。炉、薰、瓶、鼎、簋仿古玉器，器型仿三代青铜彝器，其纹饰、工艺则是典型的明清特点。大禹治水图是我国现在最大的玉山子，重达7t，耗时10年，综合运用阴刻、阳刻、隐起、起突等多种手法于一器，构思奇特，气势雄伟。

7. 金银工艺

金银工艺在中国工艺史上占举足轻重的地位。金银器是以贵重金属黄金和白银为基本原料加工制成的器皿、饰件等。金银器分为茶具、法器、盥洗器、食器、饰件、药具、饮器和杂器等八组。

中国至迟到商代（距今3000余年前）出现了金制品，多为首饰件；最令人瞩目的是四川广汉三星堆早期蜀文化遗址出土的一批金器，不仅数量多，而且形制别具一格，其中颇为独特的金面罩、金杖和各种金饰件，也都是商文化及其他地区文化所未见的。和其他器物相结合的形式来增强器物的美感，最迟在西周时期，金银平脱工艺就出现了。银器则出现较晚,目前所见较早的银制品出土于春秋战国时期。早期的金银器均为小型的装饰器,或是佩饰。最早的金银器皿出现于春秋战国时期,工艺大都来自青铜工艺。湖北随县曾侯乙墓出土的金盏,重达 2150 克,饰有繁缛华美的蟋螭纹,造型富丽典雅,采用钮、盖、身、足分铸,再经焊接等工艺合成。

秦时金银器制作已综合使用了铸造、焊接、掐丝、嵌铸法、锉磨、抛光、多种机械连接及胶粘等工艺技术,而且达到很高的水平。两汉时期,金银制品的数量增多,品种增加,工艺也趋于成熟。北朝和唐朝前期的部分金银器造型、纹饰上都受到波斯金银器的影响。

唐代是中国金银器发展的繁荣鼎盛阶段,在我国金银工艺发展史上占有极为辉煌的一页。唐代金银器的制作分官作和行作两种,工艺技术也极其复杂、精细。当时已广泛使用了锤击、浇铸、焊接、切削、抛光、铆、镀、錾刻、镂空等工艺。唐代金银器数量剧增,品种丰富多彩,形成了独立的民族风格。法门寺地宫珍藏的 120 多件、组金银精品,堪称唐代金银器之大观。韩愈的"金炉香动螭头暗"、白居易的"珠箔银屏迤逦开"、李白的"一去另金匣,飞沉失相从"、元稹的"金奁御印篆分明"等,都反映了唐代金银器的发达。"鸳鸯莲瓣纹金碗",瑰丽无比;"舞马衔杯纹皮囊",则是采用隐起錾花手法的代表性作品。"银香囊",在镂空球体内安装两个互相套接可以转动的同心圆环,在任何角度均可使环内的香盂保持水平状态,构思极为精巧。

宋代金银器的造型玲珑奇巧,多姿多彩,别具一格;纹饰素丽典雅,富有生活气息。福建出土的"鎏金银八角杯",四川遂宁出土的"菱花银盘",云南大理出土的"鎏金镶珠银翅鸟",都表现出相当高的工艺水平。

元代金银器常用圆雕和高浮雕技法,台北故宫博物院藏朱碧山制银槎,表现张骞乘槎直上天河的传说,十分珍贵。明代金银器的纹饰中,龙凤形象或图案占有极为重要的位置,到了清代,更加推向极致。清代的金银器丰富多彩,技艺精湛,制作工艺包括了浇铸、锤击、炸珠、焊接、镌镂、掐丝、镶嵌、点翠等,并综合了起突、隐起、阴线、阳线、镂空等各种手法。清代的复合工艺也很发达,金银器与珐琅、珠宝、宝石等结合,更增添了器物的高贵与华美。康熙年间所铸一套 16 枚金编钟,则是金银器中的巨制。清代金银工艺继承了中国传统工艺技法并有所发展,为今后的发展创新也奠定了雄厚的基础。

8. 泥塑工艺

中国泥塑工艺的历史十分久远。远古神话中有女娲造人的传说,史前文化遗址、先秦两汉、魏晋隋唐的出土文物中都曾有各种泥陶小动物、人偶等出土。商代泥塑人像,风格写实、质朴。汉时王符《潜夫论·浮侈篇》中有"作泥车、瓦狗、马骑倡俳诸戏,弄小儿之具以巧作"的说法。宋代诗人也提到"廊人善做偶儿,精巧,虽都下莫能及,宫禁贵戚家,争以高价取之"。《得数楼杂钞》卷十中有:"杭州至今有孩儿巷,以善塑泥孩儿出名。"孩儿巷也因此而得名;泥偶称"摩喝乐"。至明清,陕西、苏州、无锡、天津等著名泥塑产地相继形成。陕西凤翔县是中国泥塑的发祥地,从周朝开始流传至今,有二千多年的历史,泥塑色彩选择以红、绿、黑为主色,色彩的对比较明显。无锡惠山泥人清代最盛,著名的无锡泥人"大阿福"。清代天津泥人兴盛一时,以"泥人张"最为闻名。苏州虎丘泥塑,河北白沟河泥塑,河南淮阳"泥咕咕",河北玉田的白底彩绘娃娃,人见人爱。

9. 剪纸工艺

剪纸，又叫刻纸或剪花，是中国最普及的民间传统装饰艺术之一。它以纸为艺术加工对象，用剪刀或刻刀等不同工具，塑造美的形象。常用于宗教仪式、装饰和造型艺术等方面，既可作实用物又可美化生活。剪纸不仅表现了群众的审美爱好，并含蕴着民族的社会深层心理，是中国最具特色的民艺之一。

我国民间剪纸"远祖"可追溯到古代的"镂金剪彩"。现在已发现的最早剪纸实物，是新疆吐鲁番南北朝墓葬中的五幅动物花卉团花，严格意义上的剪纸应出现于汉朝，盛行于南北朝。早期的剪纸大约跟道家祀神招魂祭灵有关。

民间剪纸大多为单色，艺人通过运用娴熟的技巧，刻画出丰富的形象，多用满幅铺排匀称而物像互相串连的平面构图法，造型夸张、生动，装饰性极强。剪纸从技法上可分"阳刻法"、"阴刻法"和"阴阳混刻"。剪纸风格，南北不同。郭沫若评述："曾见北国之窗花，其味天真而淳厚；今见南方之刻纸，玲珑剔透得未有，一剪之巧夺神功，美在民间永不朽。"北方的窗花、墙花、顶棚花、礼花、喜花、炕沿花、灯笼花、门笺剪纸，质朴无华；南方如广东佛山等地创造出"金色彩纸剪刻"技术，类似古代"华胜"制作方式，富丽堂皇。

剪纸的品种有：窗花、装饰剪纸、特种剪纸、绣花样子。

10．刺绣工艺

刺绣，又称丝绣、针绣或绣花女红，是中国优秀的民族传统工艺之一，大致起源于夏代以前。

湖北江陵马山砖厂一号战国墓出土了大批绣品，有绣衾、绣衣、绣袍、绣裤，还有夹袄和几件衣服的边缘也是绣品。绣地多用绢，也有用罗的。针法主要为辫绣，局部间以平绣。汉代的刺绣已很发达。唐代除绣作服饰用外，也有绣文字的、画像的。在针法上也有发展，采用了平绣、纭裥绣等多种针法。宋代的宫廷中有绣工300名，针法极为神巧，除用作服饰外，也向欣赏发展，成为后来的画绣。针法上又创了锁线针法，加强艺术表现力。元代在刺绣上增加了"打子"、"鳞针"、"网针"、"切针"等针法，还出现了"缀绣"。明清时期，宫廷绣工规模很大，民间刺绣也有发展。总之，刺绣成为一种极具表现力的艺术品，先后产生了"四大名绣"：苏绣、粤绣、蜀绣和湘绣。

11．木雕、竹刻工艺

中国的木雕鱼起源于新石器时期，距今六七千年前的浙江余姚河姆渡文化。秦汉两代木雕工艺趋于成熟，绘画、雕刻技术精致完美。施彩木雕的出现，标志着古代木雕工艺已达到相当高的水平。唐代是中国工艺技术大放光彩的时期，木雕工艺也日趋完美。许多保存至今的木雕佛像，具有造型凝练、刀法熟练流畅、线条清晰明快的工艺特点，是中国古代艺术品中的杰作。河北承德普宁寺的观音是世界上最大的木雕佛像，高22.28m，重110t，有45只各持法器的手，45只炯炯有神的眼，体态匀称，雕刻技艺超群。五代木雕作品存世的有苏州虎丘塔的檀木雕观音像龛。明清建筑中，木雕题材丰富，讲究装饰方面的精雕细刻。如在房屋的门窗、梁栋、檐柱等木结构上，在各色家具物品上，雕刻出各种各样精美的花样来：有自然物，如日月星辰、山川木石、鸟兽虫鱼；有自然现象，如风雨雷电、霓虹雾云；有耕读渔樵、描龙绘凤、舞狮搏虎；有寿宴婚庆、娱玩赏乐、民情风俗；还有神话传说、历史戏曲、诗情画意。主题鲜明，风格质朴富有民间趣味；构图饱满而均衡，画面谨严而富变化。在表现手法上，大多采用具象的方法，写实又不呆板；在造型上，大胆夸张，活泼有生气。北京雍和宫和热河外八庙有两件大型木雕佛像，显示了清代的雕刻水平。

木雕大致可分四大类：东阳木雕、乐清黄杨木雕、福建龙眼木雕和广东金漆木雕。

竹刻。中国是世界最早用竹和最善用竹的民族之一。湖南长沙马王堆一号汉墓曾出土一件"西汉彩漆龙纹竹勺"；南北朝有"野炉燃树叶，山杯捧竹根"的诗句描述雕制器的情况；宋代郭若虚《图画见闻志》中记载了在汉代竹刻的技艺中，已出现了"留青"刻法。从明代中期开始，竹刻成为专门的工艺美术种类。竹刻工艺日益繁荣，名家辈出，使竹刻从实用性为主转变为供人玩赏的艺术品。当时盛产竹子的江南嘉定和金陵，是明清时期竹刻艺术的两大中心。嘉定派擅用深刻、浮雕、圆雕的手法，用刀如运笔，生动有力，人物及动物神态亲切自然，为当时全国竹刻艺术最大的流派。创始于明代中期的金陵派竹刻艺术，"大璞不斫"，不讲究精雕细琢，主要技法是浅刻，即竹刻中的阴文刻法，使刻出景物有再现书画的笔墨情趣。清代竹刻在继承承明代风格基础上，又出现"翻簧竹刻"和"留青竹刻"两种刻法。前者是将毛锯成竹筒，去节去青，留下一层竹黄，经煮、晒、压、胶合成镶嵌在木胎、竹片上，然后磨光，再在上面刻图纹饰。"留青"始于清代中期，是留用竹子表面的一层青筠，作为雕刻图纹，然后铲去图纹以外的竹青，露出下面的竹肌作地。

12．景泰蓝

景泰蓝，又叫铜胎掐丝珐琅，是一种瓷铜结合的独特工艺品。制作景泰蓝要经过制胎、掐丝、点蓝、烧蓝、磨光、鎏金等多项工序，每项工艺都有很高的要求。景泰蓝外观晶莹润泽，鲜艳夺目，其制作工艺既运用了青铜工艺，又利用了瓷器工艺，同时又大量引进了传统绘画和雕刻技艺，堪称中国传统工艺的集大成者。北京是景泰蓝技术的发源地，现存最早的景泰蓝是元代的产品，由此可见已有近千年的历史。最初的景泰蓝多为仿古青铜器皿，明代宣德年间，工艺家们找到了一种深蓝色的蓝釉材料，制作的工艺品釉色均肥，丝工粗犷，饰纹丰富，端庄富丽，至明景泰年间广泛流行，景泰蓝制作工艺提高了一个新的水平，达到辉煌阶段，"景泰蓝"一词也从此诞生。清代景泰蓝，以延展性更强的纯铜作材料，并应用了新的制胎、掐丝技术，品种更为丰富，制作工艺精湛。景泰蓝造型比明代更匀实而富变化，铜丝细薄均匀，纹饰灵活精巧。器物除了明代常制作的宫廷寺庙祭器，还出现鼻烟壶、屏风、香炉、围屏、桌椅、茶几、筷子、碗具等。景泰蓝工艺品的特点是，浑厚持重，古朴典雅。

第二节 工艺美术的美学特征

工艺美术既是物质产品，又是精神产品，它体现的是实用与审美、物质与精神的结合，通过人们对产品自身的美化而实现的，具有一定的概括性、抽象性、夸张性、变形性，体现了一定民族的趣味和格调要求。中国工艺美术浸透着中华民族的文化精神和审美意识，富有鲜明的美学个性，主要表现在：

一、和谐性

这是形式美法则的高级形式，也叫多样统一。和谐性体现了生活、自然界对立统一的规律，整个宇宙是一个多样统一的和谐的整体。"多样"体现了各个事物的个性的千差万别,"统一"体现了各个事物的共性成整体联系。工艺品的美,就在于以实用造型、色彩和线条来表现或烘托出一定的情绪、气氛、格调、趣味。事物本身的形具有大小、方圆、高低、长短、曲直、正斜;质具有刚柔、粗细、强弱、润燥、轻重;势具有疾徐、动静、聚散、抑扬、进退、升沉。这些对立的因素统一在具体的工艺美术品上,包含了变化、对称、均衡、对比、调和、节奏、比例等因素,形成了和谐。使人感到既丰富,又单纯;既活泼,又有秩序。例如,蜡染花果图案,就是把各种几何图形(方形、圆形、瓜子形)组织在一起,从变化中求得统一;再如半山类型瓮,图案装饰是由各种不同的线条组成,有粗线、细线、齿状线、波状线、红线、黑线。这许多不同的线,巧妙地组织在一起,运用重复、交错的方法,既显得丰富多样,又不杂乱无章,在许多彩陶上还体现了整体上的和谐效果,如图案与器形的协调。

中国工艺美术的这一特性,与传统的艺术思想有着深刻的渊源关系。中国传统艺术思想重人与物、用与美、文与质、形与神、心与手、材与艺等因素相互间的关系,主张"和"与"宜",体现到工艺美术品领域,便使它呈现出高度的和谐性,外观的物质形态与内涵的精神意蕴的和谐统一。

二、自然性

中国工艺思想重视工艺材料的自然品质,主张"理材",要求"相物而赋形,范质而施彩",在造型或装饰上尊重材料的规定性,充分利用或显露材料的天生丽质。古代石器工艺中,在石材的选择上,已十分注意石材的硬度、形状和纹理的选择。再如,玉雕工艺中的"巧色"技法,即是巧妙地根据玉石里外不同的色泽,表现不同的形象,去瑕显瑜,因材施艺,这种卓越的意匠使中国工艺造物,具有自然天真的趣味和情致。

三、工巧性

技术的精进是提高艺术的条件,对加工技术的重视和丰富的造物实践,使得中国工艺美术在工巧上呈现出一种审美效应,产生了特定的审美体验,并有意识地在两种不同的趣味指向上,追求工巧审美理想境界,充分显示了劳动人民高度的智慧,卓越的技艺和丰富的艺术创造力。

第十四章 工业设计美

第一节 艺术设计观念的历史发展

一、中国艺术设计观念的历史发展

原始人有意识地对原先稍加打制砾石石器进行磨制,把粗糙石刀、石斧等工具磨成表面光滑、边缘平直、外形对称的磨制石器,人类早期使用的工具在具备了使用功能的基础上同时也就包含了审美因素。人类最初的审美观念,从陶器出现和演变发展中,我们看到的物质需求在某一层面上得到了某些满足,就必然会引发审美的需求。比如,早期出现的相对较少的爽沙陶,此类物品往往是粗糙、胎体厚重、素面、形体较简单,随着制作技术的进步,那些年代久远的彩陶,除在器形上有了丰富的变化,陶器胎壁变得非常薄,器表打磨异常光滑。甘肃马厂、陕西半坡出土的大量彩陶,有了色彩绚丽精美的纹饰绘制,一些陶器纹饰上的处理,在人们视线能及部位,彩绘显得更突出。如果社会的"青铜器"、封建社会的陶瓷、木器等等,都以"实用加美观"为最高宗旨,使中国的设计观念沿着"中庸"的思想发展起来。

秦汉时期,漆器手工业有较大发展,由于漆器轻便耐用,精致艳丽,深受人们的喜爱,生产规模庞大,工艺水平达到新高峰。"雕镂钿器,万技千工,三参带器,金银文化,无一不妙"(杨雄《蜀都赋》)。这时,帝王对于住房设计崇尚朴素自然,不过分的装饰,与民居无异,发展了墨翟和管仲倡导的素朴,质直的设计审美原则。

隋唐时期,金银器和铜镜具有较高艺术成就,其造型与纹样深受波斯萨珊王朝的影响,但多为西方器型,东方纹样。品种繁多,造型圆润丰满,规整而富有变化,装饰风格繁缛、富丽,多錾刻卷草,团花及龙凤纹,晚唐风格趋于写实。隋唐规划版图上施工建设,分工明确,街道齐整,成为当时世界上城建规划最为宏大且繁荣的都市。

宋代瓷器不仅在烧制技术上超越前代,且其艺术设计的水准也堪称为杰出代表,尤其表现在造型和装饰设计在处理上十分突出。从总体上看,宋瓷的造型以简练为主,各部位比例和尺寸都恰到好处,达到融会完美的地步。宋代书籍版面装饰,端庄大方,严谨古朴。宋代商业机遇扩大,大批拥有一技之长的美术匠师纷纷涌进城市,出卖自己的技术,参与如幌子(如今的广告形式)、招牌、商标、店堂陈列、门面装潢等多种多样的商业促销活动。宋郑樵的《通志·器服略》中提出"制器尚象"的命题,是中国传统美学中"观物取象"的命题的扩大和延伸。

明代家具古典式样已定型成熟,出现了《鲁班经》、《髹饰录》、《遵生八笺》、《三才图绘》等有关木作工程技术的著作,这就使明代家具设计达到了历史的顶峰。明家具种类繁多,用材考究,设计巧妙,制作精美,形成别具一格的设计特色。

明清最著名的建筑物当推北京故宫,经明清两代不断营造,是我国现存最大的古建筑群,也是宫殿建筑的杰作。规模宏伟,布局严整,主次分明,体现着皇权至高无上的设计思想。坛庙为祭礼天地祖先的场所,包括坛、庙、祠等建筑,现存的北京天坛是杰出的代表作。明清宗教建筑遗存较多,明代有金刚宝座塔,清兴建了大批喇嘛教寺庙建筑,有西藏拉萨的布达拉宫,日喀则的扎什伦布寺和河北承德避暑山庄的"外八庙"。这些著名建筑造型各异,集中当时建筑的经验才设计出来的,反映了当时民族设计文化互相交融的情况。

我国近现代工业设计相对起步较晚,设计观念落后于西方。20世纪80年代中国工业设计派遣学生赴德、日、法、澳学习,1974年原中央工艺术美术学院将建筑装饰系改为工业美术系,并设立了工业品造型专业。这时,我国首次有了工业设计的教学部门。之后,湖南大学、重庆大学、北京工业大学、广州美术学院、无锡轻工业学院、同济大学、华东理工大学、交通大学、上海大学等都相继成立了工业设计系。它们将国外的工业设计知识,信息传播给学生。中国设计发展除少数大型企业设有工业设计部门外,中国多数企业的工业设计到目前止,尚处在普及宣传推广阶段。

1987年中国工业设计协会成立,曾办过《工业设计》杂志,也举办过国内、国际学术讨论及设计竞赛。新世纪初,在北京、上海和广州等地相继出现了一批工业设计事务所。中国高校工业设计的教育课程设置,也从照搬德国包豪斯的教育体系逐步过渡到根据我国的现实国情参考国外设计学院的改革,进行了调整。但由于我国起步晚以及设计所涉及领域的广泛性,故我国要全面深入地认识设计观念还有一段较长的路要走。

二、西方艺术设计观念的历史发展

在工业机械大生产出现前,西方靠的是手工业生产。古希腊建筑中比例匀称,刚劲挺拔的多立克柱式和秀丽、轻巧的爱奥尼柱式;家具中简洁单纯的造型和功能性强,造型和制作极为精美的陶瓶,成为了世界设计史中的精品之作。古罗马在继承古希腊的基础上,凭借高度发展的生产力和技术的空前进步,将设计推向了更高的高度。在陶器制作方面,古罗马用翻模的方式取代古希腊陶器轮制的方式大量生产陶器,使得陶器能在短时间内广泛地满足更多人的需要。在家具设计制作上,出现了大量运用青铜为材料的家具制作。在建筑建造上,体现出威严庄重的雄伟气势,充分反映了古罗马的强盛和繁荣。

13世纪后半期遍布欧洲的哥特式建筑,成为了中世纪最有成就的设计风格,哥特式教堂建筑以具有向上伸展的尖拱和室内的簇柱雕塑及各种装饰和高大的窗子上的彩色圣像画,给人营造出一种进入天际的感觉。同时,哥特式的风格对当时的家具及手工业品的设计也产生了巨大的影响。15世纪的"文艺复兴运动",倡导"人文主义",此时的设计大量运用曲线,物品的设计线条优美而富于人情味,此时的科技也有了较大的发展。文艺复兴巨匠达·芬奇在绘画、建筑、机械、人体解剖等取得巨大成就,他设计的装置,前无古人,他成为了现代实用品设计的"鼻祖"。16世纪意大利、德国的设计师设计了大量的装饰、图样,并通过印刷发行(书籍)的方式推广其设计,又以产品的形式运用到各个领域。17世纪的西方设计进入了浪漫时期。巴洛克风格流行于意大利,它一反文艺复兴的庄重,含蓄而追求豪华矫揉做作的风格。其目的是要在教堂中制造神秘迷惘,又要标榜教庭的富有气氛,利用透视的幻觉与增加层次来制造进深感,采用曲线和曲面来营造运动感,利用光影的变化和形体的不稳定来产生虚幻与动荡的气氛。在家具的设计上也利用涡形线条形成的动感来表现热情奔放激情。18世纪上半叶法国宫廷室内装饰中出现一种纤细、轻巧、华丽和繁琐脂粉味很浓的洛可可风格。洛可可风格喜欢选用的自然界中舒卷纠缠的草叶、蔷薇和棕榈壳为装饰题材，色彩上喜欢选用猩红、嫩绿、粉红及金色，这种风格的出现是路易十五时期经常由贵夫人主持宫廷活动相关连。18世纪下半叶，英国工业革命使得商品日益丰富，市场竞争的激烈为工业设计的诞生提供了温床，生产者已逐渐认识到设计是取得市场竞争主动权的重要手段而导致工业设计在西方一百多年间的发展。

三、工业设计的产生

1. 莫里斯和新艺术运动

1851年在工业革命的发源地举办了第一次世界性的工业产品博览会，共有一万多件工业产品在用钢铁和玻璃建成的被称为"水晶宫"的大厅里展出。威廉·莫里斯（1834～1896年），参观了展览，并针对英国工业革命后机械产品制作设计的粗劣不堪，对机械工业产生了强烈的厌恶感。后来，他与几个同志道合的朋友合作，设计了住宅"红屋"。"红屋"的窗户和屋顶都保留了哥特式建筑的风格，而内部布局实用而合理。他于1861年与马歇尔、福克纳一起成立了三人姓氏命名的商行——莫里斯·马歇尔·福克纳商行，简称MMF，几年后这家商行转为莫里斯商行。这是世界上第一家由美术家设计并组织生产产品的机构，这在世界设计史上具有里程碑的意义。1881年莫里斯又开办了一家专门从事壁纸纺织品生产的挂毯工厂，1890年又在凯姆斯各特开办了印刷厂，专门从事书籍装帧设计。

莫里斯是对工业设计的发展产生巨大影响的第一位设计师，他探索艺术与技术结合，主张艺术家的设计对社会要具有责任感。莫里斯领导的工艺美术运动的设计范围波及家具、陶瓷、印刷、书籍装帧、染织品、金属工艺等，其重要特征是崇尚自然，采用自然材料及注重材料本身的设计，设计风格简洁朴实。

2. 格罗皮乌斯与包豪斯

包豪斯的奠基人沃尔特·格罗皮乌斯（1883～1969年），于1907年进入了现代主义先驱彼德·贝伦斯的设计事务所，深受贝伦斯的影响，三年后他开办了自己的事务所，并在1911年完成了他第一件成名作——法格斯鞋楦厂，这个具有良好功能和外形的建筑成为了世界第一幢玻璃幕墙结构建筑而引起了各国建筑师的注意。此后，他与建筑家阿道夫·迈耶合作设计了德国工业同盟建筑，在此设计中他仍采用玻璃幕墙结构，在主建筑的两端建造了两个玻璃圆柱结构将楼梯含在内，整个建筑在当时以其观念大胆、简洁，明快的立面和极强的现代感而受到设计界的赞同，同时这些作品使得格罗皮乌斯成为德国及至世界声名显赫的年青设计师。他主张设计的团队工作方式，他认为工业设计应采取集体合作，标准化和模数等方式来组成建筑与设计的关系。他在创建包豪斯学校的备忘录中建议学校应建立"艺术家、工业家和技术人员的合作关系"，主张全体教师通过合作的方式来完成对人才的培养。他认为只有将机器作为手段才能创造出建筑与设计的新形式。他的最大愿望是通过设计教育来改造德国，并使企业家了解并接受艺术家的创造成果。

1919年在格罗皮乌斯的组织和策划下包豪斯学院在德国魏玛正式成立，这是一所以建筑为主并包含了纺织、陶瓷、金工、玻璃、印刷、舞美及壁画等众多专业的学校。学院成立的当天，包豪斯发表《包豪斯宣言》。在这一宣言的指导下，包豪斯形成自己的基本原则：(1) 主张艺术与设计的新统一。(2) 强调设计的目的是人而不是产品。(3) 认为设计必须遵循自然和客观的法则来进行。这些原则体现了现代主义的理性精神，为人设计的本质与艺术上的自我表现有了本质的区别，它成了包豪斯现代设计教育体系的指导思想。

1923年包豪斯举办了首届师生作品展览会，取名"艺术与技术，一个新的统一"，格罗皮乌斯要求师生们做到每件作品都可以提供给工厂投入大批量生产。展览期间还举行了一系列的报告会，这次展览会树立了人们对现代设计的新认识，并使得包豪斯声名远扬而成为一个世界性的设计和设计教育中心。

1925年包豪斯迁往德骚，德骚时期的包豪斯进入了成熟发展期。德骚时期的包豪斯校舍由格罗皮乌斯亲自设计，这是一个集教室、工作室、工厂、办公、宿舍、食堂、礼堂、体育馆等多功能区域于一体的建筑群，整个建筑采用现代化材料，强调功能化原则，全部采用预制品作拼装、玻璃幕墙结构，各功能部分由天桥联系，而无任何装饰，成为现代化建筑史上又一里程碑。

1925年马歇尔·布劳耶（1902～1981年）设计了第一张标准件合成的钢管椅子，首创了钢管椅子的设计。其他如马里安·布朗特和赫伯特·拜耶在灯具与字体设计领域作出了令人瞩目成就。

四、现代工业设计

1．国际主义风格——美国的现代设计

美国的设计走的是一条商业化的道路。从19世纪末到20世纪初美国通过电力技术革命实现了工业化在汽车、钢铁、航空、石油化工、无线电等领域都处于世界领先地位，世界科学技术中心转移到了美国，1890年美国成为了世界第一经济大国。美国的经济增长给消费市场带来了繁荣，因此，豪华、装饰性、折衷风格的产品风靡一时。这种理论导致了美国广告宣传、邮购业务、上门推销活动的兴起，广告设计、包装设计、展示设计首先得到发展。美国的大部分工业设计师来源于广告或展示设计领域，美国是世界上首先出现职业设计师的国家。1926年美国通用汽车公司设计的汽车迫使已生产了二十多年的福特"T"型汽车退出了市场。在同年10月推出"A"型新款汽车来重新进入汽车市场。其中雷蒙德·罗维是美国最具代表性的工业设计师，他于1929年为英国复印机制造商盖斯泰纳公司进行的复印机改型设计使得罗维一举成名。在以后为可口可乐公司、宾夕法尼亚铁路公司、"灰狗"公司及肯尼迪座机"空军一号"和美国宇航局宇航的设计，奠定了罗维在世界工业史上的重要地位，罗维在设计中遵循的功能性与商业性的结合是其设计得以成功的法宝。

2．国际主义风格——意大利的工业设计

意大利的工业最初是以德国和法国为榜样的，1920年后转向学习美国的企业组织管理方法。早在1929年，意大利奥利维蒂公司就聘有工业设计师并成立设计研究室，在设计师民佐里等人的参与下，奥利维蒂成了意大利工业设计的中心，成了意大利新工业文化的代表。意大利设计真正享有世界声誉是在1945年后，战后的工业和社会的变革为现代化设计铺平道路。20世纪60～70年代意大利的设计有了大幅度的发展，最终形成了意大利设计的成熟风格，并引导世界的设计的潮流。20世纪60年代意大利工业生产大幅增长，国内外市场不断扩大，消费品需求量急剧上升，为意大利的工业设计发展提供了基础条件。

意大利的设计虽受美国设计的影响，但意大利对于别人的经验不是生搬硬套，而是通过借鉴并与自己的传统进行综合，创造出了意大利自己的设计风格。意大利人把设计看成

一种文化和哲学,是他们生活的一个组成部分,而不仅是理论和实践。意大利的工业设计师在设计中表现比其他国家设计师更多的激情、更多的浪漫情调和更多的标新立异。

意大利的家具设计以其优雅、洁净、不矫饰的特点,这早在20世纪50年代就得到世界的认可,由米兰工业大学的纳塔小组和齐格勒发明的聚稀与材料设计制成的一体家具,对欧洲的家具产生了重要影响。意大利的灯具也以其所具有的文化特征,在世界上享有盛誉。意大利的汽车设计也以独特的面貌取得了举世瞩目的成就。除了这些"高贵典雅"的"正统"设计,意大利20世纪60~70年代出现的许多激进设计组织进行的"反设计"运动中出现的标新立异,不循常规的设计作品,也同样成为意大利现代设计发展中的一道风景线,从而激发了意大利设计的生机,共同构成了意大利设计的繁荣面貌。

3. 国际主义风格——日本工业设计

日本的设计发展是以"拿来主义"(即借鉴吸收欧美的优秀设计)为起步的,第一次世界大战后,日本的民用工业和设计并不发达,设计缺乏和质量低下使日本的产品难以走出国门。1925年后,其国内的工业市场又先后被外国公司占领,日本大公司如夏普、日立公司的一些产品以模仿欧美为主。日本通产省于1928年建立了工业艺术研究所,希望以此引导日本工业发展方向,同时组织各种工业展览,邀请外国设计师讲课,出版相关刊物,一些年青设计师前往他们心目中的设计教育"圣地"包豪斯学习,带回包豪斯的设计思想和教育体系。日本的工业设备在二战中遭受严重破坏,1945~1952年是日本战后最困难的阶段。1945年日本恢复生产金属橱具,家用电器。1947年日本企业得到批准生产三百辆汽车,1948年日本政府公布了新的工业标准(简称 JIS)为日后的工业生产的速度发展打下基础,恢复期间日本企业生产的产品是以美国产品为蓝本。1946年日产、三菱、丰田三家汽车公司都是仿造美国汽车,以后又转向仿造欧洲汽车,一直到1970年日本的汽车都缺乏自己的面貌。1985年日本汽车设计开始走向国际市场。

日本是具有悠久历史的国家,日本的设计在处理传统与现代的问题上,采取的是双轨并行的方式,既没有因现代设计的发展而抛弃传统的文化和设计,又没有因传统文化的深源而阻碍现代设计的发展,所以在现代设计迅速发展的同时,日本的传统工艺品、传统文化设计都同时得到了完美的保护和发展。同时,日本的现代设计在吸取了欧洲理性定义和高科技特征,更因其本身所包含的细腻、精致、小巧的传统文化意蕴而在世界现代产品设计中具有自己独特的风貌。

4. 多元化设计新潮——波普工业品设计

波普(POP)源于英语"大众化(POPUlar)主要指20世纪50年代末至70年代中叶在英国和美国出现的一种文化潮流,按照英国的波普艺术拥护者汉密尔顿的说法,波普艺术是一种"大众的,暂短的,消费的,低价的,大批生产的,年轻的,诙谐的,性感的,有风趣的,有魅力的大量交易的……"。其作品的典型特征是全面反映大众文化的一切领域,波普艺术代表了一种超于客观的和易于被社会广泛接受的艺术形式。起源于英国20世纪60年代的波普艺术深深地影响了当时的设计师,进而形成了当时最具时代特征的——波普设计风格。波普艺术形成其根源来自于美国的大众文化,20世纪50~60年代美国的通俗电影,摇滚乐及享乐主义的生活方式影响了整个欧洲年轻一代。现代主义的理性和良好的功能终因单调、贫乏,缺少人情味而遭到冷遇,年轻一代渴望出现一种代表新的观念和文化的设计风格,于是年轻一代的设计师便从美国的大众文化中找到了创作灵感,找到了设计新的表现形式。

里查德·汉密尔顿的作品"到底是什么使今日的家变得如此不同,如此吸引人",表达了当时年轻一代对美国通俗文化的陶醉。波普艺术影响到设计领域,一些年轻的设计师一反现代主义高雅、整洁、完美的设计风格,在设计上追求大胆、刺激、新奇等具有通俗文化特色的设计风格。约翰·赖特与让·索菲尔德于1964年设计出的作品"CI"椅子就是波普设计的代表作品,"CI"椅子,粗犷、简明的风格很受当时年轻消费者的欢迎,被认为是"具有青年的率直与简洁特征"。

5. 后现代主义设计——曼菲尔。

西方工业文明在为整个社会创造财富的同时也导致了环境、生态、能源的破坏,人们对工业文明带来的结果产生了困惑和思索。一批年青设计师对现代主义、国际主义风格进行了反思和分析,试图能在现代主义设计基础和结构上找到一条适合新时代设计发展的路。1968年前,受英国、美国、奥地利波普艺术的影响,意大利一批年青设计师成立了阿基米亚工作室的设计组织,它的设计师们反对单调、冷峻的现实主义,提倡装饰、追求装饰艺术与设计功能的和谐一致,他们以现代艺术为参考探索设计表现语言,创造了许多形式怪异具有装饰象征意义的日用品,在社会上产生了一定的影响。

"曼菲斯"以其新颖、奇特的设计手法给长期以来受传统设计观念束缚的设计师打开了新的思路,引起人们对设计进行了新的思索,给当今的设计注入了新的活力。

6. 新现代主义与高科技风格

新现代主义出现于20世纪60年代,它的出现是受到视幻艺术影响,视幻艺术强调黑白的几何形式构图。社会经济的发展使商业办公机构剧增,对工业产品特别是室内装饰办公用品有了很大的需求量,对于这些空间来说需要体现的是效率和程序。家居环境中体现出来的个性、人情味等已不能满足商业办公的需求,因此,以中性、理性、冷漠为特征的新现代化主义设计应运而生。它在形态上多采用圆柱体、立方体等简单的几何形体,强调机械化与几何化,在材料的选择上偏爱不锈钢玻璃等工业材料,并充分体现了材质的特性。

高科技风格设计首先从建筑设计开始,英国建筑师里查·罗杰斯·皮阿诺1977年设计的法国蓬皮杜文化中心成为高科技风格的建筑代表。高科技风格是把现代主义设计中的技术因素提炼出来,加以夸张处理而形成一种符号的效果,并且赋予这些因素以美的价值。但因高技术风格过度重视技术的体现而忽视了产品所应包含的人的因素,而显得冷漠而缺少人情味。

第二节 现代设计美学

一、什么是工业品设计美学

1. 工具制作、设计和美

美的事物最初产生于人们生活的物质生产领域,那就是人们使用的生产用具、生活用具和装饰物。考古掘土文物骨针、石斧、石刀、穿孔的兽牙项链等使人类社会出现体力劳动和脑力劳动的分工,使美成为人们精神领域的研究对象,才有了对艺术美、自然美与社会美的研究。

工具制作、设计和美，在人类早期生活实践中是同步的。譬如，骨针之所以被看成是美的，首先是在具有实用功能，从中看到人类改造自然的力量，看到了人自身的才能、力量、智慧。然后，人在使自然物质发生形式变化以满足现实功能需要时，直观到人的本质力量的对象化，从而产生了精神上的愉快，感到了骨针的"美"。

自从人类和动物揖别，以第一件工具改造自然开始，产品设计、美就同步产生，设计美、产品和美，从来就是融汇在一起的。文化同步的产生、发展，其历史和人类历史一样久远，在发展中从初级到高级，从简单到复杂，伴随着人类历史前进而前进。

2. 工业设计美学的含义

工业设计美学是美学领域里一门新兴的学科，它是研究工业领域、信息领域，服务于市场经济的一门新兴的应用美学，是美学科学中的一门分支科学，是对设计文化美的研究。

工业设计美学是在第二次世界大战后兴起的，最初出现于英国，英国早在18世纪中就出现工业设计组织先驱——皇家艺术协会，它是设计和工业委员会结合的一个组织。1944年成立了"工业设计委员会"，并很快地从英国遍及欧洲、美国和日本。1953年在法国巴黎召开了第一次国际工业美学会议，还制订了工业美学宪章。1956年意大利建立了"工业设计家协会"，成为了工业设计的专业组织。1962年在苏联成立了全苏技术美学研究院，并创办了全国性的《技术美学》的刊物。

当代国际著名学者西蒙教授说："我们都必须研究我们用之于改造世界的那些过程——对机器、建筑、城市、供水系统以及整个国民经济等等，进行设计的过程。"(《人类理性与设计科学——人类设计技能探索》序)。设计作为一种文化，是为适应人类生存的各种需要而产生的产物。

设计是寻找解决问题的途径，是一种决策，是一种创造新事物的活动，它既是一种思维活动，又是一种创造性的实践活动。设计既包括创造的物质财富，飞机、火车、船舶、机床、机械、各种家用电器、鞋帽、服装，也包括国家的体制、经济的模式、战略、战术、经营策划等等。工业品设计主要指工业产品的设计、公路和建筑的设计、商品传播的设计、商品包装的设计、服装设计等而言。

二、工业设计美学研究的对象

工业设计美学是由工业设计和美学两个方面汇合而成为一门新的学科，工业品设计是其立脚点。就是说它应把注意力集中于工业生产、经营、建筑与管理等实践领域，探讨工业领域中产品设计的审美规律性问题。工业品包括的方面是很多的，它包括生产工具、仪器、仪表、现代交通工具、家用电器、日用工业品、建筑设计、环境设计、工业品包装等等。

工业设计美学的研究中心是工业品的物质功能和精神功能。设计，不能孤立地去研究产品的功能，这由于产品还要研究产品用于人，用于社会生活，用于工业品流通市场，用于工业品存在的环境，用于对工业品的管理等方面，故工业设计美学应研究：(1)工业品与消费者的关系。(2)工业品与市场的关系。(3)工业品与环境的关系。(4)工业品与管理的关系。

第一，产品设计时首先要考虑的是为哪些人设计：要具体地考虑消费对象的生理的、心理的、审美的、经济的、文化的需求。设计桌、椅、沙发、各种切削锻压的机床、各种交通工具的操纵杆等等，都要符合人体工学的要求，即要考虑将人体结构、功能、心理以及力学等问题用于设计，使操作者能发挥最大效能的机械、仪器和控制装置及控制仪表的控制台的最佳位置等等。设计产品时不能只看"利润"不看人，离开了对消费者的研究就不能设计出好的工业产品。

第二，设计任何工业品，其目的是为了在市场上能畅销，占领市场，甚至要大面积地占领市场。占领市场，要开展对产品的市场调查和市场预测，要善于运用市场规律进行经营决策。

第三，工业设计是一种谐调产品，即产品与人，产品与环境的和谐关系。任何的创造性活动，任何的产品都要存在于一定的空间，在空间中的放置，在空间中的运动，这就产生了产品与环境的谐调问题。

产品与环境的关系问题涉及产品设计中产品的功能问题，造型问题，运用高科技的问题，产品形态的问题，产品的色彩问题等。优秀的产品，在处理好与人、与市场的关系的同时，也要处理好与环境的关系。与环境的关系说到底也就是与人的关系。

第四，工业管理对工业品生产有着举足轻重的作用。科学的现代化的管理是现代企业工业生产、销售中重要的一环。工业管理作为现化生产力一个重要因素，它的核心是管理的科学化，有效的科学管理可以供生产力中诸因素发挥最大限度的功能，使各种因素协调一致，良性循环，从而取得最佳的生产效率和最大的经济效益。

以上四点，就是工业设计美学所要研究的，它使产品的功能设计与精神设计得以有机的统一，使产品功能、材料、构造工艺、形态、色彩、表面处理、装饰等诸多因素，能从社会的、经济的、技术的、审美的、文化的角度得到综合处理。

三、工业美学设计的意义

工业设计美学是为设计最优秀的产品，以最优秀的质量赢得消费者的信赖，去占领市场、开拓市场，从而创造良好的经济效益。美国经济学新著《最佳管理的基本思想》一书的基本思想之一就是靠质量推销产品。

产品质量就是指产品的好坏程度，就是指产品的实用功能和美学功能。产品功能的具体化就是产品使用时间的长短、产品的可靠性、产品的安全性和产品的经济性。产品美学功能就是产品的审美性问题。

研究工业设计美学，可以提高生产管理者、生产者的素质。提高生产管理者和生产者的素质，是企业兴旺、发达的必由之路。设计的本质是企业的管理问题，它在传授一种观念，产品的设计观念是一种市场导向的观念，它可以转变企业管理者的经营观念，以设计适销对路的新产品去赢得市场上竞争的优势，树立靠市场确定生产产品，靠市场竞争去推动企业发展的观念，转变那种靠国家减税让利和银行贷款保生存，靠产品涨价和优惠政策保效益的经营思想，把立足点转到生产所需的生产上来，搞好产品设计，走出一条新路。工业设计美学是要掌握商品生产和市场经济的客观规律，按市场的需要去设计新产品，开发新产品，怎样才能做到这一点？必须紧紧抓住工业设计这一环，实行创名牌，实行名牌战略，把高科技引到产品生产中去。

研究工业设计美学，可以使工业产品更具有文化、审美作用，能提高物质产品的文化品位，使产品在市场上成为高档次的商品。

工业设计美学由于它把设计看成是物质功能和精神功能（其中主要是审美功能）的有

机融合，所以，特别重视对产品的功能的表达。

四、审美与工业品生产

1. 工业生产要按"美的规律"去制造

产品设计是为社会提供人们需要的物质产品。这种设计（是一种劳动）是一种有意识、有目的的社会劳动，是一种会文化活动。这里既要考虑设计的工业品实用性，又要考虑工业品的审美问题。人在设计制作产品的劳动过程中，因为能掌握所设计的工业品的性能、特点，并按一定的设计目标去制作，所以，这种设计与物质生产是一种自由性质的活动。这自由就使得人们具有巨大的、内在的创造性得到最大限度地发挥，人的一切才能都可以在劳动中展现出来，最后以物质形态凝结于产品之中。无论是一架超音速的巨型喷气式客机、一台庞大的起重机、一件电子产品、一部彩色电视机，人们在设计与制作时，都首先掌握各生产材料的性质、特点，制造成预定的工业品，使其达到功能、效益、形式、需要四者的有机统一。

工业生产的审美活动渗透到工业生产的各个环节之中，从设计到生产制作工业品，从工业产品到装潢的一切方面，最后出现的是实用、美观、经济需要的具体工业产品，是一个实物世界。这种审美是和工业品技术手段、工业信息、工业管理紧紧地结合在一起的。这一过程就是运用美的规律制造的过程。按照"美的规律"去制造，这是人类设计与生产劳动的一大特点。

现代工业设计，生产的大量事实证明，审美就存在于工业品生产之中，这种生产是现代化的科学与技术与美结合的生产，是工人、工艺师、工程师、设计师等多种劳动的生产。但必须指出，就我国情况看，审美在工业生产中的体现是很不够的，我们的许多企业都没有专职的工业品设计人员，因此，是企业应抓的一个重要问题。

在工业品设计、生产中强调审美，也绝不只是一个产品的外观问题，审美既包括形式又包括内容，是内容与形式的和谐统一而表现出来的质量问题，是工业产品中科学技术先进程度的标志。就飞机制造看，最初是双翼机，头部是方形、螺旋桨，后为单翼机（单翼机，从上单翼、肩单翼变为下单翼），机头形状仍未变。随着仿生学对空气动力学的研究，机翼的形状、机头的形状、发动机都有了很大的变化。机翼从机身前部逐渐后移，机剖面呈流线型，机翼从水平改变为半后掠式，机头呈流线形。继而，机翼又发展为全掠式，有的发展为三角形。这是飞机内容变化在制造形式上的反映，飞机的质量迅度得以提高。

在工业设计、制造领域，审美绝不只是一个外观问题，而是涉及工业品设计、生产、制造全局的一个大问题。审美在工业品设计、生产中决定工业品的质量的高低，决定工业品的市场竞争力。在工业领域，审美不只是表现在产品方面，还涉及工业生产的各个方面，如工厂的总体设计，厂房的建设，产品的销售及工人、干部、技术人员文化艺术素质的提高等等。所有这些，都和审美有关，都是与产品的生产、销售有关。

2. 我国目前对审美与工业品关系的认识

从美学理论研究看，我国美学界比较注重研究的是哲学美学，如20世纪60年代对美的本质的讨论，对有的美学家的哲学思想是唯物或唯心的讨论，而对社会美则较少涉及，对属于社会美范畴的工业美学则更很少涉及，很少把美学理论应用于生产实践。然而，从人的存在看，人类的实际生活中，无论是生产领域或消费领域，整个物质生活领域都是包含有人的审美活动的，包含着这一活动所创造的物质型文化。这种由审美所创造的物质型文化就构成了我国生活中具有审美性质的实体和空间环境，其中自然有工业品设计美学所包括的一些类型事物。这种美的事物在社会美中是最普通、最直接、最广泛、最基本的一种美的事物。

改革开放后，我国社会生活发生了前所未有的变化，要求产品具有文化与美的特性。人们普遍追求居室装饰的美化，追求生活环境的美化，追求产品的新款式。人们对工业产品，对服装、家具、电子产品，除要求经济、实用外，更要注重产品的文化品位，产品的审美性。

人民群众的需求就对我国工业产品生产提出新要求。同时，研究工业产品设计美学是我国工业品打入国际市场的需要。

工业产品进入国际市场的因素是多方面的：首先，是产品质量要达到国际同类产品的先进水平；其次，商品品牌要有知名度；再次，是外观造型问题，有些工业品还有包装、装潢问题；最后，还有商标注册问题。

可见，我国生产销售中的审美问题是一个很复杂的问题，它所包括的具体行业十分广泛。有的审美主要表现在生产制作的产品方面，如机械工业、航天工业、服装工业、日用金属工业等等；有的就不表现在产品方面，如煤炭工业、粮食加工工业、化工工业等等。前者的中心问题是产品设计问题；后者则在于生产设施、环境的艺术设计及产品的包装装潢问题。在产品审美方面，工业用、农业用的机械的审美肯定又与电视机、录音机、VCD、电冰箱、洗衣机、吸尘器、家具、玻璃器皿等家用、生活用品的审美有着差异。

工业和审美结合是摆在我国工业部门和美学界面前的一个重大的现实的问题。工业生产、销售、管理应尽快适应人们日益增长的审美需要，按照"美的规律"设计、制造出功能先进、实用、美观、经济的工业产品，创造良好的生活环境与工业生产环境。

五、工业品设计的美学特征

1．实验性与审美的统一

哲学美学中的美，主要取决于它的审美性，它的对象是具有审美价值的精神产品，与实用功利目的无关。但工业设计美学的美则不同。人们认为一台机器、一台吸尘、一件服装、一套家具、一个车间、一座工厂、一座公路大桥、一个港口设施，它们之所以是美的，首先要看其是否具有实用功能，如果认为它美，那就是实用和审美相统一。反之，便认为是丑的。人们以所视横架在江上的公路大桥为美，绝不只是因为公路桥的双引桥与桥体的造型是美的，而是因为桥的造型与桥的功用所揭示的社会内容的有机统一，这才感到美。

2．工业品美是形式美

工业品美的特征是以形式美为特征，而艺术美和生活美则以内容美为主。工业品的美是一种物质形态美，是创造的第二自然。它的美突出地表现在产品的形态、造型色彩、质地等方面，使人首先看到的是形式美。许多工业产品，如自行车、电冰箱、电视机、摩托车、汽车、机器、家具、服装、楼房等等，这些产品的形态造型、色彩、肌理如何，有时则更为重要，直接影响人的购买欲。在高新技术突飞猛进的今天，新材料不断出现，人们对工业品的形态、造型、色彩的要求越来越高。

工业品的形态构成和造型涉及点、线、面、体的如何组成，涉及对比、同一、节奏、均衡等等造型的形式规律的运用。这些审美功能都是由各工作部件组装构成的形式结构所体现出来的视觉形态造型，它能产生一定的视觉效果，表现出工业品的形式美。

3．变易性

随着现代技术的发展、提高，人们的物质生活、精神生活必然发生这样或那样的变化，人们的文化心理、审美心理也会相应地发生变化，这必然反映在工业品的制造者与消费者两个方面。从工业品的设计制造看，需要不断地推出新产品，使产品更新换代或开发新产品；从消费者看，则是需要适应其文化心理，审美心理的新产品，二者相辅相成。因此，在工业设计制造过程中，对工业产品美的要求就随着社会发展而发生变易，变易性也就成了工业品美的一个显著特征。

六、工业品设计

工业品是指现代技术装备的机械生产所制造的产品，它的特点是系列化、自动化、规格化、批量化。工业品的内容，就是指工业品所具有的功能，即一件具体工业品的做工能力。这个做工能力，可以用它的实用性、先进性、科学性三个方面去衡量。工业品的形式，就是指工业品的造型、色彩问题，看它造型和色彩是否美。工业品的质量也就是表现在两方面：一是内容方面的，即产品的内在质量，一个是外观方面的，即形式方面的，即产品的外观质量。内在质量主要看工业品的性能、作用，这是工业品质量体现的主要方面。外观质量主要看产品的造型、色彩，尤其是造型，造型是产品的外在形态。完美、精致、合理的外形是工业品内在质量的一定程度反映。有些日用工业品的质量，除内在质量和外在质量外，还有包装质量问题，这也是工业品质量表现的一个方面，对化妆品、香烟、酒类产品，包装质量更为重要。

工业品的质量是在工业品的设计与整个工业品的生产制作过程中生成的。工业品质量首先决定于设计。设计的科学性、先进性制约着产品功能的先进性与科学性，决定它在同类产品中为否占领先地位，功能是否超过已有的同类产品，或有新的突破。生产过程是把设计的可能性变成现实性，使图纸变成产品。这就涉及一系列的环节：首先是生产人员的素质，如技术水平的熟练程度，质量意识怎样，责任心怎样，体魄是否健康，情绪是否正常；其次是生产设备的性能、精度、保养维修情况，使用的情况等等；再次是方法，如加工工艺、工装选用、测试方法、操作规程及生产环境。这些因素共同起作用，制约着生产及其过程，并最终决定工业品的质量。

任何一件工业品，都是由主要部件和其他部件组成的，由多次劳动最后被组装成一个整体，所以，每一部件本身的质量如何，最后被组装工业水平如何，都直接影响工业产品的内容与形式，影响工业产品质量。但是在这过程中，首要的、决定性的一步是设计，它对保证工业品的质量有极为重要的作用。

设计是一种重要的决策活动，是问题的求解，是创造事物的一种活动。这中间，创造性是设计的一个本质属性。因此，绝不能把设计只看成是一种构思活动。实际，设计是一种思维活动与实践活动相统一的一种活动。

工业产品作为一种三维空间的物质实体，是一种有形态的立体存在物，于是就有一个立体造型问题；工业产品作为满社会生产和人民生活需要的物质实体，还有一个使用功能的问题；工业产品作为一种物质型文化，它的造型何以使人获得审美需要，因而有一个美学功能问题。造型、功能、审美这三者就可以成为工业品设计要素考虑的三个互相联系而不可分的因素，它们构成了工业品设计要实现的目标。

工业品设计的特点为：（1）产品规格的标准化；（2）群众性；（3）整体性。

设计是一个群众性的创造性活动，它是在众多有关人员参加下制定的产品生产方案。与手工业产品不同，没有一个人能完全掌握设计过程中每一个环节，没有一个敢说他能承担一件产品设计的所有方面。

产品设计的群体性是一个问题的两个方面。从设计人员方面看，一件工业产品设计是由许多人协作共同完成的，是群体活动；从工业产品本身看，任何设计都必须从整体出发。"整体"有两种意思：一是，任何工业产品都是一个整体；二是，工业产品用于社会，不能离开社会的各种因素。

工业品造型设计的美学原则有：（1）反复与齐一；（2）对称和均衡；（3）调和与对比；（4）比例与尺度；（5）节奏与韵律；（6）多样和统一。

第十五章 视觉传达设计美

第一节 什么是视觉传达设计

视觉是人类在认识世界、获得信息的各种感知方式中，最重要的一种方式，也是人类接收信息量最大的一种知觉工具。

视觉传达设计是以图形作为视觉信息传播的载体所进行的一种艺术创作设计活动。它涉及的内容包括以下范围：一是，二维空间特征的平面设计，如广告、字体、标志、招贴、书籍装帧、产品样本、宣传卡等；二是，三维空间特征的立体设计，如产品包装、陈列展示、灯箱看板、模型展台、POP广告等；三是，四维空间带有时间特征的设计，如影视传播、动画、企业形象策划等。对于这些设计信息的传递，是由各种相应的媒体来完成的，如报纸、杂志、电视、多媒体、互联网、出版社、展览馆、邮局、信息发布机构等。接受这些信息的是各种身份的社会人，称之为传达受众。正是由以上视觉传达的内容、传达的媒体、传达的受众这三个部分，构成了视觉传达设计活动的完整概念。

视觉传达艺术与其他艺术形式存在着显著的相异之处，主要体现在创造艺术形象的载体不同，以及公众对艺术形象审美时的感知器官不同。视觉传达设计对形象的塑造和作者主观精神信息传递，是由画面上的点、线、面、体、色彩、肌理等最基本的视觉元素，以及由它们以不同的结构方式组合起来实现的；而公众对艺术形象的感知，主要是通过人的视觉器官来进行的。艺术的本质，是人类认识世界、改造世界、表达感情、交流思想、美化生活的创造性活动。艺术的主要审美价值在于，艺术活动能够不断地在客观现实生活中，提示和再造新的美。

在视觉传达设计中，形态是传递各种客观信息、主观信息，体现各种造型意念、情趣和意境的直接载体，分为现实形态和概念形态。现实形态是指以具体物像直观显现的，有可视形状、肌理、色彩等特征的形态，它又分为具象形态和抽象形态两大类。概念形态是指间接显现的，在意念上被人感知的抽象的形态。现实形态和概念形态又分别分点、线、面、体四种不同的基本视觉元素。视觉传达设计语言中的形态语汇，就是由它们的不同存在方式以及依附于它们产生重要作用的色彩、肌理等共同构成。

视觉传达设计的语言应该由两部分组成：其一，是形态语汇之间构成的语法，语调秩序关系（统称为形式）；其二，是由形式所表现出来的意念信息（统称为内容）。在视觉艺术中，内容决定形式，形式为内容服务，两者是紧密联系并相互影响的，内容的不同，决定着形式的具体特征；形式的不同，制约着内容内涵的表达。优秀的艺术作品之所以能吸引人、感染人，就是因为它能独具匠心地构成内容美与形式美。"构成关系的创造性、浪漫性、抒情性、生动性、丰富性、层次性、秩序性、合理性，均是形成艺术作品审美趣味的重要内容"（郭茂来著《视觉艺术概论》）。这些审美内容也是使艺术作品产生吸引力、感染力的力量所在。

视觉语法是一种结构形式，是根据视觉语言所要表达的特定信息，有机合理地构成各种形态语汇秩序的结构形式。构成这种秩序的要素有：平衡、节奏、韵律、旋律等。同时与此相对应的，在画面中并存着求得变化的结构形式，即各种视觉元素间的对比关系，如形状、数量、面积、位置、肌理、色彩、虚实、动势等各种对比。在视觉关系中，如果采取这些元素的强对比，可强化对变化的知觉印象，引发视觉紧张感，使形态、色彩关系的个性特征更加醒目，增强视觉冲击力。如果采取这些因素的弱对比，可以增强变化的含蓄性，有助于整体关系的更加统一。视觉语调指的是在对画面各种视觉元素进行组合调配中，通过对某一元素或某几种元素刻意地强化，使之在整体造型关系中形成主导倾向而构成的特有的"调式"，如形状调式、肌理调式、明度调式、色相调式、冷暖调式、动势调式等，以有助于特定信息的传达和视觉的调节。如形态结构相似的画面，色彩的明度调式呈高长调时，可传递明快、开朗的情绪。如果改为低短调，则令人感觉压抑和神秘。色彩的冷暖调式以暖色调为主时，给人以温暖、亲切的感觉。如果改为冷色调，则产生冷清、萧条的印象。因此，对视觉语调的合理控制和整体把握，是确保信息传递准确的重要手段。

信息时代的到来，寓示着人类社会发展已进入到一个新时期。继 19 世纪中叶，摄影术的发明对视觉传达设计产生巨大影响以来，当代的电子和数字信息贮存、处理和交流技术，再一次地将视觉传达设计艺术推进到一个新的位置上，这不仅是因媒体及其传播的方式，在深度、广度和速度诸方面都有了惊人的发展；而且表现在被传达的内容上，即设计的精神观念、形式语言和结构模式上，在与其他众多的学科领域相互交叉、碰撞、融合的过程中，不断产生着新的视觉语汇和知识架构，较以前更具高度浓缩的观念，更具强烈刺激的视觉感受，更具多维的时空感，同时也更加贴近生活，注重人性化，强调个性和情感的交流。视觉传达设计艺术是时代的一面镜子，不仅反映了人类物质文明发展的进程，而且也折射出人类社会意识形态变革的历程。

第二节 广告装潢设计美

一、广告的分类及特点

广告是视觉传达设计中最为普遍的形式之一。作为一种艺术门类，作为商品经济社会中交流与沟通的一种手段，它极其广泛活跃地出现在人们生活的各个层面。从它所传递的内容可划分为两大类，即商业性广告和公益性广告。前者如消费商品广告、企业形象广告、企业活动广告等，是以营利为目的的广告形式；后者如社会公益广告、政治性文化性招贴广告等，是非营利性的广告形式。从媒体的传播形式上区分，可划为以下几类：以印刷为基本特征的平面广告，如报纸广告、杂志广告、样本广告、招贴广告等以散播于公众场合为主要特征的立体广告，如街头广告、店名广告、橱窗广告、车身广告、灯箱广告、POP 广告、模型广告、模特广告等；以电子信息为主要特征的影视广告、广播广告、多媒体广告、互联网广告等以及通过邮局或专人发送的直邮广告等。

随着人类社会的发展，现代广告已不再是一种单纯的商业行为，而是视觉信息传递的媒介，大众传播的一个重要分支，广告业已是集科学、技术、经济、文化、艺术于一身的独立而成熟的规模产业。传播信息是其最基本的功能，尤其是它以最简洁最迅速的手段向社会传递各种经济信息，在促进商品销售和加速产品流通方面发挥着重要作用，成为联系社会生产和社会消费的桥梁。与此同时，广告又是一种文化现象，它所传播的信息体现着人类社会文化的传承。文化学理论把人类文化现象分为了四种形态，即物质文化、智能文化、制度文化和观念文化。广告以传播物质文化成果的信息为主，又融合了其他三种文化的内容，从而构成了自身的文化特征。广告传播的信息体现着商品及其服务的价值观念，而这又直接联系着人类的生活方式，其中蕴含着物质和精神的双重含义；广告的最终目的在于影响目标受众产生预期的购买行为，这个影响必然体现着时代、区域、民族和这些受众的人文特征，包括信仰、道德、行为、习俗等；广告信息的传播还体现着它特定的审美价值，消费者在获得这些信息的同时，也获得了一种审美体验，产生了人性与情感上的共鸣，精神上的享受，情操的陶冶。因此，综合的文化形态、生活方式和设计风格构成了广告设计文化的基本内涵。

1. 报刊广告

报刊在平面广告的历史上是影响最大的广告媒体，读者之众，是出版物中宣传最发达而且最迅速的一种，因此被视为广告宣传之"利器"。

报刊广告的文稿要求言简意赅，用词精炼巧妙，插图形象新颖，富于联想，文稿诉求既亲切又客观（或称情感诉求和理性诉求），以消费者的利益为优先，广告注意值要高，如其文稿图画不足动人，则广告效力尽失。故报刊广告的结构不得不求其智巧精警。

2. 招贴海报

招贴，又名"海报"或"宣传画"，属于户外广告，国外也称"瞬间"的街头艺术。招贴可分为商业招贴、文化招贴、公共事业招贴、旅游招贴等。

当今世界，广告业的发展日新月异，新理论、新观念、新制作技术、新传播媒介都在不断地涌现，但是，它们始终代替不了招贴。尽管电视、广播、报纸、杂志的宣传效率远胜过招贴，可招贴经得起挑战，与其他传媒并行不悖地发展着，在各种领域施展着活力，对经济、政治、文化等负有传播的重任。

广告招贴由于信息传递的具体环境对象和目标不同，决定了招贴的艺术表现应具有以下特征："新奇的构思，个性化的表现"；"单纯化的构图，强烈的形式感"（《现代广告设计》，丁允明著，上海人民美术出版社，1992）。人们对"爆炸"的密集信息和频繁广告的"袭击"表现得视若无睹，十分漠然。因此，新奇——打破人们熟视无睹的惯性，在目不暇接中当即有所选择；个性——寻求视觉传达的异质点，避免在户外广告的"海洋"中被湮没；单纯化——简洁的构图，直率地诉求，主题突出，焦点集中而又内容丰富。

就广告传达信息的功能而言，形符化是一种表现优势，寓繁于简，一目了然，在远距离内依然保持了明晰可感的视觉效应；就广告追求艺术形象的感人力量来说，单纯而强烈的形式感还是深入浅出的表现方式，其视觉语言的内涵往往并不简略，一双眼、一个侧影的特写，更能流露出深邃的神情和内心悸动；一朵带露的花，更能散发出暗香浮动之境。

招贴设计力求创意明确，构思新奇，视觉生动流畅，个性化鲜明，这种视觉传达上的异质，是招贴的"灵魂"。招贴的新视觉语言的形成，在相当程度上是回应时代美术思潮的结果。如劳特累克、马格里特、毕加索、达利、康定斯基等的作品就极能体现当时招贴艺术的新风格。

3. 直邮广告——DM

电脑和采用的咨询服务的周到，使广告主能按照任何人口资料要素来分类检索，也可以按照购买频率及购买金额来选择邮寄名单。如根据企业名录等有关资料投寄地址，或根据消费者来信及征求意见的办法，选择编制分发名单。有了电脑的协助，还可以删除重复的名单，也可以避免寄给那些不愿收到 DM 的人。

直邮广告有高度的选择性，每当新产品和产品改良更新时，可将广告宣传物按分发名单及时无误地投寄出去，形式灵活多变，又可表达浓厚的人情味，起着时常联络感情的作用。在平面广告中，直邮广告最有针对性。

直邮广告从设计到印刷、邮寄，都应及时迅速，宣传作用的图片须真实反应产品的形、色、质等特征，撰文要准确传达信息，诚实可靠才能赢得消费者信赖。对于陌生客户，直邮广告的形象往往就是产品和企业形象，让客户在阅读与欣赏中建立良好形象至为关键。

直邮广告大致可以分为三类：一是宣传卡片（传单、折页、明信片、贺年卡、企业介绍卡、推销信函等）；二是样本（包括各种册子、产品目录、企业刊物、画册）；三是说明书。如果把广告分为说服性和印象性两种，直邮广告则具说服性。

4. 路牌广告

路牌广告的设置，选择受众密集之地诉求才可能落实到对象。人流、车辆来往穿梭较集中的区域，通常视为路牌广告的理想位置。

路牌广告画面的制作方法，可分为绘制和印制两种。如今为突出画面效果，增强视觉冲击力，用闪光的各色金属铝片、浮雕手法和饰以霓虹灯的路牌广告也日渐多起来。

路牌广告面对观众具有流动性、分散性，而观者对路牌广告的关注和阅读也具偶遇性和无意性，因此路牌传达信息受到一定的限制，信息的针对性也极难掌握，基本处于广而告之的状态。路牌广告的难点就在于要从人们一闪而过的视线中，抓获人们稍纵即逝的注意力，将关键的信息要点送入人们注目的范围。

路牌广告内容力求精简准确，没有多余的赘述。形式上要突出视觉中心，图文编排力求一目了然，同时应使路牌具有从周围环境中脱颖而出的效果，才能引人注目；否则，置身于相邻路牌广告，又与树木、建筑物"混为一体"，难以让不经意的行人怦然心动。

5. POP 广告

POP 广告是在消费者与商品的直接触中，在实现商品交换的场所（零售点、百货商场、超市）所进行的一种广告宣传。POP 是英文"Point of Puarchase"的缩写，一般译为"销售点广告"，或通译为"在购物商店内的广告"。从广告受众获悉广告信息到产生购买行为的过程看，销售点是购买行为的终端，因此有人也形象地称 POP 为"终点广告"。

从商品外吊挂的巨幅旗帜、灯箱、霓虹灯及各种立体宣传物到商店内悬挂式 POP、柜台上的陈列展品及商品展示架、玻璃门的贴纸、商品旁的售价单与展示卡，还有橱窗陈列展示等，都属于 POP 广告范畴。POP 是一种最有效、最直接的推销宣传，能把商业信息、生活信息及时地传递给购买现场的消费者和广告受众。

自选超市这一新的购物形式始于英国，它既省工又增添了购物情趣，顾客可随心所欲地浏览选择商品。与此同时，随着商品多样化，消费者的购买心理也变得复杂起来。为了适应市场新变化，为消费者提供充分自由的选购机会，并方便指导消费者购物，就必须营造明显的购物区域和环境特征，甚至适宜的购物氛围。目前，POP广告日渐成为一种活跃直观的促销形式。

POP广告以多样化的表现形式，将各种传播媒体的集成效果浓缩在销售场所，作为一种独特的广告形式，它与商品同置一室，紧密地结合在一起直接面对消费者，将一切广告因素融合于商品的销售之中，以最大限度发挥其特有的价值。

二、创意与视觉强度

创意——"具有创造性的意念"，是根据英语 Creative idea 直释过来的，源于广告大师詹姆斯·韦·柏杨的《产生创意的方法》一书。创意之意包含了主意、意念、意趣、意境等多层词义。创意完整的阐释是以传播广告的主题信息为根本任务，以创造性思维为先导，寻求独特新颖的意念表达方式和视觉形式，达到"真、善、美"的统一。创意的基础是产品与服务、目标受众、企业竞争者。找准了与产品的关联性，实质上就找到了创意信息的切入点；找准了与消费者的关联性，实质上就找到了目标受众的消费心理、行为模式和潜在的消费欲望。

广告是一个不断创新的设计行为，力求不凡是广告的永恒主题，广告应该具有原创性，这意味着真正意义上的创新和发现，是创意最高价值的体现。创意人员要立足"差异"策略，敢于奇思异想，超越恒常定式，在多个视角或相反的视角中展开思维，独辟蹊径。在由表及里的审视和剖析中发现事物深邃内涵和全新含义，在由此及彼的比较中发现事物间的内在联系，寻求全新的移情方式、阐释方式、组合方式。

创意要有震撼性，给人以强烈的难以忘怀的心理冲击和形象视觉冲击力。在平凡的生活中，以敏锐的洞察力，发掘出使人激动不已的意蕴来，使广告具有深邃的思想认识价值和生活哲理，它所提出的问题是广大受众所关心的，而且是以渗透人性的生活现象展开的，因而能使目标消费者产生强烈的情感共鸣，产生震撼人心的力量。

创意要有亲和性。亲和性使广告创意以一种让人乐于接受的方式、一种情感的心理攻势，给目标受众体验一种平等、真诚、可信的感情氛围。现代广告十分注重情感原理的运用，一幅充满感情色彩、形象亲切动人的广告，易于诱发消费者的感情共鸣。创意的"感情注入"，把商品和服务赋予人情味，运用幽默、比喻、暗示等艺术手法，创造特定的意境，把"销售概念"寓于其中，用鲜明的感情色彩唤起人们潜在的消费欲求。

广告艺术具有造型艺术的一般特征，除了具有实用功能外，还具有丰富的审美内涵。它依靠经过艺术处理的、富有感染力的广告形象，给人以强烈的、鲜明的、耐人寻味的美感享受，正是这种美的魅力，驱动着消费者的幻想与追求。这就要求创意人员在"广采"之中发现更多的象征方式，然后，选择其中最具新意并能完美代表词义的视觉表征形式为设计元素，加以强化组合。广告图形以图与形说话，广告设计就是将代表不同词义的视觉元素，进行有序组织，形成视觉秩序，构成完整的视觉词句，最终建构完整的视觉信息传递形式。

三、信息符号与形象文化

在信息社会里，人对信息的接受和表达都离不开符号化的设计，人们通过对符号的解读，也就能领悟到信息的真实含义。广告就是借助于文字、图形的符号来进行视觉信息传达的。

文字具有"意、音、形"三大要素，意美给人以心理美感；音美带来听觉美感；形美则给人以视觉美感。文字以广告文案的形式出现在广告中，是创意表达的组成部分。根据广告创意形成的广告口号，往往是最具经典性的语言，简明通俗、易读易记、音美上口，具有感召力。文字作为一种符号，从最初的三种类型：象形文字、意形文字和字母文字，经过几千年的历史发展，最后积淀成后两种被广泛使用至今的形式。汉字，也称中文、方块字，是意形文字的代表，它具有独特的形象和符号体系。与此同时，拉丁文字逐步发展成字母文字的代表，为现今世界所通用的字母。

现代广告采用的字体，一般分为三类：即印刷字体、装饰字体和书法字体。习惯上将前两者统称为美术字。印刷字体整齐、清晰、易辩，是设计用的基本字体。汉字的印刷体有宋体、仿宋体、黑体、单线体等；拉丁文字的印刷体有古罗马体、新罗马体、巴洛克体、现代罗马体、现代自由体等。装饰字体即在印刷字体的基础上，进行变化加工而形成的变化美术字。书法字体中分传统和现代两种。传统书法有某种独特的识别性特征，许多名家名体已成为程式化识别符号，运用时更多的是一种选择、复制、加工、组合。现代书艺融进了设计因素，似书似画，亦书亦画。还有一种民间艺人创造并流行的字体，是民俗文化、节庆、礼仪及日常生活形态的反映，具有浓郁的装饰味，如蝌蚪文、鸟虫书、印文字、瓦当字、钱币字等。

广告中的字体设计是按照创意要求、形象特质、信息内容、画面结构、材料工艺等不同情况，编排行文、方向、字距行距、字体种类搭配、字体大小、主次、虚实、疏密、色彩等，使人的视线形成有序、悦目、理想的流线，展现丰富的视觉层次。在画面中，字体与图形、色彩等元素组合成有意味的形式，以形成视觉冲击的合力。

图形在信息传递上比文字和语言更具优势，因为它具有直观形象，可以一目了然，是最易识别和记忆的信息载体，是超越国度、民族之间语言文字障碍的世界通用语，最具准确性，最具情绪感染力，还有把视知觉感受的时间浓缩为一瞬间的特点，更加符合广告艺术普遍性、直接性、快速性的要求。作为广告表现语汇的图形，可分为具象、意象、抽象三种不同的语系。所谓具象语系，即图形语汇的知觉特征与公众一般认知习惯中的客观素材形态相似。所谓意象语系，即图形语汇的知觉特征与公众一般认知习惯中的客观素材形态，保持在"似与不似之间"。所谓抽象语系，即图形语汇的知觉特征与客观素材只有间接性关联，主观的提炼、分解、重构并加以了充分自由的调节。

具象图形以摄影和写实绘画手法为多，特别是摄影在现代广告中运用十分广泛，可以直观、快速、逼真地反映物像外形、结构和材料特质，可信地再现商品消费使用情景，这些作品以强烈的诱导力影响着受众的心理，最终引发目标受众对商品的购买欲望。绘画的优点在于不受纯客观对象的束缚，可以加以取舍与主观加工，使广告形象比实际对象更完美、更典型、更符合设计的要求。由于绘画工具的不同，其效果也各异。水彩画、水粉画，笔触可粗可细，可以写实逼真，亦可以轻松生动；钢笔淡彩画、马克笔画，用更为简洁的表现法，突出物像的韵味；色粉笔画、彩色铅笔画、炭笔画，以其细腻微妙、淡雅的格调，更能反映出图形内在的品格；喷绘手法则能达到类似摄影的逼真，而且能对物像做进一步的提炼加工，其效果往往比照片更强烈。中外绘画名作的借用，也是经常使用的手法，画面巧妙地将名画中所表现的特定年代、人物、文化背景或地域特征等，与现代商品联系起来，或表现商品的档次、文化品味、历史地位等，或渲染其特有的气韵氛围，从而使公众产生对该商品的信赖。漫画卡通形式广告，一般用讽喻、影射、双关、象征等修辞手法，将广告主题处理得饶有风趣，具有一种亲切感，让公众在轻松的情境中接受广告的信息。标志，本身代表企业的形象，是企业营销的利器，因此具有广告作用。标志形式的广告利用其形象单纯、凝练、美观、具象，易于识别与记忆的特点，给人以瞬间即获的印象。

抽象图形是指用点、线、面变化形式构成的非具象图形，与高度写真的摄影形成两个极端，虽然没有直接的形象，但具有符号性与语义性双重含义，同样能强烈地传递信息和情感，而且具有现代感。常见的有几何形平面构成抽象图形、自由曲线构成抽象图形、偶然纹样构成抽象图形，以及用电脑生成的抽象图形等。"视幻艺术"，也称光效应艺术，是利用电子技术和光幻效果对设计的介入，在西方兴起的一种视觉图形艺术。其形式有多种多样，但共同的特点就是创造视觉上的幻觉，利用相似的正负形的排列和单纯化的空间结构，使画面有统一的律动性和闪耀感。如果较长时间的注视，令人产生视觉上的眩晕。"星云化集团"，浩瀚无际的宇宙太空闪耀着群星，美丽的银河系形成庞大的旋涡状星云，所谓的星云化集团，利用旋转性涡形结构的多种变化，如直线的回转轨迹移动，或离心的曲线回转轨迹移动，或精确计算移动中心，进行复杂的重组、分离、分割、错位、重叠等，形成不同色彩、不同虚实、不同维度的空间变化，产生扑朔迷离的视觉体验，具有强烈的辐射感、扩张性和旋律美感。"虚拟空间生成"，是在电脑和设计软件不断升级支持下创造的新颖的抽象图形，通过高密度的数据处理，多次的扫描着色，得到意想不到的视觉图案，如跳跃闪动的网点、振荡辐射的光束、颤动旋转的网纹等，形成现代感很强的虚拟空间，运用在广告中具有极强的视觉冲击力。

意象图形是介于具象和抽象之间运用最广变化也最丰富的一种图形。通过装饰性的造型、色彩，将物像进行富有象征意味的变化，更多地表达作者的主观意识，造型上强调平面化，减弱或取消形象体积和层次的表现，强调富有特征的轮廓外形，形象单纯概括，明确肯定，远视效果强烈、鲜明，更讲究韵律感、节奏感，给人以赏心悦目的感觉。其中，有些特有的构成方法十分耐人寻味。"变异表现构成"，即利用主体形象的投影、镜面映像、倒影等，故意处理成与立体形象不相符的变异状态，从中融入所要传达的信息。"变形表现构成"，即将实际生活中的物像进行夸张变形，或将物像分解重构，形成类似植物嫁接式的新图形，通过打破原有的视觉经验，令人产生惊奇、迷惑的感觉。"矛盾空间构成"，即利用对正常透视空间的认识，故意造成不同观念空间营造错乱的变幻效果。"多义重构构成"，即利用对图形解读方式的差异，把两种不同物像的构成要素复合，使同一图形产生多形多义的歧义效果，产生新趣味，视觉常常有不确定性，使图形形成更深的象征寓意。"共用图形构成"即利用物像间的相似形，互借互生，融入对方的形象结构中，形成两形或多形共用的有机体，并利用视觉错觉，让形象发生关联、转换，产生新的意象。如毕加索曾利用借形法制作了《和平的面容》，用和平鸽、橄榄枝作为象征符号巧妙地构成了"和平"的面容。"同构图形构成"，即利用物像之间某些属性关系的相似，同构成有意味的形式，以传达某种信息。属性相似的范围很大，可以是含义相似，也可以是心理感受相似，或是视觉形式上的相似。如用巧克力的视觉形象来表现唱片优异的质量，就是利用巧克力的味觉感受与优质唱片的听觉感受之间的相似；如反对战争的广告，把怒放的麦穗和炸弹爆炸的形态相似地进行同构，传达了反对战争、渴望和平的强烈愿望。"视觉噪声构成"，它的特点表现在两个方面：一是，设计元素在选择组合上的杂乱、无序性；二是，打破物像表现上的完整性，着意创造意念上的完整。从表面上看，这种形式是缺乏秩序化的：形象的交叉错位、结构的多中心、空间的多维置换、色彩的繁复混杂等，从形式上给人一种眼花缭乱的感觉。但实际上，人的思绪随着视觉中心的推移，以心理的感悟性连接着各个不同的视觉错位点，获得了另一种审美的秩序性，这种形式往往与现代广告的主题有着天然的吻合性，能恰当地体现现代人的一种个性化精神和时代文化现象，也反映了现代设计观念上的反叛意识。

四、包装装潢的设计构思

人类运用包装的历史已经很悠久了，随着时代的发展，生产力的进步，包装已不仅仅起保护的作用，它其他功能如便携性、贮藏性、美观性也逐渐显现出来。在经济全球化的今天，包装更成为商品不可分割的一部分，它在生产、流通、销售和消费领域中的作用越来越重要，包装设计的优劣直接影响着产品的销售、市场的开拓和企业的发展。为了更有效地进行包装设计，可根据它的性质、用途、结构等的不同进行分类。如按产品的属性分类（食品包装、药品包装、服装包装、化工产品包装、五金包装等），按包装的结构分类（开窗式包装、封闭式包装、购物袋式包装、POP包装等），按包装材料分类（纸质包装、塑料包装、金属包装、玻璃包装等）、按流通的功能分类（个包装，又称为销售包装；中包装，又称为批发包装；大包装，又称为运输包装）。一个好的包装必须具备以下几种功能：(1) 保护功能：指保护内容物，不受外来冲击，防止因光照、湿气等造成内容物的损伤或变质。(2) 销售功能：包装要适应产品进入市场后被陈列以及被购买的方式，并起到"无声推销员"的作用。(3) 流通功能：产品从工厂到市场要经历无数次的运输、搬运、仓储等环节，好的包装应该能适应这一过程，做到既方便搬运，又能安全地存放。(4) 使用处理功能：包装应该方便使用，同时，在废弃后也应该是环保型的，朝着利于回收、节省资源、不破坏生态的"绿色包装"方向发展。因此，包装设计与其他视觉传达设计的区别在于它还有材料的选用及包装容器的设计。

商品包装是以商品为主题来进行的，一般都在预选拟定的条件下进行，如事先确定包装对象、包装规格、包装材料、造型结构、印刷工艺等，然后再进行整体性的设计。在设计过程中又和包装对象所选用的包装材料、造型结构、印刷工艺有直接的关系，同时还必须注意商品属性、使用对象、档次及内外销问题。因此，商品包装可归纳为以下几点设计构思：

1. 明确包装设计的定位

通过对市场、受众、产品的把握做到有的放矢，一般要明确产品的属性、产品的适应人群、产品销售的地域性和产品的档次。产品的属性：即产品属哪一门类的，不同属性的产品其包装风格大有不同。如食品与药品，虽都是入口的，但食品的包装多以写实的食品照片来表现，色彩以暖色调为主，以引起人们的食欲；而药品多以清爽、简洁的色块、线条和抽象的图形来体现药品的严谨和卫生。即使同一门类的，也因产品的特点不同，包装的风格也需拉开距离。如，同是化妆品，女性化妆品用色温柔、高雅，而男性化妆品用色则沉稳厚重。产品的适应人群，即不同产品，会有不同的消费群。如啤酒、白酒、红酒同样是酒，但由于消费群的不同，设计风格也不尽相同。啤酒的消费群体较休闲，设计手法多采用清冽爽口的风格，色彩明快、轻松；而白酒多为宴会用酒，设计风格要求华丽、庄重，用色也以浓烈的色调为主；红酒以红葡萄酒为代表，由于是舶来品，它的风格也就显得西洋化，用色要求高雅，有历史感。产品销售的地域性：不同的民族和国家，由于其生活习惯、宗教信仰、人文历史的不同，其喜好也是不同的，在进行市场定位时应加以分析，如了解该地域有无禁忌的色彩和图形，以避免使用。产品的档次：不同产品的档次与产品的价值、产品使用的场合有很大关系，许多产品被换上了华丽的礼盒包装，其附加值也提高了，不但因它凸显了礼品的特色，更是因其以非凡的品牌或企业无形的形象作整体搭配，其包装表现出的艺术价值，远远超过礼品本身的价值。但是在大多数情况下，要避免过分的包装，做到其风格、材料、结构和产品的价值相符。

2．要有明确的商品性

所谓商品性即通过包装上的图案或包装外部特征，对该产品的特点和性质，按公众的一般认知习惯给予提示或衬托，便于消费者识别和选购。彩色照片的逼真显示，开窗的形式或全透明的吸塑包装，以及用系列化的形式，让公众一看就知道是什么产品，什么品牌和厂家，这都是突出商品性的有效手段。

3．要有完美的艺术性

所谓艺术性即运用设计技艺，妥善安排布局，以新颖、鲜明、生动的形式，使商品显得更为美观大方，在同类产品中更为突出，更具竞争力，最终吸引目标受众的购买，这是商品包装设计的目的所在。在包装上，由于规定的内容较多，如牌名、品名、商标、数量、规格、厂名、说明文、产品形象、装饰纹样以及色块分割等。所以，设计上必须妥善安排，使之主题突出、构图新颖、色彩鲜艳、层次丰富，在传递商品信息的同时，给人以美的享受。

五、包装装潢的图形设计

图形、色彩、文字被称为设计的三要素。其中，图形是最能体现产品特点的一个要素，在包装设计中常用的图形表现技法有以下几种：

（1）具象图形。采用摄影、绘画等写实手法表现产品，其特点是容易使人产生联想，更真实地反映内容物。

（2）意象图形。将具象图形加以简化，使其更具有装饰性，更简练明快。

（3）抽象图形：这是运用点、线、面、体以及色彩、肌理等视觉语汇，通过组合形式来完成的图形，令人产生理性的秩序感或强烈的现代感。这类图形经常用于表现电子产品、工业产品等。

色彩：包装设计的色彩更强调协调性，这里有双重含义，不仅体现在图形的配色中，而且体现在与产品的协调性上，即色调能否体现产品的特质，使公众产生对此类产品的联想。如在做果汁类饮料的包装时，色彩的选用应忠实于水果的自然色彩，以给消费者真实的联想。应该重视色彩的情感作用，如暖色调使人兴奋、温暖且有亲和力；而冷色调则使人冷静、严肃，具有科技感。因此在食品类的包装中，用暖色调多，如果改用冷色调，会有变质、不新鲜的感觉。在工业产品尤其是电子类产品中，选用冷色调较多，因为它更能体现产品的特质。色彩在包装设计中的应用不是孤立的，它要与图形、文字相互配合，才能达到预期的效果，对公众产生强烈的视觉冲击。要注重色彩的易读性，如黄底黑字、黑底黄字最为醒目；白底绿字、白底红字、白底黑字次之；黑体红字、绿底黑字效果最差。包装中的文字也是传达信息的符号之一，应与图形、色彩融为一体，形成视觉体验的合力，其风格也要符合于产品的，乃至整个包装的风格。

人类进入现代文明的信息社会，艺术积累到飞跃的历史阶段，在现代科技与文化艺术综合的今天，许多有远见卓识的艺术家和设计师，目光纷纷投向自己民族的传统，以便从中得到走向未来的启迪。他们将注意力转向自己本民族的文化，极力将其与现代艺术融为一体，这种回归意识、寻根意识和民族意识与设计意识相结合，体现了民族心理的延续与发展，同时也体现了民族审美特征的强化。

现在，以民族为本位的战略思想日益受到市场经济的重视。它首先寓民族特色的商品易亲和于消费大众；其次，民族色彩、地域特点鲜明，利用民族传统的亲切感和召唤力，可以创造一个拨动消费者"心弦"的促销关键；再次，在商品竞争的信息时代，传统在视觉传达设计中的良好运用，最能体现民族自豪与民族文化。总之，因为它来自于民间，也最易为民众接受，不仅体现了历史价值和审美价值，也反映了时代价值。

我国传统文化以其特有的魅力和丰富深刻的想像力影响着现代包装装潢设计。传统构思常用象征和寓意手法，用有形的东西来表示一种无形的情感、意志和愿望等，如用"花好月圆"、"喜鹊登梅"、"松鹤延年"、"龙凤吉祥"及福、禄、寿等，表现劳动人民对美好幸福生活的向往，至今为百姓所欣赏。又如，用书法艺术直接作装潢设计的主体，既是品名也是图案，以点、画、线的变化构成一种形体美和动态美，表达出设计者的思想感情或商品的民族风范；或把传统纹样恰到好处地用于包装装潢，在表现商品性能和特点的同时，又使人产生一种古朴典雅、历史悠久的感觉。一些经济实惠、拙中现巧的"土包装"形式，也已为现代设计师们淋漓尽致地赋予了新时代气息，再现出民族传统和现代意识。

第三节 企业形象与视觉系统

一、企业形象设计的产生

CIS 是英文 Corporate Identity System 的缩写，可以解释为企业形象识别系统。CIS 是现代企业经营管理的战略手段，又称 CIS 战略，是社会生产力发展到一定时期的产物。即市场产品出现同质化和企业行销竞争白热化的时候，消费者已经无法从产品的质量和行销力上分辨企业间的优劣，而企业也需要有一种新的竞争力来区别于其他竞争者，抢占更多的市场份额，在这种形势下，形成和产生了企业形象识别设计的概念。建立一种符合企业个性风格的总体形象，并以此为优势制胜于竞争者。这种形式逐步被运用，并在实践中不断地完善起来，成为一种市场竞争的有效武器和理论系统。现代 CIS 理论起源于 20 世纪的欧美，再传入亚洲，中国国内 CIS 战略的运用起源于 20 世纪 90 年代初，受日本和中国台湾地区的影响较多，较为注重视觉形象的建设。

二、企业形象的设计

企业形象识别系统由三大部分组成，即理念识别（MI）、行为识别（BI）、视觉识别（VI）。MI 由企业的发展战略目标、经营理念及宣传口号等方面组成，是 CIS 系统的指挥中心及基本精神所在；BI 包含了企业的管理规章制度、行为规范、用语规范、促销活动、公益活动等；VI 是企业的视觉识别系统，是围绕企业标志、标准字体、标准色为基础展开的视觉形象一体化设计，包括基本要素和应用要素两大部分。CIS 战略的原则是企业形象识别的统一性、恒久性，因此强调 MI、BI、VI 之间的协调性。VI 是 MI 内在精神的视觉化表现，而 BI 企业行为的有效实施和准确传达，对 VI 在广大受众中的影响和认知起着至关重要的作用。

VI 基本要素的设计有:
1. 企业标志的构思与设计

广义的企业标志是标志和商标的统称,区别某一标志是否是商标,主要取决于用途,即该标志是否用于贸易中表示商品的出处及质量。从标志设计的主题素材与造型要素来看,可分为文字型和图形型两类。文字型,以企业名称或品牌名称为题材,以字体直接作标志,其特点是具有较强的识别性,避免了标志的雷同。其中,可细分为中文字首字体、英文字首字体、中文字首标志、英文(或拼音)字首标志。其中,独个字(或字母)图形化处理的方式不仅具有较强的识别性,而且有很强的视觉冲击力,兼顾了文字说明和图形表现的优点,是标志设计的重点;以企业名称、品牌的含义为题材,并将其转化为视觉图形来传达,此类标志多为现代感较强的抽象化图案,以表现企业经营内容和服务性质为主。另外,还有以企业的文化内涵为题材,用艺术性较强的图形表达来体现企业的文化及品牌的悠久性、传统性为主的。企业标志的设计是企业视觉识别设计的灵魂,集中体现了企业内在精神,要求其设计构思及图形表达简洁、明了,然而包含较多的信息量,易于识别和传播,具有较好的在各种场合使用的通用性,其造型和套色都不宜过于复杂。

2. 企业标准字体的构思及设计

标准字体是企业形象识别系统的基本要素之一,文字应具有可读性、说明性、美感性,其造型特点应与企业理念、行业特质及其他视觉传达的要素有机协调。标准字体一般采用普通的印刷字体来进行个性化处理,特殊的且具有历史文化传统意义的企业,可采用被大众认可的专用书法艺术字体。

3. 企业色彩的设计与定位

企业用色有标准色彩和辅助色彩之分。标准色彩是根据企业的行业特点、企业的理念进行选定,一般选用1~2种,最多不宜超过3种。企业标准色彩一经确定,应在企业各用品的设计、企业产品包装、专卖店、企业服装、运输工具等方面规范使用,反复出现并确定印刷用色彩参数,不再随意改动。企业标准色彩的正确确定及使用,有助于企业在公众中树立自己的形象,显著区别于其他企业,传递企业理念和精神情感。企业辅助色彩是对企业标准色彩的视觉补充,它们之间应有内在联系。

4. 企业象征图案、吉祥物的构思及设计

企业象征图形是作为VI识别系统中一种辅助图案,而可广为出现和反复应用的图形。它可用已经在标志中出现过的点、线、色彩等造型元素,或与企业相关联的吉祥图案构成,与标志、标准字体、标准色彩等相配合,起到进一步强化企业在公众中视觉形象的作用。与此同时,根据企业特点选用拟人化、卡通化的人物或动物造型作为企业吉祥物,赋予其特定的姿态、动作、表情,配以强烈而活泼的色彩、憨态可掬地出现在公众场合,起到传递情感、宣传企业形象的作用。

5. VI的应用展开系统的设计

此设计是基础设计的展开设计及运用。已确立的VI形象识别系统中的基本要素,得以在各种应用项目中广泛使用,包括:公务用品(如名片、信纸、信封、传真纸、胸卡、工作证等)、广告宣传品(如企业形象手提袋、POP挂旗、媒体广告、企业宣传册、企业专用请柬、贺卡及产品宣传卡等)、环境识别(如企业外观形象、指示牌、部门牌、楼层牌等)、连锁店识别、产品包装、员工服饰、企业用旗等设计。

第十六章 色 彩 美

第一节 色彩艺术理论

一、色彩艺术基础理论

1. 色彩的由来

人们通过视觉才能感知物像的色彩，物像又必须有光线的照射色彩才能被感知，没有光就没有色。光是感知的条件，色是感知的结果。

关于色彩的由来，曾经有许多的科学家和物理学家发表过不同的观点和做过不同的试验，但真正揭开光色之谜的是17世纪英国著名的物理学家艾萨克·牛顿。他做过一个非常著名的试验，把太阳光引进暗室，使光线通过三棱镜再投射到白色屏幕上，结果出现了意想不到的奇迹，白色屏幕上红、橙、黄、绿、青、蓝、紫有序的排列着，如同雨过天晴的彩虹。这七种颜色由此被称为太阳光谱。

色光与颜料有着不同的属性，就色彩原理而论也有着质的差别。要了解色彩首先要了解光，要作画就要了解颜料。色光和颜料的差别在于：色光中本身不存在灰色，颜料中除了黑加白，我们还可以调出许多不同的灰色。色光中没有黑色，黑意味着光的消失。颜料中黑是独立的色相。

色光中红、橙、黄、绿、青、蓝、紫，相加为白光。颜色中红、橙、黄、绿、青、蓝、紫，相加为浊黑色。1802年，英国物理学家托马斯·扬指出：最基本的色光为红、蓝、绿，称为色光的"三原色"，此被物理学家马克斯威尔所证实。17世纪中叶，英国科学家大卫·伯鲁特斯进一步发现了颜料的原色只有红、黄、蓝，此后被染料家席弗通过多种实验所证实，三原色由此产生。

色光三原色：红、蓝、绿，相加为白光。

颜料三原色：红、黄、蓝，相加为浊黑色。

2. 原色、间色、复色、补色

(1) 原色：又称第一次色。是其他任何颜色无法调配出来的。而其他颜色均可以由三原色按不同的比例调配出来。三原色为：品红、柠檬黄、湖蓝。

(2) 间色：又称第二次色。是由两个原色相加所得的颜色。间色有三种：橙、绿、紫，即：红+黄=橙、黄+蓝=绿、蓝+红=紫。将任何两个原色按不同的比例相加都可以得出不同的橙、绿、紫。

(3) 复色：又称第三次色。是由任何两个间色相加，或一个原色与其他颜色相加而成，也可以说是由三种以上颜色相加而产生的。红+绿（蓝+黄）=复色、黄+紫（红+紫）=复色、蓝+橙（红+黄）=复色等等。

(4) 补色：一个原色和相对应的间色互称为补色。红与绿、黄与紫、蓝与橙，我们可以看出它们的互补关系。补色是所有色彩中对比最强烈的。

3. 色相、明度、纯度、色性

(1) 色相：指色彩的相貌，区别各种不同颜色的名称。玫瑰红、紫罗兰、湖蓝、橘黄等。

(2) 明度：指色彩的深浅和明暗程度。每一种颜色都会因光线的强弱而产生明暗变化，将一种颜色按一定的比例分别加黑或加白也会产生不同的明暗变化。

(3) 纯度：又称彩度、鲜艳度和饱和度。指色彩的纯净程度，一种颜色没有其他杂质，即为纯度最高的色。纯度越高，色彩越鲜艳。高纯度的颜色加入灰色或其他颜色其纯度就会降低，加入越多，纯度越低。

(4) 色性：色彩的冷暖倾向被称为色性。人们对色彩所产生的冷暖感觉是出于人的生理感觉和感情联想。从红、橙、黄会联想到火、太阳等，给人以温暖的感觉，称为暖色。从蓝、紫会联想到海洋、蓝天等，给人以寒冷的感觉，称为冷色。绿色一般称为中性色。物体的亮部、暗部及背景相对的处于冷暖的关系中。

(5) 固有色：物体在正常光线下（日光、灯光）所呈现出的色彩，是物体本身所固有的颜色。从严格意义上讲，固有色只是一个假定的概念，因为人们只能凭借日光、灯光才能看清物体辨别色彩，但这时所看到的色彩已经受到了光的影响。由于光线的不断变化和物体所处的环境不同，我们几乎不可能看清真正的固有色。

(6) 光源色：由于光的照射、物体的受光部位色彩产生变化。光是产生光源色的先决条件。光源有暖色光和冷色光之分。受暖色光影响，物体的受光部位色彩偏暖，受冷色光影响，物体的受光部位色彩偏冷。物体受光部位的色彩通常是光源色和固有色的间色。

(7) 环境色：物体受周围色彩的影响，产生复杂的色彩变化。环境色主要反映在物体的暗部，环境色虽没有光源色那么强烈，但它却能引起比较复杂的色彩变化，它几乎可以改变固有色。周围的色彩受光照越强，环境色彩变化越大，周围的色彩受光照越弱，环境色彩变化越小。物体暗部除了环境色，还有和亮部色彩对比而产生的补色。

二、近现代色彩的理性研究

自古希腊始，西方人就注意光的变化。西方近现代光学研究光线的性质，从牛顿、歌德到法国化学家谢夫勒尔，英国物理学家马克斯维尔等色彩科学家都注意光色的发现。在色彩光学方面，他们确定了光的波动性与微粒性。研究可见光谱各色光线的频率和波长，光色混合、光色原素、光的折射、反射、衍射和颜色的量化测定。近现代色彩科学则紧密地依靠色彩物理学对光的发现。至于色彩艺术家，虽然他们的目的不是再现光色，而是表现"坚实的色彩"，但是，从发现人的全面色彩本质这个更高层次看，主动接受光的刺激，可能激励人的色彩视觉机能。它令人们以积极的态度和预先开放的感觉进行不断地色彩发现。西方近现代色彩艺术家的实践证明，光作用于人的感色肌能，影响人的色彩感知，塑造人变化的色彩感觉。

色彩物理学把电磁波中能引起人们视觉的色彩反映的频率范围称为"可见光谱"。它包括引起红到紫七色色彩区别的连续波长。人的视觉能感觉到的光波长度在 $400 \sim 800 \mu m$ 之间。由于可见光谱的波长连续性，人的眼睛把某一段波长视为一种明显的颜色。七种色光的波长和频率见表 16-1：

七种色光的波长与频率　　　　　　　　　　　表 16-1

色光	波长（nm）	频率（万亿 Hz/s）
红	800～650	400～470
橙	640～590	470～520
黄	680～550	520～590
绿	530～490	590～650
蓝	480～460	650～700
靛	450～440	700～760
紫	430～390	760～800

　　长于产生红色光波波长之外的电磁波为红外线，短于产生紫色光波波长之外的电磁波为紫外线。人的色彩视觉感觉不到它们的存在。由于人的视觉分色能力较弱，在缺乏直接比较的状态下，他们往往把可见光谱中的某一段视为一种颜色。西方近现代色彩光学准确地测定各种光源的光门类分布，使人完全掌握各种光源的显色性。

　　西方近现代色彩科学还产生了色彩心理学。它的研究方向在于人的主观色彩感知。比如，情感色彩表现、色彩象征、色彩想像等都属于色彩心理学研究的课题。

　　近现代色彩艺术家更关心的是以表现色彩审美感情为目的的色彩美学，即色彩艺术理论。而色彩和谐与对比的理论成为色彩艺术家关心的一对矛盾。由此产生近现代色彩认知活力。

　　认识色彩和谐与对比，关系到对可见光谱中所有纯正色相的关系图示仪。牛顿在分析七种光谱色之后，把可见光谱色带首尾联接形成牛顿色相环。为了便于研究颜色的对应关系，色彩学家以红、橙、黄、绿、蓝、紫六色加上它们的间色形成十二色相环和二十四色相环。后来的种种色立体基本建立在此基础上，把各种色相的明度和纯度进行更标准的色彩量化。其中，影响较大的有奥斯特瓦尔德的色立体和孟塞尔的色立体。

　　奥斯特瓦尔德的色立体创立于 1914 年，它是由两个底面相对的圆锥体结合而成。中心轴为非彩色的明度级。从上而下将明度分显八等分，黑白量以韦伯的比率计算而来，用字母 a、c、e、g、i、l、n、p 表示。奥斯特瓦尔德色立体以二十四色相构成等腰三角形。三角形的外缘为纯色，上部为加白的亮色，下部为黑的暗色。在欧洲，奥氏立体受到色料工作者和美术教师的普遍支持。

　　孟塞尔是一位美国画家，他于 1913 年创立的色立体先凭主观经验将明度定为十等分，然后用光度计分别测定这十等分的明度反射系数。孟塞尔色立体在从黑到白十一个明度级组成的中轴上以红（R）、黄（Y）、绿（G）、蓝（B）、紫（D）组成五个主色相，然后在主色相之间插入黄红（YR）、绿黄（GY）、蓝绿（BG）、紫蓝（PB）、红紫（RP）形成十个主色相。每个主色相之间再分十等分，成为一百个色相。与奥氏色立体相比，孟氏色立体各种色彩纯度与明度保持一致。孟塞尔色立体在 20 世纪中经过多次修正，随着研制不断增加新样卡。孟塞尔色立体在当代色彩科学研究中是进行较完善的一种色彩模式。1978 年，日本色彩研究所出版了一套含 5000 种颜色的色卡，它是孟塞尔色立体的充实。

　　色彩的七种基本色。康定斯基描述了充满对七种基本色纯粹性的心理体验和理解，其感受是非常独特的。

　　红色：红色是无限温暖但不具有黄色的那种轻狂的感染力，但它却表达了内在的坚定和有力的强度。它独自成熟地放射光芒，绝不盲目耗费自己的能量。红色所表现出的各种力量都非常强烈。熟练运用它的各种不同色调，既可使其基调趋暖，也可使其趋冷或者偏暖。在特征和感染力上，鲜明温暖的红色和中黄色有某种类似，它给人以力量、活力、决心和胜利的印象。它像乐队中小号的音色，嘹亮、清脆，而且高昂。

橙色：橙色仿佛是一位对自己力量深信不疑的人。它的音调宛如教堂的钟声（祈祷之钟），或者是浑厚的女低音，或像一把古老的小提琴所奏出的舒缓、宽广的声音。

黄色：最初的运动是向观众进逼（这种前冲力随着黄色的浓度增加而增强）。如果人们持久地注视着任何黄色的几何形状，它便使人感到心烦意乱。它刺激、骚扰人们，显露出急躁粗鲁的本性。随着黄色的浓度增大，它的色调也愈加尖锐，犹如刺耳的喇叭声。黄色是典型的大地色，它从来没有多大深度。黄色使我们回想起耀眼的秋叶在夏末的阳光中与蓝天融为一色的那种灿烂景色。

蓝色：蓝色是典型的天空色。它给人最强烈的感觉就是宁静。当蓝色接近于黑色时，它表现出了超脱人世的悲伤，沉浸在无比严肃庄重的情绪之中。蓝色越浅，它也就越淡漠，给人以遥远和淡雅的印象，宛如高高的蓝天。在音乐中淡蓝色犹如一把大提琴，深蓝色好似倍大提琴，最深的蓝天可谓是一架教堂的风琴。深度可以在蓝色中找到，它的色调愈深，效果也就愈强，愈典型。我们在蓝色中感到一种对无限的呼唤，对纯净和超脱的渴望。

绿色：纯绿色是最平静的颜色，既无快乐又无悲伤和激情。它对疲乏不堪的人是一种安慰与享受。但时间一久就使人感到单调乏味。绿色表达了消极情调，它与积极的暖黄色和积极的冷蓝色形成了鲜明的对照。在色彩的王国里，绿色代表社会的中产阶级，绿色是夏天的颜色，夏天的大自然已由春天的万物争荣转向了平静。绿色有着安宁和静止的特征，如果色调变淡，它便倾向于安宁；如果色调加深，它便倾向于静止。在音乐中，纯绿色表现为平静的小提琴中音。

紫色：紫色无论在精神意义上还是感官性能上，总是冷却了红色。它带有病态和衰败的性质。紫色在音乐中，相当于一只英国管，或者是一组木管乐器（如巴松管）的低沉音调。

黑色：黑色代表了惰性的阻力。黑色的基调是毫无希望的沉寂。在音乐中，它被表现为深沉的结束性的停顿。在这以后继续的旋律，仿佛是另一个世界的诞生。因为这一乐章已经结束了。黑色像是余烬，仿佛是尸体火化后的骨灰。因此，黑色犹如死亡的静寂，表面上黑色是颜色中最缺乏调子的颜色。黑色象征着悲哀和死亡。

白色：白色代表了无阻力的静止，仿佛是一道无尽头的墙壁或一个无底深渊。它是一个世界的象征，在这个世界中，一切作为物质属性的颜色都消失了。它那高远浩淼的结构难以打动我们的心灵。白色带来了巨大的沉寂，像一堵冷冰冰的、坚固的和延绵不断的高墙。因此，白色对于我们的心理作用就像一片毫无声息的静谧，如同音乐中倏然打断旋律的停顿。但白色并不是死亡的沉寂，而是一种孕育了希望的平静。白色的魅力犹如生命诞生之前的虚无和地球的冰河时期。白色象征着欢乐欢悦，纯洁无瑕（根据康定斯基的描述整理，《论艺术的精神》第47～55页）。

色彩对比的本质特征是激活人的视觉鲜明度。近现代色彩研究，总结出人的同时视觉发现性质不同的七种色彩对比。它们是色相对比、明暗对比、冷暖对比、补色对比、纯度对比、面积对比和同时对比。其中，色相对比是反映生命本质的色彩结构。其一，色相对比色彩鲜明强烈，在当代它的表现范围大多在民间艺术形式中，民间艺术在进入都市文明的许多专业画家看来，色彩粗野而缺乏高雅。其二，驾驭色相对比较其他那些相对柔弱的色彩对比要困难得多，所以许多画家对它们采取回避的方式，它证明那些贬低色相对比色彩价值的画家或理论家，并没有全面把握这种结构的本质。

1. 色相对比

由黑、白、红、黄、蓝、绿这些原色组成的色彩对比，色彩效果纯正稳定，在这种色彩对比结构中，各种纯颜色闪耀着自性的本色，同时产生令人感觉振奋的总体色彩感情。在色彩结构中，最基本的色相对比是红、黄、蓝或红、绿、蓝。这些最高纯度的颜色，经过调整它们之间的面积，便获得由最明确的色相组成的稳定色彩结构。

2. 明暗对比是表达三度空间幻觉的结果

英国19世纪著名画家康斯太勃把明暗对比称为"艺术的灵魂和工具"、"是创作空间的力量"。色彩明暗对比，自然使绘画中出现光影的表现，有些作品特定用集中的明暗对比表现光影形成的戏剧性的视觉效果。色彩明暗对比是表达物像明暗色调全面丰富性的最坚实的绘画色彩结构。

3. 冷暖对比

冷暖对比是绘画色彩结构中对人的感情，产生最大影响力的色彩对比。

4. 补色对比是最鲜明的色彩结构

清新的绿色把红色衬托得通体透红，蓝色迷人的光彩常常伴随着橙色辉煌，而波长极短的紫色几乎是在高纯度的黄色逼迫之下才发出短暂的亮光。黑色与白色对于人的感觉具有不可忽视的明度互补效果。黑和白具有补色对比的表现价值，这种补色对比就如红色与绿色一样具有互补的刺激性。

绘画色彩的补色对比，几乎与冷暖对比同时出现。莫奈的许多作品由于补色并置而增加了画面的色彩生机。梵·高的绘画作品采用绘画性更强的补色对比，他们几乎在画面上用有力的笔触任意地使用自然调配的丰富补色变化。梵·高养病期间所画的《医院秋色》，总体色彩结构为橙黄与青紫这一对补色。但是，梵·高的色彩处理几乎是处处呈现于随感情自然调配的每一笔触色彩之间。总体上看合乎补色规律，而每一笔都在运笔过程中和另一笔造成变化着的互补关系，这一特征，正是梵·高的绘画色彩初看如火如荼，细看又耐人寻味的原因。

补色对比就是可见光谱中所有色彩集中为两种相互需要的力量，在一幅作品同时展现在观者的视觉面前，它造成最明显的视觉鲜明度，而且引起最小的视觉疲劳。在绘画色彩的同时性和一代光色造型艺术的历时性安排中，恰当地运用一对关系和谐的补色对比就可以充分调动人的全部视觉肌能的最大活力。

准确地运用补色实现绘画中的色彩和谐，反映人的色彩视觉的内在需要被完全满足，所以补色对具有永恒的色彩和谐价值。马蒂斯为向人类世界带来精神欢乐，所提供的那种舒适的安乐椅式的平衡、纯洁、宁静的绘画艺术，所依据的色彩结构大多为补色对比。在控制整一的补色对比基础上，有的画家用多种补色构成相互之间的补色转调，转调的过程，补色推移致使色彩造型变得更加充实。塞尚的作品体现了这种复杂的补色结构。

5. 色彩纯度对比表现出单色性色彩本质的秩序感

秩序和秩序感都以人对它不同的感知存在着。从儿童到成人，由简单感觉到复杂感觉，从感觉单一的结构到发现多样的结构整一联结……人总是发展着某种不同形式合于美的规律性的感知，这种感知的规律性即秩序感。绘画色彩系统中有多种色彩秩序，其中纯度对比是最明显的色彩秩序。秩序感源于人的生命本能，平衡感、色彩感、形体感、节奏感等不同感觉都包含着生命秩序。

纯度即颜色的饱和度，色彩纯度对比就是以高纯度的颜色同稀释后不同纯度的颜色并置。绘画色彩结构，有时候会出现单一色相自身的纯度系列所造成的对比。这种纯度对比**色调相对单一**，只是由纯度不同而明度相近的同一色彩倾向的颜色组成，建立一种色相自身的纯度级差这种单纯的秩序感。

色彩纯度对比，多见于现代设计艺术。色彩纯度对比，由于要求对比的颜色明度相近，**有时候**，画家的直觉对色彩往往过多注意冷暖和纯度而忽视明度评定。只要注意发挥**同时视觉的秩序感**，便能用明度相近的颜色创造出由色彩纯度对比所构成的绘画形式。

6. 色彩面积对比在同时视觉中决定着色调倾向

面积对比存在于各种典型的绘画色彩的结构中。在色彩发展史上，许多理论家都重视颜色面积对于视觉效果所发生的影响力，他们力图找到各种纯度色相之间实现和谐的面积关系。

同一种纯度色相，由于面积不同对于人的感情影响力产生巨大差异，影响面积对比的主要因素是颜色的色相、纯度和明度。所以，面积对比被认为是一切色彩对比的重要形式因素，面积对比的主要依据则在于各种颜色的明度。

由于画家出于不同的目的，那些追求再现视觉写实的画家和运用色相对比 强调色彩本性的画家，在绘画过程，会发生只注意有利于自己所喜爱的那种视觉方式，而忽视颜色明暗本质。比如，有些紧紧追随着自然物像表面的颜色，生怕模仿得不十分准确的画家，往往在紧紧地追随表面颜色状态时丧失照顾真正的绘画性色彩关系的能力。那些常用补色对比或冷暖对比的画家，则宁愿牺牲某种颜色的本性也不让对比双方的明度拉大距离。

恰当地选择颜色明度，在面积对比中是画家最主要的选择之一。在将明度对比转变为和谐的补色色域时，必须将明度的比例数字倒转，即，黄色的明度是它的补色的三倍，因此，在构成和谐的补色对比时，黄色的面积只需要紫色域的 1/3。

复杂的大面积绘画色彩结构可以合理地参照以上面积比例形成和谐的色彩关系。而近现代画家，大都有意识地破坏这种平衡关系，用某种色相的绝对面积造成色彩感觉—感情的倾向，以反色彩面积平衡创造绘画色彩表现力。

7. 同时对比

色彩面积对比不单是色彩视觉的平衡，更有意义的是在绘画中创造面积的大与小，集中与分散，并且在面积控制过程中形成色彩面积的节奏。近现代色彩画家对色彩面积的对比，大多采用一种占优势的色块作为一幅画确定色调的基础，以小面积的色块与之形成对抗、反衬或呼应的色彩面积关系中。

当代大多数画家在绘画过程中，很少一成不变地用色彩和谐的法则来制造某种绘画模式。他们更多地运用自己的直觉来控制色彩结构。色彩控制发自艺术家内在机能的需要，属于内在色彩本质的活动。所以，色彩同时对比是色彩艺术家自然运用各种色彩对比的最终依据。

第二节 现代工业品色彩和绘画色彩美

一、工业品色彩美

1. 色彩的对比调和色调

工业品造型的色彩不会只用一种颜色，至少要用两三种以上，这样就存在一个如何使产品的颜色不刺目、不混乱的问题。要使产品色彩调和，使产品几种颜色能做到互相呼应、补充衬托，关键是处理好产品上的一些颜色与产品底色或主要色之间的关系。就一般机器来说，应在主要色之外，在开关、旋钮、把手上涂上其他颜色，所占比例位置很小，易于处理。而家具、鞋、服装、洗脸盆、暖水瓶等工业产品的色彩运用，就比较复杂。它们所使用的各种色彩是否调和，关键往往在于处理底色和其他色彩的关系。一般来说，要求其他色服从底色。底色深，其他色则应由浅至深，由鲜明至灰暗；底色浅则由深至浅，由暗到明。

色调就是色彩的调子。一件工业产品的色彩不论用了几种，都应有一种是影响全场的，构成产品的总趋向，即以一种色彩为主导。色彩的调子不同，形成的色彩气氛和表情也就不同，有的轻快活泼，有的朴素淡雅，有的富丽堂皇，有的明快清新。什么样的色调对工业产品是合适的，关键在于是否较好地表现了产品的功能，在于是否掌握了消费者的文化、心理层次，在于是否体现了生产品的性质形式特点。

工业品造型色彩的调子，从色性分：可分为冷色调与暖色调；从色相上分：可分为以红为主，或以橙、黄、蓝、紫为主；从明度上分：有高明调、中明调、低明调；从情感方面分：有热烈活泼的、安静素雅的；从纯度来分：有鲜艳的、灰色的等。

2. 色彩的生理感觉和心理效果

工业品造型的不同色相，色调对消费者会产生不同的生理感觉和心理效果。色彩所产生的这种感觉效果，对工业品造型具有十分重要意义。

色彩的生理感，具体指的是不同色相、色调会使人产生不同的温度感，即冷暖色。颜色的冷暖与颜色的明度高低关系十分密切，明度低的颜色比明度高的颜色更具有温暖感，有彩色要比无色彩显暖。色彩在生理上还会引起远近的感觉。如在一米远处看红色与蓝色，红色感觉近，蓝色感觉远。

色彩有重量感。钢铁重，一般色深；棉花纸轻，一般色浅。因此，人们接触到深色就会觉得重，接触到浅色就会觉得轻。色彩在生理上还可以产生软硬感，这种感觉往往取决于工业品色彩的明度与彩度。一般说来明度高，彩度低的颜色使人产生柔软感，明度低彩度高的颜色使人产生坚硬感。

色彩的心理效果是人类在长期的社会实践中形成的。雪是白色的，云是白色，人们看到了白色便具体联想到雪与云，从而又联想到清洁、纯洁。火是红的，太阳是红的，血是红的，人们看到红色便具体联想到火、太阳、血，进而联想到火、太阳、血有关的抽象事，如热情、温暖、革命。色彩能使人产生共同的心理反应；但由于地区、民族、文化、宗教习俗等原因，色彩也可以引起人们产生不同的心理反应，产生不同的心理效果。出口的工业品造型色彩，就要适应进口地民族的色彩心理特征。如美国崇尚白色，法国崇尚蓝色；菲律宾、缅甸崇尚黄色等。

我们说，工业产品造型的色彩运用，只有在充分掌握色彩的物理性能，充分掌握色彩的生理感觉和心理效果的情况下，才会以其各种形态和色彩美感使工业品的审美价值得以体现，工业品所具有的感情功能、知觉功能、联想功能和象征的功能才能得到发挥。这样，工业品的色彩就会为消费者所欢迎。

3．色彩与造型美

色彩在生活中不是一种抽象的存在，而是表现一定形态的具象。在工业产品设计中，色彩离不开工业品的造型，色彩是为造型服务的。它的目的就是突出或加强造型，使造型更具有表现力，更美观，更能引起人的美感。可见，色彩与工业产品的造型是密不可分的。实验证明，色彩的视觉效果会随着它依附的形体本身的改变而发生变化。因此，在设计工业产品时，在充分考虑实用功能的同时，还要特别注意色彩造型，使工业产品的精神功能得到充分的发挥。

由于工业产品包括的范围非常广泛，产品的性质差别又很大，所以企业对色彩造型的重视情况也有很大的差别。一般地说，日用工业品家用电器、家具、服装等对于色彩运用比较重视；交通运输业，如汽车、飞机等企业也比较注意外观美化。但是，一些生产生产工具的企业在这方面就显得弱一些。例如，机床的设计，一般对机床的工艺性、加工精度、生产率、结构和产品的可靠性等考虑得很多，而对色彩考虑得较少，比较忽视机床的精神功能因素。在我国机床都是着色的，但由于不重视机床的精神功能因素，所以大多数机床的外观色调暗淡，很难引发人们的美感。

（1）色彩造型的要求。色彩造型要求有三点：一是，工业产品本身。要求产品造型外观具有美的表现力，造型完美，达到实用功能与美学功能的有机统一；二是，从环境来看，要考虑工业色彩造型与环境的协调关系；从人的角度来看，色彩造型要考虑使工人生产时感到丰富、欢快，有利于调动生产的积极性。

譬如，机床的颜色一般多采用淡绿、果绿、豆绿等中性颜色。但这不等于一台机床只用一种颜色，要有变化，除主色调外，点、线可采用红色，底部可采用深色。就环境说，在光线暗的地方，采用明度较高的色调。同时，还要注意环境的温度，在一些温度较高的车间，采用冷色调。在组合家具风靡的今天，日用工业品及家电等用品可考虑一些抽象画派的画法。在高速铁路上的机车，除造型设计成流线型外，本身的色彩也要使用一种明度高的淡色调，以表现现代的气息。人们工作时十分重要的操作纵杆，就应涂上鲜明的对比色，像机床的旋转齿轮和传动装置，它们的着色色彩要多样，使工人工作时便于识别。

（2）色彩的造型方法。1）丰富。如色彩较单一的电视机、红外线烤炉和鞋，可利用不同形状色块来改变单一，使之色彩较丰富。2）归纳。有些工业产品造型十分复杂的为了使造型取得单纯的效果，可给用色以归纳，整理和概括。3）对比。一些造型较小的工业品，在色彩造型时往往运用强烈的色相对比和冷暖对比，使之达到醒目，增加感人的强度。4）划分。一些工业产品造型呆板或给人以笨重的感觉，可采用划分的方式，使形式变得轻快。5）陪衬。有些机床造型复杂，为了加强主体形象，可采用色彩去烘托、陪衬。当然，上述的这些方法，并不是机械地单一的方法，可综合利用，融会贯通。

二、绘画色彩美

1．近现代色彩个性和个性色彩表现

达·芬奇绘画的高明之处在于他深入耐心地观察，把细部深入地纳入整一的和谐之下。

他运用光影中的造型感觉，避免了枯燥生硬的物像局部描摹。意大利人称达·芬奇的这种绘画表现形式为"渐隐法"。达·芬奇创造的这种造型轮廓和色彩的和谐关系，主要得益于他独到的整一明暗色彩感知。他的色彩透视法曾有力地影响了后来的色彩表现。达·芬奇在欧洲自古埃及、古希腊、古罗马人及美索不达美亚人、波斯人共同尊重光色的基础上，继续观察自然光照射下物体细部不断变化的明暗色彩变化。他在"绘画论"中写道："绘画也包括单纯的色彩，并且是与各种色彩性质密切有关的光和影的结合。"他认为"有强烈的光照才有真正的色。"光照在物体上形成受光部和阴影中的颜色发生明暗变化。达·芬奇正是依据这种光线引起的色彩明暗，在以色相对比为主要色彩的结构的圣像画基础上，开创了反映明暗色彩视觉真实的近现代绘画形式。

  静态的明暗色彩的深入感知与充分表现在欧洲文艺复兴后渐成欧洲人普遍的审美品性。它作为人类在这个时期的色彩发现变为西方一切造型艺术普遍性的存在。荷兰画家伦勃朗的架上绘画把这种色彩对比发挥到巅峰状态。在他的作品中，将明暗的色彩由文艺复兴开始借助自然光色的表现，变成现实中各种物质自身色彩明暗变化的全面反映。

  卢梭和库尔贝深化了自文艺复兴时期开始的再现视觉真实的绘画形式，将明暗色彩造型感知推进到直接面对自然光产生的色彩感觉再现。库尔贝面向自然的号召，得到青年画家的热情支持。他们在面向自然的过程中，不仅仅再现了自然光色的变化，更重要的是画家在主动捕捉光色变化的过程中，获得了一个现代性变化的色彩感觉。

  莫奈的油画《日出印象》被当时巴黎的批评家作为讥讽的主要攻击目标。实际上"印象派"画家以动态色彩感知形式真正带给现代人现代性的色彩感知。他们摒弃光线的永恒性，而再现自然光色的动态性，他们对色彩感知的敏锐性变成了普通人色彩审美的普遍性。于后来的艺术家在色彩的普遍性上继续进行着另一方面的色彩发现。印象派画家的感觉敏锐程度代表着现代人色彩感觉发现的高峰。

  高更那神秘的色彩强化不在于直接反映眼睛感觉到的，而重在表现色彩感情在心灵里的活动。梵·高的绘画色彩没有高更那样明显地放进那么多的神秘，但却更直接地得到大自然色彩律动引发的情感色彩启示。从感情色彩本质看，梵·高之所以形成举世瞩目的色彩风格，主要还在于他在悉心关照自然色彩韵律，从自然中获取色彩律动。外在色彩信息激励内在色彩感情，内在色彩感情强化外在色彩信息。在时代性的内外色彩因素的交换中，才产生了梵·高那种特有的色彩表现形式。

  塞尚有意识地超越印象主义绘画色彩仅令人的眼睛感觉到愉悦的表面色彩丰富性。但是他不同于高更的色彩神秘性，也不同于梵·高那样的感情色彩的直接流露。塞尚在直对自然色彩的过程，以情感色彩的坚实性实现感觉色彩的再创造。他的作品色彩坚实而生动，感觉清新而条理。塞尚一生的绘画创作始终是在直接面对自然对象的状态中进行的。他与对象外在色彩紧密地联系着，但却主动地用内在感情色彩"组织"色彩变化。自然向他提供清新的色彩感觉，经过情感净化实现塞尚特有的色彩造型结构。

  马蒂斯和他的野兽派同道却发现正是由于颜色的单纯性，才可能强烈地传达出自己的色彩感情，同时对观者的感情给予明显的激励。从时代赋予色彩的性质，马蒂斯发现色彩越来越具有说服力。感情色彩表现使绘画更接近音乐。马蒂斯认为"那些简单的色彩正是因为它们简单，才能对内在的情感发生更大的力量。"

  康定斯基《论艺术的精神》被理论家视为20世纪现代艺术运动中的决定性文件之一。

从此，外部形式是内在需要的外在表现，及"表现内在的声音和生命"成为表现主义艺术家的主要艺术特征。

2. 当代全面色彩本质及其实现

当代艺术家用光色作为造型艺术手段或创造各种独立的色彩艺术形式。其共同的特色是充分表现光色对人的色彩感觉、感情和想像色彩的效应。如环境艺术家创造城市广场或建筑内部的声光喷泉；绘画艺术家的活动光绘画；装置艺术家大量电视屏幕创造的电子绘画和舞台歌厅灯光设计等。

色彩的音乐性重在近似于音乐表现的色彩感情与想像。艺术家不但可以"看颜色"、"听颜色"，而且可以表现他们的色彩想像。七色音阶在音乐中作为音调的基础，而绘画中的七色色阶也具有无限丰富的色调表现力。一个画家从高度自觉的程度上，如果能发现和控制画面节奏，那么他的绘画作品会由此而变得生动感人。色彩通过相同或相近的色线、色点构成色彩形象的渐变、突变、重复、交替等艺术手法实现色彩的音乐感。色调是绘画中能引起感觉与感情倾向的色彩组合。与音乐比起来，绘画的色调几乎没有固定的形式。调性构成乐曲的基本感情倾向，而绘画色彩结构的调性大都以冷暖倾向为感情基础。旋律是色彩与音乐的最复杂的动态形式，色彩的旋律表现为色彩感情的主要动势，它产生于色彩诸因素之间构成的联系，构成旋律的色彩自然于它自身裹挟着色彩节奏和调情而形成的综合感情运动。

在当代，每一个人在生命过程中的某一阶段对色彩本质的发展必须有所侧重，但是一个艺术家只有在实现人类发展至今的全部色彩本质的全面占有之后，即把色彩本质的潜在性变为当代性色彩艺术存在形式，他才算得上在全部色彩本质领域获得充分表现本质的自由。应当说，在现代色彩艺术家极端的个性色彩表现之后，全面审美的色彩实现并不是削平艺术家的个性色彩感觉、感情和想像，而是让艺术家及早知道后现代色彩个性是自然而然的在色彩感知实现过程将色彩个性尽可能地展开。当代人以全面审美的包容度产生的鲜明的色彩个性，实现于人类发展至今的全部色彩感觉、色彩感情和色彩想像之上的色彩形式创造。只有这样，现代艺术之后的艺术家才可能把人生全过程变为人的色彩本质不断扩展的过程。当代性色彩本质的全面展示，使民族色彩的局限性变得越来越难以维持。然而，在各民族色彩趋向融合之后，世界色彩并不会因过于一致而显得单调，在那些特殊区域，仍然会因环境色彩因素的基本需要而倾向于某些色彩表现。真正意义的全面色彩本质的解放，必须会令每一个人在生命过程选择更加具有个性的多样色彩创造性。所以，色彩本质的丰富性的发展趋势是色彩形式更多样。

第十七章 服　装　美

第一节　服装美的产生和特征

一、服装美的产生

社会人的生存本能创造了服装美。人类首先用自己的劳动创造了实用价值，然后才创造了美。事物的实用价值先于审美价值。服装是在劳动和对物质生活需要的基础上产生的。有人认为原始的服饰源于对生殖器的保护，西方的"亚当与夏娃"的故事就说明了这一点。英国海洋学家何利斯特·哈迪爵士提出地球人类是水猿的后裔，他们在陆地上感到寒冷时，就萌发了以衣保暖的念头。

以上两种起源的观点，常常受到人们的质疑。服饰起源的正确观点应是社会人出于生存的本能。这样的论说，其实已囊括了以往的巫术说、劳动说、保护说和异性吸引说。动物懂得以外在的形貌之美去取悦异性，原始人与低级动物有着更多的相似之处。中美洲印第安男人将美丽无比的天堂鸟羽毛插在头上，大洋洲西南部群岛上斐济人在舞蹈中极力摆动着鲜艳的树皮布和羽毛制成的衣裙及饰带，巴布亚新几内亚的男子用油脂将皮肤涂得铮亮，头插羽毛，腰围草叶等起舞，都无异于雄孔雀在异性面前炫耀自己。美国服装心理学家赫洛克说："许多原始人公开声明，他们穿衣打扮就是为了得到妇女的爱慕，只有到了青春期，他们才滋长了修饰自己的欲望。"菲律宾的艾培女性将多余项链和穗状流苏装饰在胸部，多哥、塞内加尔、安达曼群岛上的多科皮以及澳大利亚的库克人，其女性都扎有一条漂亮的臀带，臀带上有无数珠带缠绕，再垂下一些小巧的饰品。

原始人以粗糙简陋却又十分耀眼的服饰去吸引异性，可以被认为是维护部族生生不息的重要手段之一。自然，具体的服饰成因绝不会是一个，但一定会有一个主旨，那就是为了生存与繁衍。

二、服装美的基本特征

1. 服装美是具有感染力的形象

美的事物大都有具体可感的个别形象，形象是服装美的载体。服装美的形象离不开色彩、线条、形体等感性形式，只有通过和谐的感性形式及组合并作用于人的器官才能给人以美的感受。美的个体性决定了美的丰富性和多样性，美是一个丰富多彩的感性世界。

尽管美离不开形象，但并非任何形象都能产生美，科学研究的挂图也有形象，是与美术形象不同的。美是一种具有感染力的形象。时装效果图中的人体比例及形象，并不是表现客观的人体知识，而是设计师对服饰美的一种感受。这一形象主要表达一种情感形象，工艺师就会根据这种情感形象再做结构上的二次设计。车尔尼雪夫斯基说："美的事物在人心中所唤起的感觉，是类似我们当着亲爱的人面前时洋溢于我们心中的那种愉悦。"

美是一种在情感上具有感染力的形象。事实上，美的形象之所以使人感到可爱并具有感染力，就在于美的形象中蕴含着人的本质，而人的最珍贵的特征就是自由创造。自由创造显现了人的本质力量，因为自由创造唤起了人精神上的喜悦，在美的形象中才具有不可抗拒的感染力。服装设计过程就是一种自由创造的过程，人们欣赏服装既是一种自由创造，也是一种再创造的过程，正是这种创造赋予服装以美的生命。

2．服装美的社会性与功利性

任何社会实践都是有目的性和功利性的，美作为社会实践的产物同样具有功利性。人类的创造首先是对自己有用有益，然后才可能成为美的，美与功利密切相联。但美的事物不像实用品那样具有直接的功利性。在美的事物中，功利性被升华为形象，消融在形象之中，因此美的形象中的功利性具有潜在性。人们在对纯艺术作品欣赏时，似乎不考虑功利性，但潜伏着功利性，包括实用功利性和精神功利性。艺术作品陶冶人的情操，升华人的品格，这是艺术的社会功利性。而服装设计既有穿着的实用功利性，又有陶冶情操的精神功利性；既有生产企业的经济功利性，又有美化生活的社会功利性。美所在处即功利所在之处，功利是躯体，美就是它的外衣。

3．形式要素是构成服装美的条件

形式与内容是同一事物的两个方面，不可分离。人类在审美创造过程中，运用并发展了形式感，并从大量美的事物中归纳概括出相对独立的形式特征。这些具有美形式的共同特征被习惯地称作形式类法则。如对称、均衡、黄金比、多样统一、单纯、整齐、和谐等这些所谓形式类法则，实际上就是事物要素组合构成的原理。在一件服装中，要素也是形式的重要组成部分，领形、袖形、腰身、下摆、口袋等是基本要素，而它们的组合都会符合一定的艺术法则。同样，在一个领子上，领角、领面、底领等是其基本要素，而它们的组合则按照一定的艺术法则进行设计，或对称或均衡，或选择特定的比例。服装的领形、袖形、廓形等都是形式，而艺术主题才是内容，艺术的直接目的在于塑造一种情调。

服装的形式美法则是人类文化积淀的必然结果。早在旧石器时代，人类已经发展了对称和圆的感觉。到了新石器时代，石器造型规整多样，人类对形式愈加丰富敏感。彩陶上的纹饰说明了人类已开始自觉地运用艺术法则。形式美通过审美主题能在美的各种形态中相互渗透，在自然美和艺术美之间，自然美与社会美之间，以及各种形态内部，美的事物之间都互相融合渗透。

4．按照美的规律欣赏与创造

服装美之所以称为美，是因客观上存在着的规律与尺度。按照美的规律进行欣赏和创造，是服装美学研究的重要内容。"美的规律"这一短语源于马克思《1844年经济学哲学手稿》（刘正坤译），书中指出"动物只是它所属的那个种的尺度和需要来进行塑造，而人却懂得按照任何一个种的尺度进行生产，并且随时随地都能用内在的固有尺度来衡量对象。所以，人也按照美的规律来塑造物体"（《手稿》刘译本，第50～51页）。这里的"物种的尺度"比较好理解，是指事物本身的特征。"内在固有的尺度"这一句的主语应该是"人"，"内在固有的尺度"应理解为人的尺度，讲的是主体的特征，两者结合，才能构成"美的规律"。

美的规律在自然（生活、生产）及各种形式的艺术中，有着丰富的内容，并随着时代、社会、场所、对象的不同而变化。它既有客观的标准又有多样的表现。多样不同的事物，也可能都符合客观的美的规律。美必然表现在形象之中，通过具体的悦耳悦目的外形要素（点、线、面、形、体、色、质、音、韵等）和完美表现内容的形式法则（即"内形式"）表现出来。美的规律是客观存在的，人类需要在美的创造实践中，永不停步地去发现、遵循和利用，这一过程是永无止境的。

第二节 服装美的几种关系和形式美法则

一、服装美的几种关系

1. 客观性与主观性

美是事物的一种属性，是客观存在的，但对美的认识又需通过审美主体与审美对象的交互作用，是人对美的属性的改造和加工。这种审美过程不是简单的表象感觉，而是具有实践性的理性认识。如果没有具有审美属性的审美对象，我们就无从获得审美认识。没有美就没有美感，美的客观性就必然体现为自然属性与社会属性的辩证统一。

美的客观性说明，美具有不依赖人的意识活动的一面，但它必然有渗透着人的意识活动的客观存在的属性的另一面。美的客观性包括美的自然属性和美的社会属性。自然属性是指美的事物的某些物理属性和人的生理属性。服装上的点、线、面、形、色、质、声、光，穿着者人体美中的高、矮、胖、瘦、姿、色、比例等。社会属性是指美的事物在一定社会关系中表现出来的属性，以及它在人类社会的政治、经济、宗教、道德、家庭、生活、情感等方面所体现出来的属性。服装设计与穿着的 TPO（即时间、地点或场合与穿着对象）原则，也应视为客观性原则。

美的主观性是指人通过生产劳动创造美的产品中，熔铸进去的创造者的主观意识内容，包括人的审美感知、情感、审美认识、审美趣味和审美理想等。服装创作的整个构思过程，也是设计师融入个人情感的过程。欣赏也是一种再创造，它自然加入了个人强烈的主观经验与情绪。美的主观性不同于唯心主义美学家所说的"美是主观的"的观点。

在服装设计美学中，进行产品设计时要综合考虑"你、我、他"的问题。"你"代表着穿着对象；"我"代表着设计师或生产者；"他"代表社会环境中的人。设计师在设计作品时，要充分发挥自己的主观能动性，开发灵感，创造风格，形成独树一帜的艺术品格。但在整个设计过程中，又必须要设身处地地替消费者考虑穿着时的人文环境。人类的穿衣行为从来不可以无视他人的存在，甚至有时是为了博得环境人的认可而穿衣打扮的。应以客观性的研究为主，设计师必须遵从美的客观性。但客观性与主观性又是相互联系的，它们具有辩证的关系。在满足穿着对象的要求时，既有设计师的主观意志，又有穿着者自身的主观意识。穿着者的主观意识，对于设计师而言就是客观存在，设计师必须根据他的客观情况来进行艺术创作。又如，时装模特在舞台上的时装表演，一方面模特要发挥自己对设计作品的独特理解，在作品展示中发挥主观再创造的作用，同时还要根据设计师和导演的意图及观众的审美情趣等客观因素来考虑自己表演的应有风格。所以，主客观的统一，才是创造完美艺术的关键。

2. 自然性与社会性

自然性指客观现实的美学特征，是依存于感性的物质基础。任何事物美学特征总是要通过特定的感性物质形象来表达。物质形象是产生美物质的载体，是美的客观属性。没有美的自然性，就没有美的形象性、具体性和直观性，也就不能作用于人的感官而成为审美对象。

服装美的自然性不是指事物对人的功利性，而是指构成美的事物外在形象的自然属性。比例、线条、肤色、个头等及其组合关系就是模特的自然属性。款式、配色、面料、服饰等及其组合关系就是衣服的自然属性。美的事物的"要素+关系"就是事物的自然性，它决定着具体美的表达。

社会性是指美与人类社会不可分割的属性，也是美的自然属性在社会关系中被社会人所欣赏和创造的属性。虽然，客观现实的美表现于一定的物质载体上，即依赖于特定的客观事物的自然属性，但自然属性并不等同于美。美的设计或产品是人在社会实践中按照美的规律改变自然物而创造出来的，是美的理想、需求、目的通过劳动在产品中人化的产物。人与自然界最基本的关系是功利关系，而人与现实的审美关系是通过长期社会实践从最初纯粹的功利关系中产生并发展起来的。

美的社会性最初体现为物质用品满足社会人的使用需要，它同时也满足了人的审美需要，体现出人的社会本质力量，从而不断地让人们在观照自己的商品、作品或用品时获得美感。之后，审美需要从实用需要中逐渐独立出来，美的社会性就体现为满足社会人审美需要的属性。另外，人创造美的同时，也在创造并发展着自身感知这种特性的审美能力。设计师在设计服饰产品时，如果无视社会的审美需求和社会流行现实，就无法实现满足社会需求，进而达到产生社会效益和经济效益的目的。

3. 绝对性与相对性

美的绝对性认为，美的内涵和标准具有放之四海而皆准的普遍性和永恒性。柏拉图最早提出美的绝对性，他从客观唯心主义出发，否认标准在现实世界的真实存在，认为超越现实的绝对理念才是美的最高标准。中世纪神学家采用神的理念取代柏拉图的理念，认为上帝才是一切感情事物之所以美的最终根源和绝对标准。文艺复兴时期的艺术家虽把美的探索从上帝那里拉回到现实世界，但仍强调美的标准具有普遍性和绝对性，并试图通过自然科学的成就找出美的绝对标准。理性主义美学注重美的合目的性，实际上也是宣扬美的绝对性。机械唯物主义者认为美是永恒、普遍、不变的事物的自然属性，是绝对化的。

美的相对性是指美在不同主客观条件下是不断发展变化的，美的标准是相对的，美的事物本身也具有程度不同的相对性。古希腊赫拉克利特，意大利人达·芬奇，法国的笛卡儿、狄德罗，荷兰的斯宾诺莎等对美的相对性都有所认识。英国的休谟第一个建立美学上的相对主义。他否认美的客观标准，认为美不是事物本身的一种绝对性质，而是仅存于观赏者的心里。各个不同的人能够看到各种不同的美，某人认为是美的，另一个人可能认为是丑的。

马克思主义美学以辩证唯物主义和历史唯物主义为基础，认为美是随着历史发展不断变化的，既有继承性（即相对性）又有绝对性，美的相对性中包含着美的绝对性内容。这种辩证统一的思想，应对服装艺术的实践具有重要的指导意义。

4. 美感的差异性与共同性

美感的差异性就是人由于审美观点，审美标准和审美能力的不同，而对审美对象产生了审美感受及审美评价的差异的现象。

（1）美感的时代差异性。人的社会生活受到特定时代的物质生活条件及社会形态的影响和制约，从而形成各自的审美理想、审美观念、审美趣味以及流行和爱好等，在美感上就表现出不同时代的差异性。

秦汉时民风淳朴，衣多厚重；魏晋人尚求脱俗，衣衫在宽阔中求飘逸，束带无限加长加宽。盛唐习尚，女子以"环肥"为典型。五代佳人讲究身材玲珑娇丽，女子裙腰由唐代在胸上全部降至腰间，细而长的丝带拦腰一系，唐女的大腹便便已无迹可寻。宋明女子以身材修长为美，一种长到足踝的大无肩——比甲应运而生。清代女子穿旗袍，合体的旗袍又将中国女性展示形体曲线美的愿望变成现实。

在服装的流行风潮中，美感的时代差异性可以扩展为"时间的差异性"。朝代、世纪、年代、季节、月份、时日、朝夕等，都是服装审美过程中作为差异性的自变量。在消费市场上，款式的"朝令夕改"及色彩的"朝三暮四"都对服装的文化效果和商业效果产生了较大影响，时间在时装审美中表现最为突出。

（2）美感的民族差异性。各个民族生活在不同的地域，他们的地理环境、经济状况、生活习惯及民族性格和爱好各不相同，这些因素渗透在审美过程中，表现出不同民族的美感差异性。

我们将洛神与维纳斯做一比较。洛神之美体现了中国人的风采，她不仅使人产生若即若离、可望不可即的虚幻般的美感，同时使人意识到她的美是凭借了服饰的魔力，从而互为补充、终趋完美的。"凌波微步，罗袜生尘"绝非一般俗艳女色可比。不用回眸已生百媚，这就是中国服装的妙处所在。这无风时像一泓秋水般明净清澈的衣面以及自然下垂犹如山溪陡然直泻的衣纹，遇风则迅即飘舞舒展开来，其变幻出的曲折交叉或顺向逆转的美妙线条，构成了无声的乐曲、有色的诗篇。且不说女装中下摆裁成多层尖角的杂裾垂服，就在男子那褒衣博带、儒服雅步之中，也蕴含着难以言表的含蓄与雅洁。其迎风走动时呈现出的"飘如游云，矫若惊龙"的神韵，是西方男子那直接显露肌体结构（双腿）的服装，所根本无法表现的。西方人心目中的爱与美之神维纳斯自古以来被艺术家作为塑造美的形体的典型。奇妙无比的人体被认为是无懈可击的天然"艺术品"，因而也就无须用多余的衣服去遮盖它，即使是披着浴衣的维纳斯也大多是薄衣贴体。至于说生活在文明社会的上层人士最讲究的衣装，也还是女子袒露上身肌体结构，男子袒露下身肌体结构，并以其流行岁月之长、涵盖面之广而成为西方服装的审美意识主流。女裙那着意夸张臀部的做法使之与紧束的细腰形成强烈的反差，从而突出女性的性感；男子也以上身宽松、下身紧裹的衣装来强化男性的剽悍。西方人以服装来歌颂、赞美、再现一个活生生的人，又是中国人望尘莫及的。

5．美感个性的差异性

个性指一个人在一定社会条件和教育影响下形成带有倾向性的比较稳定的心理特征的总和，表现在性格、气质、智力、兴趣爱好等方面。

不管主体（着装者）是否自觉还是不自觉，他的着装行为无不反映出他内在的个性，而其中有一些人，他们对通过服饰显示自我的愿望相当强烈，总试图通过自己的穿着、打扮显示出自己与众不同的个性特征。美国著名影星波姬·小丝曾向传媒透露自己的服装偏爱："我最喜欢的衣服是富于光泽，穿起来感到舒服，具有在许多场合都能穿的多用性"，"我倒喜欢穿特大号男式花呢上衣。我穿这种上衣时总是将袖子卷起，里面穿着宽松的毛线衣或者只穿一件带花色的短袖圆领紧身汗衫。穿上一件大号花呢短大衣显得婀娜多姿，给人一种无拘无束、舒适自在、有点迷人的感觉。"波姬·小丝之所以有这样的穿着爱好，这与她具有外向型的个性，对生活持积极、乐观的态度，总想时时处处表现自我的愿望是分不开的。另一著名影星梅丽尔·斯特里普属内向型性格，她追求生活的平静、安宁，尽量少参加社交活动，努力使自己显得平凡，在服饰上也力求普通、大众化。传记作家戴安娜·梅切克对她平日着装做过这样的描写："她穿着一身白纱和裙子，从背后看上去，活像一名护士或一位传教士，说什么都行，就是不像一位备受尊崇的女演员——她那一代演员中的佼佼者。"

服饰的个性还表现在性别、年龄、职业、不同阶层等方面上，它们充分体现了着装的丰富多彩性。

人生活在社会之中，并在不同紧密程度上结为群体。这些群体由于具有某些相近或相同的审美观点、审美标准和审美能力，而对同一审美对象产生某些相通或相同的审美感受，以及由此得出的某些相通或相同的审美判断和审美评价的现象，就称为美感的共同性。

审美的共同性对于自然美、产品外观造型美，以及艺术形式美等不具有强烈鲜明社会内容的审美对象的审美评价，表现得尤为普遍和显著。譬如服装设计中，赤橙黄绿青蓝紫就各具性格。设计时只要查阅即可。其实这只是色彩美感的共同性。服装轮廓线、服装分割线、结构造型和规格尺寸等，也都包含着美感的共同性。

人类共同利益的驱使产生共同的心理结构，也就必然产生共同的审美。表现在形式美的法则上，和谐、对称、统一、对比、均衡、曲直、刚柔、主次、点缀以及光、色、音响、气味等给人产生共同的美感。人类自身的形象，健康、丰满、苗条、魁梧、明目皓齿、秀发、朱唇、强壮、灵巧等，这些审美对象都为人类所共同赞美。

在服装设计时，作品审美的差异性和共同性也表现在多个方面，如服装的民族化与国际化的问题，个人设计风格与企业市场形象的问题，产品准确定位与市场覆盖宽度的问题等。在处理这些问题时，需要一个辩证的态度。事实上，共同性与差异性应该是同一服装设计过程中追求的两个方面。共同性中总有差异性，差异性也只有在共同性的基础上才能表现出来。在服装设计的理念中"只有民族的，才是国际的"，则概括了共同性与差异性的辩证关系。

二、服装与形式美法则

1. 服装形式美的特点

（1）什么是形式美？形式美是指客观事物外观形式的美，是指自然生活与艺术中各种形式要素及其按照美的规律构成组合所具有的美。形式美分为外形式和内形式。外形式是指客观事物的外形材料的形式因素：点、线、面、形、体、色、质、光、声、动等，包括这些因素的物理参数；线的长短、精细、曲直、虚实，色彩的明度、纯度、色相，质感的光滑与粗糙、厚重与轻薄，服装的长短宽窄、轮廓和局部结构的形状等。内形式是指运用上述诸因素按一定的规律进行组合，以表现内容的完美的组织结构：对称、平衡、对比、衬托、点缀、主次、参差、和谐、多样统一等。内形式又称为造型艺术的形式美法则。

服装的外形式从两方面来划分：一是，从抽象角度看，服装的外在因素，包括点、线、面等；二是，从具象角度划分，有服装的轮廓、服饰材料、色彩配搭、服饰配件等。服装造型形式美法则：一是，造型艺术中所论及的中外构成理论；二是，具象构成方式——点缀、呼应、配搭、穿着方式等。服装的形式美，具有一般造型艺术形式美的规律，又有其专业的独到之处。服装的外因素及其组合关系,被人们通过感官感知引起人的联想和一定的情感活动,当被引起美感时,这种形式美就成了人们的审美对象。

(2) 服装形式美的特点。服装形式美的特点有三:一是,形式美具有相对的独立的审美意义。二是,形式美概括了美的形式所具有的某些共同特征,具有一定的概括性和抽象性。三是,形式美与大自然的物质属性及其规律有着密切的联系,人们在对大自然的观照中,可以理解形式美的玄秘和奥妙,并在无形中加深对形式美的理解。

形式美是人类在实际的社会实践中不断积淀的社会内容的总结。在长期的审美活动中,人们反复接触具有审美意义的物质形态,从而使这些形式具有了相对独立的审美意义,仿佛美就在于形式本身,而忘掉了它产生的本源。形式美的法则来源于客观事物,总结和研究这些法则,是为了创造更美的艺术作品。人类在创造美的长期实践活动中,逐步形成了对各种形式因素的敏感把握。譬如对色彩来说,红色象征着热烈、喜庆、青春等,红色有时也表示警示、危险、暴力、原始和粗俗。粉红色显在脸上就是健康美,挂在鼻尖上那就成了小丑的形象。色彩也表现出人物的身份与个性,《红楼梦》中,贾宝玉喜爱红色,林黛玉喜爱墨绿、翠绿,而金色是薛宝钗性格的映照。在西方一些现代派艺术常有意打破传统的形式美法则,他们颠倒艺术中的时空关系,通过混乱的线条,不规则的图形,杂乱无章的色彩和荒诞不稽的寓意,来传达或超越或脱离或背叛现实的审美思想,他们从纯粹形式的角度出发探讨具有独立意义的形式美,如蒙德里安的冷抽象和康定斯基的热抽象。

2. 服装点线面与美

(1) 服装上点的美,在服装设计与服装审美中,点的美和块面形状的美是其形式美的表现形态之一。作为形式美的点,与几何学里的点不同。在视觉审美上可视的点,一般指分割面上相对细小的形象。就服装而言,所谓的点是相对服装外轮廓的大小。从设计意义上讲,点的视知觉主要是它的大小、色彩和质感,而不是它的形象。

格式塔心理学用张力的概念,对世界中的点做了系统的解释。如大点显得活泼、跳跃、有扩张之感;小点有收缩、文雅、恬静之感。在朴实文雅的宾馆职业服上,领口处打一红色领结作为点缀,顿时,增添了些友好和喜悦的气氛。而一些精巧的小饰物,如耳坠、袋扣等则可能在整体服饰的基调中,显示出雅致的品味。

服饰打扮在审美中存在着大量点的概念。扣子、耳饰、发饰、发卡、打绊、扎结、装饰品、面料的图案、刺绣图案、分割的交叉点、肩线两端、皮带扣、领隹、背带交叉处等;甚至人体的某些点也参与服饰造型的构成,口红、颈窝、双乳、关节、臀大肌等都是在构成上点的运用。

点的构成作用与点的大小、位置、色彩、排列及主观感受有着密切的联系。通常情况下,点处在空间的中心位置时,具有重量、扩张、集中及紧张感。点在空间的一侧时,具有浮动和不安定感。点在空间左右等距离排列时,具有均衡的平静感。点在空间向某一方向倾斜排列时,具有方向和运动感。一定数量的大小不同的点有秩序的排列时可产生节奏感,三点排列时,具有三角形面积的联系感。大小不等的点做渐变排列时,具有深远感。

参与构成的点具有视觉的重量感,红色比蓝色重得多,黑色比白色重,孤立的物体具有较大的重量感。这里说的重量是指心理上的而不是物

143

理上的,是指人在欣赏作品时的直觉感受,人们在这种感受中发现其审美价值。

(2) 服装造型线的美。线的美也称线条美。线条美也是人们在长期的社会实践过程中,尤其是艺术实践活动中形成的基本的美学特征。线在造型设计中,也是很活跃的基本形式之一。从款式的外观轮廓到不同分割面的转折,以及细长形象中抽象出来的所谓"线条"等,都是服装造型艺术中的重要语汇。

线具有各种各样的形态,粗细、长短、曲直、虚实、断续、光洁和粗糙等,能使人的心理产生快慢、刚柔、滞滑、利钝、顿挫、节奏等不同的情感反应。线的基本形态不外乎直线、曲线和折线。直线一般的表情效果是刚毅、挺拔、正直、稳定、力量等,有时也给人呆板、僵硬的感觉,常用来象征男性的性格,创造阳刚之美;曲线一般的表情效果是优美、柔和、轻盈、典雅、流畅等,有时也给人柔弱、轻浮的感觉,常用来象征女性的性格,创造阴柔之美;折线实际上是直线的转折,一般表现为运动过程中的起伏、升降、进退和突破,给人一种动态感、方向感和灵巧感,有时也给人紧张、倾倒的感觉。

服饰的造型是由不同的线组合而成的,服饰的轮廓千变万化,其款式的演变是凭着线的操纵来进行的,因此线在服饰设计中非常重要。

(3) 服装的面与立体软雕塑。面可以看作是线的动迹或点的集合,具有一定的面积,形成一定的形状。面的美也称作形的美。从几何形态上分,面有平面和曲面两大类;平面包括水平面、垂直面、斜向面和折面等;曲面包括几何曲面(直线运动轨迹所形成的曲面、旋转面和非旋转曲面)和自由曲面等。

服装造型可视为立体软雕塑。可以把服装的各个侧面看作是平面和几何曲面的组合,并在此基础上做"加减乘除"的处理,探索新的款型。但最后的穿着效果则是由具体生动的、复杂的甚至在运动中体现出来难以界定的自由曲面所组成。

图形也是面的一种形态,方形、圆形、矩形、三角形(包括金字塔形、倒三角形)、梯形、椭圆形、菱形、自由图形等。在各种图形中,几何图形是典型的一类,它是人们在长期的审美实践中,从客观事物的外形抽象而成的。几何图形的美学特征,首先是规则性,最容易识别,其构成法则是局部造型的对称或称体的重复,通过形整齐而又规律的组合,体现出多样统一的和谐感。其次是它的象征性,服装设计常通过几何形的象征来进行初期的整体构思。

作为形式因素,每一种形状都有其相应的寓意或性格,如正方形与矩形的严肃和稳定,圆形的滚动、丰润和轻快,三角形的刺激和视觉引导性,自由图形的明快活泼、随意和生动等。

人体是三维立体的,所以服装设计最终要考虑"体"的构成问题。在此基础上还应该是多维的,即点、线、面、形、色、体、质、声、动、配(搭配)等交响构成,才能传达出最终的服装形式美。立体裁剪,就是设计……台上用面料进行立体操作的软雕塑,这样更容易把握其立体效果。但对于最终的……来说,这种造型手段仍然是有局限性,还需要加上运动的想像。……是有节奏的,运动时衣纹所产生的映射效果更加丰富细腻而……

3. 服装的形式美法则

(1) 整一与变化。整……一种最常见、最简单、最普遍的形式美。它是……的,给人一种井井有条的秩序感。形体、款式、颜色、声音等的一致和重复，就会形成整一的美。

与整一相对应的是变化形式美的法则。变化是指性质相异的东西并置在一起，形成显著的对比感觉。简单地说，变化就是多样性和差异性。变化的特点是生动、活泼、醒目、有动感，能破除单调、枯燥、呆滞。在服饰中，没有变化，就没有独特的个性和风格。

设计渐变的手法，质料的差异、面块的差异、点线的差异、颜色的差异、部位的差异、方向的差异、层次的差异等。渐变系指某种状态和性质按照一定的顺序逐渐成阶段性的变化，是一种递增递减的变化，给人一种协调、融和的感受，有很强的审美效果。服饰既要有单纯整一，又要有多样变化，这是对立统一规律在服饰上的具体运用，主要是根据服饰的质料、功用和着装者的气质、个性来决定。

(2) 对称与均衡。对称是以一条线为中轴，将两个以上相同、相似的物体，加以对偶性的排列组合。对称有左右对称、上下对称和辐射对称三种，其中左右对称为主要的。对称能取得良好的视觉平衡，给人以静态美、条理美和严谨美的感觉，是一种最为普遍的形式美。

均衡又称平衡，左右或上下在形式上虽不对称，但在体量和力度上是均等的，而不致于产生畸轻畸重、过大过小之感。均衡是对称的一种变态，在静中倾向于动。均衡可分为天平式、杆秤式、跷跷板式三种。均衡显得有变化，较灵活自由，给人一种静中有动、统一而不呆板的感受。

(3) 比例与分割。比例又称比率，是指物体本身各部分之间或部分与整体之间在大小、长短、粗细等方面的数量关系。凡是处于正常状态的事物，各部分之间、部分与整体之间的比例都是合乎常规的。严重的比例失调，就会出现畸形。

任何服饰，都有合理的比例。服装上的比例美是指在一件服装或一套服装的结构中，其面积的划分、衣裤长短的安排、零部件的数量等，在人们的视觉上达到是协调的适中。服饰的比例分配的是否合理、恰当，将直接影响到服饰的整体效果。

分割是将一个形体划分成若干小块面，形成不同的形，在形的边缘区又形成不同的线，这形与线往往造成视觉上的不同感受，其中包括视错觉的感受在内。分割是由比例派生出来的形式美法则，在服装行业中分为开剪或破缝。分割的方法有垂直分割、水平分割、斜线分割、曲线分割、自由分割等。利用一些分割线，如前端线、转接线、上摆线、剖割线等，能使服装在外观面积上发生某种变化，从而发生特殊的审美效果。

黄金分割是人们认为最常见的一种合理比例关系。一般说来，衣长与人体的比率、裤长与体的比例、肩宽与上衣之长的比例、上衣与下衣的比例、胸部破线的位置、裙子的拼接线等，都应符合黄金分割率的比例和分割的形式美法则。一切从服饰对人体扬美补缺的功用出发，创造性地运用比例与分割的形式美法则，才能设计出美观、适用、合体的服饰来。

(4) 节奏与韵律。节奏是一种有规律的，周期性变化的运动形式。当外在环境的节奏与人的机体律动相协调时，人的生理就会感到快适，并引起心理上的愉悦。当外在环境的节奏与人的机体律动不相协调时，人的生理就会感到烦躁不安，并引起心理上的难受。

在服饰中与造型艺术的创造一样，主要是通过线条的流动、色彩的深浅和间断形体的高低、光影的明暗变化等因素，做有规律的重叠和反复。

"韵律"来自音乐术语，指有节奏的连续运动作用于人的听觉而形成的旋律感。韵律是在节奏的基础上形成的，但又比节奏的内涵丰富得多，是一种有规律的抑扬顿挫的变化，表现出一种特有的韵味和情趣。节奏是韵律的条件，韵律是节奏的深化。韵律一般可分为连续韵律、渐变韵律、起伏韵律、交错韵律四种。

服饰上的韵律诉诸视觉，包括各种服饰的点、线、面、色有规律、有组织的变化。

(5) 稳定与轻巧。稳定是物体上下之间的大小轻重关系。稳定的基本条件是物体重心必须在物体自身支撑面以内。其重心愈低，愈靠近支撑面的中心地位，则其稳定性愈大。稳定给人以安全、沉静的感觉。"实际稳定"是根据力学原理，"视觉稳定"则指物体的外观量感的重心要求满足视觉上的稳定感觉。在一般情况下，增强物体稳定感的方法有：降低重心、底面落地，空间减少，多用直线、粗线和方形、梯形，下部饰深暗色等。

轻巧是指物体上下之间的大小轻重关系，在满足"实际稳定"的前提下，采用富有创造性的设计，使物体给人以轻盈、灵巧的美感。"实际轻巧"指物体实际重量的重心铅垂投影在物体自身的支撑面以外，并满足其他条件所达到的轻巧；"视觉轻巧"指物体的外观量感重心满足视觉要求的轻巧，能给人一种轻快、活泼的感受。

稳定与轻巧是矛盾统一的一对形式美法则。

(6) 主从与呼应。"主"是表现的重点部分，即主体部位主要功能部位或主操作部位，是人观察的中心；"从"是指表现的非重点部分，即次要部位、附属部位、非主要功能部位、非主操作部位。"主"和"从"是辩证的关系。

在服饰中，必须明确主从关系。从整体来说，服装为主，饰品为辅，饰品是为了衬托和突出服装美感，起到点缀和装饰的作用。从局部来说，各个部位都有它的主从关系，如上衣的领子、前胸、口袋、肩部、袖口、门襟；裤子的腰头、插袋、后袋；裙子的裙摆等，它们都是在穿着上处于首要的外观部位，是局部设计的重点。

呼应指的是上下左右的相互照看、照应，使服饰首尾圆合，浑然一体。通常是利用虚实，气势或借助某种势态达到相互呼应的目的。

在服饰中，应该重视质料、款式、色彩、图纹、工艺装饰的相互呼应，使每一件具体的服饰构成完整的有机整体。尤其重要的是要掌握好服饰的主宾、方向、动静、色泽的有机联系和相互呼应。

(7) 调和与对比。调和指的是没有显著差异的形式因素之间的对立统一，是使多样变化构成强烈对比的各种因素趋向缓和。它只有量的区别，没有质的区别，是一种渐变的趋向。对比是差异中趋向于"异"，调和则是在差异中趋向于"同"，它给人以安定、舒适、轻快、柔和的感受。

在服饰中，应寓变化于整齐之中，造成一种"不齐之齐"、"无秩序的秩序"，无论形状、分量都应是和谐、协调的。

对比指的是具有显著差异的形式因素的对立统一。它是运用变化的形式美法则，造成不同形状、颜色物体的对照关系，以显示或突出各自的特性。如色彩的浓与淡、冷与暖，光线的明与暗，线条的粗与细、直与曲，体积的大与小，体量的重与轻等，有规则的组合排列，就会相互对照、比较，形成变化，又相互映衬、协调一致。这种对立因素的统一，可收到相辅相成、相得益彰的效果。

(8) 错觉及其利用。在视觉中，往往会出现错感的现象，通常称之为错视或错觉。所谓错觉，是指不正确的被歪曲了的知觉。也就是人们在观察物体形态时，由于受形、光、色的干扰和主体生理、心理的原因而错认形象，造成判断的错误，进而产生与客体事物的实际情况不相符合的错误视觉形象。错觉包括光渗错觉、分割错觉、对比错觉、方位错觉、角度错觉、色彩错觉、翻转错觉等类别。造成错觉的主要原因有：外界环境的影响，物体形象对人眼刺激的强度，人的视觉习惯和实际的视差，人的生理和心理状态的影响等。

　　服饰是一种主要通过视觉来产生外在美感的造型艺术，在服饰造型中，如能根据个体的体形、脸形和肤色等特征，巧妙地、合理地利用视觉的原理来矫正错觉，就可弥补着装生理上的外形缺陷，更好地发挥服饰对人体修饰、美化的功用。

第十八章 饮 食 美

第一节 中国餐饮发展概况

一、饮食及其文化意义

"心中有情,首中有思,必先腹中有物。"(费尔巴哈《贫穷操纵并取消所有法律》)进入文明时代的人类已不再满足于食用自然形态的食物,而要吃加工过的食品。然而对食品的加工,是本着美学原则进行的,所以说食品本身就是美的创造过程。

中国饮食文明有其独特的地位。"民以食为天",儒家认为民食关系着国家的稳定,它对中国的文化心理有关深刻的影响,如被人打了嘴巴叫"吃耳光",被冷落叫"吃闭门羹",被人趋奉叫"吃香",非常走红叫"吃得开",受损失叫"吃亏",得到好处叫"吃到了甜头",衣食有余叫"吃著不尽"。"吃"真伟大,它无所不在,无处不通,这说明"吃"在我们生活中的地位和对我们深层意识的影响。

中国传统文化注重从饮食角度看待社会与人生。中国人善于在极普通的饮食生活中咀嚼人生美好与意义,庄子认为上古社会人们可以"鼓腹而游"意在享受人生的乐趣。《论语》、《孟子》、《墨子》用了那么多篇幅讨论饮食生活,把人们"啜菽饮水"当作人生快乐之事。

中国的饮食文化还可以看成是具体而微的中国文化。中国传统文化的许多特征,如"天人合一"、"阴阳而行"、"中和"、"重道轻器"、"重禅悟轻买证"等都渗透在饮食心态,进食习俗、烹调原则之中。古代的中国人特别强调进食与宇宙节律的谐调同步,春夏秋冬、朝夕晦明要食用不同性质的食物,加工烹调也要考虑到季节、气候等因素。"阴阳五行"的影响,饮食烹调不仅产生了"五味",而且把"五谷"、"五肉"、"五菜"、"五果"等纳入餐饮模式。中医食疗注重:"凡饮、养阳气也;凡食,养阴气也"的"天人合一"的效果。"中和"之类是中国传统文化的最高审美理想,这种审美理想建筑在个体与社会、人与自然和谐统一的基础之上,也正是这种"中和"之美影响了人们的饮食生活,使中国人的生活达到了艺术化的程度。

中国人对饮食的重视,故食器演变成礼器、重器,具有自然象征意义。传说中禹铸九鼎所用之铜,分别从九个州贡献而来,后来"九州"就成为国家的象征,成为帝王天子权力的象征。鼎由普普通通的食器转化为象征权力的重器,看来不仅因为它是九州的贡物,还由于青铜在当时极为贵重,只有高层统称者才用得起。商代一个司母戊鼎就重达875kg,夏初所铸的九鼎的重最少也得是它的九倍。另外,鼎鬲等食器等于现代的饭锅,占用了九州贡献的青铜制造的饭锅,自然象征地掌握了天下人的饭碗。

由饮食文化而产生的"饮食文化学",孕育了"烹调学"、"食品制造学"、"食疗学"、"饮食民俗学"、"饮食文艺学"、"饮食资源学"、"饮食美学"、"饮食商业学"、"饮食用具学"等，饮食给人们带来了物质和精神的双重享受，中国饮食也就在这两方面进行了刻意的追求。

二、饮食文化的产生

人类最初的食物加工是无意义和缺少技术性的，这虽然由于人类尚未总结出一套具有固有程序的方法，但也与生产不发展，没有相应的炊具、食具有关。

火的运用和控制促使了陶器的诞生。原始人发现黏土经过火烧之后变硬，不再变形，于是经过多次试验和探索，发现了陶器，这大约是八九千年前的事，在斐李岗文化遗址中就发现在大量的三足陶器。陶器发明之后，马上就被用来作为炊具和食具了，这一重要的发明标志着烹饪技术的第一次飞跃。

"釜"、"鼎"、"鬲"、"甑"是最早出现的陶制炊具。前三种都是煮食用的锅子，甑像底部有许多小孔的陶盆，是用以蒸饭的笼屉，可置于釜上或鬲上配合使用。这一套原始炊具的出现，开始了人类真正的熟食生活。

《世本》等书还记载："黄帝臣，夙沙氏煮海为盐。"盐的发现与食用也在黄帝时代，说明那时人们不仅懂得"烹"，而且还知道"调"，真正进入了烹调领域。

属于仰韶文化系统的半坡遗址（距今约六千年）出土的陶器有炊器：瓶、罐、瓮、壶、甑等，有食器：盆、碗、钵、盘、盂、杯等。这些陶器为合成金属的炊器，食器提供了范例。

人类在艰难地迈向文明时，在精神领域从没有停止奋进，新石器时出土文物，如属于仰韶系统的人首蛇身壶盖，属于大汶口文化的鸟形陶鬶，还有大量出现于陶器上的鱼纹、蛙纹等，都表明原始人不仅有审美追求，而且还具备了美的创造能力。他们把进餐看成是一种享受。

夏商西代以农业为主，那时的农作物，在北方主要是黍与稷。黍是当时的主要食物，在民生中至关重要，稷在祭品中有比黍更重要的地位。麦在商朝已有，但为稀有的美食。谷物出现较早，在斐李岗文化遗址、磁山文化遗址和河姆文化遗址都发现在石磨盘、石磨棒，商代墓葬中还发现在杵臼。

肉也是重要的食品。据殷墟发掘十五次出土的六千余件动物骨骼统计："共食有哺乳类动物29种，其中一千具以上的有圣水牛、肿面猪、四不象鹿三种；一百具以上有牛、殷羊、猪、家犬、鹿、麋等六种；一百具以下的有象、豹、猴、狐、乌苏里熊、犀牛、獏、猫、小羊、扭角羚、田鼠、鲸等十二种。"（杨钟健、刘东生《安阳殷墟之哺乳动物群补遗》，见《考古学报》）并在安阳小屯的发掘物中还发现随葬的陶罐里储存有尚很完整的鸡蛋。

酒是先民在饮食方面的伟大创造，大约产生于夏初或更早。酒的发明者有"仪狄说"、有"杜康说"，但从新石器中期大汶口遗址中发现有酒具和制造酒的瓮、滤缸，这说明六千年前就有了酒的制造，只是到了夏朝才较大规模地生产，其方法是日趋完善。

秦汉时以蔬菜、果物等为主要栽培对象的园圃业已日益成为农业生产的重要部门。《汉书·召信臣传》和东汉崔寔《四民月会》等都记载了地主田庄和温室栽培蔬菜的情况。这时的渔业也有发展，水产品日趋多样，"江湖之鱼，不可胜食"（《盐铁论·通有篇》）。关中和中原地区的鲤鱼、鲂鱼自古盛名。

饮食业在餐饮发展中产生。据史载，商朝时我国食品经营已经萌芽，谯周《古史考》

中说帮武王的军师台望"屠牛于朝歌，卖饮于孟津"。春秋战国时"荆轲嗜酒，日与狗屠及高渐离饮于燕市"（《史记·刺客列传》）。据《史记》载，著名赋家司马相如就曾在临邛开过酒店，"而令文君当垆"（《史记·司马相如传》）。

三、餐饮文化的昌明及各类饮食文化

调料的发现与发明对烹饪进化起了重要作用。最初使用调料，只是为了克服异味，后来认识到它还张增加美味，遂由消极变为积极。

除盐外，梅子含果酸，它可清降腥臊，软化肉质。它也可帮助消化，因而产生了"望梅止渴"的故事。姜在调料中占有重要地位，在姜中可获取辛味。醋不仅耐储存，并越久口感越好。蜜和饴主要用以制造甜食点心，间亦用来为老人调和羹汤。人工调料中最重要的是酱，进食时蘸酱可增加其咸香之味。酒是中国调料中的特色。

经过长期的经验积累和探索，我国的烹调技术和食品加工技术有了很大提高。肉食烹饪上第一步是选料，挑选出肥嫩优质的原料。某些特殊的烹饪方法需要选择优质原料某个特殊的部位，如制作"捣珍"（古代名菜八珍之一），必须取牛、羊、麋、鹿的里脊肉。烹饪技艺还表现在刀法的重视上：牛、羊、鱼之肉要切成薄片，再加以细切，麕和兔要切成细丝等等。调味是中国菜肴制作中的重要特色；如对"脍"，春天用葱调和，秋天则用芥、蓼调和；调和的方法除了考虑到食物与食者机体之间的关系外，亦有减少动物脂肪异味之意。烹饪的方法有炒、爆、烧、焖、烩、煨、蒸、煎、酿、熘、扒、煮、炸、氽、烤、涮、酥、卤、酱、熏、腌、拔丝、蜜汁等。

平时我们所讲的"筵席"，"筵"与"席"都由芦苇、竹篾编成，筵大席小，筵粗席细，筵铺于地面，席设在筵上。天子五重席，诸侯三重，大夫两重席。鼎的多少表明主客的身份，筵席的规格和食物的丰盛程度。按"礼"的规定："天子九鼎、诸侯七、大夫五、元士三也"（《春秋公羊传·桓公二年》）。正式宴会饮食可分为四部分，其次序为饭、膳、羞、饮。"饭"是主食，"膳"指用"六畜"之肉烹制的主菜，"羞"指众多小菜和多样化的食品，"饮"则为酒等饮料的总称。但一般百姓款待客人不过黍饭只鸡，日常仅以菜下饭。

古人饮食讲究气氛，讲究"乐"。快乐只是人们的内心感觉，而音乐歌舞则是"乐"在外在的表现。人们从饮食中获得欢悦，可以高歌狂舞，而酒筵上的音乐歌舞又加倍地给宴者以欢悦。平民百姓饮宴时的歌舞者往往就是饮宴参加者自己。

聚会筵席，古人十分讲究"礼仪"，我们可从《诗经》中的《宾之初筵》描写中看出："吹笛起舞、击鼓吹笙，／所有乐器谐调共鸣。／祭享立有功勋的祖先，／来把种种礼仪完成。／所有的礼仪都已完成，／真是隆重而丰盛。／先祖神灵赐给我们福禄，／子子孙孙都感到庆幸。／大家快乐又高兴，／每个人都要展示技能。／来宾各自找比箭的对手，／主人也会亲自陪同。／把你那大空杯斟满，／献给胜者，以表达尊敬。"

古代甚至把饮食文化与政治联系起来。据《史记·殷本纪》载，商汤设朝，伊尹行礼后，便以美味喻政治。汤问："可以按照你说的去做吗？"伊尹答道："你的国家还小，暂时还不具备实现美味的条件；等你得了天下，做天子，才可能吃到天下的美味。"伊九月用食物的味道、气味的不同，分别采取不同办法的道理以喻治道应具体性，对具体问题要做具体分析。又以水、火两端天下的基础和得天下的关键。最后指出：天下美味非产于一地，只有贵为天子，接天道行事，才能凭借青龙遗凤两匹骏马把这些美味罗致到眼前。这

种观念的产生与厨人在国家体制中所占的重要地位有关，也说明了饮食和政治确有一致之处。

"食疗"是中国饮食文化的又一特色，我国"食疗"内容极其丰富。《周礼》记有"食医"一积，他掌管周天子的主副食和饮料，近于今天的营养师。"五味五谷五药养其病"，"春多酸、夏多苦、秋多辛、冬多咸，调以甘滑"（《周礼·天官·食医》），这是有科学道理的。战国时《黄帝内经》的出现，正式确定了"食疗"的思想，提出"五谷为养、五果为助、五畜为益、五菜为充，气味合而服之，以补精益气"，要依靠吃饭增强抵抗力。

随着医学的进步，许多食疗专著的出现，大大地丰富了食疗理论。唐代孙思邈的《千金要方》、孟诜的《食疗本草》、咎殷的《食医金鉴》、宋代陈直的《养老亲书》、金代李果的《食物本草》、元朝吴瑞的《日用本草》、明朝卢和的《食物本草》、宁原的《食鉴本草》、清代章穆的《调疾饮食辨》等，都是我国饮食文化中的宝贵财富。

我国的饮食文化吸收了世界各国食物原料，使之更为丰富。例如：番薯是明作叶从南洋传入我国；玉米原产于美洲，后经中东流入中国；高粱原产于非洲；绿豆原产于印度，北宋期间传入中国；马铃薯从西洋引进；芝麻为西汉时张骞传入；菜子油、花生油、葵花籽油均为南北朝后传入中国；熬糖法唐时遣使臣从西域摩揭陀国学来的；制白糖的方法是印度僧人邹和尚传入；辣椒原产于美洲，明末清初从南洋传入中国；菠菜原名波斯菜，系唐太宗时由波斯传入；胡萝卜原产于欧洲而传入我国；茄子原产于印度，南北朝时随佛教流入。至于晚近才传入中国的甘蓝、蕃茄、菜花等，其风行不过数十年光景。

花色众多的粥在中国饮食文化上大放异彩。不仅南宋长寿诗人陆游喜食粥，且写许多诗篇提倡食粥。历代有许多有关食粥的饮食著作。如孙思邈的《千金方·食治》、林洪《山家清供》、忽思慧《饮膳正要》、高濂《遵生八笺·饮馔服食笺》、曹迁栋《粥谱说》、黄云鹄的《粥谱》等。

烹调方法"炒"的发明，使之成为独占鳌头，花样繁多的烹调方法。"炒"，是在锅中放入少量的油，以之为中介质，在锅底加热后把肉或菜蔬倒入锅中，根据需要加入各种调料，不断地翻搅至熟，调料之味在翻炒过程中浸入菜肴。"炒"包括清炒、熬炒、煸炒、抓炒、大炒、小炒、生炒、熟炒、啜炒、干炒、软炒、老炒、托炒、溜炒、爆炒等细别。

菜系的形成与发展。所谓"菜系"，是指一些具有独特风味的肴馔能组成一个系列，并有丰富多彩的名馔，在原料选择、调判运用、烹调技艺等方面都有自己的特点，各种肴馔的制作在内部又有一定的联系，使之构成一个整体。中国有多少菜系？尚无定沦，明清之时，尤其是清代，日益形成鲁、川、扬、粤菜。1949年后增至八大或十大菜系。十大菜系除鲁菜、川菜、淮扬菜之外，又增加了北京菜系、浙江菜系、福建菜系、安徽菜系、湖北菜系、上海菜系等。其中有据可考的鲁菜有二千五百多种，淮扬菜达三千多种，川菜多达四千多种；粤菜用料广博奇异，焗、煲是其独创。

唐初有一种"烧尾宴"，极有特色，是大臣初上任时为感恩向皇帝进献的盛馔。韦巨源拜尚书左仆射，在家设烧尾奉请皇帝，肴馔丰美。据《清异录》载：食单共列菜点58种（其实不止于这58种），除"御黄王母饭"、"长生粥"外，共有二十余糕饼点心，制作精细。光饼的名目就有"单笼金乳酥"、"贵妃红"、"见风消"、"双拌方破饼"、"玉露团"、"八方寒食饼"等七八种之多；馄饨一项，有24种形式和馅料；"夹馅烤饼"、"水晶龙凤糕"、"金银夹花平截"、"天花饼锣"等高级点心多种。

食单中有一道"素蒸音声部"的看菜,用素菜和蒸面做成一群蓬莱仙子般的歌女舞女,共70件。食单中的菜肴有32种。食料来自各方的狸、虾、蟹、田鸡、鳖,还有鱼、鸡、鹌鹑、猪、羊、兔等,山珍海味,水陆杂陈。

烹调技术新颖别致。如食单中的"红羊枝杖",要求用四只羊蹄支撑羊的躯体;"光明虾炙",则把活虾放在火上烤炙,而不灭其光泽光明度;"水炼犊",就是清炖整只小牛;"雪婴儿",把田鸡剥皮去内脏后,粘裹精豆粉,煎贴而成;"凤凰胎",可能是鸡肚子里尚未成熟的鸡蛋,与鱼白拌和烹制而成;"分装蒸腊熊",将熊肉和熊掌装盆入锅,蒸熟而成;"清凉臛碎",是用狸肉做成羹,冷冻后切碎凉食;"通花软牛肠",是用羊骨髓加上其他辅料加入牛肠。

"天下第一家"孔府饮食是孔子后裔所建立的饮食文化。孔府肴馔讲礼制、讲排场、豪华奢侈、虚耗糜费,这与孔府的历史及其独特地位密切相关。孔府有两个大厨房,分内厨和外厨,内厨设在孔府内宅前上房东侧,专供衍圣公及其他宅家庭的日常饮食。外厨设在内宅前院,大堂的东院,是供应外客宴饮之事。内厨分三班,每班一灶头,有7~10人。外厨分两班,每班十人左右。清乾隆皇帝到曲阜朝拜(公元1771年),孔府接驾时宴席费用,记有:"预备随驾大人席面干菜果品需银二百两。"仅是开席少数食品,就需如许费用。据《孔府大厨酒席簿》载:"太太千秋",摆宴12天,共计469桌,共用银六百两。

现存的由山东曲阜文管会藏的《孔府档案》内,保存着大量明清到近代孔府的皇帝进贡的菜单和日常的酒筵食谱。据载:孔府内有专门配的银质"满汉餐具"一套,专筵皇帝和显贵,共404件,设宴一次,一桌要上190多道菜。还备有一套"高脚餐具",是接待重要和达官们摆的"高脚酒席",共160多件,设宴一次,一桌要上130多样菜。

《金瓶梅》是反映明代市井饮食生活的名作,书中写明点心杂食品的繁多。如火烧、饽饽、艾窝窝、黄米面枣糕,玉米面果馅蒸饼、鹅油蒸饼、蒸角儿、水角儿、包子、挑花烧卖、荷花饼、乳饼、元宵圆子、糖薄脆、板搭撒子等,市卖和自制都有,富家自制的是较市卖的精致和讲究。馈赠亲朋的有寿面、果馅椒盐金饼、酥油松饼、裹馅凉糕、干糕、檀秀饼等,其配料与近今无大异。

据《东京梦华录》、《梦粱录》载,宋代京城市肆已有专营素菜的食店。苏轼曾撰《菜羹赋》,把吃素看作向大自然复归,与安贫乐道、好仁不义相联系。宋人陈述叟还把素菜汇集起来,写成一本专著《本心斋蔬食谱》。《清稗类钞》云:"寺院庵观素馔之著称于时者,京师为法源寺,镇江为定慧寺,上海为白云观,杭州为烟霞洞。"至今很多大寺院里的素食仍闻名于世。

素菜原料如笋、蕈、黑木耳、莼菜等,其特点是清淡爽口,别有滋味。清代寺庙的素食烹饪达到高峰。如迎江寺以当地沙洲所产黄豆为主料,制成豆腐烹饪达到高峰。如迎江寺以当地沙洲所产黄豆为主料,制成豆腐、豆腐皮、豆腐干、千张等,以附近所产的冬菇、金针、木耳、玉兰片为辅料,精细加工,烹饪成各种各样的佳肴美味,可仿制禽兽菜肴,甚至连猪肉之皮都能模拟。

清朝宫廷御膳达登峰造极的地步。据记载,清宫膳食归内府务管辖,具体由总监太监三员,首领太监10名,太监100名,"专司上用膳馐,各宫馔品,节令宴席,随待坐更等事。"(见《国朝宫史》)清时,最大的为皇帝饮食服务的机构叫"御膳房"。其次,是后妃们的膳房则按地位高低、分例多少,分八个等级。御膳房不限于一处,有"外御膳房"、

"园庭御膳房"、"行在御膳房"。每个御膳房下面又分五个局：荤局、素局、饭局、点心局、挂炉局（专管烧烤菜点）。每个局下面再分股办事。一处"御膳房"就有几百人。

御膳房的菜点原料有采办的、有进贡的，来自全国各地，如渤海的对虾、黄河的鲤鱼、镇江的鲥鱼、阳澄湖的大蟹、南海的鱼翅、东北的熊掌、山东的鲍鱼等等。

宫廷膳食的操作要求也特别高，御膳房的厨师身怀绝技。御膳权其制度化、规范化。御膳房每次为皇帝送上的膳食，都把所使用的原料调料一一记入菜单。不论何时何地，皇帝吃的菜点都必须根据菜单制作，不许改变味道。皇帝一日两顿正餐（后改为三顿），两顿小吃。但皇帝临时想吃点心、酒膳或野味，御膳房也必须立刻供应。

慈禧太后另辟私厨"西膳房"，其规格大大超过御膳房。"西膳房"能制作菜肴四千余种、点心四百余种。据信修明《宫廷琐记》载，慈禧用的燕窝菜肴就有六味："燕窝鸡皮鱼丸子"、"燕窝万字金银鸭子"、"燕窝寿字五柳鸡丝"、"燕窝无字白鸭丝""燕窝疆字口磨鸭汤"、"燕窝炒炉鸡丝"。其他如鹿胎、鹿脯、山鸡、熊掌、大雁、天鹅、地鵏、哈什蚂（雪地蟾）等珍贵美味无数。甚至八国联军攻陷北京后西逃西安时，日耗伙食费仍达二百余两银子。

第二节 饮食美（形、色、香、味、器、意）

一、形

中国烹饪是很重视给人看的，因而有"看菜"、"工艺菜"、"形象拼盆菜"。所谓"看菜"，那是只看不吃的，古时叫"看盘"。如清满汉全席中的"四看果"，都用萝卜、木瓜雕刻成雀鹿峰猴等形状，也是只看不吃的。

"工艺菜"首先是可以吃，准备吃。但为了追求形式美，特施加工做成人物、花鸟、走兽等等样式，以增进膳食之乐趣。中国菜是"有肴皆艺，无馔不工"。《阅世编·交际》中提到："自顺治以来，即以荤素品装成人物模样，备极鲜丽精工，宛若天然生动，见者不辨其为食物，亦莫辨其为何物矣。"据说布什当副总统时，与夫人在一次宴会上看到苏州船点熊猫，由于形态逼真，惹人喜爱，竟舍不得吃，带回去给孙子玩。

"形象拼盆"，则是利用食品的色调和线条，拼成富有装饰性。据载，宋代有一位尼姑梵正，能利用各种仪器的自然颜色，拼成景物。后来拼成一副《辋川图》（唐王维名画），这是多么高超的技术！现常见的"形象拼盘菜"，就是在冷盘中用红肠、火腿、香菇、黄瓜、菠萝、樱桃等荤素菜品，拼出"龙凤呈祥"、"孔雀开屏"、"彩蝶双飞"、"喜鹊迎春"等图像。讲究外观、造型和工艺性，确是中国菜的特色和传统，这跟中国菜要求色、香、味、形、器、意的全方位的审美分不开的。

二、色、香、味

味，是一种感觉，又称味觉。根据科学资料证明，人的口腔部位分布着许多味蕾，对各种不同呈味物质有各种不同的感知能力。因此烹饪中如何刺激和调动这种感知能力，就成为一门专门的学问。中国菜以滋味胜，味是中国菜的灵魂。中国艺术也历来讲究味、韵味、玩味的。北魏《齐民要术》中有"五味脯"、"五味腊"的菜名，这是指五味可以调出多种复合味，这在中国饮食文化中有着很丰富的内容。如椒盐、酸辣、糖醋、香辣、麻辣、鱼香、怪味等等。古人说："食无定味，适口者珍"，各人有各人的偏爱。据《周礼·

天官》载:"凡和,春多酸,夏多苦,秋多辛,冬多咸,调以滑甘",有一定参考价值,俗语说:"南甜北咸,东辣西酸",亦大致符合实际。所谓"五味调和",应包括下列三层意思:一是每种菜肴应有自己的独特风味,对每桌筵席来说,各种菜肴的味道,应总体上协调平衡,各尽其美;二是烹饪技术离不开调味品,调味品要多多益善,各尽所能,投放量以及加热过程的先后次序都可以促使菜肴的滋味发生千变万化,调和滋味是烹饪成败的关键;三是作为一个高明的厨师,应该善于掌握服务对象的口味习惯特点,在安排菜单和烹饪调味中灵活多变,切忌刻板划一。

饮食通过舌口获得味觉,原与视觉无涉,但五彩缤纷的菜肴,经过眼神经传到大脑,同样能刺激味觉中枢,引起食欲,这是条件反射在起作用。据《山家清供》记载:"采芙蓉花,去心、蒂,汤焯之,同豆腐煮,红白交错,恍如雪霁之霞,名'雪霞羹'。"又据《居家必用事类全集》中有"四色荔"的菜名,它用茄子、黄瓜、萝卜、羊肉等四色拌菜,分作四碟,呈现四种颜色。《清稗类钞》还载有"红香绿玉"一菜,是"以藿香草叶,蘸稀薄浆面(以水和面),入油煎之,……置碗中,以玫瑰酱和白糖覆其上",取艳丽夺目之效。

"五香"通常指烹调食物所用的茴香、花椒、大料、桂皮、丁香等五种主要香料,即芳香类调味品。食物的气味刺激人们的嗅觉,香者增强食欲。福建名菜"佛跳墙",能以香味使"佛闻弃禅跳墙来"。我国传统芳香料除上述五种外,还有艾、菖蒲、忍冬、花露、桂花、蔷薇、秋海棠、佛手、橙皮、桔皮等。据《小家清供》、《遵生八笺》、《养小录》载,绝大多数的花卉都可以做菜。《清稗类钞·五香》记载:"近俗以茴香等香料烧煮食物,亦多以五香为名,如五香酱兔、五香酱鸭、五香熏鸡是也。"

三、器

餐具要精美,更要净洁。如遇宴会,则要求配套、整齐、划一,也要注意色调和谐。夏季宜用冷色调,冬季宜用暖色调,还要与整个环境配合。平时家居,餐具惟求雅洁,特别是人口少的家庭,小碗小碟,更能显出精致。

夏商周三代,青铜器中很大一部分是礼器及各种实物器物,这些青铜器上的纹饰,常见的有饕餮纹、夔纹(凤纹)工艺精美,造型端庄凝重,象征着奴隶主阶级的权势和"威仪"。1970年10月,西安南郊何家村出土的一批唐代窖藏文物,据考证可能是邠王李守礼家的财产,其中有各种餐具共139件,绝大部分是金、银、玛瑙、水晶、白玉的;式样有环柄八曲杯、环柄八棱杯、高足杯、带流大碗、六曲盘、桃形盘、提梁壶等,且用捶打、线雕、翻铸、掐丝、细联珠、镶嵌、镂孔等技法,制出各种精美花纹,反映出极高的艺术水平。

瓷器盛于两宋,官、哥、汝、定、钧五大名窑最享盛名。其特点是胎薄如纸,光润如玉,色彩华丽,样式雅致,我国餐具逐渐由瓷器统治。明代盛器中,以珐琅器(景泰蓝)和漆器最堪注目。明永乐年间,北京果园厂所制的漆器,有平漆、雕漆、剔红、戗金、填漆、堆红、螺钿等品种,鲜艳夺目,光可鉴人。清代餐具工艺愈趋精巧,式样愈趋新奇。在乾隆和慈禧执政时,其奢华程度达到极致。乾隆食具有"五福珐琅碗"、"珐琅银蝶"、"五谷丰登珐琅碗金钟盖"、"黄碗"、"珐琅葵花盆"等等。慈禧用珍贵餐具不计其数,仅"宁寿宫"慈禧膳房中,就有金、银、牙、玉餐具1500多件,其中金餐具重5816两,银餐具重10590两。

四、意

即意境，既指给餐菜、店堂取的好名与好的对联，又指就餐的氛围和环境。如茶馆名联能给茶馆创造很美的意境。北京静心斋焙茗茶联："岩泉澄碧生秋色；林树萧森带曙霞。"静心斋原名镜清斋，建于乾隆二十二年，又名乾隆小花园，是乾隆皇帝品茶的地方。由此联可见乾隆对茶道理解已达到极高的境界。全联无一茶字，但营造了一个极幽雅的品茗意境，虽地处深宫，但大有林下之风，全联透着雅意，飘着茶香。

席间雅兴是指席间的娱乐活动应有文化内涵。所谓"幽赏未已，高淡转清，开琼筵以坐花，飞羽觞而醉月"，这才是有文化教养人的宴风。席间文娱形式繁多，有射箭、投壶、舞剑、唱歌、舞蹈、奏乐器、赋诗、撰文、看戏、听说书、征联、酒令、击鼓传花、说笑话等等。

《红楼梦》中贾府的老祖宗史太君，便是一个极会享福的人。书中大量描写了她参与的大大小小的多次宴饮，丰盛的肴馔，富丽的环境，优雅的气氛，丫鬟、媳妇的周到服侍，孙儿、孙女辈的殷勤趋奉，以及行令猜谜，听书看戏，说笑逗趣等，这一切不仅让"老祖宗"的感官得到充分的满足，也使其心理受到莫大的慰藉。作者深刻地理解这一点，故在描述贾府饮食生活时并不重点在写"酒何以清，菜何以馨，客何以盏，令何以行"（《红楼梦》"有正本"批语），而看重写宴会的环境、气氛。

第四篇 艺 术 美

第十九章 书 画 美

第一节 书画的审美特征

一、书画同源

根据考古学和人类学的研究,绘画早于文字,而汉字正是源于象形,即图画。如"日"、"月"就很像一轮红日和一弯新月高悬太空。再看"山"字的甲骨文字形,当中一峰凸起,周围群峰环抱,颇有一点"远近高低各不同"的意味。"州"字也很有意思,甲骨文和金文中都是三条曲线,表示流水,中间的小圆圈或小黑点表示水中的一块陆地。

当然,从上述例子中我们也看到,象形字对客观物像的反映是写意性的,它没有具象绘画那样描绘得具体细致,而是抓住形象的若干特征,删繁就简,概括表现,并且越到后来越定型化和符号化。这是文字发展的必然趋势。

绘画虽然要描绘具体的物像,但对线条仍是情有独钟。无论是工笔细腻地描绘还是意笔概括地表现,对物像轮廓和肌理的界定和刻画都离不开线条。线条具有时空上的无限延展性和可塑性,它除了有表现客观形象的作用外,又发展了自身独立的抒情表意功能,成为书画家表达情感意绪的独特载体。

从终极的、本质的意义上说,无论是走向抽象化的书法还是保持了具象的绘画,都是人们对宇宙自然和人生的感应和表达。因而,"劳动、生活和自然对象与广大世界中的节奏、韵律、对称、均衡、连续、间隔、错综、一致、变化、统一等种种形式规律,逐渐被自觉掌握和集中表现在这里"(李泽厚《美的历程》)。

二、书法美的基本要素和特征

1. 线条——笔法美

(1) 逆锋与裹锋。书法之美的演绎正是从提笔落墨的那一刻开始了。这落笔的首要法则便是"逆":逆锋——取逆势。

原来"逆"之为美,乃在蓄势,乃在发力。箭之在弦必先力挽而后发,拳之将击定当屈缩而后出,骑马疾驰须往后勒紧缰绳……此物理常然。"书肇乎自然"——"逆势"的运用就是一个印证。

逆锋起笔符合自然运动的规律,用笔能得势。有势才能产生力。运笔过程始终要得到势的牵引和回合呼应。落笔起势,行笔运势,上一笔之尾呼势,则下一笔之始承势,终了收势。在书写过程中，笔势是力的动态引导，而体现在作品中，它是种种静态的张力——在审美欣赏时又能化静为动。无怪乎早在东汉的蔡邕就十分重视这"势"了，其论书冠以《九势》的题目。

但线条的力感又忌抛筋露骨的表现。"藏头护尾"就是使起笔和收笔的笔锋（点画出入之迹）都不外露。这样，就能内含筋骨，"力在字中"，表现出含蓄蕴藉的美。金文、小篆的"裹锋"写法最能体现这一特色。

有对比才生动，藏、露互用互现正是线条艺术的辩证法。例如，隶书中"二"或"三"的写法，第一或第二笔一般用的是"藏头护尾"，最后一横起笔仍是逆笔藏锋，并且逆势更足，而收笔时则把"护尾"的力量转化为停驻（再次蓄势），然后出锋。起笔用侧锋或正锋直拓而入（露锋），也能取得很好的艺术效果。露锋和出锋要避免的是虚怯或浮弱，藏锋则要力戒臃肿疲软，同样要求书写时要驾轻就熟，落笔肯定。

（2）方笔与圆笔。同是用逆锋，也有"方笔"、"圆笔"的不同形象和美感。方、圆体现在起、收、转三个环节上，"方笔"用的是切锋或折锋法，在线条的起、终端或转接处形成有圭角的断面，给人以挺拔骏利的美感。"方笔"以"骨力"重，"圆笔"以"筋气"润，唐代楷书中的"颜筋柳骨"，就是以此区分的不同的风格美特征。当然，方、圆的区别不是绝对的，就某一书家或一幅书法作品来说，只是技法和风格倾向性的不同而已；就不同质地的书写工具和材料而言，硬毫、熟纸或矾绢易于表现方劲爽利的线条，而软毫、生纸的吸水和晕化性能好，更易产生圆融丰润的"肌肤之丽"。

（3）中锋运笔。早在东汉的蔡邕《九势》中也有这样一句话："圆笔属纸，令笔心常在点画中行。"唐欧阳询《传授诀》曰："每秉笔必在圆正。"柳公权更是借题发挥说"心正则笔正"。由此不难看出中锋之于书法线条技法及其美感生成的重要性。中锋的对立面是偏锋或侧锋，也有的书法理论家认为没有必要区分中锋侧锋，纵观古今大家，都是中、侧互用的。

线条有质感或立体感。对线条质感的追求是与我国传统文化精神密切联系的。"君子藏器"，藏即讲究含蓄美，含蓄则意蕴丰厚而不薄。如果线条确实传达了生命感，那么这个生命感应该是超越自我而与整个浩渺深沉的宇宙生命融为一体的感觉，一切日常的、世俗的情感必须在这里过滤、沉淀以后才能得到审美转换。

中锋用笔的艺术效果正在于线条的厚实美。1）圆锥体的毛笔笔头为表现线条立体感提供了优越的工具条件。2）渗化的宣纸也有助于线条立体感的增强。线条的立体感、丰厚美与线条的粗细无关。"得笔"是塑造线条美感的技法，但它并非只有中锋用笔，线条的质感也不是单一地拘于"圆"。圆是一种质感，方也是一种质感；任何一种原则的存在价值，都是在与其对立面的对比互存中显示出来的，绝对地强调中锋和圆柱形状，那么书法也许只发展到秦篆阶段就够了。而事实证明，随着书法艺术书体和风格的不断发展，技法也在不断丰富发展，因而对线条质感的要求也呈现多元化趋势。侧锋或偏锋用笔作为线条基本技法也是应该掌握的。

（4）节奏与旋律。线条的美感是无限丰富的，不是某种单一的技法所能完成的。单就笔法上说，也还有轻重提按、快慢、曲直等要素的综合参与，而从墨法上说还有浓淡枯润等变化。这些因素就形成了线条的节奏感。

线条节奏美的生理和心理基础就是人的生命的节律。节奏产生于各种对立因素的交叉对比。如空白与墨线的对比，点与线的对比，乃至粗细、干湿、方圆、转折之比。从手的运动来看，松紧、轻重、快慢等是最基本的节奏方式。"一波三折"的"三折"的存在是以三伏为比较对象的，"一波三折"的实际意义就是在一个波状曲线中有三个起伏转折动作，而这起伏曲折不只是平面上的，还有手的作用力和笔毫弹性所导致的轻重提按顿挫。

笔画与笔画之间呼应连贯，同样形成节奏感和旋律感。中国书画都有"意到笔不到"之说，笔之到（实际笔画）和意之到（没有实际笔画，空白）就造成了间隔：笔到是实，意到是虚，虚实交错，形成间隔律。同样，用墨的浓淡枯润的自然交替变化也体现出这种间隔律。所以，书法确实像"无声的音乐"。

线条美的"三感"，即：力感、质感、节奏感。这是使线条获得生命意蕴的三个基本"体征"。节奏感的构成主要靠轻重、提顿、徐疾、行留、断续、浓淡枯润等对立因素的控制；质感的形成则依靠中锋为主的用笔法则；力感的获得主要靠顺逆、方圆及提按顿挫等手法。"三感"基本上囊括了线条审美意蕴的内容，同时也包括了运笔技巧的内容。当然，这三者并非泾渭分明，而是彼此交叉渗透，形成了书法技法和美感的广阔的艺术天地。

2. 结体美、章法美

线条的形式又表现为种种变化无穷的平面空间结构。书法中汉字的"方块"形体更有一种造型美或"建筑美"的素质，字的结构又称布白，意即字的空白处也是字的组成部分，虚实相生才完成一个艺术品，清代书法家邓石如说的"计白当黑"就是这个道理。

书画艺术中结构造型美的技法一般表现为对下列一些对立因素的综合运用：上、下、左、右、中等空间和方位，方、圆、欹、正、黑、白、疏、密、收、放、伸、缩、穿插和避让等因素的呼应或对比，最终构成感觉上的"动态平衡"。如所谓的"计白当黑"，"疏可走马，密不透风"，唐代书法家孙过庭在《书谱》中说的"初学分布，但求平正；既能平正，务追险绝；既能险绝，复归平正"，正是阐明了上述诸因素既对立又谐调统一的美学原则。

这就是说，王羲之的书法不只是注意每个字的结构优美，更注意全篇的章法布白，前后相管领，相接应，能贯气，又有变化。章法布局是一幅字的整体美，它由字与字、行与行的呼应关系，以及各种幅式、款式构成。字与字、行与行之间有大小收放、疏密断连、顾盼生姿等关系，同样表现为种种节奏和旋律感。

三、中国画的审美特征

书画同源除了象形因素外，在线条美、结构美和布局美的基本原则方面都是相通的。绘画还有一些特殊的用笔方法，如点、斫、拖、皴、染、渍、泼等。从笔形上看，书法形成了点、横、竖、撇、捺、勾、挑、转折等笔画形态，绘画则是形成点、线、面的结合。"墨法"最基本的是浓、淡、枯、润四个方面，但其间的结合和过渡层次则是变化无穷的。与墨的变化直接相关的除了用笔的因素外，另一个关键的因素是用水，水与墨（色）的结合方法主要有破墨（色）法，包括笔中破，即先蘸水再蘸墨（色）或反之；纸上破，即水破墨（色）、墨（色）破水，还有色墨相破、色色相破等众多技法，不一而足。上述各种技法在书写和绘画过程中绝不是孤立不相干的，而是以用笔为先决和主导，错综交替融合在一起，形成各因素的对比谐调，从而表现出"生命的交响"。

中国画除了工笔、写意的基本手法外，从色彩上分，还有水墨、淡彩、重彩等，在题材上则有人物、花鸟、山水之分科。但从本质上看，中国画是"写意"的，它遵循的是以写神、写意为主的美学原则。

六朝的谢赫在《古画品录·序》中提出了著名的绘画"六法"，成为后来中国绘画美学的指导原则。"六法者何？一，气韵生动是也；二，骨法用笔是也；三，应物象形是也；四，随类赋采是也；五，经营位置是也；六，传移摹写是也。"

上述"六法"中的"应物象形"、"随类赋采（彩）"就是属于模仿自然，它要求画家睁眼看客观世界，认识物像的形状和色彩。但是，在表达上，画家却不能仅仅停留于此，而要进一步表达出形象内部的生命，即"以形写神"、"传神写照"。进一步还可以对形象凝神静思、"迁想妙得"（晋顾恺之语），从而删拨大要、"遗貌取神"。中国画的"形"、"神"理论其实就是讲的主客观关系，"遗貌"不是不要形貌，而是指画家可以对所要表现的形象进行想像加工，甚至夸张、变形，用来表达画家在特定情感、观念下对形象的某种特定感受。"随类赋采"，讲的是"类色"，而并非拘泥于"本色"，并且中国画中还有一种非常特殊的色彩——墨色，墨分"五彩"，可以用来表现各种"色彩"。竹子可以画成绿色，但更多的时候是墨竹，也有人画朱竹。现实中当然不会缺少美，而是缺少发现。因此，画家除了要深入观察自然，更要加强精神的"涵泳"，如此才能"澄怀观道"，提高"悟性"，即具备一双"审美的眼睛"。所以，这"神"与其说是物像所固有的某种生命气息，毋宁说是画家主体精神的一种感应或赋予。这种主体精神越到后来越是高扬，宋苏轼认为"论画以形似，见与儿童邻"，开了文人画讲究笔情墨趣的风气，清郑板桥和近代齐白石则提出"妙在似与不似之间"，不似则欺世，太似为媚俗——匠气，机械模仿。刻板的机械模仿就谈不上"气韵生动"。

有了"气韵"，尽管线条、画面静止于绢帛纸面，也能让人感到它们的生机动感，就能达到化静为动、寓动于静的审美效果。看汉代帛画、画像砖及墓室壁画中的龙、虎、马、飞鸟等动物和各种人物，都是那样热烈飞动，虎虎有生气；敦煌壁画的"飞天"，唐代大画家吴道子的"吴带当风"，又是那样飘逸。作画离不开想像，看画也一样。一幅山水画能让人"卧游"，欣赏者有了可游、可居之感。这当然是一种"神游"，是想像中的超逸。

有余不尽还包含空间的自由度，有空间自由才可"神游"，这在山水画中表现得最充分。要使观赏者能从平面二度空间转化为幻觉三度空间，产生纵深感、层境感。北宋郭熙在《林泉高致》中总结出山水画有"三远"："自山下而仰山巅，谓之高远；自山前而窥山后，谓之深远；自近山而望远山，谓之平远。"在这方面，中、西绘画的区别是很大的。中国画的构图和空间观念，我们一般称之为"散点透视"，就是不像西画"焦点透视"那样把视点固定在一个位置上，而是根据画面需要移动视线以表现广阔深远的境界。这种方法与上述"神似"的审美要求是完全一致的，山水画家笔下描绘的是在现实感受基础上形成的"胸中丘壑"，而非眼前表面景象的摹画。"山形步步移"，"山形面面看"（郭熙语），上下左右、平仰俯视结合的效果，弥补了固定视点的局限性，从不同视角和层面感受到的东西，在画家头脑中形成一个整体的意象——"胸中丘壑"。因此，中国画中的空间意识，正是画家的精神投射和欣赏者的心灵自由。

第二节 书法绘画艺术发展举要

一、书法艺术发展举要
1. 从实用到审美

原始的刻画符号、陶文等，亦字亦画，虽然粗简拙朴，但从中可以看出先民们对世间万物仰观俯察，已有了一些简单的审美观照，并把它寄托在这些刻画的线条和造型里。直至很久以后的甲骨文、金文，还包括秦汉时期的一些篆书、隶书以及后来一些经生抄写的经卷等，尽管是美仑美奂，并不逊色于后来的许多艺术杰作，其实对当时的书写者来说可能只是出于记录或实用装饰的目的，即使有一些技法经验的感悟和总结，也还没有上升到自觉的审美意识。因此，这一时期的美处于混沌启蒙和朴茂兴起阶段。

"隶变"是汉字形体演变中的一个最重要转折点，在字体上彻底摆脱了象形，实现了纯符号化。而对于书法的意义不仅在于多了一种美的书体，实质在于解放了线条，为线条审美意识的觉醒和发展打开了"众妙之门"。篆书的线条和笔法比较单纯，提按顿挫的变化很小，到了隶书用笔中，这种动态变化和节奏感明显增加，大大提高了线条的可塑性和抒情能力。于是，到了汉末魏晋这段时期，具有明显审美意识和创作动机的书法艺术终于觉醒了。书法不仅作为实用的文字书写，同时又是可以通过这种书写来表情达意的一种艺术。

2. 晋代气韵

魏晋南北朝时期，政治上分裂、混乱，知识分子在苦闷和穷通性命哲理中幻想摆脱社会意识形态的羁绊，释放理性精神的能量。于是，玄学盛行，再加上佛教东渐，道学在独尊儒术的风潮过后，又成为文人士夫中的时尚。反映到人物和艺术品评上，一种清丽俊逸的气韵成为最高的审美追求。在书法领域的显著标志是"二王"书体和王羲之书圣地位的确立。王羲之是新书体在艺术上的确立和完善者。他的楷书完全摆脱了隶书的流风余韵，改波磔为提顿按捺，结构上易扁为方；草书与隶书差不多时候出现，称为"草隶"或"隶草"，后来又叫"章草"，相当于隶书的简捷写法，王羲之也去其波磔，变为更流畅便捷的"今草"；而王羲之的《兰亭序》则被后世尊为"天下第一行书"。从总体来看，就是由三代和秦汉的古朴走向清逸，拙稚走向俊秀。而其子献之则在乃父"内撅"（折笔）法的基础上，运用"外拓"（转笔）技法，强化了线条的使转性情和向外张力，动感更加明显。他有时笔势连贯一气呵成，极为抒情畅神，为宋人米芾所谓的"一笔书"和后来的浪漫书风开了先河。

3. 唐代法书

代表书家有欧阳询、虞世南、褚遂良等。欧的险峻，虞的温润，褚的流丽，各有特色，但总的还是遵循了二王清朗俊逸的书风而发展为潇洒流丽为主的审美风尚。

中唐的代表人物，草书有孙过庭、张旭、怀素等。张旭、怀素皆好酒，世称"颠张醉素"。张旭自称其用笔是见公主与担夫争道而得其意，观公孙大娘舞剑器而得其神。怀素自叙"真出于钟繇，草出于二张（汉张芝和唐张旭）"。他们都不拘于二王，而在张扬"性情"的基础上创造出奔放激昂、连绵回绕的狂草。张旭明显开一代雄风，传为他的代表作《古诗四首》提按顿挫强烈，结体开张，跌宕宏丽，全篇如疾风骤雨、奔蛇走虺，以巨大的气魄、高昂的精神，展现了一幅幅生气勃勃、雄伟壮丽的景象。

在行草方面，主要有李邕和颜真卿。颜真卿初学褚遂良，后得笔法于张旭，线条如"屋漏痕"，中锋沉着，凝重有涩意，突破了二王及初唐细劲遒丽的笔画形式。颜字点画厚重，因此结体就要放宽，向外拓展，整个风格宽博浑厚，雄秀酣畅。以颜书为标志的新的审美标准完全确立。唐代楷书成为"尚法"的典范，尤其是到了颜真卿和后来的柳公权，其规矩方圆便到了极致。

综观盛唐书法，有两个相反相成的特点。这是个艺术上开放的时代，在形成秩序、极则的同时，并不乏豪情壮思的挥洒。唐代既有欧、颜、柳这样的楷法极则，又出现了"颠张醉素"这样的狂草怪杰。以颜体为代表的唐楷是把盛唐那种雄豪壮伟的气势和情绪纳入规范，即严格地收纳凝练在一定的形式规格中，使之成为可学可至的人工美；而张旭、怀素的狂草大书，那种"脱帽露顶王公前，挥毫落纸如云烟"和"忽然绝叫三五声，满壁纵横千万字"的情状，乃是令人可惊可叹的天才美、纯情美。颜真卿的行草书，特别是《祭侄稿》墨迹，那种用枯笔渴墨宣泄出来的悲愤之情、郁勃之气是那么感人至深。唐代的美，实在是壮丽多姿的。

晚唐到宋初，柳公权、杜牧、杨凝式等人都是综合前人的代表书家。这一时期流行的遒劲美风格，是初唐潇洒流丽与中唐浑厚豪放的融合。这也是事物发展正、反、合的必然规律。

4．宋人意造

宋初最有影响的书家是蔡襄，他的书风"如少年女子"，影响到整个书坛。而苏、黄等人提出的审美观和"无法"的创作态度，为创新变法奠定了理论基础。他们都宣称"我书意造本无法"，并强调字如其人，强调个性，强调学识修养，认为"识浅、见狭、学不足三者，终不能尽妙"（苏轼语）。所谓"意造"，即主观处理意识，它是宋代书法革新运动的纲领性口号。

于是，书法开始有意识地变形夸张。苏字结体亦方亦扁，左低右高，撇捺重而有波磔，大小参差，如群鸿翔天，翩然矫健。黄庭坚兼擅行书与草书，点画线条一笔之中提按擒纵，起伏荡漾，富有生命的节律；结体内紧外放，纵横捭阖，以侧险为势，以横逸为功，老骨颠态，种种槎出。米芾则自称"刷字"，或圆浑或劲利，如"风樯快马"，字形也时时倾侧，摇曳多姿，更有"一笔书"，痛快淋漓。

5．元明复古书风

赵孟頫书法点画温润停匀，婉美精熟；结体清俊遒美，雍容闲雅，章法行款则端正整齐，可谓集古今妍美书法之大成。另有鲜于枢、康里子山、饶介、宋克、沈度、解缙等一大批书家，也是力追二王，并受赵孟頫的影响。但二王书法实际已经绝迹，他们能学的也只能是唐人摹本，更多的可能还是宋人刻本。其结果是笔画圆润停匀，结体章法秀丽齐整，变化越来越少，逐渐成为一种易学而实用的书体。到了明初，经过进一步整饬，一种乌黑光挺、千篇一律的"台阁体"（清代称"馆阁体"）就出现了，代表书家是钦封的"当朝王羲之"沈度。这种"馆阁体"就成了科举考试的标准书体。

明中期以后，有书家又对复古运动进行反省，主张拓宽取法范围。董其昌行草书笔画含筋裹骨，婀娜而不失刚健，字形上紧下松，寓挺拔遒媚于豪放之中，字距行距开阔，空灵朗畅；并喜用淡墨，表里莹润，神韵溢出，令人有清风出袖，明月入怀之想。董不愧为帖学大师，影响被及清代。但其后二王一路的帖学就走向了末路，不久清代的碑学兴起。

6．明末清初浪漫（叛逆）书风

主张"独抒性灵，不拘客套，非从自己胸臆流出不肯下笔"的创作原则。这样的环境和思想潮流激励了书法家的创作自由意识，一场具有划时代意义的革新浪潮又应运而生了。天池山人徐渭开其端，倪元璐、张瑞图、黄道周、王铎、傅山继其后，一时间风起云涌，波浪壮阔。

革新派书家认为"作字贵在天倪",即情感的自然流露,把抒情看作是凌驾于美丑之上的最高审美标准。傅山甚至大胆提出了"四宁四毋"的口号:"宁拙毋巧,宁丑毋媚,宁支离毋轻滑,宁真率毋安排。"这些观点否定了元代复古派的如法炮制,也否定了综合派的尽善尽美,与宋代革新派在理性支配下的主观"意造"也不同。他们强调的情感宣泄,对艺术风格在多元基础上的极端发展起了振聋发聩的启蒙作用,虽然有点矫枉过正,但非此不足以挽狂澜于既倒。

徐渭的草书点画纵横隳突,狂放不羁,作品中局部的技巧不计工拙,一切服从于整体的审美效果,让人只看到线条的缠绕和点的迸溅,感受到作者那愤懑的倾泻、痛苦的呼号和血泪的挥洒。徐渭作品中奔放激越的情感和排山倒海的气势,在书法史上堪称空前绝后。倪元璐的书法"新意妙理尤多",除了气势博大之外,笔画变起伏于锋杪,似屋漏痕震颤而下,多有枯涩之笔,似万岁枯藤,在生辣疾劲中充满了苍茫浑朴的金石之气。结体则上紧下松,有"若将飞而未翔"的生动姿态。王铎和傅山都擅长于连绵大字,夭矫翻腾,大气磅礴。王铎书法传统功底极其深厚,用墨则润燥相间,很有节奏感,尤其敢于用涨墨块面与线条形成强烈的对比,丰富表现力。结体章法不只是着眼于单个字,往往以数字甚至一行为单位,似乎字字不稳,而整体组合则平正之至。

7. 清代碑学

清初以来,"文字狱"如悬在文人学士头上的利刃,吟诗作文稍不留神就会招来横祸。他们的才智无处发挥,便转向与世无涉的金石考据之学,开始以文献,后来又以出土文物证文献。于是,各种金石铭刻作为史料越来越引起人们的重视。石碑墓志上的字,不像法帖那样经一代代反复摹刻,以至去真迹甚远;并且,造像、墓志、碑碣、摩崖多为两汉和南北朝时的作品,当时字体正处在发展变化的转折时期,虽不成熟,但也没有陈规陋习,充满朴素真实的情趣,正像未经雕琢的璞玉,虽然粗糙,但可以发掘利用的成分很多。观摩这种作品,个人的想象和艺术造境能力容易被激发起来,最后借助它的形式,完成自我风格。这正是当时摆脱帖学困境的新的传统资源。与法帖相比,碑刻书法形式更多样化,风格以雄强、豪放、粗犷、拙稚为主,也与法帖形成鲜明对比。书法艺术的表现形式得到了空前的拓展。

邓石如是碑派书法的开山祖,他的贡献在于用笔,一反帖学书法用笔顺行使线条比较光滑和中部空怯的特点。作为一个篆刻大家,他"书从印入",写字用刻印刀锋顶着石面运行的道理,使笔头顶着纸面逆行。结果,辅毫自然逸出,线条两边起伏毛糙,产生了类似摩崖刻石上风雨剥蚀的效果——苍茫浑厚。这种用笔和线条打破了赵孟頫"用笔千古不易"之说,继承和开启了二王以后绝迹的碑版书风。

邓石如之后,何绍基、尹秉绶、赵之谦、沈曾植、康有为等各擅胜场,把碑派书法推向高潮。

二、中国画艺术发展举要

1. 夏、商、周时期

夏、商、周时期的绘画,人们主要从一些器皿上的铸刻纹样中去揣测。这些铜器上的纹样大约可以分为水浪纹、连锁纹等几何图案和鱼鸟走兽等动物模样,形态拙稚古朴,线条浑练,富有金石气息。但在考古发掘中人们也看到了春秋战国时期的"人物龙凤帛画"和"人物御龙帛画",系用毛笔勾勒线条,可见当时对人物表情与动态表现的观念和技巧都有了很大的进步。这是目前所知我国最早的人物画。

2．汉朝绘画

人物画到了汉代已很发达。据史传，汉武帝甘泉宫画有天地太一及诸鬼神像，又于明光殿壁上涂胡粉，施以青紫界线，画古烈士图。宣帝时，画功臣十一人像于麒麟阁。鲁灵光殿中画天地品类、群生杂物、奇怪神灵等。当时民间门户上也流行画神像。元帝时，设立宫廷画院，罗致画家为帝室服务，还流传有画家毛延寿因受贿而丑画王昭君，最后被杀头的故事。至东汉，明帝亦颇好文雅，设画馆，使图写经史故事，又创办鸿都学，集天下奇艺，画家即其中主要人物。不过，这些画家的作品人们已无从窥见，汉代绘画流传至今的，也还是一些考古发掘的帛画、墓室壁画和画像砖等。东汉时期的画像砖（石）所描绘的是一幅幅社会生活的景象，内容主要是播种、收割、打猎、制盐、邸宅及歌舞杂技等，也有幻想而来的神仙灵界，其形象往往是人与禽鱼鸟兽的结合，反映了汉代丰富活泼的宗教生活。这种人神、人兽之间的幻想形象，一方面说明了人对大自然的崇拜敬畏，一方面也是人们希望借此得到动物和神灵之助而获取支配自然的更大能力。

3．魏晋南北朝时期

到了魏晋，虽然仍有一些强调礼教功能的言论，但绘画本身的语汇和审美功能被突出地发展起来。这一时期出现了象曹不兴、卫协、张僧繇、陆探微、顾恺之、宗炳、王微、谢赫、姚最等大画家和理论家。

顾恺之于画技画论两方面都展示出天才。玄学思想、人物品藻和绘画实践的发展，使得原只从哲学上探讨的"君形"思想引入绘画领域，使之理论化，对于形神关系提出了精到的见解。他在创作中也是这样做的，如他在为"俊朗有识具"的裴楷画像时，特意在面颊上添了三根毛，使其面颊略显下凹而清瘦，以突出其"神明"，引导观者由人物面貌去联想其性格特征。顾恺之的作品线条均匀而有节奏，被称为"春蚕吐丝描"。

传神论主要是针对人物画而阐发，但作为一个重要的美术理论范畴，一旦确立，其效应必然扩展到其他画种。山水画乃中国画之大宗，中华民族注重人与自然的亲和关系，山的境界、水的情怀始终是中国人的审美追求。在先秦哲人那里，山水就被赋予了人格精神。汉画像石中可以看到山峦重叠、林木森然的画面，但这些山水画面仍然是人物的附庸。魏晋时期山水画虽然还很幼稚，作品也基本没有保留下来，但山水画开始显露独立的趋势，山水画理论也已发端。宗炳《画山水序》作为早期的山水画专论，既谈了对自然山水的看法，又谈了对山水画的认识。他从老庄哲学的"涤除玄览"提出必须"澄怀"才能"味象"，才能从山水之象中"观道"。他将"含道映物"与"澄怀味象"作为一个统一的过程，使主体所体味的"道"与山水宇宙中蕴涵的"道"相沟通、相冥合，即天人合一。王微认为山水画与书法一样具有生命律动的形式，强调画家主体的能动性和用笔的重要作用，阐述了山水画"悦情愉性"的审美效应。《画山水序》和《叙画》的出现，标志着山水画理论的形成。

从刘宋王朝的覆灭到隋统一这大约一百年时间里，绘画理论上最重要的成就是谢赫"六法"的总结提出。谢赫着眼于绘画的象内之法，提供了一套系统的、专供衡量画艺优劣的标准，虽然后人在理解上各有所得，但它对中国画创作和审美的指导作用始终没有动摇。另一理论家姚最作《续画品》，则重象外之意，通过"意求"来表现作者主观精神世界，对后世文人画的兴起具有重要的启迪意义，实际也成了写意绘画的理论基础。

4. 隋、唐绘画

隋朝短暂，传有展子虔《游春图》，为迄今能见的最早的山水画。大唐治世三百年，期间画家辈出，其中吴道子、李思训、王维三人最具有代表性。

唐以前山水虽已有之，但比较死板，图案化。唐初，画法有所进步，用细线描写对象细部，称为"铁线描"，喻其细而硬。还有一种稍委婉的称"游丝描"，谓其活泼柔美。这样的线条很均匀工整，但难以充分表现笔意生趣。吴道子在此基础上开始用写字般的笔法来描线，加强轻重快慢的对比和变化，一视对象的特点和主观感受而定。故其线条富有节奏生趣，人称"吴带当风"，虽然说的是人物画线条，但以这种线条来写山水，也更能突出个性，富有写生的意趣。故山水画技法的进步，与线条的突破也是分不开的。

李思训和王维是山水画开宗立派之祖。李为唐宗室，所画着色山水，用金壁辉映，自成一家之法，其子道昭稍变其父之法，世称大小二李。吴道子也擅山水，但吴是简笔，李是工笔，不过这工笔不似以前的刻板，却从自然中来，能生动。继李思训画风的，有宋代的赵干、赵伯驹、赵伯骕、李唐、刘松年、马远、夏珪等，即后人所谓的"北宗"或"北派"。王维的山水画则别树一帜，用水墨渲淡，自然清新，富有诗趣。"摩诘之诗，诗中有画；观摩诘之画，画中有诗。"明董其昌将王维定为"南宗"之祖和文人画之始，其画风之承继者有五代和宋的董源、巨然、米家父子，及元四家等。

唐代的绘画是多向发展的，除山水画之外，宫廷人物、仕女画、动物画以及宗教性的神佛画等都取得了杰出的成就。如宫廷画家阎立本的《历代帝王图》、《步辇图》和《职贡图卷》，画圣吴道子的《送子天王图卷》，张萱的《虢国夫人游春图卷》，周昉的《簪花仕女图卷》等都是人物名画。马成为唐代画家重要的绘画题材，画马名家很多，最有名的是韩干。牛则是古代农业社会的重要劳动工具，其性温顺敦厚，是勤劳、忍耐和顺从的美德象征，韩滉画牛最为有名，《五牛图》为其传世名作。

敦煌壁画是在一千年间经过历代画家完成的，经北周、隋以后，一进入唐代，我们可以发现，北魏以来的印度画风，已转变成成熟的中国式佛教艺术。唐代的菩萨画是用流畅的线条勾勒的，衣纹和飘带非常柔和，手指纤巧灵活，神态安详。在唐代画家笔下，菩萨也由印度原来的男性形象而被女性化了，中国人把菩萨的慈悲更多地与母性的慈祥联系起来，所以神情特别柔美。以现实生活为题材的世俗画大量进入以佛教为主题的绘画中，把原来印度的宗教画转变成中国的风俗画。这些风俗画基本以描写宫廷生活为主，当时的宫廷绘画也非常发达。

5. 五代时期

五代时期的山水画形成了鲜明的地域特色。五代是分裂的局面，居住在不同地区的画家以不同的山水风景作为写生画画的对象，结果产生了不同的画风。北方多大山，崇山峻岭，作品中就出现了大山陡立的构图，山体以方峻的石质为主，树木多为枯木寒林。如居住在太行山的荆浩及其学生——居住在关陕地区的关仝就是典型，《匡庐图》、《关山行旅图》分别是他们的代表作。而江南地势比较平缓，河流较多，气候温暖，草木丰茂，所以南方画家，如董源，画的山大多是圆浑的土坡，树木茂盛，《潇湘图》、《夏山图》、《夏景山口待渡图》等画就是典型的江南景色。董源的学生巨然的《秋山问道图》、《万壑松风图》等画的虽然是直立的大山，但也是圆浑的土质。唐代山水大多还是用线条勾勒轮廓，到了五代，出现了"皴"笔，皴擦点染，以增强山石的阴阳向背和纹理质感，"皴"成了中国山水画的重要技法，以至后来有以不同的皴法来称名不同的名家流派的，像董源、巨然的"披麻皴"，就成为后来南宗山水的重要技法特征。

南唐李后主的宫廷画家顾闳中的《韩熙载夜宴图》是南唐描绘贵族生活的重要作品；宗教画方面，有西蜀和尚画家贯休的《十六罗汉图轴》是名作。

花鸟画在五代也出现了具有代表性的画家。西蜀宫廷画家黄筌画风细致工整，其《写生珍禽图卷》对多种虫鸟的姿态描绘非常写实。其子黄居寀继承黄筌的画艺，其《山鹧棘雀图》也很注意对鸟的动态的把握。另有江南布衣画家徐熙，继承唐王维、张璪一类的落墨法，创造出水墨淡彩的花鸟画，与黄筌双钩填彩的华丽画风有所不同，人称"徐家野逸，黄家富贵"，开创了两种不同的艺术风格和派别。

唐五代画论数目虽不如书论多，但其成就不可低估。从张怀瓘的"神、骨、肉"标准和"神、妙、能"三品论画到朱景玄的"神、妙、能、逸"四品论画，再到张彦远的"自然、神、妙、精、谨细"五等标准，表明了谢赫"六法"以来绘画批评进一步发展的轨迹。张璪的"外师造化，中得心源"是姚最"心师造化"理论的进一步完善。特别是张彦远对"六法"的新阐释，对笔法技巧不同类型的区分，对山水画风格演变的论述，对画家师承源流的分析及荆浩《笔法记》围绕"图真论"归纳出的"气"、"韵"、"思"、"景"、"笔"、"墨"六要，"神"、"妙"、"奇"、"巧"四品，"无形"、"有形"二病，"筋"、"皮"、"骨"、"肉"四势，明确而成体系，显示了绘画美学一步步迈向成熟。

6. 宋代绘画

宋代理学占统治地位，理学中有一派特别重视儒家的"格物"精神，反映在绘画上则是非常讲究描绘对象的"物理"，因而就产生了非常写实、严谨的画风。如北宋初期的花鸟画家崔白的《双喜图》。另外，如赵昌的《岁朝图》、王凝的《子母鸡图册页》、李迪的《鸡雏待饲图册页》、李嵩的《花篮图册页》、林椿的《果熟来禽图册页》等都是宋代工笔写实花鸟画名作。

宋代的"格物"精神不仅体现在小小的一花一鸟身上，也扩大成为对宇宙自然的观察研究，从而产生了中国绘画史上最宏伟壮丽的山水画。经过五代荆、关、董、巨四大家，山水画已经走向成熟。李成是画枯木寒林的高手，枝干劲健有力。他住在山东，所以画的多半是这一带的丘陵。范宽住在陕西，他的画表现的是关中高大矗立的山。他的旷世名作《溪山行旅图》，占画面三分之二的正上方就是一座方正雄伟的大山，他用细密的"雨点皴"来表现岩石的坚硬粗糙，山顶小树密集。郭熙是北宋中期的杰出画家，他的名作《早春图》描写的是春天刚刚来临，冰雪融化，山里有一种暖气在流动，树木都等待着发芽了。他用一种屈曲的皴法来画岩石，看起来像卷曲翻滚的云，这就是有名的"卷云皴"。其画论名著为《林泉高致》。北宋的山水名作还有如王希孟的青绿山水画《千里江山图》。北宋最后一位山水画大家是李唐，他的《万壑松风图》所用的皴法叫"斧劈皴"，表现非常结实坚硬的岩石。南渡后，李唐的画法对南宋诸家影响很大。马远画树喜用拖枝，细长摇曳，也是秀气的。夏珪的传世作品如《溪山清远图》，马远的名作如《踏歌图》、《山径春行图册页》等。

北宋张择端的《清明上河图》举世闻名。这张画精湛的写实画技自不必说，就其内容来说，非常细致地记录了宋代京城的生活，是一张杰出的宋代城市风俗画。与唐代主要画帝王、贵族不同，宋代有不少表现普通人日常生活的人物风俗画，如李嵩和苏汉臣喜欢画的《货郎图》、《秋廷戏婴图》，李唐的《灸艾图》等。宋人也画佛像、罗汉，但也平民化了。南宋梁楷喜作泼墨写意人物画，其《泼墨仙人图》、《李白行吟图》笔墨不多，却神态俱现，在工整严谨的宋代画风下，可谓别开生面。写意人物画在宋以后也漫漫发展起来了。

唐宋画家中不强调特别的技巧，不要求严格的写生，而要求画家要读书养性，培养高尚的道德情趣和开阔的胸襟，使笔墨不俗，意境高远，这就是所谓的"文人画"。北宋米芾和其子米友仁也是著名的文人画家，他们用浓淡相破的水墨点染出云雾和烟雨中的山水，人称"米家山"。牧溪也用水墨晕染的方法画山水。宋亡后有文人画家郑思肖（所南），喜画兰，他还提出了"君子画"的概念，以画象征气节和人格；龚开擅画鬼，有《中山出游图卷》，画的是钟馗嫁妹，他画的马瘦骨嶙峋，与一般的趣味不同。这些画家的画作和画法似乎都对时事有所寄寓。

宋以后，文人画实际上成了中国画的主流，原来适合于表现宗教、政教的人物画的地位削弱了，色彩浓丽的画也不被重视了，而适合于愉情悦性的山水兰竹和水墨画唱起了主角。郭若虚在其《图画见闻志》中提出的"气韵非师"说也认为"气韵"已超越了技法性层次，只能"默契神会，不知然而然"，靠体会修悟，而不是像"法"可以靠师承得来。郭若虚还突出强调了画家的人品与画品的关系，人品高，气韵就高，人品低，画的气韵格调也低。这些论调都说明了宋代对人文精神的重视，文人画正是在这样的氛围中得到发扬光大的。

7. 元朝绘画

宋亡后，钱选和赵孟頫为画坛领袖。钱选在宋亡后隐居了起来，他主张"复古"，力图恢复唐代画风，有《桃枝松鼠图卷》、《杨贵妃上马图卷》和山水画《浮玉山居图卷》等传世。他倡导"士气说"，以摆脱画工的"行气"、"匠气"，追求一种文人理想的精神品格。赵孟頫的"古意"说虽有崇古的因素，但更重要的还在以他所树立的理想模式为追求，通过广泛地师承古人优秀的东西，以表现自己的艺术个性。事实证明，在他的影响下，元代山水画是开启了一代新风。他擅画马，《调良图》等作品线条细致工整，继承了唐代画马的传统。

元代蒙古统治者实行民族歧视政策，汉族文人在政治上没有什么出路，孤愤之下，只好寄情山水，因而文人山水画取得了空前成就。其杰出代表就是元四家：黄公望、吴镇、倪瓒、王蒙。他们基本是继承董、巨，但各有创造特色。吴镇，字仲圭，号梅花道人，用笔苍劲，给人以厚重感，除山水外，又长于墨竹；黄公望，字子久，号大痴，他的长披麻皴则松秀而富于变化，他在富春江一带住了很久，长卷《富春山居图》就是这一带景色的写照；倪瓒，字元镇，号云林，性情孤僻，他的画笔墨枯淡，惜墨如金，画面简洁干净，构图常常是近岸山坡，几棵疏树，一座草亭，远处是淡淡的远山，一派荒寒冷寂的意境。时人称他的画风为"天真幽淡"，在四家中是最富个性的。倪瓒的画和论画言论可谓文人画及其理论的典型，在《答张仲藻书》中又说："仆之所谓画者，不过逸笔草草，不求形似，聊以自娱耳。"唐朱景玄的"逸品"，宋黄休复的"逸气"，更是将"逸"作为重要的品评标准。但在元代之前，还未有人明确说过绘画的目的是"聊写胸中逸气"。绘画作品是画家胸次的表达，画中形象不过是画家主体心境、情感和思绪的自然表征。与前人相比，倪瓒把画家的主体感受提到了首位。王蒙，字叔明，号黄鹤山樵，他的画有一种细密的皴法，称为"牛毛皴"，略粗而卷曲松散的皴法，像松散开来的绳索，人称"解索皴"。与倪瓒的简淡清旷不同，王蒙喜欢画得茂密苍郁，如名作《青卞隐居图》，山峰层层叠升，像一群翻滚的云，宁静中又充满动感。

8. 明代绘画

明代画家开始重新参合入世精神来描绘自然和社会。元代山水描写的是宁静的山水，像倪瓒的山水画中甚至从来不画人，没有人的活动。明代的一些画家比较注意在山水中生活的人了。如戴进的《渔人图卷》、吴伟的《渔乐图卷》，画的重点似乎已不是山水，而是在山水中或努力劳作或游乐闲坐的人。明初戴进原为画院中人，承继马远画风，独树一派，即所谓"浙派"，后继者有吴伟、张路，及明末清初的蓝瑛等。周臣及其门下高足唐寅（字子畏，又字伯虎，号六如）与仇英，承继李唐、刘松年，其中唐寅画兼南北宗之长，山水、仕女画都很有名，被称为"江南第一风流才子"。

当然，文人画在明代仍然是大宗。沈周，字启南，号白石翁，世称石田先生，他书学黄山谷，山水画用笔接近吴镇，风格沉稳深厚；文征明博学善书，师石田及山谷，又取法赵子昂，吴镇等。他们二人为"吴门派"的代表。董其昌是松间华亭人，人称"松江（华亭）派"，他的山水画主要学黄子久，又远师董、巨。他竭力推崇董、巨和元四家，提出了著名的南北宗论和系统阐发了文人画理论。南宗和文人画经过他的鼓吹和身体力行，遂对清代山水画（尤其是清初六家）产生了重大影响。

明代著名的花鸟画家还有林良、陈淳、徐渭、周之冕等。尤其值得一提的是"青藤白阳"的泼墨大写意。陈淳（白阳）、徐渭（青藤）都以水墨大写意作花卉，激情奔放，水墨淋漓。徐渭的画与他的书法一样狂放不羁，于无法中有法，乱而不乱。陈鸿寿（老莲）人物、山水、花鸟俱精，画风静逸高古。

9. 清代绘画

清初六家乃"四王、吴、恽"。"四王"指王时敏、王鉴、王翚、王原祁，吴即吴历，他们的共同特点就是以拟古为目的，把南宗山水程式化，被后人称为"八股山水"，认为是文人山水画的末路。但他们把笔墨锤炼到非常老到的程度，也有一定的可取之处。恽寿平字正叔，号南田，又号白云外史，他的主要成就在没骨花卉，明丽秀润，成为当时主流。

明末清初"四僧"渐江、石溪、朱耷（八大山人）、石涛则与"四王"形成鲜明对比。八大和石涛都是明王室后裔，明亡对他们的打击很大。八大的大写意花鸟画非常简练概括而能生动传神，构图有时很奇崛，如画石头往往上大下小，给人以摇摇欲坠之感，画鱼或鸟的眼则眼珠上翻，似乎冷眼看世道。山水画喜用枯笔渴墨，也是一派荒凉冷漠。寄情笔墨，八大是很典型的，从他的画中我们可以感受到其孤独、悲愤、狂傲的心情。石涛山水笔墨自由，他游览八极，又与另一位画家梅清都在黄山住了很久，石涛自谓"搜尽奇峰打草稿"，又反复强调"法自我立"，"我自用我法"，所以，他的画富有创造性。石涛不仅是杰出画家，他的理论著作《画语录》，在汗牛充栋的清代论画著作中，也是最值得注意的。渐江画风清逸峻雄，以画黄山著名，他的画也比较简洁明净，给人孤高寒冷的感觉，恰与石溪的繁复温暖、气韵苍浑形成鲜明对比。

扬州地处南北东西交通要道，贯穿南北的大运河经过这里。清初人口增长，这里的盐业大发展，并带动商业的发达，使之成为东南大都会，富居全国之首。经济的繁荣给这个城市带来勃勃生机,也给这里的人们带来了解放思想、敢于树立自我的契机。扬州又是"法我派"首领石涛晚年活动的地方,他对扬州画家产生了巨大影响。同时,有钱的商人们也以收藏书画为风雅时尚。因此,一批画家云集扬州,以卖书画为生。以郑燮(板桥)、金农(冬心)、李鱓、李方膺、黄慎、罗聘、汪士慎、高翔等为代表的"扬州八怪"就是这样一些画家。他们都强调作画要抒发自家真性情,树立个人面目,性之所至,笔之随之,无法无派,"无今无古"。华嵒(新罗山人)的没骨画法、高其佩的指头画法也各有特色。另外,明清时期人物肖像画达到了很高的成就。

清末民初,上海成为大都市,画家云集,形成了"海派"绘画。赵之谦、三任(任熊、任薰、任颐)、虚谷、吴昌硕等是杰出代表。赵之谦写意花卉、蔬果笔力劲健,色墨饱满浓丽;三任花卉、翎毛、人物、山水皆擅,又精人物肖像;虚谷和尚用笔挺涩,画风简逸;吴昌硕的大写意花卉、蔬果笔墨厚重,构图常用左低右高或右低左高的倾斜结构。他是在诗、书、画、印四方面都取得突出成就的近代大师,对近现代金石书画影响很大。吴湖帆山水追踪宋元,功力深厚。还有江寒汀的"江派"小写意花鸟画。他们对海上绘画影响也很大。

第二十章 音 乐 美

第一节 音乐艺术的特性和审美的层次性

一、音乐是——时间艺术

音乐是一连串乐音组成的音响,在时间过程中呈现、展开、再现以致完成。音响停止了,音乐也就停止了。音乐在时间过程中展开并受到时间的制约。由于音乐是时间艺术,具有转瞬即逝的特性,所以欣赏音乐需要敏锐的反应力和牢固的记忆力。

二、音乐是——听觉艺术

音乐只有通过听觉才能感受到。对于音乐,听觉无比重要。耳朵人人都有,但并不是人人都具有音乐的耳朵。马克思说过:"对于非音乐的耳朵,最美的音乐也是没有意义的"。有健全听觉的人,未必都能很好地领略音乐。但音乐的耳朵并非天生,它的的形成与发展得力于后天的培养和训练,主要途径是音乐欣赏的实践。也就是说,音乐的耳朵是由它的对象音乐艺术所造就的,音乐的感知能力只有在大量聆听音乐的欣赏实践中才能发展起来的。

三、音乐是——表演艺术

作曲家把他的构思写成了乐谱,但乐谱还不是音乐。乐谱在演唱家、演奏家表演之前,实际上只是一堆纸。这是音乐艺术很重要的特性。同首音乐曲目由不同风格、才气、特长、修养的表演家表演,可能产生不同的、甚至截然相反的效果来。因此,表演家对于乐曲的诠释、理解、处理和表现,被认为是艺术的二度创造。这就是为什么音乐(特别是戏曲)上有这么多流派的原因。

当然,表演家的表演,不能是随意的,他总要受到作品本身的制约。也就是说,受到作曲家所编织的情感、构思和内容的制约。没有这个制约,就没有了前提。但音乐本身同时也留有广阔的天地让表演家去驰骋,去发挥,去创造。一个好的表演家,可以使平庸的作品听上去很优秀,但这只是假象,不会有生命力的。优秀美好的作品则常常吸引表演家在创造过程中做出特殊的独特的诠释,从而使作品的内涵得到延伸、扩展、升华,使作品光芒四射。

四、音乐是——表情艺术

海涅说:"语言停止的地方,才是音乐的开始"。音乐是表现感情的艺术,是人们进行心灵交流的工具。音乐之所以成为人们生活中不可或缺的艺术,就是因为音乐关于表现人的感情,抒发人的感情。作曲家用他的音乐向听众说话,向人们诉说,听众则以自己相似的感情体验的联想来感受作曲家的倾诉,从而使自己的心灵引起了共鸣和激动。欣赏者正是通过这样一种心灵交流参与了整个欣赏活动,参与了创造。现代接受美学正是这样认为:欣赏者在整个创造过程中绝不是局外人,他们通过表演家的二度创造,接受了作曲家从音乐中所传达的信息，经过欣赏者主动积极地参与，完成了欣赏活动的全过程。

所有的艺术都是表现感情的，但音乐艺术的感情表现却有它特殊的不同于其他艺术的地方。首先是音乐的音响运动形式同人类的生命活动形式（即人类的生理活动、劳动等，人类的心理活动、感情的表达）在一定程度上是相吻合的，生命活动可以用节奏的模拟、旋律线条的起伏伏、和声位置的疏密等音响运动形式而被人们所感知。这种表现具有直接性的特点，欣赏者可以不假思索地直接从音响运动中感知这种感情。作曲家说的，我们听到了、领会了。这种音乐的直接性，使音乐产生了巨大的感情力量。

其次，音乐和其他艺术比较，感情表现在艺术整体中所占的比重更大更重要。音乐所能表达的是作曲家对客观事物的感情反映和心灵体验，并把这种反映和体验概括成为典型的音乐音响抒发出来，向欣赏者袒露胸怀，音乐成为作曲家的表白、向往和憧憬，这使音乐具有了强烈的抒情性。正是音乐有长于表现、长于抒情的特点，因此音乐成了人们精神生活中的知音和朋友。音乐以它的抒情性激起了人们的感情波澜，音乐以强大的艺术感染力渗透到人们的感情领域中去，使人们产生了一种不可名状、不能言传的心灵震颤。

五、音乐欣赏的层次性

一般说来，音乐欣赏由低级到高级，由简单到复杂，大致可分为三个层次。

初层感官的欢愉。这阶级的欣赏以悦耳为主，强调音乐的娱乐性，以感官的享受为其前提。应该说，音乐之所以吸引人，特别是流行歌星演唱会有那么大的欣赏群，是和音乐的娱乐性和强烈的节奏刺激分不开的。这样的音乐由于浅显易懂、旋律优美、节奏活泼等特点，为人们所喜欢并被吸引。听这种音乐不太费脑筋，又有消除疲劳、解脱烦恼的功效，因此很受欢迎。这层次的音乐欣赏如果不再提高，长此以往，则颇有"堕落"的危险。因为这类音乐作品中大有低级的噱头和哗众取宠的东西。这类作品听多了，会污染精神，蒙蔽心灵良知，最终封闭了通向艺术的心路。人们只有在聆听音乐的过程中提高欣赏水平、修养和能力，才能进入到音乐欣赏的第二层次——感情的波澜。

这时，音乐不仅是悦耳的，而且是充满感情的，这正是音乐之所长。音乐以巨大的激情冲击你的心，你被感动了，被激怒了，悲伤得想哭，快乐得想笑。这样，会使你对音乐有新的感受和体会，你甚至会感到音乐实在太伟大了，它给了你以从未有过的那种感动和享受。但音乐欣赏是永不止息的。

第三层次——理性的感悟，人们对音乐的感觉完全变了。不再是抒情优美的旋律，不再是娓娓动听的音乐，可能有些音乐很粗野，很冷酷，很刺耳，如贝多芬的《命运交响曲》，那冷酷严峻的动机；柴科夫斯基的《悲怆交响曲》，那沉重的主题。这时，你的灵魂得到纯净，得到力量、鼓舞。正像伟大作曲家巴赫、莫扎特、贝多芬等创作出不朽的伟大乐曲，数百年来鼓舞着、伴随着人们，使人类的精神生活得到培育和滋润，他们的音乐包含着深刻的哲理，使你感悟振奋，从而表明了音乐的伟大力量。

当然，欣赏音乐的三个层次不是截然分开的，在各层次的交接处，交叉现象是很普遍的。同时有些乐曲本身就具有两个层次甚至三个层次的功效，同一音乐曲在不同时段听也可能有不同的效果。总之，三个层次的欣赏阶段只是给人们一个提醒，音乐是丰富的，多彩的，是无穷尽的，让音乐伴随着人们生活中的每一刻吧。

当人们休息时，音乐给人以欢愉；当人们忧愁时，音乐给人以慰藉；当人们拼搏时，音乐给人以支持；当人们以软弱时，音乐给人以力量；当人们工作时，音乐给人以想像；

当人们阅读时，音乐给人以舒适；……

音乐是人们自由驰骋的天地，是人心灵的家园。它在人心中唤起对母亲、祖国、大自然和爱情的向往和依恋，此情又是那样的浓烈持久，像美酒香溢四方。

第二节　中外名曲与音乐美的鉴赏

一、中国古典和亚洲名曲

《关山月》：是汉代乐府歌曲，用鼓角、铙及横笛等乐器伴奏的"横吹曲"，它是当时戍守边塞的将士骑在马上唱奏的歌曲。现存《关山月》曲谱据说是明末避难于日本的魏候（之琰）所传，1768年刊行于日本的《魏氏乐谱》，歌词是李白所填的"明月出天山，苍茫云海间……。"近代文学家王燕卿的《梅庵琴谱》中也有《关山月》一曲，调式和气韵与魏氏所传极近，但无歌词，后由杨荫浏等音乐工作者，把王氏所记之谱与李白的词相合，使之成为一道完整的歌曲。歌曲曲词纯朴自然，有北方民歌风味。

《胡笳十八拍》：汉代才女蔡文姬所作。蔡文姬，汉末文学家，文学家蔡邕之女。在兵乱中，被匈奴俘虏，后嫁于南匈奴的左贤王，生二子，曹操平定中原后，特派使赎迎文姬。归途中，文姬有感于阵阵哀鸣的胡笳，写了这首十八段长的长诗，叙说她悲苦的身世和思乡别子的情怀，后又谱上曲，就成现今的《胡笳十八拍》。《胡笳十八拍》的谱子最早是1611年孙丕显《琴适》中所记，全曲为六声羽调，情绪悲凉激昂、感人至深。

《阳关三叠》：又名《渭城曲》，产生于唐代。唐疆域辽阔，每年都要征集大量平民百姓去戍守边疆。诗人王维有感于哀怨的与好友离别之情，遂与《送元二使安西》一诗，后谱成曲。全曲共分三段，基本上是一个曲调变化反复三次，故称"三叠"。曲子音调纯朴、富于缴情、充分表达了作者对将远行的友人无限关怀，留恋的诚挚感情。

《念奴娇·赤壁怀古》：《念奴娇》曲调具有"高亢豪迈"的特点，不少人用这个词牌填过词，但真正能体现原调精神的词却只有苏轼的《念奴娇·赤壁怀古》，当时就有"关西大汉，铜琵琶，铁绰板，唱'大江东去'"的评语。这首曲子曲谱见于《九宫大成南北词宫谱》，整道曲子为散板，按词调分上下两段，后段基本是前段的发展，其曲调的起伏与歌词密切结合，有雄健豪放之气概。

《古怨》：是南宋词人、音乐家姜白石为探索隋唐时就流行的"燕乐调式"而创作的一首琴歌。南宋朝廷偏安江南，姜白石有感于国土沦丧，世事昏暗，又联想自己凄切的身世，于是创作此曲。曲子共分三段，第一段包括前奏、唱奏和间奏，具有琴歌风格；第二段是发展段，有坚定的节奏；第三段再现了首段音乐之后，转入波浪式下行；最后转入尾声。曲子音调质朴，行腔自然，听了令人平添无限凄清感概之情。

《满江红》：这是宋元时最流行的词牌之一。现流行的《满江红》曲调，本是和元代萨都剌的《满江红·金陵怀古》配在一起的，20世纪20年代，杨荫浏把此曲调与岳飞所写的《满江红》词配在一起，使曲调的情绪和歌词配合得更紧密，得以广泛流传。这首词分上下两阕，但曲调两段基本相同。在上阕，作者回忆了他过去转战南北的艰苦岁月；下阕紧接上阕发出"臣子恨、何时灭"的感叹，最后有奋起之意，"待从头，收拾旧山河，朝天阙。"词意"悲壮"。

《桔梗谣》：朝鲜民歌，又名《道拉基》。歌词源于民间故事：有一位名叫道拉基的姑娘，与一个青年雇工相爱。有一天，雇主要把道拉基抢去抵债，愤怒的青年杀了地主，但却又被关进了监狱。道拉基悲痛而死。第二年春天，在她的坟上长出了一朵紫白小花，人们把它称作道拉基花，并编成歌曲，即《道拉基》（桔梗是道拉基的意译）。但现在流行的《桔梗谣》与这个传说已有较大出入，这已是表现朝鲜妇女上出挖道拉基时的一种愉快的心情了。曲调舒展，与歌词情绪配合密切，体现了一种典型的朝鲜风味。

《樱花》：樱花这种植物是同日本联系在一起的。每年春天，当白色和红色的樱花漫山遍野汇成花的海洋时，去观花自然是一种享受，《樱花》这首歌就生动表现了日本人民趁三月春光结伴前往山陵赏花的喜悦心情。这首短小的歌曲虽只有两句话，但音乐形象十分生动，民族风味也相当浓郁。它采用了日本民间的"都节调式"，增四度的跳进；使听众把音乐同和服、木屐紧紧联系在一起。

《梭罗河》：好多人认为这是印度民西亚的一首民歌，其实它是印尼作曲家克桑1940年创作的一首歌曲。梭罗河是印尼爪哇岛上最大的河流，它发源于爪哇中部梭罗地区，流入爪哇海，入海口土地肥沃，农产丰富，航行便利，是爪哇的"谷仓"。歌以徐缓悠长的节奏，优美流畅的旅律描绘了梭罗河美丽的景色，表达了作者对家乡和祖国的无限热爱。在印尼这首歌家喻户晓，妇孺皆知，是爱国主义的代名词。

二、欧洲名曲

《广板》（绿叶青葱）：这是亨德尔的歌剧《赛尔斯》中的一段抒情性咏叹调。《赛尔斯》创作于1738年，叙述的是波斯王赛尔斯运用种种阴谋手段，企图占有其弟阿尔塞迈纳斯的恋人而未得逞的故事。全剧通过对波斯丑行的揭露和他以失败告终的下场，劝喻人们弃恶从善。《广板》出现于第一幕第一场，是赛尔斯在离宫花园里，见绿叶葱笼、树木成荫，触景生情唱出的对大自然的赞歌。这首曲子前面有十一小节是宣叙调，经过十四小节过门以后，这才是赛尔斯的咏叹调。整个咏叹调部分气息悠长，旋律优美、流畅。

《小夜曲》：这是舒伯特的声乐套曲《天鹅之歌》中最为著名的一首艺术歌曲。《天鹅之歌》是舒伯特在后期创作的一些没有出版过的歌曲集。舒伯特逝世后，人们把这些歌曲整理出来，编订成册。传说天鹅临死前必唱动听的歌，因此人们把这本书命名为《天鹅之歌》，以喻是舒伯特的绝笔之作。《小夜曲》是其中的第四首，它是舒伯特用雷尔斯塔布的诗于1928年谱成的。歌曲为d小调，3/4拍，开始有四小节用钢琴模仿吉它伴奏的引子，它给人们描绘出月亮升起在天空，一个小伙子抱着吉它在心爱的姑娘窗下弹奏，随后，唱出表达他爱慕之情的歌。随着感情的升华，曲调第一次推向最高音后，第一段就在追求、期待的情绪中结束。重复第一段后，转入D大调，情绪变得激动。但作者在这儿笔锋一转，预示着歌曲结尾，暗示求爱者听不到回答而感到痛苦，但仍在默默的期待中结束。

《摇篮曲》：古今中外以"摇篮曲"为题而创作的歌曲数不胜数，勃拉姆斯的《摇篮曲》应该是比较有名的一首。当时他在汉堡指挥一个女子合唱团，认识了女高音歌手法柏，勃拉姆斯非常欣赏她的才华，两人建立了深厚的友谊。10年后，勃拉姆斯听说法柏夫人生了一个孩子，就决定写一首摇篮曲向她表示祝贺。他记得法柏很喜欢维也纳风格的圆舞曲，于是一反常理（一般摇篮曲都用双数拍子），他却用三拍子，从阿尔尼姆和布兰丹诺的《儿童奇异号角》诗集中选出一首童谣，按维也纳圆舞曲的情调写成这首摇篮曲。这首曲子切分音的伴奏形式暗示母亲拍着孩子安睡的律动，旋律优美、恬静，表现了母亲深深的温柔。

《重归苏连托》：这是一首著名的那不勒斯风格的船歌。苏连托是那不勒斯不远的一处游览胜地，有"那不勒斯海湾的明珠"之称，也是文艺复兴时期著名诗人塔索的故乡，世界上许多名人如歌德、大仲马、拜伦等人都曾到此游览过。1902年，意大利总理朱塞佩·扎纳尔德里到苏连托视察，来之前，他曾答应在此建一所邮局，但来了之后却只字没提。为了委婉地向总理提出要求，库尔蒂斯兄弟想出了为总理写一首歌的主意，于是哥哥詹巴蒂斯塔写下了歌词，弟弟埃尔内斯托谱了曲。在晚会上，这首充满深情期待的歌深得总理赞赏，并使他想起当初的许诺，答应马上办理。之后，《重归苏连托》广为流传。

　　《我的太阳》：这是19世纪作曲家蒂·卡普阿的作品。在《罗密欧与朱丽叶》中有这样两行诗："是什么光从那边窗户透出来？那是东方，朱丽叶就是太阳。"这首歌就是用了这样的立意，把爱人的笑容喻为"我的太阳"，以赞美太阳来表达真挚的爱情。歌曲的前半部，在富于歌唱性的中音区，歌者发出赞叹；后半部的高音区则奔放热情，深切感人。这首歌曲调流畅，能较好发挥男高音的特色，深得各国男高音歌唱家的喜爱。

三、俄罗斯和美洲名曲

　　《三套车》：这是一首构筑在小调基础上，曲调忧郁的"变化分节歌"。前两段作者以第三者的口吻向我们描述了一幅这样的情景：在冰雪覆盖的伏尔加河上，一辆由三匹瘦马拖曳的马车在匆匆赶路，乘车人见赶车人满面愁容，问他为何这般伤心。第三段则是赶车人心弦被拨动后的回答："你看吧，这匹可怜的老马，它跟我走遍天涯，可恨的财主要把它买了去，今后苦难在等着它。"这一段通过变奏的手法，把曲子推向高潮，唱出了赶车人心中的悲哀和愤恨，但最后，曲子还是在无可奈何中结束。

　　《夜莺》：根据演唱者在音色、音域、声带条件、技巧等方面的差别，女高音一般分为抒情、花腔、戏剧三大类。花腔女高音音域较宽，声音轻巧灵活，色彩丰富，擅于演唱快速音阶，顿音和装饰性曲调。《夜莺》是一首典型的花腔女高音独唱曲。它是俄罗斯作曲家阿里亚比耶夫用俄罗斯城市浪漫曲的音调写成。全曲分两部分；第一部分又分两段，第一段缓慢，音乐深情婉转；第二段奔放活跃，速度较快；第二部分则是用变奏的手法把第一部分的两段反复一遍，这部分旋律活泼华丽，充分发挥了花腔女高音的特点。最后，音乐在长音上以颤音模拟夜莺的歌声中结束，这首歌曲以优美的旋律和鲜明的形象吸引了成千上万人的心，是世界著名歌曲之一。

　　《卡秋莎》：在苏联卫国战争时期，苏联红军都把他们最心爱的武器火箭炮称"卡秋莎"，这个称谓主要来源于当时在红军战士中到处传唱的歌曲《卡秋莎》。这首歌是苏联作曲家勃朗捷尔在1938年创作的，当时并未成为妇孺皆知的名曲，但在20世纪40年代的卫国战争时期，由于这首歌的内容是希望身在前线的红军战士坚守岗位，保卫祖国，传达的是："卡秋莎的爱情将永远属于他"的倾心表白，这对每一个投身卫国战争的战士来说都是倍感亲切的，同时，它的旋律又充分民歌化，曲调流畅，结构简明，易于传唱，这些原因使这首歌不胫而走，成为一代名曲。

　　《莫斯科郊外的晚上》：这是苏联作曲家索洛维夫·谢多伊和诗人马都索夫斯基在1956年为苏联斯巴达克运动大会的文献记录片而创作的四首插曲之一。这是一首清新、抒情的"分节歌"。前两段歌词通过对轻风、小河、明月的描绘，勾画出一幅静谧、迷人的夜晚图；后两段则引出人物，抒写了青年男女互相倾心但又不敢启齿的爱情，最后一句"但愿从今后，你我永不忘莫斯科郊外的晚上"则紧紧扣题，令人回味无穷。这首歌的旋律建筑在旋律小调的基础上，音调又与俄罗斯民歌和城市抒情歌曲关系密切，句式上采用起、承、转、合的结构，使它十分上口，易于传唱，曾在第六届世界青年与学生联欢节音乐创作比赛中获银质奖章，并被译成多种语言而在各国传唱。

《杨基歌》：1775年，英法在北美争夺殖民地，北美殖民地民兵配合英军对法作战，但英军非常瞧不起这些装备不良的民兵，当时英军的军医理查·许伯曾用一支现成的曲调填上词来嘲弄他们，称他们为"Yankee"（美国佬），可是这些"杨基"并不在意，跟在后面大唱。这就是最早的《杨基歌》，而在美国独立战争时，这首歌曲反而变成一首奚落英国人的歌曲。1775年4月18日，英军去波士顿的康科德搜查北美民兵储藏的军火，被北美民兵知道，他们集合起来，埋伏在通往康科德道路的两侧。次日清晨，当英军唱着《杨基歌》行军到莱克星顿时，遭到"杨基"们的痛击，英军溃不成军逃回波士顿，"杨基"们便高唱《杨基歌》在后面追赶，从此，《杨基歌》成了一首美国爱国歌曲。这首歌曲调轻快，歌词诙谐，在美国家喻户晓，在世界上也广为流传。

《老人河》：这是美国音乐剧《游览船》中一首反映美国黑人悲惨生活的歌曲。音乐剧《游览船》的脚本是哈默斯坦第二根据费尔伯的同名小说改编的，由音乐剧的创始人克尔恩作曲，这部音乐剧在伦敦演出时，由美国黑人歌唱家罗伯逊扮演黑人约奥，穿着破旧上衣和短裤，背靠着墙唱《老人河》，正是这一曲歌才使罗伯逊一举成名。1975年，罗伯逊访问苏联时，在音乐会上即兴把歌曲最后改成："我决不哭泣，我要放声大笑，为解放自己要坚持战斗，直到我临终的时候。"使这首歌具有一种积极的战斗精神，这样《老人河》更能反映当今美国黑人的思想感情。

四、交响曲介绍

交响曲就是用管弦乐队演奏的奏鸣曲、由若干个（一般是四个）独立但又互有内在联系的乐章组成。

交响曲规模宏大，它的四个乐章互相联系，又各自独立，具有一定特点：第一乐章是整部作品中最重要的组成部分，一般采用奏鸣曲式，作者在这里把两种对立的因素或对比的力量提出来并进行初步较量。由于这一乐章多是快板，因此它往往具有充满活力和戏剧性等特点；与第一乐章相比，第二乐章要单纯亲切得多，这一乐章一般速度缓慢，富于歌唱性，在曲式上常常采用三段体结构，有时也用主题变奏。第三乐章是舞曲性乐章，速度快，常采用温文尔雅的小步舞曲。这一乐章一般采用复三段体结构；最后乐章（终曲）速度比第一乐章还快，它一般是对第一乐章提出的疑问进行答复，是全曲的总结，采用奏鸣曲或回旋曲式。当然，四个乐章的交响曲是最标准的范式，我们经常可以看到特别的情形，特别是浪漫主义时期的作品，有两个乐章，五个乐章或六个乐章的交响曲。

交响曲最重要的作曲家有：

1. 海顿

1732年出生于奥地利边境的罗劳村，幼年没有受过正规的音乐训练。但他的天才在8岁时被正在全国挑选歌童的维也纳教堂乐长发现，得以进入圣斯蒂芬大教堂的唱诗班，艺视野得以扩大。后来得到波波拉的指点，便开始了早期的创作。从1761年开始，海顿在服役的30年中，写出了一生中绝大多数作品，有的成为传世之作。

晚年的好多作品都代表了他的最高水平。海顿成为人们公认的音乐大师。

从1759年创作第一部交响曲《D大调第1号》到1795年的《D大调第104号》为

止,海顿共创作了125部交响曲,仅数量而言,音乐史上很少有人可以与他相提并论。

海顿的好多作品都与民间音乐保持着广泛而密切的联系。在第三乐章,他一般采用复三部曲式写成的小步舞曲与当时故作风雅的宫廷小步舞曲已有本质的区别,它具有奥地利民间舞蹈中连德勒舞曲特点。浓郁的乡村世态风俗和活泼幽默的大众艺术紧密结合是海顿交响曲的一大特点。

另外,海顿经过长期的摸索,逐渐确立了近代管弦乐的编制和配器原则。他的作品一般采取小型的双管编制,在后期作品中开始重视木管乐器、铜管乐器的运用,有时这些乐器也演奏独立声部,这在他之前的交响乐中是很少见的。配器手法的丰富,使乐队的效果比以前大为辉煌。

在他的《告别交响曲》中,第四乐章由急板转入慢板,各种乐器相继停止演奏,离席而去,最后只剩下两把小提琴孤零零地结束这部交响曲,传说海顿当时用这一手法是为了向公爵说明音乐家的希望:回家团聚,但这决非幽默风趣之作,而是一段哀怨感人的绝唱,正如舒曼所说:"听了这段凄凉的结尾,谁还能笑得出来呢?"

2. 莫扎特

1756年1月27日诞生于奥地利的萨尔斯堡,在父亲的影响下,莫扎特从小就显露出惊人的音乐才华。

1762年,6岁的莫扎特随父开始在欧洲各国旅行演出,历时10载,受到各地显贵们的热情接待,并获得"神童"的美誉。

但恰恰是莫扎特作为一个音乐家最重要的10年。他的大部分优秀作品都产生于这一时期,这些作品反映了他对生活和社会的认识,反映了当时维也纳进步知识分子的思想感情。

1791年12月5日,这位天才在贫困中与世长辞。

交响乐是莫扎特创作的重要方面,他一共写了四十多部交响曲,其中,最后三部(K.V543、K.V550、K.V551、)是他交响曲创作的总结,也是世界交响曲文献的杰作。这里面K.V543是^{b}E大调,全曲表现的是像海顿的音乐一样天真无邪的情趣;K.V550是g小调,是一曲凄婉动人的悲歌,全曲都在诉说着命运的无情;K.V551又称《朱庇特交响曲》,在这部交响曲中,我们甚至可以看到日后贝多芬所特有的英雄风格。莫扎特的这部交响曲还特别强调复调手法的运用,同时又对丰富新颖的和声效果进行了探索。

此外,莫扎特一生还一共写了22部歌剧,其中最著名的有《费加罗的婚礼》、《唐·璜》和《魔笛》。创作了协奏曲五十多部,其中以钢琴协奏曲最为重要。

3. 贝多芬

1770年12月16日诞生于德国的波恩。还在4岁时,父亲就用十分严厉的方法教他学音乐,但贝多芬并没有像莫扎特那样轰动。1779年,贝多芬师从聂费。从此,他就在这位博学而又有高尚趣味的音乐家的影响下成长。聂费帮贝多芬出版过最初的几首钢琴小品。1782年,贝多芬被选派到维也纳继续深造音乐。

贝多芬一方面充满了内心的苦闷和对现实的强烈反抗,另一方面又经常沉缅于一种温情深厚的感情之中。他在这一时期的作品深受海顿、莫扎特的影响。具有浓郁的古典格调,同时在思想上也表现出悲剧性格。如《小调悲怆奏鸣曲》、《$^\#$C小调月光奏鸣曲》等便是突出例子。从1800年开始,他逐渐摆脱海顿、莫扎特的影响,力求使自己的创作与崇高的理想更紧密地联系起来。我们可以在《C大调第一交响曲》、《D大调第二交响曲》以及《d小调奏鸣曲》等作品中发现这一倾向。

1804年,《英雄交响曲》完成标志着贝多芬在创作道路上进入一个新的发展阶段——成熟阶段。整部交响曲在音调上完全与革命时代的感情相融合,充满时代感。形成了他的新风格——英雄性、群众性。即使是抒情性乐章,也具有浓郁的英雄性的风格。在乐曲形式上,他扩大了乐思的戏剧性,加强了主题发展的集中性和逻辑性,以及套曲各乐章之间的内在联系和前后一贯的发展。《英雄交响曲》成为这种新的创作风格的典范。

从1819年起,贝多芬终于从沉默的圈子里挣扎出来,他又重新扬起自己的头颅,把注意力集中于反封建的斗争上。从这一时期的创作《庄严弥撒》、《B大调奏鸣曲》、《第九交响曲》等创作中可以看出,贝多芬对革命的胜利没有失去信心,他对人民的痛苦抱着深厚的关切。尤其是《第九交响曲》,这是贝多芬创作的总结,也是他人尘的总结。在这部作品中,他富于哲理地反映自己的人生观——人,只有经历长期艰苦斗争,使全人类像兄弟一样拥抱起来,才能获得真正的欢乐。

4. 舒伯特

1797年生于维也纳近郊一个中等市民家庭。童年时代,舒伯特已经从家庭音乐生活中学会了演奏钢琴、小提琴、风琴等乐器,掌握了基本作曲方法和合唱艺术。1808年,他成为皇家礼拜堂童声合唱队员,师从萨里埃学习作曲。1813年,16岁的舒伯特在父亲所在学校任教。任教时他又创作了《纺车旁的玛格丽特》、《魔王》、《鳟鱼》、《流浪者》等著名歌曲。1818年,舒伯特辞去教学工作,决心用毕生的精力投入音乐创作。在后的10年里,他一直过着贫困潦倒的生活,尝尽辛酸和痛苦。精神的困顿和肉体的疲乏使这位才华横溢的音乐家过早离开了人世。1828年,他在维也纳去世。

舒伯特一生共创作了9部交响曲。他的交响曲是维也纳古典音乐、奥地利民间音乐和他自己的艺术歌曲的三重影响下逐渐成长起来的。它们不反映英雄斗争的内容,而着重于抒发个人内心的体验,从各个角度去揭示主题的形象,这正是浪漫主义的特征。

1818年以前的6部交响曲属于他的早期创作。其中,《第四》、《第五》、《第六》是这一时期的代表作。在这些作品里,海顿、莫扎特的影响还特别明显,主题和音乐形象几乎都是纯粹的古典风格,属于他自己的特点还不多。1821年创作的《第七》是他进入后期创作的过渡,属于后期作品只有《第八》和《第九》,但这两部交响曲都有无可争辩的艺术价值,它们都体现了舒伯特交响乐创作的新风格。特别是在《第八》(《未完成交响曲》)中,他所塑造的浪漫主义幻想者的形象,使这部交响曲具有一种新颖的抒情特点——忧郁的沉思和诗意的气氛。

舒伯特是一位多产的作曲家,作品约有一千五百多件,遍及音乐的大部分体裁和形式。在大量的作品中,最能代表他的创作思想和艺术风格的是他交响曲、歌曲、室内乐和钢琴小品。

五、音乐美的鉴赏

人通过音乐,在生理和心理上感知、体验和创造音乐作品的内容和形式,音乐的审美是一个复杂的、丰富的、深刻的综合性生理感受和心理活动过程。内容是决定音乐美的第一因素。"艺术中第一美质在予思想,而第二美质在于选用以表达思想的演奏手段,但只有这两种品质的结合才能创造出艺术作品"(法国,别尔通)。音乐作品的内容是一定的社会生活、阶级意识、民族精神或特定的自然景物在作曲家头脑里所形成的心灵情感反应，即音乐作品的内容是依据外部事物，通过人的诸如快乐、喜悦、悲哀、痛苦、狂欢、宁静等思想情绪与心灵情感。

音乐的形式是指表现内容而将各种表现要素如音调、节奏、旋律、和声、音色等有机组合而成的一种音响手段。"艺术中的形式是放置无形内容的容器，是思想的外壳，灵魂的躯体"（匈牙利，李斯特）。音乐美也确实存在于表现形式之中，音乐形式美的构成虽然有其自身的音响要素的比例关系，但只有在它服从于内容的表现需要时，即与内容适应、相协调时，才具有审美价值。

但由于音乐形象的模糊性，使音乐的审美效果侧重于欣赏主体的情感陶冶。音乐所表现的内容，虽然是作曲家对社会现实进行加工而形成的一种情感反应，但是音乐所表现的事物没有文学、绘画、雕塑等艺术形式那种形象性，其形象没有其他艺术那么直观。即使是描绘性的音乐如模仿大自然的风声、流水声、电闪雷鸣等，也只能使人感知过程中把握其大概的情感内涵和形象意义。

声乐作品中的音乐常常要以歌词为依据，它不同程度地受到歌词的制约。歌词来源于词作者的创造，而声乐作品中的音乐则是曲作者在尊重词作者创造的基础上发挥的一种再创造性。声乐艺术中的旋律无论是节奏、音型、旋律线运动轨迹以及横向的发展等，都显示出以人声为基点的特征。由于歌词的限定作用，因此声乐艺术的情感机制是建立在较为明确的对象之上，是一种较为具象的情感反映。

纯器乐作品中的音乐就表现出较大的灵活性和自由创造性，无论是非标题性的纯器乐或钢琴曲、标题性的器乐曲或钢琴曲，还是标题器乐曲，它们的旋律中的乐思由曲作者本身所决定，不仅注重旋律的横向广度，更注重旋律的纵向深度。由于没有歌词的限定，曲作者的主观情感自由地转化成音乐符号。因此，器乐作品的情感流露是多义的和不确定的，欣赏者感知到的是一种总体情感的流动和变化。

音乐的欣赏是多层次、多因素的共同参与的综合性心理活动。欣赏者经过音响感知这一层次后，必然要进入情感体验的阶段。音乐形象的模糊性与不确定决定了欣赏者在听完一支乐曲后，就会凭借初步的感知，对乐曲所表达的情感和意境进行体验。譬如，我们欣赏器乐作品贝多芬的《第五交响曲》，往往能激发起对生活的热爱，对事业的追求，对困难和不幸的抗争勇气，欣赏者的情感经过了乐音的洗礼，达到了最高的境界，获得了深层次美的享受。

由于声乐艺术是由多种因素构成的多维性结构，因此形成了表现过程中丰富的表情机制，即诗情、曲情、声情。这三种感情从不同阶段、不同主观感受、不同时间过程，汇合成一个具有新质的统一体，而且统一点是在声情上。这就说，声乐艺术给欣赏带来的情感刺激最终是靠演唱者的声情而引起，歌词语义的明确性，使情感流程具有鲜明清晰的形象特征和表现对象，声情并茂，能给人造成较为清晰的听觉美感。而器乐作品由于没有歌词的限定，情感的模糊性决定了人们在欣赏过程中听觉的不连贯性或间断性，以及各种情感交织的混乱性。另外，发音器的不同性能和音色以及音响共振的时间性特征能给欣赏者造成一种戏剧性的情感效果。

音乐对人的美感生成的渐进过程体现在：（1）低级感受阶段。这一阶段以结构的稳定和秩序的某些原则为依据，感受音的长短、轻重和谐与否，一般层次的平衡对称感，某些重复和对比的因素，前后上下关系等等。（2）中级感受阶段。该阶段是在第一阶段的基础上加入了情感的因素，感受作品结构上的运动趋势及高潮分割、紧张松弛度和音量疏密度，以被音乐激活了的情感方式去自发地容纳音乐，去追踪音乐的运动。这一阶段因音乐产生感觉，产生情感，能感受作品的内容。（3）高级感受阶段。这阶段在上述两个阶段的基础上进一步感受作品特定的内容，在对作品进行感受、理解的基础上进行审美判断，感受作品审美的特质——包括风格、体裁、形式等，理解作品的意蕴，通过与作品发生一种情感上的交流和共鸣来判断作品的审美价值。

音乐是表情的艺术，但人的情绪或情感是最难用语言来表达的，本来情绪或情感就是审美心理中最杂的要素，倘若用语言来表现，只能是难言莫明的。因而音乐家往往要运用远离精确的模糊性语言，用旋律线、节奏、速度、节拍、音色、音强、和声等元素的有机组合，才使人们在听了乐曲之后，便叹息、哭泣、笑声、呼喊、欢快、愤怒等。我们常看到乐曲作品在适当位置对演奏演唱者提出了要求，如潘光一、陈一根的《毛主席的光辉》要求"欢快、祝福地"，翟琮、施光南的《吐鲁番的葡萄熟了》要求"开阔自由地"，王健、谷建芬的《歌声与微笑》要求"热情地"。而在实际的演奏演唱中究竟欢快、自由、热情到何种程度，都给人们留下了相当大的表现空间。故欣赏者一般是根据第一位演奏演唱者对作品进行成功演绎的结果来判断一部音乐作品的审美价值，来追随其演绎的风格。

与其他门类的艺术相比，音乐对人的作用更有潜移默化的特点，因而也更模糊，这种模糊性使人的个性具有了极大的可塑性。音乐对人的作用主要体现为审美享受，这种审美享受对人的精神境界产生深远的影响。人创造了音乐艺术，音乐艺术也创造了人，创造了欣赏音乐的主体，这种创造充满了模糊性：人们受到音乐的吸引、感染，在超越现实功利的情景中进入艺术的境界，在艺术境界中获得美感享受；又在美感享受中，体悟到精神的充实与感奋，继而影响到人们的思想情趣以至于价值的选择。

音乐的审美效果既是模糊的，又是无与伦比的，"对于音乐素养高的人来说，音乐就可能不仅是撞在耳膜上的闪光般的一击，而是由声音组成的五光十色的焰火。也许任何其他艺术都不能仅仅通过形式激起如此奇妙的欢快，如此变化万千，如此理智却又如此纯净的欢快"（欧文·埃德曼：《艺术与人》）。

第二十一章 摄 影 美

第一节 摄影技术简介

一、摄影术的起源

我们知道,照相机的前身是被画家用来作为绘画工具的——"暗箱"。1558年,意大利画家乔万尼·波尔塔(1538~1615年)曾对暗箱作过如下描述:把影像反射在放有纸张的画板上,用铅笔画出轮廓,再着色,完成了一幅画。据载,著名画家、科学家达·芬奇曾用"小孔成像"描绘景物。而用暗箱摄取影像的"小孔成像"原理,早在2400多年前,我国战国时期的著作《墨经》中就已有记载。我国北宋科学家沈括的《梦溪笔谈》对"小孔成像"理论则作了描述。元代的陶仪、赵有钦,明代的刘侗等人都有关于小孔成像原理的记载。到了清代,已出现比较著名的光学著作。如郑复光的《镜镜诠痴》,邹伯奇的《摄影之器记》,表明对摄影光学理论及其实用技术的研究和运用已达到了较高的水平。

但由于小孔暗像不能解决影像亮度和清晰度之间的矛盾,人们经过研究,发明了手提式的小型暗箱,从而使暗箱的结构越来越接近于以后的照相机。

18世纪,法国的N·尼埃普斯将沥青溶液涂在锡与铅等金属的合金板上,用浸过油呈半透明的原稿贴在涂层上曝光,结果受光部分变硬,因黑线条遮挡并未受光的部分用薰衣草油洗后露出金属板。于是在较暗的金属板上呈现出了与原稿相似的正像。尼埃普斯把这个方法称为"日光摄影法"。1826年,他运用这种方法,经过8小时的曝光后,终于产生了世界上第一幅永久保留下来的经感光而成的图像,虽然影像很粗糙。

由于尼埃普斯的"日光摄影法"因光敏度过低,还不能实用。于是,法国画家L·达盖尔改用铜板,表面镀上银,然后用碘蒸汽进行光敏处理,使铜板上形成碘化银。碘化银感光性能较好,大大缩短了感光时间,使"记录"大部分明亮光线下的景物约为30min。后来,达盖尔又掌握了用水银蒸汽与铜板上曝光过的碘化银进行化学反应的"显影"方法,使受光部分与水银化合成泵合金。这种有光泽的泵合金,就成了影像中的明亮部分,而未受光的碘化银部分,达盖尔利用硫化硫酸钠溶解,这种溶解的过程称之为"定影"。1837年5月,达盖尔终于使摄影的实用成为现实,他把自己的银板摄影法命名为"达盖尔摄影法"。

1839年8月19日,法国科学院与艺术院举行了一次特别会议,正式公布了"达盖尔摄影术",这一天被世界公认为摄影术的诞生日。

二、摄影技术的发展

由于达盖尔的银版法具有曝光时间长,制作手续复杂,每拍一次只能得到一幅照片等不足,于是人们在不断研究、改进摄影术。1835年,英国的塔尔博特发明了"卡罗式摄影法"。这种方法的优点在于每张负相片可以印无数正相片,价格较低,便于邮寄和保存;

未印正相片以前，负相片还可以进行修饰。但由于负相片是低质的，影响了印片的清晰。影像较粗，不均匀，易褪色；且工序复杂，仍然不利于摄影术的推广。

1851年，英国的阿·S·阿彻尔发明了"火棉胶摄影法"。他将含有碘化银的火棉胶涂在玻璃上，然后使玻璃倾斜，让火棉胶均匀地扩散在玻璃上，再浸入硝酸银溶液中以增强光敏性。但拍摄须在玻璃片湿的时候进行，因此，这种方法又称为"湿版"摄影法。

美国的G·伊斯曼由于发明了干版涂布机，于1880年开设了"伊斯曼干版公司"，并于1888年成功制造了世界上第一架"柯达"照相机。1889年生产了成卷的软质胶片。1890年，伊斯曼公司又制造出摄影者能自己装卸的胶卷。柯达相机体积小，便于携带，能拿在手中拍摄，相机内装有一卷6m长的软片，能拍摄100张直径2英寸半的底片，从而大大简化了摄影方法，使摄影术真正得到普及，并进入实用摄影时代。同时，摄影的影响范围也日益扩大，并被广泛应用于艺术制作，新闻传播，日常生活等各个领域。

但早期的胶片，其感色性能接近于今天的色盲片，为了克服色盲片不能正确反映自然景物影调的缺点，德国化学家于1882年制成了对蓝、绿色都有感光能力的"正色片"。1906年又制成了第一批对光区都能感受的"金色片"，从而使"金色片"成为现代黑白摄影最基本，最常用的感光材料了。

由于伊斯曼公司用硝化纤维片基本生产的胶卷具有易燃、易断裂的特点，1930年，人们改用称为安全片基的醋酸纤维片基，到了20世纪70年代，又出现了比较坚韧、不易膨胀的涤纶片基。同时胶片感光的灵敏度，感光速度也大大得到改进。感光材料的技术进步，还表现在彩色技术的成功上。1907年法国的卢米埃尔制造了第一张"天然彩色片"。1936年，柯达公司首次推出涂有三层乳剂的彩色片，但由于印制彩色照片手续繁杂，到20世纪70年代以后，彩色摄影才真正得到普及。

三、摄影技术的广泛应用

摄影技术的发展和摄影的广泛应用是相辅相成的。技术的发展使摄影的应用范围日趋广泛，应用的广泛又促进了摄影技术的不断发展。

首先是将照片印在报刊、书本上。人们用一台装有细线网格玻璃屏的摄影机来翻拍照片，使所有中间灰色调在金属板上变成粗细大小不同的网点，这样，在一定速度上看，就与照片的影调一致了。1880年美国的《纽约画报》首先将网点片印在报刊上。照片印刷技术的突破，有力促进了新闻摄影、摄影报道和广告摄影的发展，同时也促进了感光胶片向感光度高，颗粒细方向发展，照相机则向小型精密方向发展。

第一次世界大战期间，在飞机上拍摄地面军事设施，已成为航空侦察的重要手段。在和平时期，航空摄影则应用于地质探矿、土壤测定、寻找水源、探明森林储量、交通电讯的地形勘测以及气象卫星云图、宇宙飞船、卫星的太空摄影等。航空摄影中用红外线胶片还可以查明农作物的产量，植物虫害和水质的污染情况等。红外线摄影在军事侦察和刑事侦察、工业分析检测、地质勘察、医学诊断、考古研究、气象预报等方面都有广泛的应用价值。

全息摄影的出现给摄影带来一次新的冲击，全息摄影指的是一种利用相干光形成的干涉条纹影像来记录从物体反射出来的光波的振幅、相位的摄影方法。全息照片具有逼真的立体效果和很好的保密性，全息摄影方法是惟一可以不用照相机制作照片的摄影方法，可运用于全息显微摄影和记录高速运动的物体及军事、医药、工业等方面。

摄影技术的进步还体现在显微摄影和缩微摄影技术上。显微摄影是用联结在显微镜上的摄影装置来拍摄影显微镜观察到物像，主要用于微生物学、医药、化工、冶金等方面。缩微摄影则主要用于文献、情报资料的储存上。100万册的图片，运用了缩微摄影技术，制成的缩微图书，便可装在一个手提箱里。

四、摄影技术的现状与未来

目前，摄影技术进步的代表性成就是APS成像系统与数码成像系统的出现。

APS（adranced photo system）成像系统于1996年面世。这些系统包括了胶卷、照相机、彩扩设备及电子摄影设备在内的系统更新产品。AQS胶卷与暗盒联为一体，装卸方便可靠，并避免了操作上的失误。因此，APS摄影系统，对摄影者携带操作，防止失误，选择多种画面规格，冲印扩放，保护底片等方面比传统的35mm有着不可比较的优势。但由于这一系统的投资太大，一般摄影者还无承受，市场的占有率不高。

数码成像系统是一种图数字化保存与传输加工处理系统。它的出现预示着传统摄影正面临着一次革命性的变化，使传统摄影的物理——化学成像过程，全部由物理过程代替，从而使拍照，传送到编辑部发稿的整个过程，缩短到几分钟，甚至几秒钟，大大提高了效率。20世纪80年代数码照相机问世后，随着电脑科技的进步，数码成像系统正朝着高素质，低价格方向发展。

数码成像系统的问世，会吸引一部分人去使用电脑来制作富有创意的图片，同时也会促使更多的摄影者努力运用摄影的"瞬间纪实"特点，去捕捉生活中有价值的瞬间。由于数码成像技术在图像停息的传播与保存上，具有传统摄影技术无可比拟的优越性，可使团体和个人的摄影作品通过信息高速公路传送到世界上的任何地方，从而改变传统的影展、影作的评选方式及影展的举办方式，使影展由集中式转向家庭式，节约资金，观众通过网络就可欣赏到世界各地摄影家的作品。

第二节　摄影艺术的审美特征

一、纪实性

纪实性是摄影艺术的首要特征。但对纪实性，人们有着不同的理解。

有人认为，摄影的纪实应该是拍摄真人、真事、真场景，不允许虚构作假，否则就不是照相。对具体可视形象的记录，是新闻摄影至整个摄影艺术的生命所在，是摄影区别于其他艺术形式所独具的特点，是摄影之所以自立于艺术之林的依据。离开了纪实性，摄影就失去了自身的独到之处。因此，不管是闻摄影还是艺术摄影，都应该讲究真实。

针对上述观点，有人认为，这种对纪实性的理解是片面的。只适用于新闻摄影。对艺术摄影来说，纪实只是指摄影借助科学手段逼真地再现人在某一视点上所观察到的事物形状，纪实性是作为摄影的技术特点而存在的，摄影的纪实性并不等同于真实性，摄影艺术虽然具有纪实性的特点，但于艺术所要的反映事物本质的真实性还有很大的距离。摄影的真实是必须发挥作者的主观能动性才能达到的。将纪实性与真实性区别开来，并把经实性局限于技术的范畴，从而摒弃了摄影艺术创作必须坚持所谓的"三真"原则，因为许多优秀的摄影作品也并不都符合"三真"的原则。

除此之外，还有狭义纪实性和广义纪实性的观点。狭义纪实性是指事实和形象真实的一致性。认为照片的内容必须是现实生活的真人真事，必须忠实纪录当时特定条件下的环境、人物的真实情景，不能虚构和捏造。广义纪实性是指在艺术摄影中，只要作者选择的题材具有现实生活的真实性、作者就可以在创作过程中对素材进行加工、提高，并创造条件完成创作。所谓的"创造条件"与"进行加工"，是指作者在生活中发现这一主题有现实意义，而接触到环境和人物又不具备表现这一主题的条件，那么他可以"创作"更理想的环境和人物。

我们认为，纪实性作为摄影的本质属性，也是摄影的自然属性。广义上讲，每一幅摄影作品都是生活的反映，都是纪实的。但从严格意义上讲，新闻摄影、报道摄影、纪实摄影必须遵循真实的原则。因此，摄影的真实只是相对的纪实。

造成摄影相对真实性的原因：一是，不同的摄影者对同一个场景、同一个事件，会因审美观点的不同而选择不同的角度和景别，会在自己认为合适的时候按下快门，并对自己的照片作出不同的解释。二是，"照相失真"也使摄影纪实具有相对性。摄影艺术是共性和个性的结合，从个性上说，纪实是其个性特征；从其共性上说，艺术都具有"失真"的一面。照相失真是其艺术共性在摄影艺术活动中的普遍反映。它是通过摄影工具来实现的。因此又称为摄影的工具性特征。丁允衍认为，照相失真主要具有两种含义：其一，是事实上的失真，又可以称为"拍摄失真"，是由摄影纪实过程造成的。其二，是由于视错觉和感觉片而造成的"视觉失真"。失真并非失实，失真的变化是基于纪实的基础上，体现了摄影艺术抽象和具象、神似和形似的辩证关系。纪实性和失真性的互相规范、互相制约、互相促进，使摄影的相对纪实性在不同门类、不同流派的摄影创作中发挥着积极作用。

二、逼真性

摄影采用纯物质的感光手段，可以整体地保留现场的真实具象，具有逼真性。因此，摄影不仅可以用来记录事实，而且可以在任何时间、任何地点让人观看和传播。它作为一种文化现象，表明人类从此掌握了以超时空、大信息的现场具象作为感应与思想单元的能力，它同样可以表达抽象的思考和人的幻想。不同种族、不同国家、不同背景的人们都可以通过摄影作品进行相互交流，从而使摄影具有人类共同的文化特征。

三、瞬间性

摄影能将任何空间形象从其固有的一瞬即逝的时空里固定下来，并得以传播。因为，世上万物都是在不断变化发展的运动之中，摄影作品所记录的只能是运动中的万物的瞬间形态，因而，摄影具有瞬间性，摄影者要及时捕捉具有丰富内涵的"决定性的瞬间"，并把它记录下来。这样，作品才会具有生命力。因此，摄影者是否具有捕捉事物变化的瞬间能力，是衡量摄影水平高低的重要标志。从这个意义上讲，"瞬间纪实性"将更能体现摄影的本质属性。

第三节 摄影作品的内容与形式

一、题材

题材是摄影家通过其作品所表现的客观对象。题材有广义和狭义之分，广义的题材是指作品所属的较大的内容范围，如工业题材、农村题材、社会生活题材等。狭义的题材是指摄影家在现实生活中有所发现,有所感动,经过选择和加工,摄入镜头的生活内容。

生活是艺术创作的源泉,摄影作品题材的来源是丰富多彩的现实生活,但并非任何事物都可以照搬用来创作出优秀的艺术作品,它是摄影家在其人生观、世界观、价值观、审美观的观照下,经过熟悉生活、认真观察,在创作实践中获得的。

由于社会生活是丰富多彩的,所以,摄影作品的题材也是多种多样、无比丰富的,并且随着社会生活的变化,摄影作品的题材也会发生相应的变化。

摄影家要拍出内涵深刻的作品,首先要热爱生活,只有热爱生活,才能从现实生活中发现值得表现的题材。一个缺乏热爱生活的人,就难以发现生活中蕴含着的价值。伟大的艺术作品,之所以能留传于世,它所表现的题材都离不开现实的生活,离不开摄影家所处的时代,离不开其生活的民族环境。我们说,摄影题材要反映时代的风貌,并不是一定要去表现历史中的重大题材和特殊事件,如果从平凡的生活中发现不平凡的题材,提出深刻内容,达到以小见大,更能体现摄影者的匠心独运。

一般来讲,题材的范围离不开人物、社会、自然这三方面。人物是摄影题材表现的主要对象,因为"人是社会关系的总和"。以人物为主的摄影题材,也必须反映一定时期的社会生活,即使是肖像照,通过服饰、姿势、发式等也能反映出一定时代的社会生活风貌。现场的人物照,反映的是人物和环境之间的关系,它展现的社会历史价值更大。而纯自然风光的作品,也体现着摄影者的审美情趣,也间接的反映着社会生活。

其次,要具有较高的思想境界。思想境界的高尚或平庸,常常决定着作品容量的高低。只有有思想、有新意、有深度的,作品才会有光彩和生命力。陆游的《示儿》和陈毅的《梅岭三章》写的都是"死",但他们所展现的不是个人生死的悲哀,而是祖国的统一和对革命不屈不挠的精神,没有高尚的境界是难以写出容量如此之大的作品的。

叙事性作品的题材还带有一定的情节。在摄影作品中,情节是以人物活动为内容的作品的审美要素。摄影作品的情节,不能像小说那样,通过语言文字完整的叙述情节发展的过程,主要事件的发展经过,而是通过单幅的静态照片反映出故事情节的时间连贯性,并通过欣赏者的想像和联想来完成。因此,摄影的情节性,是指欣赏者不用通过文字说明,就能看出照片中的人物在干什么以及发生了什么事。人物摄影应选择适用于摄影特征的艺术语言来表现情节,依靠形象化的情节传达给欣赏者。吴印咸的《白求恩大夫》即是通过特定的瞬间情景来刻画人物的。

情节来自于生活,来自作者对生活中各种事件的深刻理解,来自于作者对生活的感悟。但在摄影作品中,不以情节取胜的单幅照片还是占多数,如风光、静物、花卉、城市建筑照等。因此,无情节也并非等于没有内容。

二、主题

主题是摄影作品的中心思想,是作品的灵魂。主题通过题材来体现,主题深邃,作品的内涵就充盈、厚实。主题深邃与否,同摄影者能否在创作中以深邃的目光透过生活的表层,发掘出深藏在其中的社会、历史和时代的深层意蕴有关。因此,摄影艺术家要在作品的主题深化上下功夫,使用品在思想与艺术上获得更大的深度。

高尔基认为,主题是"以作者的经验中产生,由生活暗示给他的一种思想",摄影作品的主题往往在作品的最后完成之前还难以用概念的语言作出明确的描述,存在着借助所拟标题作"主题追认"的现象。

一幅好的摄影作品，一定要有一个好的标题。好标题能起到帮助观众加强对作品的理解，深化作品主题的作用。标题的方式一般有实际题、虚标题、抽象标题几种。

实际题大多以新闻性照片以及纪实性的作品为主，这类标题都是以被摄事物的名称人名或地名，以及事件本身情况简化提炼而产生出来的，能使观众对作品产生真正可信的情感，并加深对作品主题的理解，如《白求恩大夫》（吴印咸）。

虚标题一般以艺术性摄影作品为主，包括人物与风光花卉内容作品，主题多以审美抒情为主要目的。还有的作品采取以实物标题，而表现虚意的手法，如李英杰拍摄的《稻子与稗子》，人们对作品的理解不能只停留在二种植物身上，而是要通过画面去比较两各不同的人格差异。

抽象标题是运用抽象的语句或《无题》，对有些以抽象的形体、意象的符号表现的作品进行命题，从而提示观众对这类作品不能作过多实意的理解。

主题和题材并非是同一的，主题要通过题材来体现，但题材本身并不能决定作品的思想性质和感情态度。同样的题材，对具有不同价值观、审美观的摄影者来说，其所反映的主题会截然不同的。同一个条件，可以歌颂，也可以暴露。同样拍人体，有人拍得很优美、健康，有人拍得很暴露且格调低下。因此，摄影作品的主题思想的高下同摄影作者的思想境界和情感取向密切相关。

这些年来，艺术创作中出现了一种主题淡化现象，有些作者只满足于生活表面现象的摄取，陶醉于浮光掠影的自我宣泄。一些充满无聊、伤感、思想性不高的作品充斥于报刊，这是必须令人深思的。我们认为，主题思想是多种多样的，能够使人心旷神怡，给人美好精神感受的作品，无论其主题是严肃的，还是通俗的，都是可取的。而那种简单照搬表象的作品，那种平庸、低劣、趣味不高的作品，则应引起摄影者的注意。不然，摄影艺术则会背离生活的真实。

三、结构

摄影作品的画面结构是按照美的规律来组织作品的内容和艺术语言。它是构成艺术形象和意境的表现手段之一。结构画面主要通过取景布局和剪裁来完成。

取景布局也就是常说的构图。所谓构图就是运用相机镜头的成像特征和摄影造型来构成画面，以提高一定内容的一种手段。摄影构图是拍摄者为了表达立意，提高主题。运用光线、线条，影调等语言符号和相应的造型手段而制造的画面审美结构，其最终目的是使主题思想得到充分和尽可能完美的表现。

摄影构图要把不同的部分组合起来，获得一个统一的整体，以营造出一个能表达自己审美理想和独特风格的意境美和形式美相统一的艺术世界，这要求摄影者平时要注意观察生活，加强摄影艺术造型修养。

摄影画面结构的基本要求是突出主体和趣味中心，处理好主体、陪体与环境的关系。摄影画面中的主体是摄影造型的主要对象，是摄影者表达主题思想，反映情感态度的中心形象。人像摄影以人为主体，其他题材则要突出趣味性。通用内容对比和形式对比的方法来突出主体。

摄影画面结构的任务是表现摄影艺术形象的形态感、空间感和质感。形态是被摄对象外在轮廓形式；空间感是指被摄对象在空间的立体形态；质感是被摄对象表面质地的不同属性，通过对它的表现可以强化摄影作品的形式美感。

摄影构图一般的基本形式大致有以下多种：(1) 圆形构图。它具有完美柔和的感觉，可以产生向心力的艺术效果。(2) 三角形构图。正三角形的稳定感，不等边三角形的运动感和反三角形的不稳定感，它们可以结合灵活运用，使画面的结构形式变化丰富、自然、活跃。(3) V形构图。具有不稳定的平衡感、富弹性魅力。(4) S形构图。具有流动的美感，能给人以快意的感觉，使画面平添活跃气氛。(5) L形构图。具有安静、平稳的感觉，可使画面平淡中增添生气活力。(6) 十字形构图。具有持久、对称、寂静的特征。为了避免正十字形构图的呆板、单调，摄影者往往将它变成X构图为米字形构图，以获得空间的纵深感与放射状的效果。(7) 对角线构图，有着打破平衡的运动感，可以造成险境，加剧变化和产生开阔、深远的意境和活跃画面气氛。(8) 框式构图。这种框式就其形状说，或圆，或方，或三角，或不规则的多边形。可以是自然环境中的孔或洞，也可能是建筑物的门窗等，它可以增加画面的层次感和加强空间的纵深感，便于突出主体景物的表现，具有一定的装饰美。(9) 锯齿形构图。它具有锋利、阳刚、坚实的感觉，用以表达某种紧张的气氛，以造成不安的境状。(10) 纵横式构图。纵式具有挺拔、高耸、向上的特征，表现竖面的运动与物体；横式具有平静、安稳、开阔、舒展的特征，表现横向运动与物体。纵横的交错、变化万千、正确运用，可以发挥其美妙的艺术效果。

摄影构图的形式并非仅限于上在介绍的几种，有些构图由于受现场条件的限制，还需要通过剪裁来继续完成画面结构的任务。

四、摄影艺术语言

摄影艺术语言是画面结构的因素，包括线条与影调。

线条是摄影艺术造型的重要因素，也是摄影构图中的一种表现手段。在摄影创作过程中，如果不认真分析、观察、体会线条，就构不成摄影艺术的造型。

画面上的线条有竖、横、斜、粗、细、曲、直、浓、淡、虚、实等之分。不同线型象征着不同意蕴，表达着不同美感，一般来说，直线条刚，给人以挺拔、正直之感；粗线条强，给人以雄壮、坚硬之感；细线条弱，给人以纤弱、柔软之感；曲线条柔，给人以柔软、含蓄、优美之感，因此，注重线条的选择，才能创作出造型优美的作品。

在摄影构图中，线条的表现方法有明示和暗寓两各方法。用明示方法构图的照片容易分辨，如被摄物体的轮廓线，彩色照片多种彩色之间的交界线等；暗寓方法构图的照片要靠观察力和想像力共同作用下才能发挥，如被摄物体的排列形状，人的目光等等。

由于线条是画面结构的骨架、物像的基本造型是由线条架构起来的，任何摄影作品都离不开它。线条在画面上的形态与位置以及对画面的分割，才使画面产生动荡、稳定、紧张、松弛等多种观察效应，对突出主体、表达内容、烘托主题、活跃画面并完成艺术形象的造型起着不可或缺的作用。因此，对摄影者来说，树立"线条意识"。善于观察自然界存在的多种线条结构，并把它作为摄影艺术构图的重要因素，能有效提高摄影作品的可视质量与美感魅力。

影调，是黑白摄影画面上形成的黑、白、灰的不同层次等级。在平面造型艺术中，黑与白是最朴素、最单纯、最强烈、最在生命力的语言。在黑白艺术世界中，艺术形象由黑白影调构成，由黑白影调显现。在黑白摄影中，影调是摄影造型的基础。影调的处理与运用，关系着景物的形态、质感、立体感、空间的深度和整体气氛的表现，关系着画面的均衡与对比，和谐与统一的形式，以及制作构思的实现。

五、体裁

体裁是摄影作品的形式因素的总和,是作品结构艺术语言两者结合的完整形式。摄影的体裁可分为单幅照片、连续摄影、小品摄影、合成摄影、摄影小说等。

六、意境

意境是指情景交融的艺术境界。王国维在《元剧之文章》中认为:"何以谓之有意境?曰:写情则沁人心脾,写景则在人耳目,述事则如其口出是也。"意境是主观情感与客观景物的统一。客观的现实生活孕育和激发了作者的思想感情。作者的思想感情借特定的生活境界和形象概括所表达和抒发。

对摄影艺术来说,意境是衡量一张照片的艺术性以及艺术家创作个性的重要因素。意境是人人不同的,但要表露出来,必须有所寄籍,一幅意境独特的摄影作品,定是气韵生动、韵味悠长,洋溢着对生活和生命的热爱。素有"影坛王维"之誉的陈复礼先生,坚持"把主观意境放在第一位"。其作品"影中有画亦有诗"。始终把主观的生命情调与客观的自然景象交融互渗,化景物为情思,作品充满着气韵与律动,洋溢着意境美。

摄影作品意境的获取,一方面有赖于摄影者的学识修养水平的高低,一方面也有赖于摄影技能的运用。摄影作者要加强自己对诗词、绘画等艺术门类的了解和学习,作诗讲究"功夫在诗外"。摄影同样也要提倡"影外功夫",提高自己的艺术修养。同时,在摄影技术的镜头运用、角度选择、光值组合、画面结构等方面勇于探索、不断创新,努力吸收现代摄影观念的合理成分,使作品获得优美的意境。

第二十二章 戏剧舞蹈美

第一节 戏剧美

一、戏剧的种类

1. 按表现手段不同分类

按表现手段的不同,戏剧可分为话剧、歌剧、舞剧、戏曲等。

(1) 话剧。话剧是一种以对白或话语为主要表现手段的戏剧。话剧是由古希腊的歌剧蜕变而来的,是在各种不同形式的戏剧中最为通行、最为普遍、最为重要的一种戏剧形式。话剧通过人物的对话和动作,展开故事情节,刻画人物性格,反映社会生活。话剧中的对话是经过提炼加工的口语,要求达到精炼、生动、优美,富有表现力。中国的话剧是"五四"运动以后从欧美传入而发展起来的。

(2) 歌剧。歌剧是一种以歌唱为主要表现手段,把声音和器乐综合而成的戏剧样式。歌剧主要通过演员的歌唱来表现戏剧内容,其唱词应该是饱含感情的抒情诗和精美的叙事诗,应具有强烈的诗的感染力。歌剧中演员的唱词不同于一般的戏剧台词,它在剧情发展过程中走着非唱不足以表达人物的内心世界和人物之间的矛盾纠葛的作用。歌剧中的音乐不仅仅是为了伴奏,更重要的是运用声乐和器乐的表现力来刻画人物性格,渲染、烘托气氛,推进情节发展。歌剧中的舞蹈不是日常生活中的写实动作,而应是与演唱配合默契,有节奏的、集中的、需要艺术强调的动作。

(3) 舞剧。舞剧是以舞蹈为主要表现手段,把舞蹈、音乐和哑剧结合在一起的戏剧样式。它的剧情的发展、人物形象的塑造,主要依靠演员的舞蹈动作和音乐的有机结合来完成。舞蹈在舞剧各种成分中占绝对比例,分为情节性舞蹈和表演性舞蹈,情节性舞蹈用来表现戏剧情节的发展;表演性舞蹈用来抒发人物内心情感,描绘时代环境,渲染气氛,传统的舞剧在西方即指历史悠久的古典芭蕾。在中国舞剧是随着芭蕾而传入的。在把欧洲舞剧与中国民族民间舞蹈相结合中,中国民族舞剧得到了发展,创作了许多反映新生活和历史题材的优秀剧目,如《宝莲灯》、《白毛女》、《红色娘子军》、《丝路花雨》等。

(4) 戏曲。戏曲是中国固有的传统戏剧。戏曲的形成,最早可能追溯到《史记》所记载的先秦一个姓孟的优人扮演楚国已故宰相孙叔敖的故事。经过相当漫长的时间,到了宋元之际才得以成型。成熟的戏曲经历元、杂剧、明清传奇、清代地方戏三个阶段,而进入现代,今天已有360多个剧种。

戏曲既具有戏剧的共同特征,又有自己独特的表现手段而区别于话剧等其他戏剧样式。它的主要特点是:一是综合性。二是虚拟性。

2. 按作品的篇幅容量结构的不同分类

戏剧的分类,按作品的容量大小,还可分为多幕剧、独幕剧。幕是情节的大单位,一幕之中又可分场，场是小的情节单位。独幕剧可能不只一场。我国古典戏曲分本分折分出，只是根据剧情的发展，没有时间和地点的限制，而其他戏剧的分幕、分场、分景，主要是为了适应时间、地点的变迁和人物关系的变化。

3．按作品反映的矛盾冲突的性质和风格的不同分类

戏剧的分类，按矛盾冲突的性质和意义的不同，可分为悲剧、喜剧和正剧。

（1）悲剧。悲剧主要是写主人公的失败、受难以及灭亡的戏剧。悲剧的主人公一般都是正面人物，他们生活在不可调和的矛盾冲突中，这种矛盾冲突无法得到解决，便以失败或毁灭而告终。古代希腊悲剧发源于祭祀酒神仪式，大都取材于神话、传说和史诗；莎士比亚的悲剧作品以人文主义观点宣扬了新兴资产阶级的政治理想和生活愿望；18世纪启蒙运动时期的悲剧多直接描写资产阶级的现实生活，着重宣扬自由、平等、博爱思想；19世纪产生了具有批判现实主义精神的社会悲剧。中国传统戏曲中也有许多描写悲剧性矛盾的优秀作品，多数并具有强烈的反封建性和理想化的结局。

（2）喜剧。一般以讽刺或嘲笑丑恶落后现象，从而肯定美好、进步的现实或理想为其主要内容。喜剧的构成依靠夸张的手法、巧妙的结构、诙谐的台词及对喜剧性格的刻画，并以此引人发出不同含意的笑。喜剧冲突的解决一般比较轻快，往往以代表特定时代的进步力量的主人公在斗争中获得胜利或如愿以偿为结局。

二、戏剧的审美特征

1．艺术表演的直观性

戏剧是通过演员直接在观众面前表演，创造舞台艺术形象的。即通过演员的语言、动作、外貌、形体使艺术形象具体化，并把它直接呈现在舞台上，在艺术化了的生活中再现社会生活，戏剧不仅像绘画、音乐一样，可以直接诉诸观众的听觉和视觉，而且通过演出可以实现演员与观众感情的直接交流，具有很强的直观感染力。高尔基说："戏剧要求的是动作，是主人公的主动积极，是强烈的感情、迅速的感受、简洁和鲜明的词句。如果戏剧中没有这些东西，那就不成戏剧了。"莎士比亚的著名悲剧《奥赛罗》，描写的是威尼斯大将摩尔人奥赛罗，受了坏人伊阿古的挑唆，深深陷入猜忌之中而不能自拔，后来杀死了无辜的妻子。一次，这个剧在纽约演出，扮演伊阿古的演员演技精湛，刻画人物淋漓尽致，以致一名不能自抑的观众竟开枪打死了这名演员。这个事例说明戏剧的真实可信直观性，具有震撼人心的巨大力量。

戏剧的直观性要求演员当面向观众揭示角色自己的思想，表演角色自己的性格，所以在戏剧中，演员通过形体动作，语言动作和内心动作来刻画人物性格，表达人物情感。总之，动作是戏剧表演的主要对象；活跃的舞台形象，是戏剧成功的重要条件。

由于演员当众表演故事情节是在舞台上进行的，因此，戏剧的直观性，更受舞台条件的制约，即戏剧要受时间、空间限制，它所表现的生活内容，不像小说那样无拘无束，也不像电影那样，在时间和空间上有相当的自由。

2．形象的综合性

戏剧是一门综合性艺术，是文学、美术、音乐、舞蹈、建筑等多种艺术综合的美学工程，是将时空艺术与空间艺术、视觉艺术与听觉艺术、再现艺术与表现艺术、造型艺术与表演艺术的特点融会到一起，将各种艺术元素统一到一起，产生的一种崭新的艺术形式。它需要用文学语言写成剧本，这是舞台演出的基础；需要演员的表演以表达人物的思想、

性格和剧情故事；需要舞台布置与灯光；需要角色的服装设计与制作；需要有音乐来烘托人物、渲染气氛等。作为综合艺术，各种艺术元素在戏剧中，必然要或多或少地失去自己的独立性，服从剧本主题的表达和人物性格的刻画，使自己成为戏剧整体的一个有机组成部分，为塑造完整而生动的舞台形象服务。

如老舍先生的《茶馆》，三幕戏写了三个时代。三个时代茶馆内的人物的语言、动作、服饰、布景等，都鲜明地表现了那个时代的特征。剧中的王掌柜、常四爷、秦二爷、康六、官家暗探、清王朝的老太监等，也都真实地再现了典型环境中的典型人物。成功的戏剧，需要编剧、导演、演员、服装师、灯光师、音乐家、美术家等的共同努力。

3．戏剧矛盾的冲突性

戏剧的本质特征在于它集中、尖锐地反映社会生活中的矛盾冲突。没有冲突，就没有戏剧。戏剧的矛盾冲突是戏剧主题的基础和情节发展的动力。戏剧内容之所以强烈地吸引观众，扣人心弦，原因就在于矛盾冲突比其他叙事作品更为尖锐、激烈。剧作者把生活中的矛盾冲突集中化，并根据一定的审美理想来展开矛盾冲突，推动剧情的发展，因而才具有强烈的吸引力和感染力及审美教育作用。话剧《雷雨》展现周鲁两家夫妻之间、主仆之间、兄妹之间、男女之间的感情纠葛，矛盾冲突错综复杂，尖锐激烈，具有极强的艺术感染力。

戏剧的矛盾冲突不是作者主观臆造的，它是生活中矛盾冲突的反映。戏剧需要特别注意对生活中的矛盾冲突加以集中、提炼。戏剧中的人物，只有通过这样那样的矛盾冲突，性格才能得到鲜明的表现。古今中外的一切优秀戏剧，总是集中地反映了社会生活中的某些矛盾冲突。

4．结构严谨的剧场性

剧场性是戏剧的基本特征之一。戏剧是在特定的剧场上表演的，这就使它在时间和空间上受到限制：时间不能太长，空间不能太大，场景转换不能太频繁。文艺复兴后的欧洲古典主义戏剧家提出"三一律"的艺术法规，是有一定道理的。"三一律"规定情节、地点、时间三者必须完整统一，即每剧限于单一的故事情节，事件发生在一个地点并在一天内完成，这有利于剧作情节结构的简练集中巴金的小说《家》，虽然充满戏剧性冲突，可是不能上演，就是因为没有剧场性。曹禺把它改编成四幕话剧，才成为戏剧。因此戏剧结构要严谨，剧中的人物、事件、时间、场景等，都要经过编导者精心选择和安排，使之围绕戏剧冲突发生、发展、直到高潮而结局，在时空有限的剧场上，取得比现实生活更强烈、更集中、更典型的艺术效果。

三、 中国传统戏曲主要种类和审美特征

中国传统戏曲乃是采用歌舞的形式，以演员扮演角色，直观展现故事情节的艺术样式。王国维在《戏曲考原》中简要地概括说："戏曲者，谓以歌舞演故事也。"

世界上有三种古老的戏剧文化：一是希腊悲剧和喜剧，二是印度梵剧，三是中国戏曲。其中中国传统戏曲，吸吮丰富的文化艺术养料，形成了鲜明的表演体系。成熟的戏曲经历元杂剧、明清传奇、清代地方戏三个阶段，而进入现代，今天已有360多个剧种在演出体制上共守着同一种形态。它们美学特性上的共性远远超过个性，剧种的区别主要在于地方语言的不同而形成的不同的唱腔音乐。

1．戏曲的主要种类

(1) 京剧。流行全国，有二百多年历史。清乾隆五十五年（1790年）四大徽班陆续进北京演出，于嘉庆、道光年间同来自湖北的汉调艺人合作，相互影响，接受了昆曲、秦腔的部分剧目、曲调和表演方法，并吸收了一些民间曲调，逐渐形成相当完整的艺术风格和表演体系。唱腔基本属于板腔体，以西皮、二黄为主要腔调。用京胡、二胡、月琴、三弦、笛、唢呐等管弦乐器和鼓、锣、铙钹等打击乐器伴奏。表演上唱、做、念、打并重，多用虚拟性的程式动作。自咸丰、同治以来，经程长庚、谭鑫培、梅兰芳等加以改革和发展。对各剧种影响很大。对各剧种影响很大。传统剧目在一千个以上，以《霸王别姬》、《群英会》、《打渔杀家》、《三岔口》等流行较广。抗日战争时期，陕甘宁边区在中国共产党"推陈出新"方针指引下，开始了对京剧从内容到形式的全面革新，编演了《逼上梁山》、《三打祝家庄》。建国以来，编写、整理了《将相和》、《野猪林》、《雁荡山》等和一些反映现代生活的剧目，获得了成功，进一步扩大了影响。

(2) 昆曲。也叫"昆山腔"。戏曲声腔、剧种，清代大多称"昆曲"，解放前后或称"昆剧"。原为元昆山（今属江苏）一带流行的民间戏曲腔调，经顾坚等人整理加工，明初已有"昆山腔"之名（见明魏良辅《南词引正》、周元暐《泾林续记》）。至嘉靖年间，又经戏曲音乐家魏良辅等吸收海盐腔、弋阳腔和当地民间曲调，再加丰富。曲调舒徐宛转，有"水磨腔"之称。伴奏乐器兼用笛、箫、笙、琵琶以及鼓、板、锣等。以演唱传奇剧本为主。表演上注重动作优美，舞蹈性强，形成了特有的风格。在舞台艺术上总结了过去的经验，创造了中国古代完整的民族戏曲表演体系。隆庆、万历以后，昆腔逐渐流传各地，对许多地方戏曲剧种产生深远影响，有的则同当地语言、曲调结合，成为地方化的昆腔（如北昆等）或当地剧种的腔调之一（如川剧、婺剧等剧种中的昆腔），形成一种广泛的声腔系统。但自清中叶以后，由于思想上和艺术上日益脱离群众而逐渐衰落。解放后，进行艺术改革，整理改编《十五贯》等传统剧目，并编演新戏，逐步获得了新的生命。

(3) 豫剧。也叫"河南梆子"、"河南高调"。流行于河南及邻近各省的部分地区。是明代秦腔、蒲州梆子先后传入河南地区同当地民歌小调结合形成。一说是由北曲弦索调直接演变而成。以梆子按拍，节奏鲜明。有豫东调和豫西调两个支派。豫东调以商丘、开封为中心，音调高亢，唱用假嗓，称为"上五音"；豫西调以洛阳为中心，音调较低，唱用真嗓，称为"下五音"。解放后整理了传统剧目《穆桂英挂帅》等，并编演了现代剧《朝阳沟》等。

(4) 秦腔。流行于陕西及其邻近各省的部分地区。明中叶以前在陕西、甘肃一带的民歌基础上形成。发展过程中受到昆腔、弋阳腔、青阳腔等剧种的影响。音调激越高亢，以梆子按节拍，节奏鲜明，唱句基本为七字句，音乐为板腔体。明末清初流传南北各地，对许多剧种都有不同程度的影响，而成为梆子腔（乱弹）系统中的代表剧种。流行于陕西省的秦腔，以西安乱弹为主，又有同州梆子（东路梆子）、西路乱弹（西府秦腔）和汉调桄桄等支派。抗日战争时期，在陕甘宁边区，文艺工作者曾用秦腔形式，创作、演出《血泪仇》等现代剧，对于革命宣传和艺术改革都起了积极作用。解放后整理的传统剧目《赵氏孤儿》等影响较广。

(5) 越剧。流行于浙江、上海以及许多省区、城市。清末在浙江嵊州一带的山歌小调的基础上吸收余姚滩黄、绍剧等剧种的剧目、曲调、表演艺术而初步形成，当时称为"小歌班"或"的笃班"。1916年进入上海，称为"绍兴文戏"，20世纪30年代中又发展成为全部由女演员演出的"女子绍兴文戏"。抗日战争时期在浙东敌后根据地曾加以改革；同时在上海接受话剧、昆剧的影响，1942年起始称越剧。主要曲调有四工调、尺调、弦下调等。解放后整理改编演出了《梁山伯与祝英台》、《红楼梦》、《祥林嫂》等，并恢复了男女合演。

（6）评剧。流行于北京、天津和华北、东北各省。早期也叫"蹦蹦戏"、"落子"，于清末形成。其基础为河北一带流行的曲艺莲花落，先后吸收河北梆子、京剧和滦州影（皮影戏）的剧目、音乐和表演方法，经过对口莲花落、唐山落子、奉天落子等阶段发展而成。曲调活泼自然。擅长表现现代生活，解放后编演了《小女婿》等剧目。另一支派称西路评剧，早期叫北京蹦蹦，形成于北京。已绝迹舞台三十余年，解放后经发掘始重现于舞台。

（7）汉剧。流行于湖北以及河南、陕西、湖南等省的部分地区。旧名"楚调"，也称"汉调"，辛亥革命前后改称汉剧。原以秦腔经襄阳南下而演变出来的西皮为主要腔调，后来又吸收了安徽传来的二黄。约有300多年历史。早期同徽剧经常相互影响。在发展过程中形成了荆河、襄河、府河、汉河四支。对湘剧、川剧、赣剧等剧种的形成和发展都有影响。清嘉庆、道光年间，汉调流传至北京，加入徽调班社演唱，逐渐融合演变而形成京剧。汉剧角色，分为一末、二净、三生、四旦、五丑、六外、七小、八贴、九夫、十杂共十行。腔调除西皮、二黄外，罗罗腔也用得较多。伴奏乐器有胡琴、月琴、三弦、鼓板等。解放后整理的传统剧目《宇宙锋》等影响较广。

（8）粤剧。流行于广东和广西部分地区。东南亚和美洲华侨居住地区有时也有演出。明代弋阳腔、昆腔相继流传到广东，清初徽班、湘班又在广东风行，这些剧种相互影响，并吸收了南音、粤讴、龙舟、木鱼等广东民间曲调，于雍正前后汇合形成粤剧。腔调以梆子（相当于西皮）、二黄、西皮（相当于四平调）为主。角色分行同汉剧基本相同。

（9）川剧。流行于四川和云南、贵州的部分地区。清雍正、乾隆年间，昆腔、高腔、胡琴、乱弹等剧种和当地民间小戏"灯戏"同时流行，在长期发展中逐渐多用四川方言念唱，同台演出，相互影响，形成了较多的共同风格，后来就统称为川剧。表演艺术细腻，技术要求严格，戏曲语言生活气息较浓厚，具有幽默风趣的特色。

（10）沪剧。流行于上海和江苏、浙江的部分地区。渊源于上海浦东的民歌，清末形成上海滩黄（当地称"本滩"），在发展过程中曾受苏州滩黄的影响。后来采用文明戏的演出形式，发展为小型舞台剧"申曲"。抗日战争后定名为沪剧。曲调优美，富有江南乡土气息，主要有长腔长板、三角板、赋予板等。擅长表现现代生活，解放后编演了《罗汉钱》、《星星之火》、《红灯记》、《芦荡火种》等剧目，影响较广。

（11）黄梅戏。流行于安徽和江西、湖北等省的部分地区。清道光以后，由湖北黄梅的采茶调传入安徽安庆地区，受了青阳腔的影响，并与当地民间歌舞、说唱音乐融合发展而成。传统剧目和音乐受徽剧影响较多。解放后整理的传统剧目《天仙配》等影响较广。

2．审美特征

中国传统戏曲在自身的发展历程中，构筑了明显区别于世界上其他古老剧种或现代剧种的艺术系统。与众不同的审美特征，赋予了中国传统戏曲永恒的魅力。

（1）高度综合。中国传统戏曲曾长期在民间孕育流传，与多种艺术样式之间都存在着密切的血缘联系，因此，其综合性的特征显得极为突出。文学、音乐、舞蹈、绘画等艺术因素，都被吸收接纳到戏曲内部，分别为戏曲的诞生贡献了力量。当然，戏曲又绝非某种简单的拼凑。不同艺术因素进入戏曲领域后，已经放弃了自身的独立性，既意味着广泛包容，更意味着有机统一。

文学为戏曲贡献了基本的骨骼——剧本。同时戏曲剧本直接把诗接纳到自身的系统之中。戏曲唱、白结合，以唱为主，而所唱之词就是已经戏曲化了的诗。戏曲是音乐化的戏剧，没有音乐，也就不成其为戏曲。戏曲表演以唱、念、做、打为基本功，其中排在第一位的唱就属声乐；而戏曲的伴奏则属器乐。舞蹈对戏曲表演动作的美化，是显而易见的。在戏曲中，"做"和"打"都采取了舞蹈的形式。绘画因素对戏曲的渗透，突出体现在人物的扮相上。

(2) 适当写意。中国传统戏曲的舞台表演体系，从总体上讲，是偏于写意的。它基本上是非写实的，并不追求与生活现实的外形酷肖，而是力图创造实现了艺术升华的舞台形象，从而使内在的情感意趣得到充分显著的传达表现。

戏曲的写意性特征，分别体现于以下两个层次：

首先，戏曲的舞台形象经过了精心的艺术提炼和艺术加工，与现实生活的形态和面貌存在着明显差异。现代戏剧家黄佐临曾对戏曲的写意性做过这样的剖析：

生活写意性，就是说不是写实的生活，而是源于生活，又是对生活加以提炼、集中、典型化。创作不应当仅仅是来自生活，而应当是提炼过的高于生活的东西。

动作写意性，即一种达到更高意境的动作。

语言写意性，即不是大白话，而是提炼为有一定意境的艺术语言，达到诗体的语言。

舞美写意性，即不是实际的环境，而是达到高度艺术水平的设计。

其次，戏曲的舞台形象具有浓厚的抒情意味，体现着鲜明的情感态度。

戏曲形象的高于生活和重在抒情，两者是相互联系的，都是写意性的具体显示。这种写意性构成了中国传统戏曲区别于写实性戏剧的重要特征。

(3) 时空自由。中国传统戏曲是时间和空间相统一的艺术。它以写意的方式，依凭演员的综合表现和观众的心理接受，在舞台上努力将时间和空间艺术化，其结果便是舞台时间和空间的充分自由灵活。

戏曲舞台时间的组织是自由的。在戏曲舞台上，剧中故事情节进展的时间与客观时间并不同步，可以根据艺术表现的需要确立自身的特殊节奏，或疾，或徐，或加以压缩，或加以延长。

戏曲舞台的空间组织也是自由的。中国传统戏曲从来不刻意去营造写实性的固定空间，其舞台的空间意义不是预先设定的，而是由演员的表演所赋予的，可以随着演员的表演而灵活变化。这就是所谓有"境由心造"和"境随人迁"。因此，戏曲舞台空间的转换和分割，具有极大的自由度。边关与京城，塞北与江南，相隔千里之遥，可在舞台上由演员走几趟"圆场"便可达到。

(4) 表演虚拟。虚拟表演是形成中国戏曲相异于西方戏剧的独特舞台风格和美学特征的重要因素之一，是组成中国戏曲表演体系的一个重要支柱。

戏曲表演的所谓虚拟，指演员通过特殊的表演，将各种没有在舞台上直接出现的事物暗示出来，使观众由此而获得虚实统一的完整舞台形象。

在戏曲舞台上，虚拟表演主要是动作表演。演员富于虚拟性的动作，可以暗示出各种各样并非直观的事物。舞台上本无花，一个优美的"卧鱼"嗅花动作，花便似乎存在了；舞台上本无门，一组开门关门的动作，门便似乎存在了；舞台上本无楼，提起衣裙抬脚踏上几步，楼便似乎存在了。手执一支马鞭，便虚拟了胯下的骏马；身旁的四名军士，便虚拟了麾下的十万精兵。

戏曲虚拟表演的关键，即在于虚实关系的处理。虚拟就是因实生虚。演员的表演为实，所传达暗示的事物为虚。虚依赖于实，是在实的基础上生成的，然而即比实更为丰富。实的表演产生出虚的效果，这无疑使戏曲的舞台形象得到了有效的扩充和拓展。

（5）程式优美。中国传统戏曲可以说是一种全面程式化的表演艺术。程式指某些相对固定的规格样式。戏曲程式形成的特点是约定俗成。

戏曲表演的程式首先就体现为基本行当的划分。行当是依据性别、身份、年龄、性格等条件对各种剧作角色的归纳。行当一经确定后，就是具备了特定的表演要求和表演风格。以京剧为代表的传统戏曲，有生、旦、净、丑四个基本行当，而每个行当中又有更细致的分支。

戏曲表演的程式更突出地体现在演员的动作上。就演出过程而言，从上场、亮相，到中间的圆场、走边、起霸、趟马、打出手等等，甚至下场，各个环节的主要动作都有相应的程式。就演员表演而言，身体从头到脚各个部分的动作包括手势、眼神、身段、步法等，都必须符合一定程式。此外，戏曲演员的演唱、扮相，也各有程式。戏曲的程式意味着固定的规格样式，但是定而不死。

第二节　舞蹈美

一、舞蹈的起源和发展

在人类原始部落里，舞蹈具有全社会性，在他们组织散漫和生活不安定的状况下，需要有一种社会感应力使他们团结在一起，舞蹈就是产生这种感应力的重要手段。不论是狩猎还是战争，都是整个部落一起行动，所以原始舞蹈总是集体性的。部落为了有个共同标志，这就出现了图腾。图腾不仅作为部落区别的标志，同时亦是一种最原始的宗教信仰。

原始社会解体，人类进入奴隶社会，从此，图腾崇拜开始和巫术迷信相结合。因而就产生了巫舞。从舞蹈发展的角度上看，巫舞比原始的图腾舞蹈前进了一大步，它从比较粗糙的集体舞蹈转向专业的、个人的舞蹈表演，而且还表现出神话中的人物和故事。奴隶社会末期，巫舞逐渐向娱君娱神的方向发展。到了封建社会，宫廷舞蹈大规模地发展，分为祭祀性质的乐舞和宴饮助兴的乐舞。中国的汉魏和隋唐时代，是宫廷舞蹈发展的两个高峰。在欧洲，文艺复兴以后，宫廷舞蹈逐渐兴盛。西方17世纪后的宫廷舞蹈，是以社交性质为主的娱乐舞蹈。皇帝也一样参加跳舞。这种舞蹈是向民间吸收了若干种舞蹈形式，由舞师加以改造和传授，以适应宫廷中的社交仪式，这是西方社交舞蹈的起源。

芭蕾是从欧洲宫廷舞蹈发展而来的，首先是属于宫廷中专有的表演，后来转移到剧场中去演出。古典芭蕾是表演性舞蹈中技巧要求最高和最讲究形式规范的舞蹈。现代芭蕾20世纪初在西方兴起，这种舞蹈形式最初是受浪漫主义思潮影响产生的，后来又在现代主义的思想影响下产生出许多舞蹈派别。现代舞在法国、美国、英国、日本等国家较为流行。

在舞蹈发展史上，民间舞蹈常常被人忽视，其实只有民间舞蹈才是舞蹈发展的主流。民间舞蹈是人民群众智慧的结晶，它是一条永远不会枯竭的舞蹈源泉。

二、舞蹈的审美特征

1．动作性

舞蹈是以人的形体动作来塑造形象的。人的形体动作包括眼神、步法、手势、姿态的变化等等，它们是舞蹈所使用的艺术语言，类似于文字语言中的单字或音乐中的音符。舞蹈中的人的形体动作和造型姿态，是以人的日常生活和各种自然表情、动作为基础，经过选择、提炼、改造、美化而形成的一种规范性的舞蹈语言。18世纪法国舞蹈理论家诺维尔说："要描绘的感情越强烈、就越难用语言来表达它，作为人类感情的顶峰的喊叫也显得不多，于是喊叫就被动作所取代。"这生动而深刻地说明了在舞蹈艺术中，用人体动作来表达感情和展开情节的重要意义。如中国民族舞中的"探海"、"卧鱼"、"十字步"、"扇子花"，芭蕾舞中的"定转"、"单腿旋转"、"迎风展翅"等等，用以表达各种情感。

舞蹈动作是从生活中来的，是对生活动作的提炼和美化。如《采茶扑蝶舞》中的采茶与扑蝶动作，《摘葡萄舞》中的摘葡萄与吃葡萄的动作等，是选取日常生活中这些动作的最生动、最典型、最有表现力的形象。

2．抒情性

舞蹈和音乐一样，属于表情艺术。舞蹈是借助人体动作来表现个性、抒发思想感情的。为了表现美的感情、美的观念、美的趣味、美的理想，舞蹈也需要再现生活中美的对象，但这种再现是从属于表现的。

戴爱莲创作的《飞天》，其题材取自佛教中关于香音神的传说，而造型则是根据敦煌壁画飞天乐舞伎的形象，予以创造而成。《飞天》女神在安详的静睡中苏醒，挥舞着长长的彩带翩翩起舞，这是很美的造型。但这种美的造型，正是为了表现艺术家的美好的感情和理想，艺术家用寓意、象征、比拟的手法，表现了刚刚取得解放的中国人民对于现实、自由、幸福的肯定和对于未来的美好憧憬。

所以舞蹈要通过精心设计动作、姿态、表情、造型等，创造出美的舞蹈形象和美的舞蹈意境，让观众通过想像力去创造、去发挥、去补充。如，陈爱莲在大型民族舞剧《红楼梦》中塑造的林黛玉的形象，她运用了古典舞蹈特有的造型美和内在的韵律感，并且吸收了我国戏曲舞蹈中的圆场、水袖、碎步、指法和身段等表演技巧，较好地表现出林黛玉多愁善感的性格和痛苦悲愤的内心世界，在舞台上成功地展现了宝、黛这一对封建社会的叛逆者的爱情悲剧。

3．节奏性

节奏是舞蹈艺术构成的基本要素，任何舞蹈都是有节奏的，没有节奏就没有舞蹈。舞蹈中的节奏指舞蹈动作在力度的强弱、速度的快慢、能量的增减以及幅度的大小、沉浮等方面的对比上的各种规律，统称"舞律"。唐诗中形容古典舞蹈的特点是：快如电、旋如风、矫若龙、轻如雪、缓如云、柔如柳等等。节奏的存在使人物表情栩栩如生，形神兼备。

在舞蹈中，节奏一般表现为舞蹈动作力度的强弱、速度的快慢和能量的大小。相同的动作，由于节奏的变化，结合演员的不同表情，就可以表现不同的情绪和情感，体现不同的内容。

4. 造型性

它指舞蹈者在舞台空间中的变换运动线和画面造型。它体现出一定的舞蹈审美情趣，是构成舞蹈作品形式与风格的重要因素。舞蹈构图形式很多，横线（平行线）表示平稳、宁静、自如、从容的情绪和意境；竖线（纵线）表示庄严、肃穆、强劲的气势；斜线（对角线）表示推进、延伸、纵深发展的意味；圆弧线（曲线）表示流畅、柔和、绵延不断的趋势；折线（迂回线）表示游动、跳荡、生龙活虎的态势。

例如民族舞剧《丝路花雨》，就是把敦煌艺术中的彩塑和壁画中舞蹈的姿态和造型作为素材，创作成姿态丰富多彩、动作栩栩如生的舞蹈形象。总之，舞蹈造型的魅力主要不在于展示人体的自然美和单独的动作、姿态上，而是在于所塑造的动态的舞蹈形象能淋漓尽致地表达情感。

5. 综合性

舞蹈是一门与文学、音乐、美术等艺术相结合的综合艺术。舞蹈借鉴了文学作品中运用情节、矛盾，塑造人物形象、刻画人物性格等手法，在舞蹈创作中加以使用，使人物形象更鲜明，故事情节更生动。音乐和舞蹈的结合，是最早的也是最完美的结合，音乐是舞蹈的灵魂。音乐旋律可以使舞蹈更优美流畅富有节奏感，舞蹈的动作和姿态又展开和加强了音乐深阔的意境，使人们获得高度的审美感受。

舞蹈还要与服装、道具、布景、灯光等美术因素结合起来，才能塑造完美的舞蹈形象。

如芭蕾小品《天鹅之死》，在朦胧的月色中，"天鹅"缓缓地从水面漂来。她的双翅像轻风中的白絮一样柔软地舞动，但体力不支，面色忧郁，因死亡的阴影向她袭来。她奋力地鼓动翅膀，同死神进行着最后的搏斗，终因气衰力竭，不幸伏地而死。音乐深深哀婉，一唱三叹，由大提琴主奏，竖琴伴奏，与人物命运和舞蹈动作结合得水乳交融，从而把天鹅之死表现得凄楚动人。

三、中国传统舞蹈

中国舞蹈起源的确切年代，已无法断定。不过，根据青海大通出土的马家窑类型的舞蹈纹彩陶盆推测，在距今约五千年前的新石器时代中期，原始舞蹈已相当发达。这一点还可以由内蒙古阴山、云南沧源等地的舞蹈题材的岩画来加以印证。原始舞蹈是从人类早期的劳动实践中分化出来的，是生命力的直接表现。

在奴隶社会的前期，中国舞蹈留下了娱神与娱人两条并行的演进轨迹。到了封建社会，随着"丝绸之路"的打通，中外文化交流的频繁和民族的进一步融合，中国传统舞蹈发展进入辉煌时期。

1. 秦汉舞蹈

秦代的舞蹈资料几近空白，相对来说。汉代的舞蹈资料则较为丰富，不仅有文字记叙，而且有画像石、画像砖及明器陶俑，凝固了当年的婆娑舞姿。汉代舞蹈流行于社会生活的各个层次，上至皇室权贵，下至平民百姓，均视舞蹈为基本的娱乐形式之一。舞蹈的艺术水准明显提高，舞蹈的民族特色也已初步形成。汉代舞蹈既有优美的"长袖舞"、"对舞"、"巾舞"、"盘鼓舞"，又有刚猛的"干舞"、"戚舞"，形式多样。其中"盘鼓舞"最引人注目。

2. 唐代舞蹈

初唐宫廷乐舞增删隋代"九部"而重定为"十部",包括"燕乐"、"清商乐"、"西凉乐"、"天竺乐"、"高丽乐"、"龟兹乐"、"安国乐"、"疏勒乐"、"康国乐"、"高昌乐"。盛唐则依形式和规模重分宫廷乐舞为"坐部伎"、"立部伎",其中大多数都是为颂扬帝王功德而融会中原与西域舞蹈风格新近创制的作品。

唐代诸多舞蹈中,最著名同时也是能代表整体艺术水准和艺术成就的,乃是"霓裳羽衣舞"。其乐曲据传是唐明皇结合中外音乐谱写;其舞姿也融会了中原舞蹈的轻柔婉转和西域舞蹈的旋转跃动。"霓裳羽衣"的演出形式并不固定,可以是独舞或双人舞,也可以是采用乐舞大曲结构形式的大型群舞。舞蹈的基调华丽明艳,婀娜娇美,成功地创造了一种缥缈虚幻的神仙境界。白居易的《霓裳羽衣舞歌》,记录了中唐元和年间宫廷演出"霓裳羽衣舞"的情景。唐代民间还流传着"兰陵王"、"踏谣娘"等演示简单情节的舞蹈,是舞剧的雏形。教坊、梨园等机构培养了大批高水平的职业舞蹈艺人。总之,唐代舞蹈的丰富、绚烂、开朗、明快之美,是无与伦比的。

四、西方芭蕾舞

1. 早期芭蕾

早期芭蕾时期的舞者形象完全不是我们今天心目中的形象,穿硬头脚尖鞋翩翩起舞尚未成为女舞者们的"法定"技艺,男女舞者们的肢体远不像今天这样修长,动作远没有今天这样灵巧。这个时期的代表作至今活跃在舞台的,只有《关不住的女儿》一部。该剧讲述了一对农村青年男女不图钱财,只求真情,最后冲破家庭阻挠,结为百年之好的故事。

2. 浪漫芭蕾

浪漫芭蕾时期,艺术家主要通过表现神秘莫测的超自然境界,传达人们在世俗空间中难以如愿的理想。代表作有《仙女》,这是意大利芭蕾明星塔里奥妮(1804~1884年)的父亲专为她度身创作的浪漫芭蕾处女作,在金碧辉煌的巴黎歌剧院首演,开创了"白裙芭蕾"的新时代。该剧一方面按照世俗的情理,抨击了男主人公在感情生活上的见异思迁,实际上却表现出浪漫主义艺术对某种可望而不可即、至善至美理想的执著追求。

3. 古典芭蕾

谈到古典芭蕾的辉煌成就,不能不谈俄国作曲家柴科夫斯基(1840~1893年)和俄国"古典芭蕾之父"法国人佩蒂帕(1818~1910年)。柴科夫斯基写作的"三大舞剧"《天鹅湖》、《睡美人》和《胡桃夹子》,是古典芭蕾的经典,它经受了百年沧桑的考验,不仅成为世界各地芭蕾舞团的保留剧目,而且经常单独在音乐会上演奏。1847年,佩蒂帕随大批法国舞蹈家来到俄国,在圣彼得堡的马林斯基剧院先后出任主演、教员和长达34年的首席编导大师。他先后创作了54部完整的芭蕾舞剧,其中包括《睡美人》全剧和《天鹅湖》一、三幕。此外,他还为古典芭蕾创立了"双人舞"和"性格舞"两大模式。另外俄国编导家伊万诺夫独自创作的《天鹅湖》第二幕和《胡桃夹子》等。都是古典芭蕾的传世之作。

4. 现代芭蕾

正当古典芭蕾在俄国日落西山之际,一批不满于保守现状的精英开始摩拳擦掌。他们随俄国芭蕾经纪人佳吉列夫,以"俄国芭蕾舞团"的名义,浩浩荡荡地开进了巴黎,为芭蕾史开拓一个新纪元——现代芭蕾时期。1909年,佳吉列夫(1872~1929年)率领俄国芭蕾舞团在巴黎举行两台晚会。该团在创作上,毅然地抛弃了《天鹅湖》的大型舞剧传统，根据新时代的节奏，推出了《春之祭》、《牧神的午后》等短小精悍、新奇多变、具有现代表现主义风格的作品。福金（1880～1942年）是"现代芭蕾之父"，他为俄国芭蕾舞团创作的《仙女们》（1909年）被誉为"现代芭蕾的处女作"。尼金斯基（1890～1950年）编导的《牧神的午后》（1912年）和《春之祭》（1913年）也是现代芭蕾的早期代表作。现代芭蕾的中期代表人物是巴兰钦（1904～1983年），他是美国芭蕾流派的奠基人，代表作有：《小夜曲》（1934年）、《巴洛克协奏曲》（1941年）、《四种气质》（1946年）等。他的作品以"将音乐视觉化"的交响芭蕾为主，充分体现音乐的情绪和动感。同期英国编导家图德（1908～1987年）的《丁香花园》（1936年）率先抛弃了传统的哑剧手势，用巧妙的时空调度和丰富的动作编排，清晰易懂地表现了一个交叉式的四角恋悲剧，为他赢得了"心理芭蕾大师"的雅号。现代芭蕾的后期代表人物是法国编导家贝雅，代表作有：《春之祭》（1959年）、《波莱罗》（1960年）、《生命之舞》（1996年）等。他的作品大气磅礴，充满阳刚之气，既追求返朴归真的艺术境界，又有撼人心魄的剧场效果。

5. 当代芭蕾

当代芭蕾的代表人物分别是美国人福赛斯和捷克人基里安。前者的代表作有《爱之歌》（1979年）、《说者再见》（1980年）、《人工制品》（1984年）、《多少悬在半空中》（1986年）等。福赛斯的作品总是充满了年轻人的前卫精神和冒险意识，动作上则极力强调肢体的超极限开发和高难度运用。基里安的代表作有《回到陌生的土地》（1975年）、《D调交响曲》（1976年）、《小交响曲》（1978年）、《归去来兮》（1996年）等。基里安的作品在动作风格上相当折中，既不前卫，也不激进，每每将流畅如水的古典芭蕾与感情充沛的现代舞有机地融为一体，具有强烈的形式感，核心之处萦绕着浓郁的幽默，并燃烧着对人类命运的深切关注。

第二十三章 影视美

第一节 影视艺术的审美特性

一、影视艺术既是再现艺术,也是表现的艺术

影视艺术是影像通过摄影机对现实的客观再现,以可见可闻的具体的人和物的本来面貌出现在银幕(屏幕)上直接诉诸观众的,因而它具有直观性和具体性的现实性格;但影像又是由人有意识去构成和创造的,演员的表演、摄影机的表现和蒙太奇的剪辑均取决于导演的意图,并且这种意图要通过有内在联系的影像的构成与运动经由观众来感受和认识,因而影视艺术又具有概括性的审美性格。影视艺术的美主要是通过艺术家对情境的假定性设计来展现的,这种假定性的目的是为了创造一个能反映现实生活本质特征和真实人际关系的艺术世界,因而影视艺术对生活的概括性不仅要求叙事和人物塑造符合生活真实,演员的表演、景观的构造符合生活的原貌,而且它还要求影视的诸语言要素不同程度地运用艺术夸张,如快慢镜头、变焦镜头、定格、影调等表现手法以符合特定情境下观众的观影心理。

二、影视艺术是融声画于一体的视听艺术

影视艺术以声波和光波为本性,其影像属于视听两个感觉领域,画面和音响是影视艺术的两个基本元素。影视艺术通过画面与声音来叙述故事、抒发情感,它声情并茂,同时兼具造型表现力和声音表现力。影视艺术主要吸引和感染观众的是人物的活动,这种活动主要体现为演员的表演。演员表演的动作、表情,与景物(人物活动的环境)和服饰(装饰人物的化装、服装、道具)的状态、质感、色彩巧妙搭配,经有效的光影渲染和画面构图,通过创造性的摄影机的移动、镜头的切换来表现意境,为观众提供灵活的视觉观看,引起观众情感和理智的反应;而且演员的言谈和声音,连同景物的自然音响、音乐和外加的解说,协同视觉元素一起作用,起到塑造人物、交代叙事、说明环境、渲染气氛的巨大作用,使影视艺术具有更丰富的内涵和强烈的艺术感染力,能够获得观众共鸣。

三、影视艺术是综合的现代艺术

在不过百年的发展进程中,影视艺术正是借鉴了人类文明的一切科技和艺术成果才形成自己的独特系统的。影视的成像分别依赖于光—化学技术和光—电子技术的发展,影视系统的摄录、传送和接受的技术直接关系到影视成像的质量,在某种程度上,影视的发展史也是影视技术的发展史。而且,影视艺术以自身的技术发展优势为依托,在形成和完善个性的过程中,又综合吸收了美术、戏剧、文学、音乐等其他各种艺术之长,把它们有机融合在影视中,使它们既接受影视艺术独特个性的制约,又与影视艺术相辅相成、协调配合,取得原先单独存在所不具备的新效能;如音乐,必须与影视的视觉元素和其他的听觉元素相融合,承担叙事描写的意义,而不单纯是抒情,它被影视创造者恰当、有效地使用，阻止了音乐演绎的长度，形成音乐在影视艺术中的分段陈述结构。这样，一种音乐的新形态——影视音乐便区别于以往的纯音乐了。影视艺术的大放华彩是向其他艺术学习并获得启发的结果，但同时也给其他艺术带来巨大冲击，意外地促使了其他艺术的变革，显示了影视艺术对现代艺术的贡献。

四、影视艺术既空间又是时间的艺术

影像作为对现实物态的虚拟还原，它被人选择与运用时，就依赖于与影片的整体关联，单个的画面镜头即使拍出来最美，若不超越边框来延展镜头的长度并且与前后镜头毫不相干，也是毫无意义的。虽然绘画和影视能同在二维平面上创造三维立体空间图像，但绘画只要依赖于它单独一幅画面的造型便能获得它自身的完整性，而影视艺术，必须超越单独一幅画面自身的意义，表现为一系列影像、(画面和声音) 经时间化的处理之后所形成的整体意义。时间赋予了影视艺术的运动本性和美学特征，也赋予了影像空间的特定内涵。

影像空间一般以两种方式呈现——长镜头和蒙太奇。前者是以摄影机的跟移推拉所造成的顺序活动的空间，是同一影像在时间内的延伸，又叫影像内空间；后者是以剪辑手段所造成的画面的跳跃空间，是不同影像的交替切换，又叫影像外空间。影像空间无论以哪种方式呈现，都是动态的，它反映出意识（甚至是下意识）依据自身逻辑所表现出的变动、跳跃，而且往往是以部分的形式存在于影像外的整体预想上，由于是截取的一部分，因而影像所表现的事物须与影像外空间产生联系才有意义，这就诱使观众不断对影像的展开产生期待，去寻求影片的完整意义。意义往往借助叙事形态显示出生活历史的本质，它通过摄影机的镜头左右着观众的眼睛，并由一定序列和行程组接而成的影像逻辑，感动观众，教育观众。

第二节 影视艺术的审美元素

一、画面

1. 画面的构成要素

构图、光影与色彩。画面是映现于银幕（屏幕）上的一个镜头，表现的是被摄物在一定时间内（或长或短）的存在性质和状态。影像的造型主要通过画面来进行。画面的艺术效果取决于构图、光影和色彩在特定语境（剧情）中的综合表现力。

影视构图的基本目的是为了产生纵深感，并把观众引向画面。构图使影像具有形式和实体。构图在影视中除了要像绘画那样考虑体积、面积和透视关系外，还要考虑画面内的运动所产生的变化和画面外的空间。它用以确定画面中事物各部分的组成关系，并把观众的视线引向被摄的主体。主体的静止与运动决定了构图的不同样式。一般而言，构图的样式分为开放式构图和封闭式构图两类。

通常，从造型的需要出发，构图时人物的宾主呼应、景物的虚实藏露、画框的周边配置、主体的远近运动、线条的繁简参差、色调的浓淡轻重都会有不同的艺术表现力，它们的变化会给观众带来不同的心理效果。画面内的构思和超越画面的想像要求造型者既考虑符合艺术意图的形式感，又要及时去捕捉现场中真实生活的流动性。

除构图外，光影和色彩也是强化画面形象特征的手段。我们看见的影像取决于用光的质量；光的性质（柔光或硬光）、方向（前置光、侧光、背光、底光、顶光）和强度（强光或弱光）决定光影的造型效果，它们不仅起到界定画框空间、联系画面各部分、区分不同景区的任务，而且起到交代剧情、渲染情调的作用，对影像的戏剧性质量起着决定性影响。

当然，光影的调子（简称影调）会随影片主题和风格的不同而不同。喜剧片和音乐片一般采用高调，采用强大的主光，添加辅助光来填补阴影，画面柔和明亮；悲剧片多用高反差影调，用光生硬，时带有浓重的黑色条纹；神秘片和恐怖片则一般采用低调，使用较少的亮区和硬光，影像模糊不清，明亮的眼球和阴暗的面庞是神秘场面的特征。将光影在不同的类型片中做这样的区别对待，是基于光明与黑暗所具有的象征意义。

至于色彩，除了像光影一样用于均衡画面构图外，也有它自身的造型作用。将色彩仅仅理解为一种增加画面现实感的因素是远远不够的，好的导演还必须根据不同色调的价值（如黑与白）和心理、戏剧的含义（冷色与暖色）去运用色彩。虽然有些题材的影片是不宜用彩色的（如战争、死亡、暴力、恐怖），但色彩仍具有丰富的表现力与象征效果。

2. 表现画面的手段

摄影、照明与美术。画面内的运动取决于摄影机的运动，摄影决定着画面。

在制作影片时，导演和摄影师是通过镜头来看每一个影像的，在选定将用来拍摄影像的镜头之后，就着手准备每一个场面，对影像进行构图、照明和布景，以便使观众看到的影像符合制作者的造型意图，这样，影视作者就把他们看事物的方式传递给了观众，以求得观众的认同。当然，观众是通过摄影机的镜头去观看、体验和认识画面的，摄影机的镜头也可以代表观众的眼睛。另外，镜头也可以反映剧中人的心理，观众的视觉与剧中人保持一致，观众便极易受剧中人的感染。镜头的这三种立场表明了观看画面的三个视点。

除此以外，景别、运动、角度、焦距也是摄影机镜头对画面起作用的因素。

景别是摄影机在拍摄对象时变动摄影距离或用变焦镜头摄成的不同范围的画面。镜头的不同景别可以因需要而改变，这可以在摄影机和变焦镜的推拉中反映出来。就人与环境的关系而言，景别通常划分为五种类型：远景、全景、中景、近景、特写。

镜头运动指的是摄影机相对于被摄对象的位置变化，它包括推、拉、移、跟、摇等方式。"推"是指摄影机通过移动逐渐接近被摄体的运动镜头，摄影机前推，可以造成景别由远景到全景、中景、近景以至特写的连续变化，它可以强化注意，构成视觉冲击；"拉"与推相反，是摄影机远离被摄物的运动，常用来强调环境及其与人物之间的关系；"移"一般指镜头的横移，摄影机的拍摄方向与被摄体的运动方向构成一定角度，它适于表现物体的运动，在歌舞片和武打片中较为常见。"跟"指摄影机跟踪运动着的被摄对象进行拍摄的方法，它与对象保持等距离的运动，可连续而详尽地表现被摄对象的活动情形，展示人物在行动中的动作和表情，它有时可用以表现跟踪者的主观镜头。"摇"指借助于摄影机的活动底座，在摄影机不移动的情况下使摄影镜头作上下、左右或旋转式摇动，它既可在叙事中交代画面的空间关系，又可用来表现一种印象或思想。

角度是由镜头和水平之间的夹角造成的，因形成的夹角不同，便产生平视、俯视、仰视、倾斜镜头。不同角度的拍摄，会造成不同的感情色彩。

焦距的长短和使用也影响着画面的表现效果，透镜与此有直接关联。按焦距的长短变化，有标准镜头、广角镜头和长焦距镜头三种。使用广角镜头和长焦距镜头却效果迥异：

广角镜头虽然前后景都很清晰,但后景却和前景拉大了距离,而且画面内的水平线和垂直线都发生了弯曲,角度越广,画面自然弯曲得越厉害;长焦距镜头的景深却很浅,前后景的距离很短,虽然前景中的主体很清晰,但后景几乎模糊一片,焦距越长景深自然越浅了。

照明是摄影最重要的物质基础,被摄对象的轮廓形态、空间层次和色彩对比取决于摄影时的光线运用,光线是摄影造型的基本手段。

影视美术也是影响画面造型的重要手段,在统一的艺术要求下,影视美术是与摄影、照明协同起作用的,它是对被拍对象进行的外部总体设计。

长镜头与场面调度。一个镜头是指摄影机在一次开机到停机之间所摄的带有连续影像的胶片片段,摄影机的运动意味着不变换镜头的影像交替,影视画面的容量取决于一个镜头的长度。

场面调度一般可以从三个方面来进行:场景设置、演员调度和摄影机调度。场景设置也是影视美术的内容之一,它无非是为场面调度提供较为必须而合适的空间,为演员和摄影机的运动提供充分的可能性,它包括设计被人物活动所关联的不同景区、有层次地安排景深等工作。由于场面调度的存在,场面的转换可以在镜头内部实现而不必借助蒙太奇的切换,因而场面调度又叫镜头内部蒙太奇,而这样的一个场面必须同时具备可以取消剪辑的两个或两个以上的要素,它是通过空间的统一而非单个镜头的并列来取得情绪效果的。

二、音响

1. 影视音响的特质、录音及声画结合

音响在影视艺术中的作用是无法估量的,一个影片即使画面拍得再好,剪辑得再好,若失去了音响,也会失去了真实感,让观众觉得索然与沉闷。声音的出现是电影艺术的一场革命,由此,影片的拍摄要重新考虑影片构成的所有组合要素了,画面、剪辑、表演甚至影片的风格都因为声音的注入,融会成全新的面貌,极大地丰富了电影的表现,也为以后的电视语言的发展提供了充分的可能性。

从通感的角度来讲,音响同光影、色彩有着微妙的心理关联。响亮的音往往和明朗的光、暖而跳的色彩联系在一起,它使人紧张而激动。反之,低沉的音总与幽暗的光、冷而闷的色彩相关,常用来表达庄重与深沉的情绪;音响与光影、色彩彼此呼应、对比,共同营造着影像的艺术效果。

同画面被摄影机镜头所选择一样,影视中的音响也是被选择的。即使一个镜头中出现的单个声响也是与单个构图一样,服务于影像在时间展开中的整体关联的。

一般而言,影视艺术中的声画结合有这样三种情形:声画同步、声画对位和声画分立。声画同步即影片中声音与画面的一致,发音的人或物在影像显示上与所发声音保持同步进行的自然关系,声画对位指影片中声音与画面形象各自独立又相互作用的结构形式,二者在形式上不同步、不合一,但彼此策应、配合,通过对比、类比、象征来产生一种原先二者单独存在所不具备的新含义,声画分立指影片中声音与画面形象不但不吻合、不同步,而且二者互相离异的形式,它突出了声音的作用,使声音摆脱对画面的依附,成为一个独立的要素,在这种形式中,同一种持续的声音可以把一系列表示不同场景、不同内容的画面组接起来,既起到转换时空的作用,又加强了声音与画面的内在联系。

2. 声音的各种类型及表现作用

声音与其他的影视元素共同构成并完善了影视语言的丰富表现力，声音自身所包含的元素也是用来构成一个最后的总和效果以成就一个完整的影视作品的。一般就声源而言，影视音响可包括人声、自然音响、特技音响和音乐等全部的听觉元素。人声指人的嗓音发出的由音调、音色、节奏、速度等组成的声音和话语，包括对白、独白以及人所发出的背景声；自然音响指在场面环境中能听到的除人声外的所有自然声音和人造声音，包括人或动物的行动声音、自然界的声音（风雨雷电、山崩海啸、兽咆虫鸣等）、机器运转声和物件碰撞声；特技音响指通过特技手段人为制造出来的非自然的声音或对人声、自然声处理变形后的声音（如拟音）；音乐是指由纯音乐形式转化而来的、被纳入影视时空关系中的影视艺术的一个视听表现手段，包括有声源音乐（音乐是由画面中的声源提供的，又叫画内音乐或客观音乐）和无声源音乐（音乐不是来自画面内的声源，而是由影视艺术家根据画面感受设计的，又叫画外音乐或主观音乐）二类。可以说，无论来自何处声源的声音在影视中都是受到影像连续性的制约的，它们都具有传达信息、塑造人物、推动事件发展、表达思想感情及描绘环境气氛、突出时代与地域特征的作用。

音乐用在影视中必然会失去它单独存在的暧昧性，它必须与画面相配才能发挥作用，表达影像所需要的含义，它大半是用来烘托影片动作、控制影片节奏、渲染气氛情调的。至于音乐片中的音乐，则往往让故事成为它的陪衬，它要么在叙述的间隔中出现，要么作为支配剧情的决定因素。

3. 无声

作为声音的相对物，无声在影视艺术（除了默片）中也有积极的表现作用，它相当于空白在绘画中的价值。沉寂往往是为将要到来的剧情冲突作蓄势的，会给人带来不安的感觉。

三、蒙太奇

1. 蒙太奇的概念与基本规则

剪辑是影视创作过程中的一个关键阶段，影视作品的最终合成取决于剪辑。一般而言，蒙太奇就是剪辑的同义语，用在影视中是指各分镜头剪辑组合，即把一部影片的各种镜头以某种顺序在延续的时间状态中组织起来。作为影视语言最独特的基础和创立影视美学所必须的条件，正是蒙太奇构成了影视艺术作品的完整性。当然，蒙太奇的效果在影视艺术中是与演员的表演、画面的造型以及声音的设计相辅相成地协同作用下的表现出来的，它只有同前后镜头建立了关系才具有价值和意义。

蒙太奇赋予了影视作品的结构。剪辑后的每一个镜头作为影视作品结构的基本单位，处在两个接头之间，它在呼应上一个镜头时必须为下一个镜头做好准备，就其自身而言，镜头的片断性和局限性是明显的，而这反而促成它与上下镜头的依赖关系以从心理和视觉上形成一个连续不断的整体。影片结构中比镜头大的单位是场面，它表现的是在同一地点和时间发生的一个统一的动作，它可由一个镜头构成，也可由一组镜头组成。段落是结构的最大单位，一般表现的是影片的一整段剧情，它往往由一组场面构成。场面甚至段落也是有片断性和局限性的，场面在场面延展和场面间转换的段落中存活，段落在上下段落的彼此呼应衔接中存活（许多导演常以一个已在进行的动作来开始一个场面或段落，并在每个场面或段落结束时让一个延续的动作来展开下一个场面或段落），影片结构的任何单位都必须借助蒙太奇超越它自身的意义，在呈现连续影像的时间之流中服务于影片的整体关联。

蒙太奇创造了影视的时间，这种时间不同于实际发生的时间，而由镜头持续的时间（以及镜头跳切时所略去的时间）决定，实际的时间可以被压缩或扩展，却不违背观众的感受性，这样就便于艺术家去选择、突出表现对象中主要、本质的部分，略去多余、繁琐的内容，使影视艺术具有高度集中的概括能力。艺术家一般可以用两种方式来控制时间：利用交叉剪辑来拉长或压缩一个动作的时间，利用光学效果来连接场面和段落。

蒙太奇是以剧中人或观众的视觉或思想为基础的，它要符合人们的认知方式和情感需要，一个镜头可以是上一个镜头中剧中人看或想的对象，也可以是对观众看到的上一个镜头时产生心理期待的一种回答，当然，在一些探索性较强的作者电影中，镜头的组接并不限于展示按逻辑或时间顺序连在一起的完整事件，以增加事件的戏剧性，也并不以营造幻觉的气氛迎合观众特定心理为满足，而是催生一种新的意义，揭示出镜头间所反映生活的内在联系，一些艺术家有意打破经典剪辑的上述规则（如爱森斯坦、戈达尔等），故意漏出剪辑的缝隙，以引起观众的反思，揭示现实世界中不可调和的冲突。但无论如何，所有的镜头组接都应以镜头之间的逻辑关系为基础，通过蒙太奇的转换，观众的视点可以与剧中人的视点、作者的视点相重叠，镜头可以潜移默化地感染和教育观众。

2．蒙太奇的形式及其表现作用

创造总是与规则保持着张力，艺术家总是创造性地利用剪辑艺术来制造特殊的情调，表现特定的题材，蒙太奇的发展自然也不会满足于连贯、流畅的叙事上，艺术家不断发掘的蒙太奇手法，正日渐丰富着影视艺术的表现力。一般蒙太奇的表现形式有这样三类：节奏蒙太奇、叙事蒙太奇和表现蒙太奇。

节奏蒙太奇指利用镜头内的运动速度来剪接镜头，并充分考虑镜头长短的剪接给观众心理带来的感染力。

叙事蒙太奇是影视艺术中最常见的、对事件和故事情节作恰当时空处理的叙事方法，它特别重视关键性镜头的出现的时机和顺序，在镜头动作事态的连贯中，选择恰当的剪辑点，使每一个镜头动作的新发展恰到好处地表现出来。

表现蒙太奇是以镜头的队列为基础，让相邻的镜头形成对照、冲击从而产生单个镜头本身所不具备的丰富含义，渲染情绪气氛，它在连贯叙事的同时，利用统一的情绪和节奏表现超越直叙事态之上的思想和情感。

3．蒙太奇思维

蒙太奇有狭义和广义之分。狭义的蒙太奇专指镜头画面、声音等元素的编排组合技巧及表现效果，我们以上所探讨的主要是狭义的蒙太奇。至于广义的蒙太奇，它又叫蒙太奇思维，是指贯穿影视创作和欣赏过程中符合影视艺术特性的一种独特的思维方式，它既可以是影视艺术家充分调动影视艺术的各种语言元素并利用其间的各种关系来构思、设计和组合从而实现艺术意图的一种创造活动，也可以是影视欣赏者充分领略影视艺术的各种语言元素的组合效果并体会认识到它与表达现实生活内涵的内在联系。只有用蒙太奇思维来认识影视艺术，才能尊重并发扬影视艺术。

四、表演

1．影视表演的特殊性

虽然影视演员与戏剧演员的表演都来源于生活经验的启发，但与戏剧表演相比，影视表演还是有它的独特性。因为摄影机随时可以拉近演员与观众的距离，演员的表演便不需要像在戏剧中那样具有风格化的夸张特征（戏剧演员在观众的全景视域中出现，为了让远处的观众能看懂听懂，他的嗓音必须明亮，动作必须明确），而是要抑制技巧，自然而不露斧痕，像生活那样朴实无华。

除了摄影机对演员的影响外，影片的摄制不按顺序进行、影视制作中演员与观众分离等客观条件也对影视演员的表演提出了不同于戏剧演员的更高要求，演员必须超越这些障碍，既要能深深地进入角色，以便在任何时候都能表现出角色的灵魂，又要能通过与角色融合所流露出的真挚情感打动观众。

由于影视表演最终是在剪辑室里从拍摄下来的原始表演的片段中创造出来的，演员安置在既是独立的又与其连接的相辅或相反的画面中一起"工作"，导演处理影片的不同方式便会影响到表演在影片中的含量，这有时会引发表演与蒙太奇的矛盾。即使用镜头内蒙太奇，也会存在外在环境代替演员叙述的情形，更何况镜头间蒙太奇也能表达思想感情而未必非得借助表演。

2. 影视表演的风格和类型

归根到底，演员表演的风格取决于导演的风格，无论是演员的挑选还是演员的表演都要在导演的指导下进行，表演已成为影片导演的美学标志之一。除了导演的审美倾向及处理方式外，影片的时代、类型、主题、摄制的国家等都是影响不同表演风格的因素。

另外，戏剧的理论与实践对影视表演的风格也产生了很大影响；如斯坦尼斯拉夫斯基的"体验派"演艺体系注重发掘演员的情绪记忆，让演员深入自己的经历去发现与角色相类似的情感，从而把自己的情感传递给角色，劳伦斯·奥列弗就说过："我并不探索我已经具备的那些性格，而是走出去去发现我认为是作者所创造的个性。"他的模仿和化装能力堪称一流。

影视表演一般可分两种类型，即本色表演与性格表演，与之相应，演员也便有了两种类型，即本色演员与性格演员。本色演员只扮演与自己形态和个性相同或相近的角色，因角色接近生活，表演较自然真实，而性格演员多为职业演员，他（她）所受的表演训练使他（她）能不断对自我进行挑战，能扮演范围较宽的各种性格的角色，创造全新的银幕（屏幕）形象，演员活在角色中而遗忘自身，这是有志于表演的演员应当追求的境界。

五、叙事

1. 叙述者和视点

故事一般指题材，是按时间顺序进行的事件；故事只有在所叙的情节中才能获得完整生动的体现。叙事是叙述者（讲故事的人）给故事加上的某种结构形式，它赋予故事展示的方向和意图。故事既然是由叙述者来安排并通过叙述者的眼睛和意识来组织的，对叙述者及其视点的探究便构成了叙事学中最令人关注的叙事角度问题。

第一人称叙述，指叙述者通过画外音的形式讲述叙述者自己经历的故事，叙述者一般作为主人公参与到故事中。

第三人称叙述，叙述者分不进入角色意识和进入角色意识两种。如叙述者不进入角色意识，叙述就采用客观视点，作为不带偏见的观察者，摄影机多用平视的全景镜头，只从外部记录和报道事件，它避免镜头的夸张变形，尽可能让观众来自作判断。

非人称叙述，叙述者隐藏在摄影机后，是事件通过"摄影机的眼睛"在自我呈现，它采用的是全知视点。非人称叙事长便可从外部对角色的行动加以衡量,对形形色色的角色视点所自称的真实进行评估和验证。

2．几种主要的叙述策略

（1）古典类型影片的叙述方式：它关心的是影片所展示的故事,它建构情节的基本原则是突出因果关系,情节以引起行动的主人公和阻挠这种行动的障碍或对手之间的冲突为基础,往往呈线形发展（如寻宝、破案等）。

（2）现实主义影片的叙述方式：它以生活的自然流动来反映生活的原貌,表现大胆的主题,但又避免作出判断,较多使用客观的长镜头,让主题通过对生活的平铺直叙来呈现。

（3）形式主义影片的叙事方式：它突出的是故事叙述的方式,与前二类影片试图去掩盖情节设计的做法（如合乎逻辑的顺应正常心理习惯的剪辑次序、合乎视听要求的镜头连接和应有的镜头过度）不同,它故意把导演风格化的叙述手法彰显出来,并同它所要表现的主题协调起来。

（4）电视剧的叙述方式：没有电影那种紧凑的时空处理能力和强烈的感染力,也无电影所具有的探索性,但其创作更接近观众的生活,所叙的故事的生动、具体、通俗。

从结构长度来看,电视剧分为电视小品短剧、电视单本剧、电视连续剧和电视系列剧。

电视连续剧近来最受观众欢迎,也是分集连续定期播出的多部集电视剧,如《围城》、《笑傲江湖》、《上海沧桑》等,但它遵循事件发展的自然顺序,按因果逻辑来组织情节,使情节环环相扣,层层展开一个曲折复杂的故事或表现漫长时间流程中人物的命运和社会的变迁。它采用起承转合的戏剧性结构,有类似传统"说书"的技巧,一方面不断结扣,善于制造悬念,另一方面又随着情节展开不断解扣,同时又兴起新的波澜,往往"一波未平,一波又起",这样一直吸引观众看下去。

电视剧由于受到播出时间的限制,更注重时间性,因插播广告,其剧情展开会暂时中断,所以它故事悬念的设置要多于电影,而且它的情节发展要留有余地,可及时根据观众的审美需求作出调整。为了使其在成本制作低于电影的情况下接近观众。

（5）非虚构片的叙述方式：此类影片或电视片是为传播信息或宣传某种观点而拍摄的,如记录片、广告片和宣传教育片,它一般按照一个主题或一个论点来编排结构,叙事为主题或论点服务,但也有如真实电影运动那样最低限度地干预现实、拒绝先入之见来记录真实事件的作品。

第三节　影视艺术的审美体验

一、影视艺术鉴赏的性质

影视鉴赏涉及两种感知：感官感知和审美感知。感官感知只是对影像的视听感知,是一种被动的无意识的感知,影像所牵动的是观众有意无意的欲望。审美感知是鉴赏者伴随着对影像的视听体验,结合其自身的情感欲望、品位志趣、经验知识,从直接感知到的影像中品味影视的诸语言要素的综合表现手段及其效果,积极地寻找逻辑关联,获得潜在信息,既能将时间流程中的影像统一成一个有机的影视作品,融会贯通地对之加以理解,又能联系相关语境，读出作品的视觉文化内涵，并能与之产生共鸣，它常常伴随着感动、思考、联想、移情等复杂的情感与心理活动；这是一种积极的调动鉴赏主体与作品对话的活动，它需要调动鉴赏者的审美经验和审美能力。可以说，没有审美感知，就没有影视鉴赏。

影视艺术鉴赏既然指的是人们对影像的艺术效果进行感受、分析和评价的过程，它便需要观众积极投入作品，但观众从现实周围进入影视作品世界，并不像其他艺术那样伴随着明了的意识。影像的直观性和具体性易使观众对影像产生认同感和信任感，"身临其境"是观众观看影视时都会有的感觉。虽然电视的观看环境是日常化和生活化的，电视世界也是日常生活的一个延伸，观众可以根据自己的兴趣爱好来随意选择自己喜欢看的节目，观众观看时可能处于一种半游离状态，但电视对现实的再现更接近人眼的观看，它一般采用中近景的景别，因关注普通人的生活，摄影机的视点也与观众的视点保持一致，更贴近观众，而且它播放观众所关注的焦点问题，它录放同步的现场感都更易使观众卷入并参与到屏幕所展现的事件中。而电影因其影像的全息化程度更高，能够营造更为逼真的梦幻空间，其景别和角度的多样性更使观众的观看变得灵活，古典影片不露叙事痕迹的蒙太奇手段和先进的电脑数码技术不但可以虚拟时空（如影片《黑客帝国》中的"子弹时间"），而且可以虚拟历史事件（如影片《阿甘正传》），以至于观众往往信以为真，把银幕上的一切当作现实，再加上观众是在黑暗的带有集体仪式性的环境中观看影片，观众的意识局限于银幕，银幕的世界作为观众眼前惟一的世界，又使观影体验有一种梦一般的感觉。影视鉴赏活动本身是知觉在意识和无意识之间游移的过程，摄影机视点犹如观众的眼睛的延伸，起到引导和控制观众的作用，它在呈现影像内容，指示影片的叙事流程时，又迫使观众跟随它有意无意地进入影片。

影视鉴赏过程是作为观众的审美主体与作为影片的审美客体相互作用的过程。虽然影片总是通过特定的故事情节、人物形象和艺术手法引导观众进入作品的氛围、意境，并为观众提供欲望的释放功能，但由于观众在接受作品时会不自觉地受到知识、欲望、兴趣、信念、经验、能力等诸多主观因素所构成的心理模式的影响和支配，观众在观赏影片时也并不是消极的静观、被动的反应，而是能动地进行审美再创造的。

二、影视艺术的审美体验

影视鉴赏者对影视艺术作品的审美体验可以分为三个层次：

1. 悦耳悦目

这是鉴赏者的耳目感官对影视作品的初级体验。观众从感受影视作品的镜头语言开始，在时间的流程中感受镜头的延展给人带来的吸引力，镜头的声画造型（构图、色彩、光影和声音等表现）所产生的美感效应刺激、诱导观众，使观众对作品产生兴趣并把审美注意力集中凝聚在作品上。观众通过对感人的直观性影像语言的解读，来辨认影像的逻辑关系，如通过不同的景别来认识背景和人物关系，通过影调和音乐来感受情绪气氛，通过设置的故事悬念来追问揣摩情节的发展走向，产生对叙事的进一步期待等等。这是作品的形式直觉式的引起鉴赏者"应目"的层次。在这个层次中，要求观众能够体会、认识到影视艺术的感性的思维方式，这是由影像的直观性和具体性决定的，虽然影视也能用来表达观念、传递信息，如爱森斯坦曾想用电影来阐释《资本论》，但这毕竟不是影视艺术的主流，影视不能离开画面与声音来作抽象的演绎和归纳，单靠画外解说来连接镜头、组织影像结构只会破坏影视的基本审美品格。由于观众是带着现实生活的经验进入鉴赏状态的，作品一旦产生吸引力，观众会不由自主地借影像的虚构世界来满足现实的生活世界中难以满足的欲望。

2. 悦心悦意

这是鉴赏者的心意情感与作品形象充分感应和对话的中级体验，涉及鉴赏者对影视艺术的蒙太奇思维的感悟问题。观众只有遵循影视艺术这一独特的思维规律，才能完成对作品形象的重建，从作品中获得领悟与启迪。影视鉴赏虽然受到直觉式的感性思维的影响，但影像的运动、镜头的连接以至影片结构的安排又都是建立在具有逻辑关系的蒙太奇思维的基础上的（不仅符合生活逻辑，还要符合观众的心理逻辑），影像表现的是艺术意象，作品意蕴往往潜隐在直观、具体却被组合得具有丰富造型效果的影像后面，所以观众在鉴赏时还必须以其自身的期待视界，运用审美感知，与作品积极对话，这既是鉴赏者对作品的理智接受过程，也是他的情感渗透过程。作品的情节、意境通过蒙太奇的创作思维以开放的文本迎接观众，观众期待视界又通过蒙太奇的鉴赏思维以开放的心态迎接文本，二者产生交融，观众染上作品的情绪基调，作品对观众产生启迪效应和感染效应。这是鉴赏者"会心"于作品的层次。在这个层次中，除了要遵循蒙太奇的思维规律，鉴赏者还必须提高自身的影视艺术鉴赏素质，明白影视艺术的美学特性和各语言要素对影像安排质量所产生的艺术效果，认识各种影视艺术的类型和导演的风格标志，使自身的期待视界具有较高的水平。鉴赏者一旦读懂了影视艺术家的创作意图，其自身的人生经验、艺术修养也会在对话状态下得到扩展。

3. 悦志悦神

这是鉴赏者充分发挥审美体验的能动性对作品综合美学元素作总体感悟，对作品的象外之象作总体把握，使其精神人格获得净化和陶冶的高级体验。它表现为鉴赏者对作品意蕴的深刻认同与共鸣，鉴赏者与作品达到物我合一、浑然一体的境界。这是鉴赏者由作品而"畅神"的层次。这个层次中，鉴赏者既要把握了影像所具有的符号表意功能（影像除代表自身外，还具有一定的文化品格，如十字架代表宗教，竹子代表士大夫，大海代表深沉，广阔的自然等），又能将这种功能与鉴赏者所有的文化修养和相关的文化背景结合起来，一旦影像的文化品格与鉴赏者人格深处的文化秉性融会激荡，影视鉴赏便会把鉴赏者带入智慧的"高峰体验"。

第二十四章 文 学 美

第一节 文学的性质、功能和审美追求

一、文学的再现和表现

模仿的理论把文学理解成写实的再现。在柏拉图看来,诗人创作作品,就是对世界的模仿,并不是创造,文学的本质模仿论,就成为西方文艺理论史上的重要观点。新写实主义的代表人物罗伯特·格雷莱特说:"世界就是其自身的存在,这再简单不过了……突然间这一显而易见的存在以不可抗拒的力量打动了我们。整个宏伟的结构一瞬间塌掉了,我们的眼睛突然睁大了,这一顽强执拗的实在,这个我们曾经假装掌握了的实在,使我们如此震惊。我们周围不再是我们用种种拟人的和染上保护色的形容词打扮的事物,而是事物自身"(《小说的未来》,转引自H. G. 布洛克《现代艺术哲学》滕守尧译,四川人民出版社1998年)。他认为文学就是原原本本地再现现实。

但以鲁道夫·阿恩海姆为代表的格式塔心理学,则认为艺术绝对的再现现实是不可能的。他在《艺术与视知觉》中认为,人的视知觉对外界对象的反应过程,不是一个照相式的过程,也不是一个把对象的各种要素简单相加的过程,而是一个建构和组合过程,不是一个被动的过程,而是一个主体积极参与的过程。"阿恩海姆证明,并不存在什么绝对写实主义,也没有不偏不倚的或绝对忠实的自然主义,任何对现实的复现都不是自动的和机械的"(H. G. 布洛克《现代艺术哲学》,滕守尧译,四川人民出版社,1998年)。

其实,任何一部再现对象的作品,都包含着作者主体的意向性。试读马致远的散曲小令《天净沙·秋思》:

枯藤老树昏鸦。小桥流水人家。古道西风瘦马。夕阳西下,断肠人在天涯。

一般认为这首小令的场景和环境是极其写实的,但有一个问题被人们忽略了,即除了枯藤、老树、昏鸦、小桥、流水、人家、古道、西风、瘦马之外,别的什么都没有吗?也许还有小树,也许还炊烟和荒草等等,作者的描写就是一种选择。风景的光色选择既可以是昏暗的冷色调,也可以是明丽的色调。这两种意象或许都是作者的选择。可从两个层面来看:第一,昏鸦思归,暖暖人家,可以引起旅人的思归。第二,由枯藤老树乌鸦与小桥流水人家的对比,勾画出一幅凄凉的晚秋图景,在凄凉的晚秋图景与暖暖人家的对比中,自然引起旅人无限的乡愁。可见,作者笔下的景色不仅仅只是客观的描摹,而是包含着作者主观的情思。

由是,对文学产生了另一种认识:文学是创造的、表现的,文学是对人类主观世界的表现。诗人华兹华斯说:"诗是强烈情感的自然流露,它起源于在平静中回忆起来的情感"(《〈抒情歌谣集〉一八〇〇年版序言》,见《西方文论选》下卷,上海译文出版社)。列夫·托尔斯泰认为文学是情感的感染。罗宾·乔治·科林伍德在《艺术原理》中认为:艺术

在一定程度上可以有再现因素，但艺术绝不是再现的；在人类历史上，艺术曾经与巫术有过某种结合，但巫术艺术只不过是艺术的某种雏形；艺术可以使人得到一定程度的乐趣甚至教益，但娱乐艺术绝不是真正的艺术。真正的艺术是表现艺术和想像艺术。

中国上古史书《尚书》言："诗言志，歌永言，律和声"（《尚书·尧典》）。这里的"志"应包括思想和情感。从文学实际来看，在任何一部被认为是纯粹表现情感的作品中，也能看到现实世界的影子，同样，在任何一部写实的作品中也会有现实以外的东西。

文学中所描写的情感与现实中的情感相比在性质上已经发生了变化，这种变化的核心就是形式化，而形式化的关键是抓住情感的本质，使文学中的情感超越日常情感，达于审美情感。情感形式化的手段往往是想像和回忆。文学离不开想像，同时也离不开回忆。这种想像是作家对自己所感悟到世界的想像，是对自己所感悟到的世界的回忆。

这种形式化，一方面使文学在一定程度上与纯粹的主观世界相分离，一方面又使文学与纯粹的客观世界相分离。对文学来说，一方面是有限的、再现的、经验的世界，可以是物理事实、社会事实，也可以是心理事实、情感事实，因此，人们往往可以在文学中看到现实世界的某些影子。另一方面它是无限的、象征的、超验的，文学作为一种艺术活动，它的目标是超越现实，总要借有限而达到无限。优秀的文学作品总是通过有限的描写把读者带到无限的世界，通过再现而完成象征。"诗无达诂"（董仲舒）是如此，《红楼梦》亦是如此。

二、文学的语言性与超语言性

"文学是语言艺术"这一命题是基于从物质媒介角度对艺术所作的分类这一事实基础上的。文学对语言物质媒介的依赖性是显而易见的，文学之所以是文学，就是因为文学是用语言写成的，就一般意义来说没有语言就无法进行文学创作。语言现象是人类最普遍的一种现象，文学使用语言这就决定了文学的普及性，文学是最为大众化的艺术之一。

从语言的物理事实看，语音是最基本的存在，它是语言的物质外壳。一定的语音总是与一定的意义相统一，这种统一体就是词汇。

词汇作为语音与意义的统一体要表达的主观世界的各种要素和客观世界各种事物的名称、概念及关系。词汇只是语言的材料，语言的表达还需要语法的保障。语法作为词的变化规则和用词造句的规则，是语言的第三要素。然而语言现象又是极复杂的，语言虽有一定的生理因素，但从本质上来说却是社会的。故此语言是思想和文化的载体，语言又是文化的一种形式。

语言的上述性质就为文学带来任何其他任何一种艺术媒介所无法比拟的东西。语言的丰富词汇及带来明晰的含义以及严密的语法等，都使文学比其他艺术更易于细致入微地描写和表现广阔的社会现实生活和丰富的内心情感世界。其他艺术也同样可以表现广阔的社会生活和丰富的内心世界。但文学的优越是使得这种表达变得更容易。在文学作品中，语言既可描摹外部世界，又可描摹内心世界，既可给人物以细致的内心活动刻画，又可给外部环境和肖像以逼真的描绘。

语言媒介为文学又带来了艺术形象的非直观性。当人们欣赏艺术样式时，一般可直接看到艺术形象，而文学直接展现的却只是语言文字。作家可以运用语言自由灵活的特色，淋漓尽致地发挥艺术在于似与不似之间的性质，使文学形象更富于韵致，可达于"言有尽而意无穷"的艺术圣境。文学作品留给读者的想像余地要比其他艺术来得大，读者更可以展开联想和想像，它比直观艺术更耐人寻味。

"语言是思想的直接现实"（马克思），文学作品与思想关系密切。伟大的作家常常把伟大而深邃的思想寄托于自己的作品。应当说文学比其他艺术离意识形态更近，文学的意识形态色彩更强。

艺术的物质媒介都可能存在审美因素。文学作品总是要使用语言，而大众的生活又离不开语言，语言在大众的使用中早已培育出审美因素。"每一种语言本身都是一种集体的表达艺术"（爱德华·萨丕尔《论言论——言语研究导论》，陆卓元译，商务印书馆，1997年）。语言的这种审美因素首先体现在语音方面，语音的审美效果主要体现在节奏和格律上，语音的审美效果在诗歌中体现得最充分。语言的审美因素还进一步体现在修辞中。修辞是运用语言的技巧，甚至有人说修辞是语言的艺术。修辞是增强语言表达效果的重要手段，比喻、拟人、夸张、排比、重复等是人们最常用的修辞格。

中国古代文学家，都尝试着运用最简练的语言，甚至是无声空白的状态表现无限的生命体验。中国文学当然不是哲学上的逻辑思维，也不是一般文艺的所谓的形象思维，而是象征式的意象思维。文学一方面是没有语言就没有文学创作，语言是文学的载体；另一方面语言本身并不就是文学，而在伟大的文学作品中，物质媒介必须消失，就是说，在伟大的文学作品中，人们不再觉察到语言材料的存在，而是"绝对自由的幻觉"（爱德华·萨丕尔）文学与语言的关系中，还应包括文学对语言的超越。

如果把文学作品的语言与科学语言进行比较，就会发现文学语言常存在突破"语言"的情况，常违背词语搭配规则，常违背语法结构规则，常违背逻辑常识。可用张承志《北方的河》为例：

他抬起头来。黄河正在他的全部视野中急驶而下，满河映着红色。黄河烧起来啦，他想。沉入陕北高原侧后的夕阳先点燃了一条长云，红霞又撒向河谷。整条黄河都变红了，它燃烧起来了。他想，没准这是在为我而燃烧。铜红色的黄河浪头现在是线条鲜明的，沉重地卷起来，又卷起来。他觉得眼睛被这一派红色的火焰灼痛了。他想起了梵·高的《星夜》。以前他一直对那种画不屑一顾，而现在他懂得了。他的眼睛里，星空像旋转翻腾的江河；而在他年轻的眼里，黄河像北方大地燃烧的烈火。对岸陕西境内的崇山峻岭也被映红了。他听见了这神奇的火河正在向他呼唤。我的父亲，他迷醉地望着黄河站立着，你正在向我流露真情。

黄河燃烧了，黄河呼唤他，黄河是父亲，黄河吐露真情，诸如此类的言语都是违背语言表达逻辑的，但在作品中又是可理解的，它只遵循一种情感原则。

言语本身并不就是文学，文学以外其他言语活动并没有成为文学，这说明文学已经超越了言语，进而使物质媒介彻底消失，创作出绝对自由的幻象。这种超越是在美学层面上完成的。

使文学的物质媒介完全消失，创作出绝对自由的艺术幻象世界，这是伟大艺术的标准。正像宋严羽《沧浪诗话》所言："所谓不涉理路，不落言筌者，上也。"这说明直接经验用语言是难以表达的。

用形象的语言和象征的方式可以解决文学创作中表达上的困惑，形象的语言、象征的方式是传达作家审美经验的不二途径。所谓"窥意象而运斤"，"神用象通"，"是驭文之首术"（刘勰《文心雕龙·神思》）。然而，文学语言的形象化，以及象征方式的运用，并不是最终的目的,而只是通向目的途径。最终形象化的语言和象征的方式也要被消解,展示给读者的是作者审美经验所编织的世界。

三、文学的功能

1. 文学的教育功能

与作为一种社会行为的教育活动相比,人们在阅读文学作品时,作品具有一种使人的智力、思想品德等方面发生变化的功能,文学所具有的这种功能就叫做文学的教育功能。显然,这是把文学与作为社会行为教育活动进行功能类比的结果,说文学具有教育功能,并不是说文学是一种教育行为,而只是从与教育活动具有相同或相似的功能上来说的。但教育功能并不是文学艺术最本质的功能,即最根本的功能,认识这一点,对于我们认识文学在本质上是什么,是至关重要的。

文学所具有的教育功能是多方面的。孔子曰:"多识于鸟兽草木之名"(《论语·阳货》)。这是人类早期获取知识的功能,可见文学的教育功能不仅仅局限于道德方面。当然现代社会,学科分明,教育分工明确,文学传授知识的功能发生了一定的变化,把传授知识,作为文学教育的信条,就有点不现实了。但文学能启心智,良好的心智是无穷的财富。文学以生动的意象为读者展现了一个充满想像的"美"的世界、"真"的世界、"善"的世界,因而,可以开发培养人的想像能力、感受能力、思维能力和创造能力,以及向真向善向美的健康心理。

在文学的教育功能中,对文学的德育功能感受,人们会更直接。从古至今,人们总是能够从文学艺术作品中看出劝善惩恶的内容,并进而使自己的道德境界得以升华。纯正美好尽善之作,可以使人的品德情操受到积极影响。古罗马的贺拉斯说:"诗人的愿望应该是给人益处和乐趣,他写的东西应该给人以快感,同时对生活有帮助。……寓教于乐,既劝谕读者,又使他喜爱,才能符合众望"(《诗艺》,杨周翰译,人民文学出版社,1962年)。文学一方面要有益处,对生活有帮助,可是要想如此,另一方面就必须给人以快感,要有乐趣。文学对人的教育是一个长期的熏陶过程,是一个潜移默化的过程。寓教于乐的潜移默化,其力量是不可低估。

在孔子看来,艺术境界是人的最高境界。在古代雅典"初等教育阶段有两类学校:音乐学校与体操学校。……要求儿童熟记荷马史诗及伊索寓言"(曹孚等《外国古代教育史》,人民教育出版社,1981年)。孔子的以艺术造就最高人格境界,对中国教育影响深远,以艺术为核心的教化是古典世界的精神核心。但在现代社会,教化有降格的趋势,教化被技能的专门化教育所取代。然而,文学艺术在现代还是比其他艺术还多一个功能是:文学是民族语文教育的主要途径。语言是文化的根,民族文学是民族文化的根。

2. 文学对精神的净化超越功能

亚里士多德在《诗学》中说:"悲剧是对于一个严肃、完整、有一定长度的行动的模仿;它的媒介是语言,具有各种悦耳之音,分别在剧的各部分使用;模仿方式是借人物的动作来表达,而不是采用叙述法;借引起怜悯与恐惧来使这种情感得到陶冶。"文学的心理功能主要还是体现在使人一定的情绪、情感得到宣泄畅达,并获得快感,进而身心受益。

文学艺术有使人精神得以超越的功能。西方的海德格尔反对把精神沦为一般的智能,更反对把精神当作神秘的世界理性,认为精神是建立在智能世界之上的对存在真理的追问结果的决断。有了精神，人才活得更深刻。有了精神，世界才不会沉沦，有了对存在真理的追问，人类才会有精神。H.B丹尼什的《精神心理学》中说："精神生活是一种有目标感的积极过程。他的目标是成长、发展和超越。我们通过自己的精神追求获得更高尚的自我修养，去创造一种协调一致的和先进的人类文明。"人的精神最主要的就体现在，超越肉体，超越心理，超越物质，超越世界，最终从有限达于无限。

在人类所有精神成就中，文学艺术的精神超越功能最为突出，这种功能也就成就了文学艺术自身在人类文化中的显赫地位，及其独特价值。古人说："动天地，感鬼神，莫近于诗"（《毛诗序》）。这种感动，实际上是人类精神机能的最初展现，而且是最纯粹的展现，这是人类力图超越现象世界，与无限世界沟通的最初努力。这种超越首先是由具象达于一般的超越。诸如人们欣赏《水浒传》，就是领悟到由具体事相中提升出来的诸如豪气、疾恶如仇等等精神普遍性的东西。

其次，文学更高的精神功能应是从物质到精神的超越。人是生物存在，人要吃饭睡。但人有痛苦，有欢乐，有悲哀，有喜悦，人又是精神的存在。文学以现实的时间和空间为基础，构造了自己的时间和空间。超越相对世界、超越物质世界的道路是艰难的，因为一失足，就会前功尽弃跌落底层。不过，这条精神攀升之路，更是幸福和快乐的，这种通体澄明的精神境界，孔子和庄子都把它概括为"游"的境界。所谓"游"就是超越有限有形世界的遮蔽，而进入精神的陶醉和自由。

这就是文学艺术的精神超越机能，文学艺术"不是脱离历史现实的，而是通过具体走向永恒的作品。艺术作品应该是通过有限，达到无限的精神桥梁，是超越世界的，从历史到普遍，从物质到理念垂直的柱子"（今道友信《关于爱和美的哲学思考》）。

3．文学的娱乐功能

文学具有一定的娱乐功能。把文学作为一种消遣方式，这并不是不得了的事。事实上，在今天社会除学生们在学校的语文课或文学课上学习文学作品、专业学者研究文学作品外，一般人阅读欣赏文学作品，不正是在劳作之余吗？他们可不一定抱着受教育的动机。对于人来说，娱乐和消遣也是可以向有利于人自身完善的方向培养。关键是作家为读者提供了什么？如果作家所提供的作品是与人的精神发展背道而驰，这样的娱乐就有了问题。更为重要的是，把文学用于娱乐和文学在本质上具有的功能并不是一回事，娱乐功能绝不是文学的本质功能。

四、文学的存在形态和审美追求

文学的形式研究已经有了自己的一套概念体系，诸如，文学语言、艺术技巧、结构、体裁样式等。与形式研究相对应，作品的内容研究也有了自己的范畴系统，诸如素材、题材、主题等。文学语言研究是形式研究的最直接的对象，文学的语言研究，力图把文学语言与一般语言区分开来，探索文学语言的特殊性。文学技巧是文学发展中有几分技术化的成分。《诗经》时所确立来下的"赋、比、兴"手法，在后来的文学史上具有广泛的意义。在现代汉语背景中，文学技巧被命名为描写、叙述、抒情和议论等。其实，在此基础上还可继续划分，如描写可再分为：概括描写和细节描写，肖像描写和心理描写，行动描写和对话描写。叙述可分为顺叙、倒叙和插叙等。

近现代有一种新的观点，英国视觉艺术评论家克莱夫·贝尔提出了一个命题："艺术是有意味的形式。"现在较多人接受了"有意味的形式"这一观点，主要的原因有二：一是，

"有意味的形式",加大了对形式的关注;二是,"有意味的形式",并没有完全抛弃内容方面。米盖尔·杜夫海纳指出,一般艺术作品都要处理三个要素:材料、主题和表现。对文学来说,主题的因素更为重要:

"在语言艺术中,特别是在散文艺术中,这种重要性是无可非议的。在散文中,这种词语的意指功能是不能撤销的。即使在诗歌中,词语同时被视为自然物并要求显示其感性特质,也是如此。我们想像不出一部小说或一个剧本可以什么都不说,可以禁止人们去寻求书写或口说的句子意义"(克莱夫·贝尔《审美经验现象学》,韩树站译,文化艺术出版社,1996)。

文学作品中更高的存在形态是内容和形式的统一体:意象、意境、人物、典型、风格等。

"艺术是对真理的直感的观察,或者说是用形象来思维。在这一艺术定义的阐述中包含着全部艺术理论:艺术的本质,它的分类,以及每一类的条件和本质"(《别林斯基选集》,第3卷,上海文艺出版社,1980)。

中国古人把客观事物的"形象"称为"象",这包括感知形象,甚至包括表象,把在想像、情感和理解等心理要素共同作用下所产生的"象",称为"意象"。从感知觉在意识中的呈现到想像在意识中的形成,已经包含了主体对世界的理解和领悟。与形象这个概念相比,意象更准确一些。作家在作品中所传达出来的是作家的理智、情感和感知等心理因素所构成的复杂的经验世界,杜夫海纳把这种经验称为审美经验。

有人在总结意象特征时,常常讲到意象的多义性。的确,意象所示的意义是丰富的,这种丰富往往是概念命题所不及的。多义不是模棱两可,不是模糊不清,而是审美经验的完整。在文学作品中,意象是一个浑然整体,任何分割式的分析,都是不正确的。可以王维《塞上》诗为例:"大漠孤烟直,长河落日圆。"其中,任何一个物像分割出来,就无诗意了。可是它作为一个整体时,意蕴就出来了。在整体意象中,传达的是人的审美经验的丰富性,任何细微的经验片断都不会漏掉。多义性,会使人们觉得文学传达的东西是模糊的,故丰富性更能说明审美经验的根本特征。作家创作文学作品,就是要传达概念语言逻辑推理无能无力复杂的精神世界经验,多义性是不过是对丰富性的一个不十分准确的概括。当然,有的作家,利用语言的象征,写出令人费解甚至可以多解的作品,但这不应被看作是文学的根本目的,所有成功的伟大作品,都是很好地传达了精神经验的丰富和完整。

在文学艺术中,作家所要传达的审美经验,既在意象中,又应在意象外。文学艺术是意象的,又是超象的。在庄子看来,"意"是根本,"言"只是手段。人不应拘泥于语言,而重在把握语言中的"意"。"超象"是超于有形,其实就是"无象",所谓"无象",不是真的没有"象",而是超越"象",不要拘泥于"象"。

意象是具体的可感的,超象同样是具体的,可感的如果说意象的具体是个别上升为一般的具体。如果说意象的可感还主要是形貌的话,那么,超象的可感就是形貌之上的精神之可感。如柳宗元的《江雪》:"千山鸟飞绝,万径人迹灭。孤舟蓑笠翁,独酌寒江雪。"从"象"的层次看,诗人为人们传达了一个空间上的空旷感,但诗的"意象",由空间的空旷引向了精神的孤寂。这就是意象的魅力所在。

形象或意象只是作为审美经验的工具,作家要通过具体的意象而达到一般和普遍,通过有限而达到无限,通过物质而达到精神。正是在这一意义上,人们说文学是超象的。超象对于深入认识文学艺术本质具有重要的普遍的理论意义。

第二节　诗歌、小说、散文美

一、诗歌美

音乐的形态特征，在一定程度上决定诗形态特征，如叠章复唱、押韵等，但这只是语言形式上的。诗歌中的语言方面与音乐分离后，就获得更专门的发展，这就语言的隐喻和象征。诗已经把音乐的通过节奏韵律造成精神感觉的功能与诗自身的通过语言隐喻象征造成精神领悟沟通的功能集于一身，海德格尔把诗看做是最高艺术，是艺术的艺术，即艺术的本质。

由于史学的过早繁荣，才使得中国的史诗不发达。但无论哪种情况，诗的叙事功能在逐步减退，叙事诗走的是一条下坡路。现代诗几乎与抒情诗是同义的，体制一般比较短小，隐喻和象征是主要手段。有人认为诗是高级的感性直觉："谈到诗，我指的不是存在于书面诗中特定的艺术，而是一个更普遍更原始的过程：即事物的内部存在与人类自身的内部存在之间的相互联系，这种相互联系就是一种预言（诚如，古人所理解的：拉丁文'vates'一词，既指诗人，又指占卜者）。在这一意义上，诗是所有艺术的神秘生命：它是柏拉图所说的'音乐'（mousike）的另一个名字"（雅克·马利坦《艺术与诗中的创造性直觉》，刘有元等译，三联书店，1991）。其实，诗在本质上是一种高级的心智活动，这种心智活动能够洞见人与世界之间的内在联系，沟通人的精神与世界的联系。诗的这种领悟或把握人与世界之间联系的心智活动，既是感情的也是理智的，而且是两者的统一。海德格尔认为诗是真理的建立："艺术是真理设入作品，是诗。不仅作品的创造是诗，而且这种作品的保存同样也是诗，尽管它以自己的方式。因为作品在其现实影响中作为作品，只是当我们移出惯常性，进入作品揭示的所是之中时，才可能，于是我们自身的天性立于所是的真理之中。艺术的本性是诗，诗的本性却是真理的建立"（《艺术作品的本源》，彭富春译，文化艺术出版社，1991）。

从诗作本身来看，诗作以其自己的方式保存存在之真理，正如，科学著作保存着科学知识一样。读者面对诗，必须从日常的意识思维中走出来，才能领悟作品中诗的真理，所以，诗总是超凡脱俗的，"肉眼俗身"总是不会进入诗的世界。无论说诗的本质是存在真理的建立，还是说诗的本质是创造性的精神直觉，就其对人与世界关系的把握上是一致的。

在诗的直觉中，人们往往非常强调想像的作用。试看歌德《漫游者夜歌》：

一切山峰上
是寂静，
一切树杪中
感不到
些微的风；
森林中众鸟无音。
等着吧，你不久
也将得着安宁。（采用宗白华先生的译文）

艺术的形式化是艺术发展的必然结果，诗也不例外。面对诗的发展人们总能总结出一些成为定式的形式模式与技巧模式。诗的最明显的语言形式是音韵问题，诗的音韵是由于最初与音乐的特殊关系而产生的，在现代诗中，音乐已经内化于诗的内在本质中。诗的另一形式模式问题就是传达方式。在中国传统诗学中，赋比兴的概括出现得很早。赋比兴之说最早见于《周礼》。"比"，就是比喻，"兴"是象征，"赋"是铺陈叙述。比的目的是，把事物更生动地说清楚，在科学的文章里完全可以使用。因此，比喻不是诗最本质的东西，仅仅是一个外在方法而已。"兴"作为象征，并不是在修辞学层次上。换言之，象征只是在文学艺术中才能使用，是文学艺术的专利，这与比喻是不同的。比是心在先，物在后；兴是物在先，心在后。比是先有了要表达的内容，然去选择一个形象来表达；兴是先没有一个要表达的内容，而因为事物的引发，才有的。象征或"兴"不是一种技术化的活动，而是精神与世界交流活动本身，因此，"兴"或象征是更能说明文学艺术本质的东西。人们对"赋"，即纯粹的铺陈和叙述，并不看好，认为除音韵外对于诗就是意象和象征，这种看法是片面的。以王维的《鸟鸣涧》为例：

  人闲桂花落，夜静春山空。
  月出惊山鸟，时鸣春涧中。

诗只不过把世界静写出来，或者叙述出来，意象也不少，可是也很难说就是象征。所以，一种纯朴的"叙"，也同样达到了诗的最高境界，如海德格尔所说的存在真理之建立，存在去蔽之澄明。

诗人的命名，就是对存在的道说中，道说出存在如其所是的去蔽状态，在这种道说中，一切技巧都是外在的非本质的，构成诗的本源的是存在真理的设入作品中，而不是别的。

二、小说美

人类最早的诗歌中有叙事诗，其中部族史诗是长篇叙事诗。小说样式虽然产生较晚，但其渊源甚早。我国魏晋南北朝出现了大量的志人、志怪小说，是中国小说发展的重要阶段，后经唐传奇、宋话本，到明清，小说已经蔚为大观，体裁样式已经成熟。

小说的渊源不仅早，而且很多。庄子讲的志怪，街谈巷语的"小说"，以及神话，先秦诸子的寓言等都是小说的直接来源。此外，《史记》等伟大史书的叙事成就也是中国小说的艺术基础。

在中国，小说出身低微。到了明清，虽说小说已经达到相当高的艺术水准，可是在正统的文化与艺术观念中，小说仍然是不入流的，是"闲书"。到鲁迅的时代，在"三味书屋"里也只能偷偷地看这些"闲书"。到了现代，由于小说与现代娱乐结合，而产生了各种各样的消闲作品，小说的名声不太好。

从小说的产生到发展来看，这种样式是建立在志人叙事基础上的。从一开始，志人叙事就有两个走向：一个是纪实，一个是虚构。沿着这两个方向，后来当小说样式成熟起来时，就是所谓现实主义和浪漫主义的，实际都是小说家的艺术创造。

在本质上，无论所谓写实还是虚幻的，都是创造，"伟大的小说家们都有一个自己的世界，人们可以看出这一世界和经验世界的部分重合，但是从它的自我连贯的可理解性来说它又是一个与经验世界不同的独特的世界"（韦勒克、沃伦《文学理论》，刘象愚等译，三联书店，1984）。这是对小说这一文学体裁的基本定位。小说的构造需要作家心智的美学能力，从整个故事的构造与人物的塑造，到选择一种合适的叙事方式把故事讲述出来，这还不涉及语言的驾驭能力，这个过程已经是一个非常高的美学创造过程了。

分析小说构造的组成要素时，区分出情节、人物和环境三要素。作家所构造的故事是在情节展开并完成的，情节成了作家构造小说世界的基本依托。情节是事件或故事的自然过程，是故事在时间中的展开。在过程中，事件或故事按照时间和逻辑顺序进行，有开端、发展和结束。同时随着情节的展开，人物是性格和思想也一点点逐步展露出来。

所谓结构是作家对作品的整体安排和构造。情节与结构之间的关系是紧密的，甚至有的时候真的难以分开。结构是作家对包括情节在内的整个作品的安排，其中情节是作家安排的重点。结构安排的主要方面包括：1）作家对事件发展顺序的安排。作家可以按照事件的自然顺序来进行结构，也可以打乱自然顺序来进行安排。2）作家对构成整体故事的不同情节线索的安排。作家可以构造单线索情节，也可以构造多线索情节，所谓立体结构。结构是小说家的主要美学手段，结构的设置不仅是塑造人物的需要，也是小说获得诸如吸引读者美学效果的需要，同时也是使作家所构造的世界，成为连贯的具有内在统一性的可以理解的世界的需要。

人物是事件的核心，人物塑造最主要方面，是人物性格。塑造生动的人物，不仅是作家表现自己情感观念的手段，也是使作品世界成为可以理解的世界的主要方面。人物性格的塑造手段是多种多样的，这是小说这一体裁对作家的恩赐。小说的叙事具有极大的自由，对人物的塑造也是如此。作家可以用作品中的叙事语言来直接交待人物的性格，可以通过情节的发展，让人物自己把性格显露出来，可以通过肖像描写、心理描写、动作描写来展示等等。人物还有典型性格的问题，典型是要共性和个性相统一的前提下，进一步揭示典型作品艺术形象的美学特质。（1）典型人物是一个有血有肉的生命整体。（2）典型性格是丰富的有机整体。（3）典型人物必须是艺术的独创。

事件是在时间中展开的，也是在空间中展开的；人物性格是在时间中形成的，更是在空间中形成的。在时间和人物后面是背景和环境。环境是作品世界的第三种"实质性"构件（沃尔夫冈·凯塞尔）。人物活动的背景，事件展开的环境，可以是自然的，也可是社会的。不过这两者通常总是结合在一起的。一般认为，在注重写实的现实主义作品中，要注意环境的逼真，认为这样可以增加作品的真实性；在注重结构想像的浪漫主义作品中，环境描写可以不考虑真实性。其实，现实主义与浪漫主义的环境描写并不存在本质分别。作品中的环境是作品世界的一个构成部分，它的意义并不在于是否与现实环境能够吻合对应，它是为作品世界而存在的。因此，作品中的环境，除了最基本的作为人物事件背景的功能外，作品中的环境也常常与作家所要传达的情感观念之间有一定的关联，这就是环境的隐喻作用。

文学作品中的叙事时间不同于现实时间。叙事时间是物理时间与社会时间的统一。在叙事作品中，作家并不是为人们展示自然时间的流逝过程，而是展现人在自然时间中所构建的社会历史时间甚至精神时间，在这种展现中，构造了作品的美学意义。

"叙述方法的主要问题在于作者和他的作品之间的关系"（韦勒克、沃伦《文学理论》）。作者可以采用第一人称叙述，也可以采用第三人称叙述。但是，作品中的叙述者并不是作者，在作者与作品之间还有一个叙述者存在。当然，叙述者是作者所有意设置的，第三人称叙事，被称为"全知叙事"，或"全知全能"式叙事。这是一种传统的叙事方法。第一人称叙事，被称为"限知叙事"。所谓第一人称叙事，就是在作品中出现叙事者

"我"。"限知叙事"没有全知全能叙事自由灵活，但也有它的优点，因为是以"我"所知为叙事基础，所以，增加了叙事的可信性和真实感。

小说提升为一种文学样式，自然就与其他艺术在本质上相同，那种认为小说不是纯艺术的看法，不能涵盖小说本身。所有的艺术在本质上都是以有限写无限，从现象达于本质，从物质到精神，小说也不例外。小说的象征可有两种情况："一种是在作品中设置意象，一种是用整个故事来象征，犹如庄子的寓言。"《红楼梦》中"石"和"玉"是两最重要的意象，是理想与现实，神界与俗界的根本象征。海明威的《老人与海》，讲述一个孤独老人常年在墨西哥湾打鱼的故事，这个故事是象征的。

三、散文美

从散文概念的含义看，不同历史时期含义不同，相对不同的参照对象，它的含义也不同。最初的散文，无论是中国还是西方，都是指与韵文相对的文体。就文学以内的散文概念，也相当复杂。文学散文的概念，就像泛指所有无韵的文章一样，实际上包括了许多边缘性的品种和较为纯粹的品种。所谓边缘性品种，主要指那些具有强烈文学性，而又够不上一个大的体裁样式，如书信、序、跋、记、祭文、盟文、檄文等。所谓较为纯粹的品种，主要指几乎可以成为一个样式而习惯上还没有作为一个样式的，如报告文学和传记文学。散文并不是一个单纯的文学体裁，在它的名字下，包括了许多无法归类的品种。在那些无法归类的品种中，有的历史上曾经很发达，可是现在却在萎缩，比如游记。而较为稳定，发展快的品种，大有从散文名下独立出去的趋势，比如报告文学和传记文学。

就中国来说，不仅是诗的大国，也是一个散文大国。唐宋古文，游记小品，留下了珍贵的美文。现在，人们一般把散文分为小品文，传记文学和报告文学。小品文是一个包括诸多较小的种类的概念，并不是单纯的样式。如书信、游记、杂文、祭文、序、跋等。这些小品种，有的实际上处于边缘状态，如"序"，本来属于一般文章范畴，但有的序确实极具文学性，甚至就是文学作品。但"序"本身并不就是一种文学样式。

传记文学是文学和史传的结合，运用文学的艺术手段来记述人物。传记对人物的记述，在总体上需遵循真实性原则，但允许必要的艺术加工，使叙述更生动。

报告文学，是现代社会的产物。报告文学顾名思义，是新闻与文学结合的产物。"报告"是当今这匆忙而多变时代产生的特殊文学样式。读者大众急不可耐地要求知道生活在昨天所起的变化，作家迫切的要将社会上最新发生的现象解剖给读者大众看，它具有敏锐的时代感，这是"报告"由此产生且风靡的原因。报告文学的新闻性：（1）要有新闻的时间性。报告文学的时间性，没有一般新闻那样强。一般新闻要在第一时间进行报道。而报告文学，它要以对刚过去的事件进行描写，却不要求第一时间。（2）新闻性要求是真实性，对报告文学真实性的理解，涉及报告文学本质定位。报告文学必须真实地描写人和事，这应该是一个起码的原则。（3）报告文学的文学性。文学可以虚构，只要达到本质真美就可以，报告文学却不可以虚构，必须真实描写。"报告"文学性主要体现在语言、结构、艺术手法等运用文学的技巧上。

中国散文似乎在有意识地摸索属于自己的题材模式，周作人、林语堂、朱自清、冰心等人的散文创作，在中国传统散文的基础上，有所开拓，且形成一定的文体模式。建国后的魏巍、刘白羽、秦牧、杨朔等人，使散文创作一度繁荣，基本上构建了以叙事、抒情为主的所谓叙事散文和抒情散文。但在这种建构中几乎有了自己的文体模式，但另一方面也有走向僵化的危险。当代的散文创作，如余秋雨等人在体裁模式上探讨的意义不可低估，它使人明白，散文同样是一种幻化无穷的艺术形式。

　　散文的共同特点有如下几点：1）题材广泛多样性。散文可以写任何事物，不分古今，不分中外，不分大小，小到一花一叶，一滴水、一块泥，大到荒漠草原，人间宇宙。2）不拘泥于叙事和抒情。可以叙事，但没有小说那样的负担，没必要把故事说得那么完整。可以抒情，但又不必像诗歌那样限在诗行的形式中，大可挥洒自如。3）有异常自由灵活的结构。它不必受叙事的情节限制，这是小说所羡慕的；不必受韵律格式限制，这是诗歌所羡慕的。开阖自如。4）讲求语言美。与韵文比，已无韵；与诗比，形制已散漫。但散文终究用语言写成，如果缺少了语言美，散文就缺少了半壁江山。

主要参考文献

1. 蒋孔阳，朱立元主编，朱立元，张德兴等著．西方美学通史第七卷二十世纪世界美学（上、下册）．上海：上海文艺出版社，1999
2. 陈炎主编，廖群，仪平策，陈炎，王小舒著．中国审美文化史先秦卷、秦汉魏晋南北朝卷、唐宗卷、元明清卷（共四册）．济南：山东画报出版社，2000
3. 李砚祖著．造物之美·产品设计的艺术与文化．北京：中国人民大学出版社，2000
4. 李砚祖主编，芦影编著．视觉传达设计的历史与美学．北京：中国人民出版社，2000
5. 凌继尧，徐恒醇著．艺术设计学．上海：上海人民出版社，2000
6. 萧默著．文化纪念碑的风采·建筑艺术的历史与审美．北京：中国人民出版社，2000
7. 王振复著．中国建筑的文化历程．上海：上海人民出版社，2000
8. 修海林李吉提著．中国音乐的历史与审美．北京：中国人民出版社，2000
9. 曹俊峰著．元美学导论．上海：上海人民出版社，2001
10. 华梅著．服饰与中国文化．北京：人民出版社，2001
11. 华梅著．华梅谈服饰文化．天津：天津人民美术出版社，2001
12. 胡经之著．文艺美学．北京：北京大学出版社，1999
13. 曾繁仁著．走向二十一世纪的审美教育．西安：陕西师范大学出版社，2000
14. 胡经之著．文艺美学论．武汉：华中师范大学出版社，2000
15. 王旭晓著．美学原理．上海：上海人民出版社，2000
16. 陈从周主编．中国园林鉴赏辞典．上海：华东师范大学出版社，2001
17. 曹林娣著．中国园林艺术论．太原：山西教育出版社，2001
18. 陈朗主编．世界艺术三百题．上海：上海古籍出版社，2000
19. 彭吉象著．影视美学．北京：北京大学出版社，2002
20. 李·及·波布克著．[美] 电影的元素．北京：中国电影出版社，1992
21. 马赛尔·马尔丹著．[法] 电影语言．北京：中国电影出版社，1980
22. 张健主编．声电光影里的社会和人生——影视艺术导论．北京：人民大学出版社，1999
23. 池泽康朗著，蒋渝译．[日] 人体美学．昆明：云南人民出版社，1989
24. 康正果著．身体与情欲．上海：上海文艺出版社，2001
25. 菲尔德著．杨径青，杨青译．[英] 人体美术．长沙：湖南人民出版社，1988
26. 郑应杰，张晓明著．现代设计美学——工业品设计美学．哈尔滨：黑龙江科学技术出版社
27. 中国烹饪编辑部汇编．烹饪史话．北京：中国商业出版社，1986
28. 王学泰著．华夏饮食文化．北京：中国书局，1997
29. 夏放著．摄影艺术概论．杭州：浙江摄影出版社，2000
30. 赵增锴，林承武著．摄影思维与艺术．北京：中国青年出版社，1999
31. 阮义忠著．摄影美学七问．北京：中国摄影出版社，1999
32. 阎城，张维颖著．雕塑之美．北京：新华出版社，2001
33. 皮力著．国外后现代雕塑．南京：江苏美术出版社，2001
34. 梁思成著．中国雕塑史．北京：百花文艺出版社，1997

35 张道一著．张道一文集（上，下册）．合肥：安徽教育出版社，1999
36 田自秉著．中国工艺美术简史．杭州：浙江美术学院出版社，1989
37 周宪著．20世纪西方美学．南京：南京大学出版社，1999
38 金学智．中国书法美学（上，下册）．南京：江苏文艺出版社，1994
39 薛永年主编．中国绘画的历史与审美．北京：中国人民大学出版社，2000
40 陈诏著．中国馔食文化．上海：上海古籍出版社，2001
41 邓福星主编，李一著．中国古代美术批评史．哈尔滨：黑龙江美术出版社，2000
42 徐慕云撰．中国戏剧史．上海：上海古籍出版社，2001
43 王朋编著．环境艺术设计．北京：中国纺织出版社，1998
44 曾俊，王芃编著．应用美术．重庆：西南师范大学出版社，1997
45 邓福星主编，李广元著．色彩艺术学．哈尔滨：黑龙江出版社，2000
46 黄元庆等编著．服装色彩学．北京：中国纺织出版社，1991
47 傅道彬，于笫著．文学是什么．北京：北京大学出版社，2002
48 张博颖，徐恒醇著．中国技术美学之诞生．合肥：安徽教育出版社，2000
49 李培超著．自然的伦理尊严．南昌：江西人民出版社，2001
50 王强，李维世，宋焕起著．造型艺术鉴赏．成都：成都师范大学出版社，1999
51 王维堤著．中国服饰文化．上海：上海古籍出版社，2001
52 夏燕靖著．中国艺术设计史．沈阳：辽宁美术出版社，2001
53 王逊著．中国美术史．上海：上海人民美术出版社，1989
54 何林著．应用美学．沈阳：辽海出版社，2000
55 曹永成著．绿色文艺之思．北京：人民文学出版社，2000
56 朗绍群，蔡星仪，水中天，王泷，王玉池主编．中国书画鉴赏辞典．北京：中国青年出版社，1998
57 王长江主编．中国旅游文化概论．北京：中国旅游出版社，2002
58 上海古籍出版社编．古代艺术三百题．上海：上海古籍出版社，1989
59 王其全编著．景观人文概论．北京：中国建筑工业出版社，2002
60 高中羽编著．中国设计年鉴．北京：九州图书出版社，1999
61 邹文主编．世界艺术全鉴．北京：人民美术出版社，2000
62 席梅尔等著，邵思婵等译．[德] 世界文化遗产．杭州：浙江人民出版社，2002
63 太夫特编著，朱路平译．[美] 人类的家园．杭州：浙江摄影出版社，2001
64 彭吉象主编．中国艺术学．北京：北京高等教育出版社，1997
65 凌继尧，张燕主编，美学与艺术鉴赏．上海：上海人民出版社，2001
66 樊美筠著．中国传统美学的当代阐释．北京：中国社会科学出版社 1997
67 郭茂来著．视觉艺术概论．北京：人民美术出版社，2000
68 曹方编著．视觉传达设计．南京：江苏美术出版社，2002
69 陈君编著．企业形象设计．长沙：湖北美术出版社，2001
70 辛敬林编著．装饰设计新语言．重庆：重庆出版社，2001
71 荆雷编著．设计概论．石家庄：河北美术出版社，1997
72 刘西莉编著．现代图形设计．西安：陕西人民美术出版社，2002
73 庄锡华，董馨著．美育新思维．南京：江苏教育出版社，2000